HELENISMO E CRISTIANISMO
A DUPLA FACE DE UM PROJETO CIVILIZATÓRIO

Editora Appris Ltda.
1.ª Edição - Copyright© 2025 dos autores
Direitos de Edição Reservados à Editora Appris Ltda.

Nenhuma parte desta obra poderá ser utilizada indevidamente, sem estar de acordo com a Lei nº 9.610/98. Se incorreções forem encontradas, serão de exclusiva responsabilidade de seus organizadores. Foi realizado o Depósito Legal na Fundação Biblioteca Nacional, de acordo com as Leis nos 10.994, de 14/12/2004, e 12.192, de 14/01/2010.

Catalogação na Fonte
Elaborado por: Dayanne Leal Souza
Bibliotecária CRB 9/2162

S757h 2025	Spinelli, Miguel Helenismo e cristianismo: a dupla face de um projeto civilizatório / Miguel Spinelli. – 1. ed. – Curitiba: Appris, 2025. 325 p. ; 23 cm. – (Ciências sociais). Inclui bibliografia. ISBN 978-65-250-7750-5 1. Cristianismo. 2. Helenismo. 3. Filosofia. 4. Religião. I. Título. II. Série. CDD - 232

Livro de acordo com a normalização técnica da ABNT

Appris
editorial

Editora e Livraria Appris Ltda.
Av. Manoel Ribas, 2265 – Mercês
Curitiba/PR – CEP: 80810-002
Tel. (41) 3156 - 4731
www.editoraappris.com.br

Printed in Brazil
Impresso no Brasil

Miguel Spinelli

HELENISMO E CRISTIANISMO
A DUPLA FACE DE UM PROJETO CIVILIZATÓRIO

Appris *editora*

Curitiba, PR
2025

FICHA TÉCNICA

EDITORIAL Augusto Coelho
Sara C. de Andrade Coelho

COMITÊ EDITORIAL E CONSULTORIAS
- Ana El Achkar (Universo/RJ)
- Andréa Barbosa Gouveia (UFPR)
- Antonio Evangelista de Souza Netto (PUC-SP)
- Belinda Cunha (UFPB)
- Délton Winter de Carvalho (FMP)
- Edson da Silva (UFVJM)
- Eliete Correia dos Santos (UEPB)
- Erineu Foerste (Ufes)
- Fabiano Santos (UERJ-IESP)
- Francinete Fernandes de Sousa (UEPB)
- Francisco Carlos Duarte (PUCPR)
- Francisco de Assis (Fiam-Faam-SP-Brasil)
- Gláucia Figueiredo (UNIPAMPA/ UDELAR)
- Jacques de Lima Ferreira (UNOESC)
- Jean Carlos Gonçalves (UFPR)
- José Wálter Nunes (UnB)
- Junia de Vilhena (PUC-RIO)
- Lucas Mesquita (UNILA)
- Márcia Gonçalves (Unitau)
- Maria Margarida de Andrade (Umack)
- Marilda A. Behrens (PUCPR)
- Marília Andrade Torales Campos (UFPR)
- Marli C. de Andrade
- Patrícia L. Torres (PUCPR)
- Paula Costa Mosca Macedo (UNIFESP)
- Ramon Blanco (UNILA)
- Roberta Ecleide Kelly (NEPE)
- Roque Ismael da Costa Güllich (UFFS)
- Sergio Gomes (UFRJ)
- Tiago Gagliano Pinto Alberto (PUCPR)
- Toni Reis (UP)
- Valdomiro de Oliveira (UFPR)

SUPERVISORA EDITORIAL Renata C. Lopes

PRODUÇÃO EDITORIAL Maria Eduarda Pereira Paiz

REVISÃO Pedro Ramos

DIAGRAMAÇÃO Amélia Lopes

CAPA Mateus Porfírio

REVISÃO DE PROVA Alice Ramos

COMITÊ CIENTÍFICO DA COLEÇÃO CIÊNCIAS SOCIAIS

DIREÇÃO CIENTÍFICA Fabiano Santos (UERJ-IESP)

CONSULTORES
- Alícia Ferreira Gonçalves (UFPB)
- Artur Perrusi (UFPB)
- Carlos Xavier de Azevedo Netto (UFPB)
- Charles Pessanha (UFRJ)
- Flávio Munhoz Sofiati (UFG)
- Elisandro Pires Frigo (UFPR-Palotina)
- Gabriel Augusto Miranda Setti (UnB)
- Helcimara de Souza Telles (UFMG)
- Iraneide Soares da Silva (UFC-UFPI)
- João Feres Junior (Uerj)
- Jordão Horta Nunes (UFG)
- José Henrique Artigas de Godoy (UFPB)
- Josilene Pinheiro Mariz (UFCG)
- Leticia Andrade (UEMS)
- Luiz Gonzaga Teixeira (USP)
- Marcelo Almeida Peloggio (UFC)
- Maurício Novaes Souza (IF Sudeste-MG)
- Michelle Sato Frigo (UFPR-Palotina)
- Revalino Freitas (UFG)
- Simone Wolff (UEL)

No Natal de 1969, meu pai me deu uma Bíblia de presente com estes dizeres:

Meu filho, este é o caminho que nos conduz a Deus. Segue-o, e tu serás feliz; e tu farás muitos outros serem felizes. Teu pai que só te deseja felicidades. Gabriel Spinelli.

APRESENTAÇÃO

Esta obra, *Helenismo e cristianismo: a dupla face de um projeto civilizatório*, não se constitui em um estudo solitário. Ela tem vínculos e se completa em duas outras: *Helenização e Recriação de Sentidos: a filosofia na época da expansão do cristianismo, séculos II, III e IV*, e *Cristianismo primitivo e educação filosófica*. Juntas, as três se ocupam em aprofundar questões atinentes ao evento Jesus, sobre o qual a posteridade assentou a busca por um novo projeto civilizatório que se arranjou, primeiro, vinculado ao judaísmo, depois à filosofia grega e à posteridade, ao chamado *helenismo* e às exigências da jurisprudência instrutora da governabilidade romana. Essas três obras, juntas, resultam como que em uma só, e se complementam reciprocamente.

Em seus primórdios, foram duas as confluências que deram viço ao cristianismo: o judaísmo e o helenismo. A convergência do cristianismo com o judaísmo está na origem do *evento Jesus* concebido pelas narrativas evangélicas como o cumprimento da antiga lei do judaísmo, da Torá: "Não pensem [tais palavras são narradas como de Jesus] que vim destruir a lei e os profetas; não vim destruir, mas dar acabamento (*plerōsai*)" (Mt., 5: 17); estas são palavras de Paulo: "Como, pela fé, vamos destruir (*katargéo*) da lei o seu valor? Ao contrário, vamos reforçá-la (*histemi*)" (Rm., 3: 31). A confluência do cristianismo com o *judaísmo* se deu a título de uma completude; a do cristianismo com o *helenismo* decorreu de uma exigência do Direito romano no sentido de sujeitar a doutrina cristã dentro das cercanias do bom senso, da tolerância e da razoabilidade filosófica em favor da unidade e da governabilidade do Império.

Na investigação e no estudo dessas duas fundamentais confluências comparece uma terceira, a do envolvimento da teologia com a filosofia, que, na busca da requerida razoabilidade e bom senso, levou os doutrinadores, os chamados *apologistas* (a partir de Justino, meados do século II) a buscar na filosofia aportes em favor de uma explanação teórica das premissas do cristianismo. Tratou-se de uma urgência que se impôs quando, com a morte dos discípulos, o cristianismo, amplamente disperso, restou sem unidade e sem governo, e, portanto, propício aos conflitos decorrentes dos interesses (cívicos, religiosos e políticos) locais, e também das preferências e das interpretações a ponto de proliferar muitos "cristianismos" na época denominados de "gnoses cristãs".

São vários estágios pelos quais transitou o cristianismo desde os seus primórdios: do evento Jesus ao magistério de Paulo; das preleções e feitos de Jesus à construção das narrativas evangélicas; da expansão do cristianismo à necessidade de formular uma *teologia* (um logos teórico da doutrina) que atendesse as exigências do bom senso e da razoabilidade filosófica da época; do empenho em harmonizar a doutrina mediante o diálogo à necessidade de uma unificação mediante decreto canônico (Édito de Milão, em 313, Concílio de Niceia, em 325 e o Édito de Tessalônica, em 380). Foi a partir da morte dos discípulos, sem as lideranças de Pedro, Paulo e Tiago Menor, que se deu a dispersão, que promoveu o conflito das interpretações e, enfim, gerou a dissenção e a discórdia, inclusive, a intolerância. Foram essas as principais causas que moveram a necessidade de dogmatizar premissas, de apaziguar interesses e de unificar a doutrina sob o conceito de uma só *gnose* cristã, com um só credo e um só governo.

SUMÁRIO

PRÓLOGO 13

CAPÍTULO I
O EVENTO JESUS E A ESTAMPA DO FENÔMENO HUMANO 29
1 – O evento Jesus e as narrativas a respeito dele 29
2 – O cristianismo à mercê das interpretações 37
3 – Jesus, Moisés e os arranjos lógicos-filosóficos da *genealogia* de Jesus 43
4 – "Como Jesus é filho de Davi, se Davi o chama de senhor (*kýrios*)?" 55
5 – Moisés e Jesus: complementares, porém, distintos 61

CAPÍTULO II
PAULO DE TARSO, O OUTRO MOISÉS DO CRISTIANISMO 67
1 – Paulo e a causa cristã: seus companheiros, sua esposa e seus atropelos ... 67
2 – As fontes da *didascália* de Paulo e os seus vínculos com Moisés 72
3 – Paulo: de serviçal do Sinédrio a líder da causa cristã 79
4 – Paulo apaziguador e a *Carta* de Clemente de Roma *aos coríntios* 91
5 – O ser judeu e o ser cristão: conflitos e concórdias sob um novo *éthos* 98

CAPÍTULO III
A PRIMEIRA VERSÃO DA BÍBLIA E AS NARRATIVAS EVANGÉLICAS ... 103
1 – Ptolomeu, Demétrio e a primeira versão da Bíblia (*Septuaginta*) 103
2 – O conceito de *novo testamento* e as primeiras narrativas 107
3 – Lucas e a tarefa de pôr em ordem a narração (*diégesis*) do evento Jesus ... 116
4 – Jesus: um evento religioso para os judeus, político para os romanos 121
5 – Jesus e a ressignificação do judaísmo 126

CAPÍTULO IV
OS CONCEITOS DE *HAMARTÍA* (PECADO) E DE *EUCHARISTÍA* 135
1 – O conceito de *pecado* (*hamartía*) em sua significação originária 135
2 – Das reuniões *agápe* às celebrações denominadas de *eucharistía* 140
3 – O conceito paulino de "purificação (*kátharsis*)
dos pecados (*tõn hamartiõn*) 147
4 – A *kátharsis* filosófica e a cristã sob o requisito da imersão em si mesmo ... 153
5 – Da *kátharsis* presumida por Platão à de Paulo de Tarso 158

CAPÍTULO V

OS VÁRIOS ESTÁGIOS DO ALVORECER DO CRISTIANISMO........... 167

1º – Do magistério oral de Jesus aos registros escritos de suas preleções 167

2º – O magistério de Paulo de Tarso 181

3º – As mortes de Jesus, Pedro e Paulo e o desamparo das comunidades..... 186

4º – A busca por liderança, unificação e governo das comunidades cristãs.. 196

5º – A normatização da doutrina cristã sob um só credo e um só governo ... 201

6º – A religião governada pelo Estado e a vida cívica pela religião 205

CAPÍTULO VI

DISPERSÃO E REUNIFICAÇÃO DAS GNOSES CRISTÃS 209

1 – Adequação do *ser cristão* aos valores da *pietas* e do Direito romano 209

2 – A *verdade única* de Justino e a *vontade sem coação* de Agostinho..........213

3 – Justino, Tatiano e a crise do cristianismo no segundo século 218

4 – Os primeiros *hereges* e o conflito das interpretações 224

    4.1 – Marcião de Sínope **224**

    4.2 – Valentin do Egito **233**

    4.3 – Basilides de Alexandria **241**

    4.4 – Saturnino de Antioquia.. **250**

    4.5 – Carpócrates de Alexandria **253**

    4.6 – Montano da Turquia **257**

CAPÍTULO VII

**OS DILEMAS DE PAULO DE TARSO E DE TERTULIANO,
E O QUE DISSERAM A RESPEITO DA MULHER** 263

1 – Tertuliano: entre a heresia e a canônica 263

2 – Os dilemas de Paulo enquanto judeu e cristão 268

3 – Paulo, o consuetudinário judaico e a quebra de paradigmas............. 272

4 – A natureza humana e feminina não são uma invenção conceitual 277

5 – A verbalização da doutrina sujeita à instrução e às idiossincrasias
dos narradores..282

CAPÍTULO VIII

DA DISPERSÃO À UNIFICAÇÃO CRISTÃ SOB O TÍTULO DE *CATÓLICO* . . 289

1 – O cristianismo em crise: em busca da unificação dos patriarcados 289

2 – O cristianismo se fez religião: a ascenção do catolicismo 294

3 – O Édito de Milão e o Concílio de Niceia: a unificação cristã por decreto. . 301

4 – A fórmula do credo de Niceia referida a Plotino e a *Irrisio* de Hérmias . . . 305

5 – O pagão (*pagus*) e o gentio (*ethnikós*) 310

REFERÊNCIAS 317

PRÓLOGO

Escrever é um ato de liberdade e de autoconhecimento. A meditação e o estudo pedem pela comunicação oral ou escrita como meio de verbalizar o entendimento daquilo que alguém se propõe a estudar e a compreender. O estudo e o entendimento têm por característica renovar a mente de quem estuda a ponto de colocar em crise conceitos e preceitos em busca de mais sabedoria e verdade. O saber e a verdade se constituem em caminhos, não em um *télos* de chegada. A leitura e o estudo, entretanto, comportam esta complexidade: a de desarranjar o pensamento ou uma certa mentalidade *estabelecida*, e de assim provocar mudança, renovação, ressignificação e renascimento.

A qualificação ou a elevação em virtude não tem um ponto de chegada: é só caminho. São fundamentalmente dois os meios com os quais nos debatemos com a mudança: pelos caminhos da vida e da instrução. Não há como ser melhor mantendo-se sempre no mesmo, sem se colocar na crise do estabelecido quer mediante experiências da vida quer apropriando-se de saberes disponíveis. O próprio viver é transformador. Para os que, entretanto, têm medo de ser um pouco diferente do que mentalmente é, este é o conselho: viva recluso, não leia, não se instrua, fuja do saber ou da confabulação com os que amam se instruir, não busque por sabedoria. Mas esta é a regra: não há como ser melhor sem de algum modo nos acercarmos do que nos faz ser diferentes e sem nos desarranjarmos no estabelecido ou costumeiro, mesmo que seja abrindo-se a uma simples confabulação. O acesso ao conhecimento é sempre transformador: ele muda nosso modo de ver, de sentir e de pensar.

Esta obra se fez sob o pressuposto, dado como um propósito, de entender (*intendere* — no sentido de uma aplicação do entendimento em termos objetivos e subjetivos) como se deu o alvorecer do cristianismo. A fonte primordial desse entendimento recaiu na leitura paciente e atenta das escrituras, especificamente do *Novo testamento* em seu conjunto.[1] Ela segue o seguinte roteiro: do logos oral de Jesus ao magistério de Paulo; das narrativas evangélicas às interpretações geradoras de grandes conflitos promotores de umas quantas dissensões que urgiram a necessidade do entendimento recíproco e da unificação. Foi após a morte de Pedro, de

---

[1] Cf. nas *Referências* as fontes das quais nos servimos.

Paulo e de Tiago Menor, dos três primeiros e principais líderes da cristandade, que se deu a dispersão cristã e, com ela, o desentendimento e a divergência de opiniões que promoveram, na posteridade, disputas, litígios e, enfim, a intolerância.

Foi fundamentalmente a intolerância que gerou a perseguição romana, vendo no cristianismo nascente uma extraordinária fonte de poder popular capaz de insuflar oposições e desestabilizar a governabilidade. Foi urgido por essas circunstâncias que os patriarcados de Roma, de Jerusalém, de Antioquia e de Alexandria foram, pelo próprio Estado romano, convocados a se organizarem em um só governo, em um só credo e uma só doutrina. O patriarcado de Roma, sediado ao lado do poder imperial e do senado de Roma, foi convocado (sob requisitos da jurisprudência reguladora da *pietas* romana) a assumir a liderança dos demais, a disciplinar as relações e a requerer de todos a sujeição a uma só doutrina e a um só poder. São vários elementos que entraram na pauta da execução dessa tarefa. O primordial, do ponto de vista da *pietas* romana, recaiu na necessidade de demonstrar que a doutrina cristã, ao modo da *religio* romana, também se pautava pela razoabilidade e pelo bom senso conforme os padrões do Direito regulador da *civilidade* promotora do Estado romano.

Aqui está o principal objetivo que caracteriza esta obra: reportar-se aos momentos iniciais que deram origem ao cristianismo, a começar pelos impactos que o evento Jesus, um judeu a seu modo desgarrado da ortodoxia judaica, localizado na periferia, de onde promovia sérios conflitos em meio à cultura hebraica e à vida cívica e política do poder regional sob jurisdição romana. Jesus se manteve quase sempre restrito a Nazaré, onde se criou,[2] e a Cafarnaum, na região da Galileia, por onde percorria ensinando nas sinagogas,[3] e também nos vilarejos para quem quisesse ouvi-lo. Fundamentalmente, ele se dedicava "em *evangelizar os pobres* (*euaggelísasthai ptochoîs*), em 'curar os constritos do coração', em 'anunciar aos cativos a redenção', em fazer os cegos verem e 'pôr em liberdade os oprimidos'".[4] Foi acercando-se dos pobres e dos desvalidos que, na "Galileia, a sua fama se espalhou por toda a região, [...] e era aclamado por todos".[5]

---

[2] *Evangelho segundo Lucas*, 4: 16.

[3] *Mateus*, 9: 35.

[4] *Lucas*, 4: 18-19.

[5] *Lucas*, 4: 14-15.

O evento Jesus assinalou um novo ciclo, tal como consta no evangelho de Lucas: "A lei e os profetas [Lucas relata como sendo palavras de Jesus] duraram até João [o Batista]; desde então é anunciado o reino de Deus, e todos o combatem".[6] João Batista e Jesus são dois personagens de um mesmo evento. O "todos" ao qual a assertiva se refere não diz respeito ao público que se acercava de Jesus a fim de ouvi-lo, e sim aos senhores da riqueza e do poder religioso e político que viam nele a desestabilização da ordem que lhes garantia comodidade e bem-estar. Jesus, com a sua mensagem e com o público com o qual convivia (os marginalizados da vida cívica, acuados pela pobreza, pelo desamparo, pelo preconceito, pela doença, pela fome), aterrorizava o estabelecido. Se Jesus tivesse tido a "precaução" de frequentar a casa dos senhores, de juntar-se aos da corte, aos pontífices de Jerusalém e do Sinédrio, com certeza não teria sido crucificado!

O evento Jesus foi um fenômeno que ultrapassou a polidez, que transgrediu a sobriedade, o respeito e a reverência dos que gostavam de ser louvados como "homens de bem" daquela ocasião, ou seja, homens que não se importavam com outros valores que não fossem aqueles pelos quais faziam qualquer coisa, e a qualquer custo. Tudo estava sob o controle do Império, especialmente a consciência dos mandatários políticos e religiosos da época. As intensas andanças de Jesus pelo território da Galileia desestabilizaram a rotina, estimularam a consciência de muitos dispostos a se reformar em seus valores, e isso afetou a tranquilidade do estabelecido, que, por sua vez, apelou ao Império. O evento, que tinha profundos significados vivenciais para aqueles que o acolheram, começou a promover efeitos políticos na governabilidade dos poderes regionais, que, por sua vez, buscaram socorro nos poderes imperiais representados na Judeia, por Pilatos.

> Pilatos [depois de ouvir os sacerdotes e interrogar Jesus] disse aos príncipes dos sacerdotes e ao povo: não encontro neste homem crime algum. Mas eles [os sacerdotes] insistiam cada vez mais dizendo: ele subleva o povo ensinando por toda a Judeia, desde a Galileia, onde iniciou o seu ensino, expandindo-o até aqui. Pilatos, ao ouvir a referência a Galileia [...] remeteu Jesus a Herodes [responsável por aquela jurisdição] [...]. Herodes [...] fez-lhe muitas perguntas. Mas Jesus não respondia; entretanto, os príncipes

---

[6] *Lucas*, 16: 16.

dos sacerdotes ali presentes, e os escribas, acusava-o com grande insistência.[7]

Eis de Jesus o seu grande crime: ele "*sublevava o povo ensinando*". Se ele tivesse deixado tudo como estava, se tivesse se conformado ao modo de pensar do estabelecido como verdadeiro, se tivesse desistido de ser um *didáskalos*, teria levado vida tranquila e não teria intranquilizado ninguém. Enquanto vivo, Jesus sublevava o povo, não, porém, aquela parte do povo que acompanhava os príncipes dos sacerdotes, aquela ao qual Pilatos se dirigiu dizendo que não encontrava naquele "homem crime algum", e sim os da periferia, os esquecidos e os marginalizados. Não foi essa parte do povo que optou por Barrabás: um criminoso confesso, disposto a defender os interesses de Roma a qualquer custo. A mais severa *sublevação* de Jesus recaiu sobre os seus discípulos. Ele os subverteu de tal modo que nenhum deles conseguiu morrer de velho e tranquilo. Tirando Judas, o Iscariotes, que se suicidou, e João, o evangelista, que se livrou de uma morte cruel em Roma, mas findou morrendo, em Éfeso, bem idoso, todos os demais tiveram morte cruel porque se deixaram possuir pelos ensinamentos de Jesus.

*

Foi depois da morte dos discípulos, especificamente dos três líderes — Pedro, Paulo e Tiago Menor —, que grandes mudanças começaram a se sobrepor aos destinos do cristianismo. O Jesus vivo causou sublevação; o Jesus morto promoveu, inicialmente, uma severa perseguição contra os seus discípulos. Com a morte deles, temos, lentamente, a dispersão, e uma consequente perseguição do poder imperial contra os cristãos. Aqui começam as mudanças que vieram a promover um novo estágio e novas direções no alvorecer do cristianismo, a ponto de, na posteridade, a partir do século IV, vir a se constituir na principal religião, sob o título de *católica*, do Império romano. O título de *católica* lhe sobreveio não por ser, em si mesma uma doutrina universal, e sim porque todos os que se diziam cristãos, a partir do édito de Tessalônica, de 380 (antecedido pelo de Milão, de 313, e pelo Concílio de Nicea, de 325), tinham de professar um só credo e uma só ortodoxia, e ter um só *pontifex* gerenciador dessa ortodoxia. "Ordenamos [decretou o *édito de Tessalônica*, assinado pelo

---

[7] *Lucas*, 23: 4-10.

imperador Teodósio I] que adotem o nome de cristãos católicos os que seguem esse édito".[8]

São vários flancos que se abriram com a grande expansão e acolhimento popular do evento Jesus acompanhado das narrativas que o amparavam. De um lado, temos o Império, suas leis e sua governabilidade; de outro, temos o espraiar das narrativas cristãs geradoras de preferências, e, consequentemente, de crises e de conflitos em meio ao próprio *staff* dos dirigentes das comunidades locais, das interpretações e dos patriarcados que agregavam às suas comunidades requisitos e valores da cultura ou dos usos e costumes regionais. Os conflitos se estenderam também em meio aos filósofos da época, especialmente os dialéticos ou lógicos que colocavam em crise certas premissas do cristianismo, tal, por exemplo, como um Deus pode gerar ou ser gerado sendo imortal e eterno? O cristianismo nascente teve que se debater com essas e diversas outras questões.

O cristianismo, já em seus primórdios, a partir da morte de Pedro, de Paulo e de Tiago Menor, se viu na eminência, em decorrência das interpretações, de se diversificar em vários cristianismos, na época denominados de *gnoses*. Temos ainda um outro aspecto importante a ser considerado: o de que o evento Jesus alcançou um extraordinário acolhimento popular, mas não, a rigor, pelos da elite, quer judaica quer romana. O cristianismo, ao se espraiar pelo acolhimento popular, atingiu expressivamente o *sustento* do poder político — o povo — e, consequentemente, tendeu a desestabilizar esse mesmo poder político e os seus mentores, razão pela qual os da elite se apressaram em se fazer cristãos, em tomar a frente do evento que se disseminava por todo o império com proposições de libertação e de salvação, de benevolência e justiça recíprocas.

De um fenômeno restrito à Galileia, o evento Jesus e suas narrativas, bem como os ecos, de boca em boca, de seus feitos, se estenderam por todo o orbe judaico (Judeia, Samaria, Palestina) e depois, a partir de Antioquia, por grande parte do império a começar pelos caminhos da *helenização* promovida, inicialmente, por Alexandre e, depois, por Seleuco. Com a ausência de Paulo e dos demais discípulos, sem lideranças consistentes reguladoras das narrativas e das comunidades dispersas, os rumos do cristianismo restou descontrolado, e, por consequência, pôs em crise o sustento da governabilidade. O magistério de Paulo, astucioso, para

---

[8] *Código teodosiano*, XVI, 1-2 *apud* TUÑÓN DE LARA, Manuel. *Textos y documentos de Historia Antigua, Media y Moderna*. Barcelona: Labor, 1984. p. 127.

além do povo (da força política do império), se direcionava também aos líderes de comunidades locais, mantendo-os dentro de uma unidade cristã. Para além de uma questão meramente política, aqui, entretanto, sobressai uma outra questão a ser analisada: por que Paulo foi levado a *helenizar*, ou seja, a submeter a doutrina cristã, os evangelhos e as cartas, a falar grego e não o latim?

Em um mundo, naquela ocasião, em que bem poucos sabiam ler e escrever, em que a língua grega era a língua dos eruditos, por que e para quem o cristianismo foi levado a falar grego? Toda a região que hoje compõe a Turquia estava eivada de dialetos locais, mas tinha o grego como língua erudita universal; todas as antigas *póleis* dispunham da língua grega, nas formas ática e jônica, como língua universal. Eis aí, em princípio, a razão pela qual Paulo *helenizou* a doutrina cristã ao ser levada para fora de seu habitat regional, a partir da Galileia. Paulo fez o cristianismo falar grego a fim de obter um acesso universal entre as comunidades, para o que visou os instruídos da época, e, através deles, o povo, mais exatamente líderes locais. Desde os seus primórdios, entretanto, o cristianismo foi um evento familiar, e não, a rigor, popular.

Paulo, mesmo levando os evangelhos a falar grego, se manteve, entretanto, acercado ao judaísmo, sempre disposto a consorciar os ditames da antiga lei e os da nova lei presumidos como uma realização e acabamento (melhoria) da antiga. Paulo foi aluno de Gamaliel, um fariseu, importante autoridade no Sinédrio e mentor de uma escola rabínica em Jerusalém. Junto com Paulo, como colega, estudou Barnabé, seu companheiro inseparável desde o primeiro momento em que tomou para si, a partir de Chipre e Antioquia, a causa que estampou o evento Jesus como o messias almejado pelos ditames da antiga lei.

Foi nessa correlação entre a antiga e a nova lei que Paulo reconstruiu os ditames da antiga lei sob pressupostos da referida como nova, e, do mesmo modo, as antigas promessas e as esperanças, tudo em benefício de um novo judaísmo, em si mesmo reformado, e, como tal, fautor de uma nova justiça e de um novo juízo. Paulo manteve sempre a consciência de ser um judeu, e não um *gentio* (*ethnikós*), e assim se expressava sob um senso de pertencimento ao seu éthnos (povo, nação), ao modo de quem tinha prioritariamente compromisso com ele: "Nossa natureza advém dos judeus [dizia ele], e não dos povos pecadores (*ek ethnōn hamartoloí*)".[9]

---

[9] *Epístola aos gálatas*, 2: 15-16.

*

Do elenco das *Cartas* de Paulo, a primeira está endereçada *aos romanos*, e se organiza e se expressa como um evangelho do qual Paulo se enuncia o pregador[10]; a última carta do elenco, dirigida *aos hebreus*, comporta o mesmo teor formal da primeira, porém, ao modo de uma *exortação*. Mesmo tendo sido grande aceitação entre os populares (não-judeus e judeus circuncidados ou não) o novo judaísmo promovido por Paulo (um judaísmo reformado sob as proposições do evento Jesus submetido aos anseios messiânicos da tradição hebraica) não foi muito bem acolhido e aceito pelos da elite religiosa e política judaica. Nesse contexto, por "elite religiosa" cabe também entender os judeus ilustrados e dispersos nos encargos religiosos, os ditos *kohanim*, sacerdotes hereditários, da tribo dos levitas e descendentes de Aarão com grande influência na nação judaica dispersa.

Sob esse título, *Epístola aos romanos* cabe prioritariamente conceber "aos romanos hebreus" em meio aos quais, por força da governabilidade política romana e da manutenção desse mesmo poder político, o cristianismo, enfim, se construiu e se elevou. Pedro e Paulo, em Roma, findaram assassinados em nome da causa que a si mesmos se deram. Em Roma, eles encontraram a morte quando o cristianismo por lá recém estava se expandindo, e ainda não tinha o respaldo político necessário para ser acolhido pelo Império, quer dizer, ainda não tinha uma tão grande influência popular a ponto de ter voz no império. Ambos foram mortos sob a mesma acusação que fez perecer Jesus: eram *didáskalos* que "sublevavam o povo *ensinando*", ou seja, oportunizando a esse mesmo povo consciência humana de direitos, de bem-estar e de justiça. Eram *didáskalos* (mestres, professores) que "deformavam" com seu ensino a mente popular que dava sustento político à elite patrícia e aos senhores governantes do Império.

Aqui uma outra questão fundamental que permeia este estudo (de cunho filosófico) é a do acolhimento do cristianismo em proporção à aceitação promovida a partir dos interesses estatais sobrepostos aos do povo romano. Contribuíram, nesse sentido, e de modo incisivo, os primeiros doutrinadores, os ditos *apologistas*, que, entretanto, tiveram a necessidade de *helenizar* a doutrina cristã a fim de que ela fosse mais facilmente acolhida pelos patrícios da governabilidade romana. Com os

---

[10] *Epístola aos romanos*, 16: 25; *Epístola aos gálatas*, 1: 11.

apologistas o conceito *helenizar* tomou outras proporções que foram além do que se deu com Paulo e seus colaboradores imediatos (Barnabé, Lucas e Marcos), ou seja, de levar simplesmente a doutrina cristã a *falar grego*. Com os ditos *apologistas* o cristianismo almejou ser, enquanto doutrina, uma filosofia no universo das demais filosofias, diante das quais haveria de ser "a verdadeira filosofia".

São duas vertentes que correram paralelas: a da manutenção do *status quo* do antigo judaísmo e a ascenção do novo, sempre, entretanto, em conformidade com o antigo, cuja correlação, para ambos, redundava em lucro. De início, com o evento Jesus, e ainda na posteridade, com Pedro, Paulo e os demais discípulos, a ascenção do cristianismo atropelava os interesses do judaísmo, mas o mesmo não se dá agora, a partir do final do III e início do século IV. O antigo judaísmo refluiu e se imobilizou tal como estava, e o novo judaísmo, sob o conceito de cristianismo, se moveu desgarrando-se, sem, todavia, desfazer-se dos vínculos genealógicos em dependência dos quais construiu o seu território (o seu *télos*) doutrinário e a sua identidade cristã e judaica.

Por *apologistas* cabe entender o feito de indivíduos que se dedicaram a produzir obras, discursos e exortações (*protrépticas*) para defender, mas também, e sobretudo, para explicar e promover o entendimento da doutrina cristã e dar-lhe um rosto todo seu. Trata-se, com efeito, de obras dirigidas não propriamente aos populares, e sim aos da elite, muitos deles judeus, detentores de poder religioso e político, disseminados por todo Império, e aos governantes igualmente arranjados dentro de uma severa hierarquia de autoridade e poder. Não foi sem razão que Justino, o primeiro e mais saliente doutrinador, dedicou a sua *Apologia* ao imperador César Augusto e aos seus filhos, e ao *sacro* Senado.[11] O *Diálogo de Justino com o judeu Trifão* foi, por sua vez, dedicado aos judeus intelectualizados que manifestavam um sério estranhamento perante os ditames da referida "nova lei" no confronto da antiga, pela nova presumida, em vários aspectos, como ultrapassada e obsoleta.[12]

Em seu *diálogo*, Justino sempre evidencia e se põe prioritariamente atento aos interesses e objetivos de sua apologética, e não, evidentemente, os do judeu Trifão. A sua maior preocupação consiste em evidenciar as principais contendas entre cristianismo e judaísmo acirradas no decurso

---

[11] *Apologia*, I, 1.

[12] *Diálogo com Trifão*, XI, 2-3

do século II. Esse é um lado; o outro diz respeito ao estabelecimento de estâncias de pertencimento à antiga e à nova lei, para o que o *Diálogo* se ocupa em pontuar aproximações e divergências, e, sobretudo, esclarecer que a vontade de Deus não estava condicionada a fazer o que os judeus quisessem, e sim o que ele, o próprio Deus, estava disposto a fazer.[13] Daí que Justino, portanto, se colocou na mesma senda de Paulo que concebeu a antiga lei como tendo sido dada aos hebreus ao modo como os pais se valiam de um pedagogo (*paidagogós*[14]) a fim de conduzir os infantes no processo da instrução.

Se uma tal concepção — a de que a antiga lei foi dada como uma instrução prévia em vista da nova — era valiosa para o cristianismo (na forma de um novo judaísmo) nascente, o mesmo não cabe dizer em relação ao judaísmo arcaico existente, que refutava por completo essa presunção. Paulo, ao dizer de si mesmo, que se fez um "judeu *como os judeus*"[15] a fim de conquistar os judeus, denuncia as intransponíveis dificuldades com as quais se debateu diante do judaísmo do qual fazia parte. Afinal, ele não carecia de se *fazer* judeu, visto que era um judeu; ele detinha (como fez constar na *Epístola aos gálatas*) a posse da "natureza judaica – *phýsei Ioudaîon*".[16] Por isso, ao dizer que "se fez judeu como os judeus", cabe entender que ele se assumiu como cristão sem dispensar os usos e costumes ou sem tolher ou descaracterizar a sua condição de judeu; tratou-se, pois, de uma boa retórica no sentido de exortar os judeus a serem cristãos sem deixarem de ser judeus!

*

Assim como Paulo diz "se ter feito judeu", também diz igualmente que se fez grego para conquistar *os gregos*. Por *grego* cabe entender todos os que dominavam a língua grega, que, na época, como já visto, era considerada a língua dos eruditos e ilustrados, e, enfim, do homem dito *civilizado*. Paulo, ao *se fazer grego*, significa igualmente que se empenhou em se apropriar da cultura e da língua grega, justamente aquela à qual sujeitou o *evangelho* e a mensagem cristã. Nesse ponto, ele acompanhou o

---

[13] *Diálogo com Trifão*, LXXXIV, 3

[14] *Epístola aos gálatas*, 3: 24.

[15] *Primeira epístola aos coríntios*, 9, 20.

[16] *Epístola aos gálatas*, 2: 15.

feito de Ptolomeu que reuniu em Alexandria, no século III antes de cristo, os setenta eruditos que foram levados a recolher e a traduzir os textos (os *livros*, *bíblia*) tidos como pertencentes à literatura sagrada. Traduzidos para o grego, eles foram todos reunidos em um só conjunto abreviadamente denominado de *Bíblia*, em português, *Livros*.

Tratou-se de um feito que, entretanto, não agradou os judeus, que, por sua vez, para si apenas conservaram como *Bíblia* os *livros* tradicionalmente acolhidos por eles como sagrados: os que, no conjunto, vieram a compor os cinco primeiros livros, ditos *pentateuco* (literalmente, *cinco rolos*): o Gênesis (sobre as origens), o Êxodo (a saída dos hebreus do Egito), o Levítico (referente aos sacerdotes levitas), o Números (concernente ao recenciamento dos hebreus) e o Deuteronômio (a respeito das leis). O *pentateuco*, mesmo traduzido para o grego, foi mantido pelos judeus na língua hebraica, e assim os cinco livros foram reunidos em um só conjunto dito *Torá*: o livro da instrução, da doutrina ou da lei.

Paulo efetivamente levou o cristianismo, em suas origens, a falar grego. Fato curioso, relativamente a esse feito, é que o primeiro *evangelho*, o de Mateus, não foi escrito em hebraico, e sim em aramaico, na língua dominante dos judeus da Galileia. Isso denuncia que o evento Jesus, em sua origem, se constituiu em um fenômeno local, restrito, e assim quis inicialmente se manter. Ocorreu, entretanto, que o fenômeno, em si mesmo, se expandiu para além das fronteiras da Galileia, alcançando rapidamente outras regiões e povos locais, a ponto de se expandir por praticamente todo o Império e a promover conflitos religiosos e políticos locais. O evento Jesus, entretanto, não demorou a se avolumar, a ultrapassar fronteiras e a levar atrás de si discípulos e adeptos. O evangelho aramaico de Mateus foi logo traduzido para o grego, e, os dois outros, o de Marcos e Lucas, concebidos sobre o de Mateus, foram escritos em grego, e o mesmo se deu um pouco mais tarde com o de João, escrito por ele na região de Éfeso, onde era o patriarca.

O *cristianismo escrito*, o que falava grego, foi destinado aos eruditos da época, daqueles que tinham a posse de algum saber ou ciência ou de instrução, e sabiam ler, de modo que, em sua origem, o cristianismo se apresentou como um saber *didascálico*, ou seja, destinado ao ensino e à instrução, fundamentalmente sob a concepção de uma *instrução complementar* ao judaísmo tradicional. Ao se pôr a falar grego, o cristianismo (nascido em um reduto familiar e periférico) foi logo, em uma posteridade como que imediata, direcionado aos *didáskalos* (aos mestres da instrução), por cuja via ele tendeu a se consolidar e a se expandir. Na forma de *livros* (dos ditos *evangelhos*), o cristianismo se dirigiu aos dirigentes das comunidades, mas igualmente aos indivíduos que também tinham possibilidade de acesso a um saber mais aprimorado e, inclusive, condições econômicas de adquirir tais livros (rolos) e de mandar replicar por copistas da época (atividade comum entre os *paidagogós* da Grécia antiga). Nas sinagogas o cristianismo falava, pela boca dos discípulos, preferencialmente hebraico ou dialetos locais, mas também e, preferencialmente, em grego.

A *helenização*, no sentido primeiro de levar o cristianismo a *falar* grego (e não hebraico ou latim), resultou em um dos principais recursos do acolhimento da doutrina entre os intelectuais fiadores da razoabilidade presumida pelos mentores do Império romano. Paulo, ao percorrer, de início, o território conquistado por Alexandre e governado por Seleuco, sobrepôs ao conceito ao *helenizar* (que, naquela época, tomou a conotação de *civilizar*) o de cristianizar (mesmo que sobre uma perspectiva judaizante). *Helenizar*, sinônimo de *civilizar*, nos tempos de Alexandre, comportava o sentido de qualificar os usos e costumes, de fazer reluzir, de dar brilho, de ilustrar, e, enfim, promover, na relação com os demais usos e costumes, uma ideia de superioridade.

O verbo *hellenízo* (*helenizar*), na literatura filosófica grega, correspondia, justamente, em um sentido rudimentar, ao *falar* ou ao *escrever* e, inclusive, ao *fazer-se* grego.[17] O advérbio *hellenikós* comportou o significado de ser à maneira dos gregos.[18] Foi com esse conceito que a tradição definiu o feito de Alexandre realizado com a pretensão de *civilizar* (sinônimo de *helenizar*) os costumes dos povos pelos gregos considerados *bárbaros*: todos aqueles que, do ponto de vista deles, não eram gregos, especialmente os persas. O propósito de Alexandre consistiu basicamente em promover entre os demais povos o aprendizado da língua grega e, por meio dela, levá-los a se apossar do saber e do viver (do *modo de ser*) dos helenos (dos gregos). Foi em vista, então, da pretensão de *civilizar* que Alexandre e seu exército se dedicou em difundir a cultura e o saber heleno.

Este, de Alexandre, fora o seu principal objetivo: conquistar os povos e submeter a todos à civilidade grega, cujo feito a posteridade definiu como sendo um projeto *helenizador*. Três séculos mais tarde, Paulo de Tarso, empunhando, não a espada, mas (feito um Orfeu) apenas o manto

---

[17] PLATÃO, *Mênon*, 82b. ARISTÓTELES, *Retórica*, III, 5, 1; Idem, *Refutação dos Sofistas*, XXXII, 182b, 2, 4.

[18] HERÓDOTO, *História*, IV, 108.

e um cajado, acercado de alguns companheiros, se pôs a refazer o mesmo roteiro de Alexandre pelo território da antiga Pérsia. Paulo, entretanto, antes de ir até a Índia, como fez Alexandre, findou em Roma. De Roma, o cristianismo, agregando *valores* romanos, se expandiu por todo o Orbe, inclusive, pelo mundo novo, para onde os chamados conquistadores vieram trazendo em uma mão a cruz e, na outra (na mais ágil), a espada.

Com Paulo de Tarso, o cristianismo, a partir de Chipre e de Antioquia, tomou as mesmas sendas abertas por Alexandre e Seleuco (sucessor de Alexandre no governo dos povos da antiga Pérsia). Por onde Alexandre abriu os caminhos em vista de *helenizar*, Paulo começou a percorrer no intuito de *cristianizar*: o objetivo de ambos findou em uma dupla face de um projeto presumido como *civilizador*. Paulo, entretanto, em vista de seu objetivo, não foi para as escolas fundadas por Alexandre, e sim para as sinagogas, servindo-se, entretanto, do instrumental grego (da língua e da cultura) de uso corriqueiro nas escolas. Aí mais uma razão pela qual o primeiro grande feito de Paulo, com a ajuda de Mateus, Marcos e Lucas consistiu em redigir a doutrina, organizá-la por escrito, e, enfim, levá-la a *falar grego*. O cristianismo, portanto, em sua origem teve a necessidade, primeiro, sob a liderança de Paulo, de se *helenizar*; depois, a partir de Justino, de Clemente e de Orígenes, a se arranjar nos moldes de uma doutrina *filosófica* aparentada com o neoplatonismo e com o estoicismo.

*

Aí está o roteiro que caracteriza esta obra. Ela parte dos momentos iniciais que deram origem e viço ao cristianismo, analisando os impactos que o evento Jesus provocou desde Nazaré a Roma, onde, enfim, encontrou um outro e novo destino. Desde Nazaré a Roma, o evento findou revolucionário e provocativo, promoveu desentendimentos e dissenções, até se reunificar como a religião oficial do Estado e da civilidade romana.

Ficou dito que escrever é um ato de liberdade; falar também é, e, mais ainda, pensar. Quem, no entanto, apenas pensa, mas não fala nem escreve o que laboriosamente pensou, resta prisioneiro da incapacidade de ser livre. O silêncio, genericamente considerado, é o refúgio de quem não cultiva o espírito livre, e sim o receio de se debater com a possibilidade de, em meio aos acertos, proferir alguns desacertos e, em meio a algum saber, estampar igualmente alguma ignorância. O silêncio às vezes se faz sabedoria quando ele próprio se manifesta como uma resposta, e, muitas vezes, como ocasião de audição ou escuta.

O silêncio também oprime quando aquele que silencia foge da possibilidade de se dar a virtude da dúvida que move o intelecto a se reconstruir em meio às suas *presumidas* verdades.[19] *Presumidas* em razão de que a verdade, por sua índole, é o que nunca se estabelece de uma vez por todas e que jamais se reduz a uma só! O silêncio é uma opressão para aquele que acredita estar certo de que os seus pensamentos, a sua fala e a sua escrita são redutos da verdade que não carece de reparos! Na vida acadêmica e professoral, e isso também vale para qualquer desejo de instrução ou anseio educador, não cabe portar-se ao modo de quem quer ensinar sempre o mesmo: o que sempre soube, sem reciclagem, sem almejar alguma renovação ou transformação. A renovação liberta, dá acabamento e aprimora e, enfim, retira o intelecto do risco de se atrofiar na estância do que se mantém sempre o mesmo.

O espírito livre de uma escrita e de uma fala ou discurso (mesmo sob o arrojo da *parrésia*) não tem por pressuposto dizer o que se quer, e sim o que é possível e plausível mediante estudo, meditação e análise. No que concerne a esta obra, a leitura e o estudo das narrativas evangélicas se deram em termos de um *autoconhecimento* e entendimento a respeito do evento Jesus. "Tudo é permitido [sentenciou Paulo aos coríntios], mas nem tudo convém. Tudo me é permitido, mas nem tudo edifica"; e, enfim, questiona: "Mas por que motivo a minha liberdade é julgada pela consciência alheia?".[20] O ajuizamento alheio toma parte da mesma assertiva segundo a qual "tudo é permitido", desde que *edifica*. Este — o desejo de edificar — é, sem dúvida, a consciência de quem se põe a fazer ou a refazer, mas também de quem se dispõe a *julgar*. Dele, igualmente, é requisitada a incumbência de *fazer melhor*, e não simplesmente justificar o que, para ele, há de se manter sempre o mesmo, sobre o pressuposto de que a *plenitude* (a *plerosis*) está "no que ele sempre soube"!

Vinculado a dois outros estudos — *Helenização e recriação de sentidos e Cristianismo primitivo e educação filosófica* — eis o primordial objetivo

---

[19] Pensamos aqui no que concebeu Descartes: "Pois se é verdade que eu duvido [...], é igualmente verdade que eu penso... E, por certo, se eu não pensasse, não saberia que duvido e nem que existo". "Eu duvido, logo, eu sou, ou, então, o que dá no mesmo, eu penso, logo, eu sou – *dubito, ergo sum* vel *cogito, ergo sum*" (*La recherche de la verité*, AT, X, p. 522; AB, p. 897; AT, X, p. 523; AB, 898). Cf. Bacon, Galileu e Descartes (São Paulo: Loyola, 2013), p. 260-311.

[20] *Primeira epístola aos coríntios*, 10: 22-23, e 29.

da obra: entrar reflexivamente, por meio das narrativas evangélicas, por dentro do evento Jesus, e buscar mais uma vez conhecer, rever e reformar o dentro de si de toda uma vida dedicada ao estudo e ao professorado, e falquejada, desde a infância, em todo o processo de instrução e educação, pela cultura cristã. A obra mescla o registro e a narrativa histórica com a análise filosófica e conceitual. Seu objetivo consiste em promover uma reflexão que busca uma melhor compreensão do evento Jesus e da causa ou causas que ele representou, e que, posteriormente, foi acolhida por Paulo que se deu a tarefa, não de guardar para si, mas de disseminá-la. Seria contraproducente alguém querer ler esta obra com a intenção de encontrar nela o que sempre soube ou o que a maioria está comumente habituada a admitir e a entender.

A obra persegue dois propósitos entre si relacionados: um, compreender, no sentido de *se ilustrar* a respeito da essência do evento Jesus a partir das narrativas que verbalmente o recompõe; outro, entender igualmente (no sentido de *tomar consciência histórica*) como, no decurso dos séculos II ao IV, o evento Jesus, para além de um fenômeno religioso e civilizatório, se transformou em uma causa política, e a doutrina cristã se assumiu, em definitivo, como uma religião, sob vários aspectos, inclusive, inovador. Mas esta obra não é fruto só de leitura, de meditação e estudo. Ela comporta igualmente uma verbalização conceitual e filosófica de uma experiência vivencial e de sentimentos d'alma que implicam, por um lado, satisfação quanto à possibilidade da edificação de um mundo mais justo e humano (de cuja melhoria Jesus se apresentou como mestre); por outro, manifesta indignação e dor perante uma realidade humana tão alvejada por fobias e preconceitos, por sentimentos de repulsa e/ou aversão tomados por muitos (inclusive, por uns quantos que se dizem *cristãos*) como *valores*, e que nada têm a ver nem com humanidade nem com cristandade.

Não tendo a preocupação de demonstrar algo, tampouco iluminar o entendimento dos outros, este estudo é fruto do desejo de se ilustrar na causa humana e cristã. O que, afinal, mais se cultiva a respeito do evento Jesus são certezas expressas em manifestações de fé, de mitos e de mistérios eivados de desinformação, de carência de leitura, de estudo e de instrução. Muito conhecido pela fé, Jesus é igualmente muito desconhecido relativamente às evidências históricas que o conceberam. Em tudo, a sua existência está eivada de lacunas que a fé, sobretudo aquela carente de ilustração, não basta para preenchê-las. Urge a necessidade de investigar em busca de dar luz ao evento Jesus como um fenômeno humano real, e não meramente imaginário ou obscurecido por pressupostos dogmáticos e, inclusive, românticos, que retiraram e retiram do evento a sua característica fundamental: a sua *humanidade*.

Quem estuda e investiga sabe que nem a excelência nem o bem correspondem a um algo que está lá no fim do caminho ou da jornada: ambos, a excelência e o bem, coincidem com o próprio caminho e com a jornada a percorrer. A excelência e o bem não são pontos de chegada, porque são apenas *caminhos* e meios *para caminhar* neles. Ambos não levam para um lugar específico, apenas se intensificam à medida que levam! Ocorre que não há um outro meio de "alcançar" a excelência ou o bem senão envolvendo-se com eles porque o bem e a excelência são inalcançáveis. A grande surpresa e espanto, que, nesse introito, cabe ainda dizer, é que, quem busca em Jesus *divindade*, esteja logo de saída certo de que o que nele efetivamente as narrativas evangélicas mais realçam são empatia e *humanidade*, e que foi assim que ele vivenciou e expressou a *divindade* sob premissas de beneficência e de justiça.

A outra grande surpresa decorre do fato de que quem quer ser ou se manter cristão só tem uma única saída: se dar e vivenciar o mandamento cristão. Nem Jesus nem mais ninguém é capaz de fazer alguém cristão sem que esse alguém se dê livremente a vivência cristã. Esta, enfim, é uma questão crucial: não existe cristão *teórico*, abstrato, que vive ensinando os outros a ser cristão, porque o cristão, em sua essência, é um ser vivencial, concreto, prático e de espírito livre, conforme a *consciência* manifesta por Paulo. O aspecto teórico relativo à cristandade tem um só objetivo: promover o entendimento, desembaraçar a mente, ampliar a lucidez e os horizontes. O ser cristão tem por caminho a sabedoria libertadora e não a ignorância opressora.

Miguel Spinelli

CAPÍTULO I

O EVENTO JESUS E A ESTAMPA DO FENÔMENO HUMANO

1 – O evento Jesus e as narrativas a respeito dele

A saga cristã não se inicia propriamente com o nascimento de Jesus, mas com a sua morte inusitada e cruel. Quanto à data em que nasceu Jesus, ela é incerta, visto que pode ser recuada para um pouco antes do ano "1", como consta no calendário gregoriano. Os dados evangélicos não combinam exatamente com os dados históricos. Quanto aos governantes da época, os evangelhos muitas vezes se referem laconicamente a Herodes, sem, entretanto, especificar qual. Ocorre que existiram quatro Herodes: o grande (ou *magno*), filho de Antípatro, que governou (como diz, em geral, a tradição) desde o ano 70 a.C. até o ano 4 a.C., depois veio Herodes Arquelau, que governou de 4 a.C. a 6 d.C., na sequência, o Herodes Antipas, que governou de 6 a 39 d.C., e, enfim, Herodes Agripa, que governou de 40 a 44 d.C. Eis o que consta em Mateus quanto ao nascimento de Jesus:

> Um anjo do senhor [logo após o nascimento de Jesus] apareceu em sonho a José e lhe disse: levanta-te, toma o menino e sua mãe, e foge para o Egito, e fica lá até que eu o avise, porque Herodes vai procurar o menino para Matar. [...]. E lá Jesus esteve até a morte de Herodes [...]. Morto Herodes, o anjo do senhor novamente apareceu dizendo: levanta-te, toma o menino e sua mãe e vai para a terra de Israel [...]; porém, sabendo que Arquelau reinava na Judeia, em lugar de seu pai Herodes [...], [José e a família] se retirou para a Galileia.[21]

Pelos termos da narrativa, Jesus foi perseguido por Herodes, o grande, e retornou à Judeia quando governava Herodes, o Aquelau. Essa informação de Mateus coloca em crise as habituais datações anteriores e submete todas a uma insegurança própria das datações relativas a indivíduos e a

---

[21] *Mateus*, 2: 13-22.

eventos da antiguidade, concebidas, em geral, por aproximação. Há uma informação bastante clara: "Morto Herodes", José, o menino e sua mãe vieram "para a terra de Israel [...]; porém, sabendo que Arquelau reinava na Judeia, em lugar de seu pai Herodes [...], retirou-se para a Galileia". Dado que Mateus não se ocupa em datar, fica em aberto esse tipo de debate: se Jesus nasceu no ano 1 (como quer o calendário gregoriano) ou um pouco antes. Da afirmativa de Mateus, infere-se que foi no governo de Herodes, o grande, que Jesus nasceu, e que foi no de *Arquelau* que ele retornou do Egito e foi habitar na Galileia.

Nem Marcos, nem Lucas tampouco João relatam a suposta "fuga" para o Egito. Nenhum deles igualmente se ocupam em estabelecer datas. Do nascimento de Jesus, Lucas registra um fato que merece destaque, e que diz o seguinte:

> Depois que se completaram os oito dias para ser circunci-dado, foi dado ao menino o nome de Jesus [...]. Depois de concluídos os dias da purificação de Maria [sem especificar quantos – o Levítico prescreve sete dias para os meninos[22]], segundo a lei de Moisés, o levaram a Jerusalém, para apre-sentarem ao Senhor. [...]. Depois que cumpriram tudo, conforme a lei do Senhor, voltaram para a Galileia, para a sua cidade de Nazaré. Lá o menino crescia e se fortificava em sabedoria.[23]

O principal estímulo do cristianismo findou por se assentar na morte de Jesus, mas o mais importante recai sobre o evento da vida, e não sobre o da morte. Porém, não foi a vida (a maior parte dela vivida no anonimato, *in oculto*), e sim a morte que, incialmente, deu visibilidade à existência de Jesus, e que chamou a atenção para os seus ensinamentos e para os seus feitos, ou seja, para o seu viver. Foram, com efeito, a indignação e a empatia de muitos, particularmente de Paulo (inclusive indignando consigo mesmo, em vista do que fez com Estêvão[24]), que moveram o interesse humano pelo evento Jesus e pelo modo como agiu e viveu. Dos

---

[22] "Se uma mulher tendo concebido, der à luz um menino, será impura sete dias, como nos dias da separação mênstrua. E no oitavo dia será o menino circuncidado. Ela, porém, permanecerá trinta e três dias a purificar-se de seu sangue. [...]. Se der à luz uma menina, será impura duas semanas, como no seu fluxo mênstruo, e per-manecerá sessenta e seis dias a purificar-se de seu sangue" (*Levítico*, 12: 1-7). Porque essa tão grande diferença de purificação entre dar à luz a um menino ou a uma menina, o Levítico não explica, apenas determina! É bastante plausível, mesmo sob o conceito de *purificação*, que a mulher, após dar à luz a um filho ou filha fique em repouso por alguns dias e disponível para a amamentação e outros cuidados.

[23] *Lucas*, 2: 21-21; 39.

[24] *Atos dos apóstolos*, 7: 57-79.

trinta e três anos de vida de Jesus, somente os últimos três foram pública e intensamente manifestos: um verdadeiro fenômeno se olharmos para o quanto de influência sua parca vida exerceu nos dois mil anos de história da humanidade. Assim que Jesus saiu de sena, entrou Paulo, um judeu e cidadão romano, e, com ele, sob anuência, colaboração e estímulo dos discípulos, dos que ouviram os ensinamentos e presenciaram os feitos, a saga histórica começou.

A característica fundamental do alvorecer do cristianismo primordialmente consistiu em assimilar e entender o evento, em narrar os ensinamentos e se inteirar dos propósitos e dos feitos daquele jovem muito bem acolhido pelo povo, mas não pelos religiosos e governantes de sua região. Jesus não deixou nada escrito. Por isso, o primeiro labor dos que tomaram para si a sua causa consistiu em rememorar o que ele disse e o que fez. Esse encargo foi inicialmente dado a Mateus, um dos doze, e que deveria estar em condições de confabular com os demais discípulos e capacitado para escrever, ou seja, com instrução o bastante para dar ordem e eloquência aos relatos. Na sequência temos duas outras narrativas compostas a partir da primeira, a de Marcos e a de Lucas, que não eram dois discípulos diretos, mas de fora, e que vieram a ser convocados para esse fim. As três primeiras narrativas se apresentam como se fossem uma só concebida em três estágios de assimilação e de compreensão.

Temos uma quarta narrativa, a de João, que foi um dos discípulos mais próximos de Jesus, tanto que ficou com a responsabilidade de cuidar de Maria.[25] Mesmo valendo-se da estrutura arquitetônica das três outras narrativas, João (ou quem com ele ou a partir dele concebeu o *evangelho*) se ocupou em narrar o evento a partir de dentro, centrado não só na compreensão do personagem, ou seja, na figura de Jesus, como também, e sobretudo, em seus ideais, nos significados do evento e nas proposições teológicas da doutrina. Pelo que consta no *prólogo* do evangelho, e teor de alguns conceitos tais como "eu e o pai somos um", "quem me conhece, conhece o pai", quem me vê, vê o pai",[26] evidenciam que o *evangelho* atribuído a João contém o "cerne" da doutrina que findou definido (de um ponto de vista filosófico e teológico) pelo *credo* estabelecido no Concílio de Niceia, ocorrido no ano de 325.

É importante ter em conta que foi na sequência de vários concílios, posteriores ao de Niceia, a começar pelo de Roma, em 382, depois pelo

---

[25] João, 19: 26-27.

[26] *João*, 10: 30; 14: 7-11.

Sínodo de Hispana, em 393, e pelo Concilio de Cartago, em 397, que se decretou para as comunidades cristãs o ordenamento canônico do escriturário bíblico do chamado *Novo testamento*. Dizemos isso em razão de que pode (em particular o Evangelho de João) ter recebido adendos a título de arranjos teológicos posteriores. O que consta, por exemplo, na *Primeira epístola de João* ("são três os que dão testemunho no céu, o pai, o filho e o espírito santo, e esses três são uma só coisa"[27]) contém a verve doutrinária decretada pelo Concílio de Niceia. A estreita ligação dessa assertiva com o prólogo do evangelho e com o decreto de Niceia é bastante evidente.

As sofisticações teóricas do *evangelho* e da *epístola* põem sob suspeita a consideração de Crisóstomo de que João, o escritor do evangelho, era tido como um *bárbaro* para os gregos, e iletrado para os romanos. Se ele efetivamente era, então a escrita do evangelho (não propriamente as narrativas atinentes às rememorações históricas) tem outras mãos que não a de João. Crisóstomo (que viveu entre os anos de 347 e 407) era originário de Antioquia, grande centro intelectual da época e que fora a sede do império de Seleuco. Ele era filho de um oficial militar de alta patente, o que lhe facultou frequentar a escola de Libânio, um dos professores de retórica mais afamado, e caros, da época. Pobres ou remediados não frequentavam escolas renomadas da época! Crisóstomo, com certeza, fora um grande orador, e se valeu do *artifício retórico* para justificar que os escritos de João não foram, a rigor, escritos pelo próprio João, mas ditados por Deus. O artifício de que se valeu teve por objetivo explícito dar credibilidade ao evangelho independentemente de "quem era João", por Crisóstomo descrito como um pobre coitado. Eis o que, sem pudor, escreveu Crisóstomo:

> Não é ele, mas Deus por ele, que fala à humanidade. Parece-me supérfluo e perturbador investigar esses assuntos. Mesmo assim, não é supérfluo, mas até mesmo muito necessário. Pois, quando sabemos quem ele era, onde nascera e de quem era filho [...]; depois ouvir o que disse e toda a sabedoria celestial que profere, logo observamos que essas doutrinas não lhe pertencem, e sim ao poder divino [...] Ele é filho de um pobre pescador e iletrado até o último grau [...]. Vejam o que ele profere, e sobre que assuntos disserta [...]: sobre coisas do céu, que ninguém jamais antes dele

---

[27] *Primeira epístola de João*, 5: 7.

> ensinara [...], sobre doutrinas sublimes e sobre o melhor caminho de vida e de sabedoria [...].
>
> Estas coisas [pergunta Crisóstomo) pertencem a um pescador? Digam-me? Elas pertencem a um retórico, a um sofista ou a um filósofo? [...] De forma alguma. A alma humana é simplesmente incapaz de filosofar sobre a natureza pura e abençoada, sobre os poderes que vêm depois dela, sobre a imortalidade, sobre a natureza dos corpos mortais que doravante serão imortais, sobre a punição e o julgamento vindouro [...].A filosofa não pode dizer o que é o homem ou o que é o mundo [...]. Algumas dessas coisas, os discípulos de Platão e de Pitágoras efetivamente investigaram; dos outros filósofos, não precisamos sequer fazer menção, porque todos eles foram excessivamente ridículos nesse ponto.[28]

A escrita de Crisóstomo sobre João ocorre mais de 60 anos depois do Concílio de Niceia, realizado em 325. O objetivo de Crisóstomo, patriarca de Constantinopla, consistia em salvaguardar o evangelho ao modo de quem defende e protege as teses (especificadamente a da consubstancialidade) do decreto do Concílio de Nicea, cujo credo foi concebido contra as proposições do arianismo.[29] A metodologia de Crisóstomo é a mesma utilizada por filósofos (aliás, muito usual entre os estoicos romanos) e doutrinadores cristãos daqueles tempos, em particular os originários do estoicismo.

Crisóstomo, na época, era chefe da igreja de Constantinopla, e, portanto, estava no centro do poder imperial, e ali proferia as suas homilias para os da elite e da corte. Por isso carecia de boa eloquência. Pelo que consta, não lhe faltava, entretanto, senso de verdadeira cristandade. Crisóstomo, por exemplo, ao dizer que, perante a eucaristia, não se deve honrar *as vestes de seda*, ou seja, dispensar a ostentação, e, ademais, que é preciso honrar a própria riqueza gastando-a, na caridade, com os pobres, especialmente com os que têm fome, observam-se duas coisas: de um lado, que ele, claramente, estava falando para os ricos da corte; por outro, manifesta efetivamente um senso, ao menos teórico, de cristandade.

---

[28] JOÃO CRISÓSTOMO. *Homilias sobre o evangelho de João*, Homilias II, 1:1, §1-4. Disponível em: https://www.bibliotheque-monastique.ch/bibliotheque/bibliotheque/saints/chrysostome/jean/004.htm. Acesso em: 5 mar. 2023.

[29] *Helenização e recriação de sentidos*, cap. XVII: "A controvérsia de Basílio com Eunômio, o teórico do arianismo", 2015, p. 629-644.

"Qual é o proveito [pergunta Crisóstomo aos presentes em sua celebração] quando a sua mesa está cheia de taças de ouro, mas ele perece com fome?" A questão comporta um sentido dúbio: refere-se ao altar e à mesa do rico (diretamente aos quais está falando). O *ele* da assertiva também tem um sentido duplo: tanto se refere a Jesus (que fica com "fome" perante indivíduos que o procuram, que buscam a eucaristia e se "alimentam" dela, mas não levam para a vida os seus ensinamentos), quanto ao pobre (àquele que carece de tantas coisas, sendo a primordial, o prato de comida). É preciso, assevera Crisóstomo, "enfeitar também a mesa dos pobres", não, a rigor, com taças de ouro, com mesas bem talhadas, "com toalhas enfeitadas" (de fino trato), mas, a começar, pelo fundamental, com o prato de comida para apaziguar a fome.[30] Quando, efetivamente, alguém está com fome, urge oferecer-lhe um prato de comida, mas nisso não se resume, entretanto, a caridade cristã que pede por amor e justiça. Oferecer apenas o pão sem transformar a situação, além de não fazer de alguém cristão, promove, em meio à pobreza, uma estrutural humilhação!

O *artifício retórico*, supracitado, de que Crisóstomo se valeu para justificar que os escritos de João foram ditados por Deus, tende a desqualificar João, a fim de qualificar o escrito. Essa estratégia retórica de desqualificar o adversário para qualificar a si mesmo e os seus argumentos foi muito usual entre os políticos gregos e latinos e findou transitando para outros setores da cultura. No caso de Crisóstomo, ele, em rompante de eloquência, desqualifica João e o pai dele no intuito de qualificar a mensagem que João propaga em seu evangelho, e que Crisóstomo quer convencer os patrícios da Corte de que a sabedoria expressa no evangelho era de Deus, e não João. A insistência de Crisóstomo mostra o quanto de arianismo ainda estava disseminado entre os ilustres (intelectuais) da corte que não admitiam que Jesus compartilhasse da mesma natureza de Deus.

João, como acentua impiedosamente Crisóstomo, era um pobre coitado e filho de um pobre mais coitado ainda; e que João, inclusive, não falava por si mesmo, mas inspirado por Deus! O método retórico de Crisóstomo comporta uma desnecessária depreciação do humano em favor do divino: atitude que, de modo algum combinava (não combina e jamais combinou), com os ensinamentos de Jesus. Crisóstomo — isto é importante de se observar — encontrou em Lucas anteparo para a sua eloquência. Dá-se que Lucas, nos *Atos dos apóstolos*, se valeu de estratégia

---

[30] JOÃO CRISÓSTOMO, *Homília sobre Mateus*, 50, 4.

argumentativa semelhante ao mostrar que os ensinamentos (no caso de Pedro e de João) eram absolutamente confiáveis, pela seguinte razão: porque não era a sabedoria deles que proferiam, mas a de Jesus. A metodologia é a mesma: desqualificar (menosprezar) a pessoa do escritor a fim de engrandecer e valorizar o *divino* (cujo método, aliás, de modo algum combina com o que é divino).

Mas eis como registrou Lucas: "Vendo neles, pois, a desenvoltura (*parresía*[31]) de Pedro e João, e sabendo que eram homens sem letras (*agrámmatoi*) e do povo, se admiravam e reconheciam que efetivamente eles estiveram com Jesus".[32] Da assertiva de Lucas surte imediatamente a seguinte conclusão: Jesus, ao contrário de Pedro e João, era um homem de letras (ilustrado), e não era do povo (não veio exatamente da pobreza)! É de se pressupor que Lucas dirigiu essa sua preleção a pessoas ilustres e cultivadas. De qualquer modo, o ser *do povo* ou *ser simples*, isso nunca desqualificou ou desqualifica alguém: quem, afinal, não é do povo? Ademais, *ser simples* é uma extraordinária virtude!

Quanto ao ser *agrámmatos* (sem acesso à gramática, ao estudo do arranjo das letras), isso era uma característica extensa e comum naquela época, e, pasmem, entre nós ainda hoje. Só mesmo os da riqueza, que contavam com dinheiro e ócio (sem a necessidade de trabalho ou emprego, porque tinham os que trabalhavam para ele), podiam ter um acesso mais aprimorado em termos de estudo e de ilustração. Foi Licurgo, entre os gregos, que estendeu a educação das letras à infância, um feito que foi adotado e mantido pelos demais governantes (Sólon, Clístenes, Péricles), de tal modo que a maioria, entre os gregos, tinha uma ilustração básica.[33] Todo cidadão era, por lei, obrigado encaminhar os meninos à escolaridade básica (*egklýklios paideía*) oferecida pelo Estado.

Mateus, Marcos e Lucas, em relação a João, se apresentam como narradores da biografia (genealogia) e do evento Jesus. O evangelho de

---

[31] Sobre o conceito de *parresía*, reproduzimos o que fizemos constar no Ética e Política, p. 177: O termo *parresía* se compunha mediante um agregado de significados feito uma família morfológica: de *pān* = todo + *rhesis* = *discurso*, sendo, por sua vez, que *rhesis* pressupõe o verbo *erọ* = dizer, *anunciar*, cuja raiz é *wer* do qual o latim derivou o *verbum* = a palavra. Tendo em vista esse contexto, a *parresía*, entretanto, não se aplicava restritamente à palavra, e sim ao discurso e à condição pela qual ele era proferido, enunciado, mais exatamente a condição de liberdade, sob um pressuposto de confiança e de segurança da mente que o expressava, ou seja, que tinha a *liberdade* de dizer tudo o que sinceramente pensou e que quis dizer. Cf. também *Educação e Sexualidade*, p. 224ss.

[32] *Atos dos apóstolos*, 4: 12-13.

[33] *Educação e sexualidade no perímetro cívico da pólis grega*, capítulo 3, item 4: "Da *agélẹ* de Esparta ao *gymnásion* de Atenas: a ginástica e a educação da infância", p. 300-314.

João não é, a rigor, narrativo, mas interpretativo, e comporta várias considerações de cunho teológico que retratam discussões e debates ocorridos no século III. A genealogia de Jesus é, aliás, traçada (como realça, nesse sentido, o próprio Crisóstomo) sobre a ascendência de José (narrado como pai adotivo), e não de Maria, com a qual Jesus, do ponto de vista das narrativas, necessariamente teria consanguinidade.[34] João, com certeza, tinha inteligência e ilustração gramatical o suficiente para entender e expressar o que entendeu. Ele haveria de ter escolaridade básica adquirida na infância e aprimorada na posteridade; ele, afinal, foi viver em Éfeso, terra de Heráclito e um dos centros culturais mais salientes da Jônia.

Crisóstomo foi injusto para com João. A estratégia estoica da qual se valeu tinha efeito retórico e força de eloquência no sentido de ser convincente entre os latinos, diante dos quais o estoicismo foi muito bem acolhido. O acolhimento do pensar estoico pelos latinos tem várias razões: uma delas, a defesa de que, no Mundo, deveria existir um só povo, uma só cidadania, sob um mesmo modelo de vida e de ordem, e sob uma mesma lei.[35] Outras razões têm a ver com o tom genérico e doce nas palavras pelo estoico proferidas em favor de sua doutrina, porém, específico e amargo em relação à doutrina e às opiniões dos outros. A crítica feita pelo estoico Sêneca aos seus correligionários testemunha a verve estoica:

> [...] não concordo [bradou Sêneca] com grande parte dos nossos, daqueles que dizem que a escola de Epicuro é a mestra das torpezas (*flagitiorum magistram esse*); eu digo o contrário: que ela sofre de má reputação e que está desacreditada injustamente. Os meus correligionários não entendem (*aestimant*) como o prazer em Epicuro é sóbrio e severo (*sóbria ac sicca*). Eis aí o que verdadeiramente penso.[36]

Mateus, Marcos e Lucas, em suas narrativas evangélicas, se ocuparam com a explanação dos feitos e da doutrina; João, por sua vez, se ocupou com a compreensão, a inteligência e o entendimento dos feitos e da doutrina. No evangelho de João está a tônica teológica da posteridade. Nem na escrita nem na liderança o cristianismo, em suas origens, foi uniforme. Dos três principais líderes do cristianismo primitivo podemos dizer o seguinte: a) de Pedro, que ele representava a figura respeitável do ancião judaico, e, nesse sentido, a *unidade* e o estimulo harmonizador das relações

---

[34] JOÃO CRISÓSTOMO, *Homília sobre Mateus*, I, 14.

[35] PLUTARCO. *De Alexandri virtute*, I, 6; ARNIN, S.V.F., 262, p. 61.

[36] *De vita beata*, XIII, 1-2; XII, 4.

humanas entre os discípulos; b) de Paulo, que ele foi o coordenador e *líder* da promoção e universalização (em termos de expansão) do evento, e o harmonizador do teor e das narrativas do evento e da doutrina; c) de Tiago Menor, que ele foi o chefe da comunidade de Jerusalém, na qual detinha a condição de *kýrios*, de senhoria e *governo* sobre o conjunto dos discípulos e apóstolos. Jerusalém, naquela ocasião, era a sede do patriarcado cristão.

Jerusalém, na época, era a sede principal da cristandade, da qual derivaram a unidade, a liderança e o governo. A tendência paulatina das comunidades, com a morte de Pedro, Paulo e Tiago Menor, foi dispersar, e encontrar em cada canto unidade, liderança e governo locais, que, no decurso do tempo, tendeu a isolar as comunidades. O isolamento trouxe a diáspora cristã, e levou as comunidades dispersas a construir, de modo independente, personificações próprias assentadas em compreensões e interpretações particulares, agregando elementos culturais locais, interesses cívicos, políticos e aspirações pessoais.

2 – O cristianismo à mercê das interpretações

Do século II até meados do século III, o sano e o insano passaram a conviver e a se digladiar bem no coração do Império em busca por fama, prestígio e poder. Foi essa cisão entre o sano e o insano que desfocou do evento Jesus o seu real significado. Depois da morte de Pedro e Paulo, da ausência de Tiago Menor (o autor da *Epístola*) à frente da comunidade de Jerusalém, de Marcos em Alexandria, se passou praticamente um século e meio. Com a ausência deles, apesar dos sucessivos patriarcas, sem, porém, uma hierarquia, uma disciplina e uma canônica suficientes para unificar (ordenar) e controlar o *todo*, o que mais se observou foi a dispersão, fator que contribuiu para a desunião e a instalação de um desordenado e infrutífero conflito de opiniões. O cristianismo ficou à mercê das interpretações, das pretensões e dos anseios dos que conseguiam se impor como líderes populares. O cristianismo, nessa ocasião, se transformou em um outro novo meio (além do exército e do serviço público) de muitos buscar arrimo e projeção. Os patriarcados, porém, sempre estiveram nas mãos dos filhos do poder político e da riqueza.

Foi em vista da desunião e do conflito que Cornélio (filho da elite patrícia romana), no início da segunda metade do século III, à frente do patriarcado de Roma (de 251 a 253), escreveu duas cartas: uma ao patriarca Cipriano (filho de uma família rica e ilustre) de Cartago, admoestando-o de que "deve haver um só bispo na igreja (*ekklesía*, assembleia, comunidade) católica"; outra, a Fábio, patriarca de Antioquia, contendo o mesmo alerta sobre a necessidade da unificação do poder: "não sabia [pergunta Cornélio a Fábio] que uma igreja católica deve ter um só bispo?".[37] Dado que a carta de Cornélio a Fábio de Antioquia foi escrita por volta dos anos de 251/253, isso evidencia que o título de *católico* (cujo termo tem origem grega, *katholikós*) antecede o Édito de Tessalônica, de 380, a partir do qual a doutrina cristã é, em definitivo, é reconhecida, enquanto religião, sob a alcunha de *católica*.

O conceito *católico* naquela ocasião fazia referência a uma igreja (*ekklesía*) de amplas dimensões, ou seja, *universal*, no sentido de que permeava e era acolhida por vários povos, sem se restringir a um só povo, como o judaísmo. O termo, todavia, não comportava apenas o sentido de que se estendia a todos os povos, e sim que congregava (eis a sua conotação originária) todas as *gnoses* em uma só sob um só governo ou chefia religiosa, concernente a um *pontifex* (sediado ao lado do imperador romano), ao qual era dado o poder máximo, com jurisdição e autoridade, no topo da hierarquia. A habitual observação de que ela era denominada de *católica* porque era a única igreja fundada por Jesus, é (no que concerne à sua origem) absolutamente falsa: primeiro, porque Jesus não fundou uma igreja; segundo porque o título católico advém da necessidade de unificar todas as *gnoses*, dispersas, em uma só gnose; terceiro, porque o nome foi imposto por decreto (a título de um adjetivo — "cristão católico") por meio do Édito de Tessalônica de 38, assinado por Teodósio I; quarto foi dessa adjetivação que se concebeu o nome próprio referido ao estatuto, enquanto religião e igreja *católica*.

De maneira definitiva foi o *édito de Tessalônica*, que, além de reforçar o *Édito de Milão*, de 313, decretou a adoção do "nome de *cristãos católicos*".[38] Eis o conjunto da referência:

> Ordenamos que adotem o nome de cristãos católicos os que seguem esse édito, sendo que os demais [os que não se submetessem à norma] sejam considerados dementes e loucos, sobre os quais pesará a infâmia da heresia [isto é, a infidelidade, não só perante a religião, mas também perante o Estado].[39]

---

[37] DENZINGER, 1963, p. 19

[38] *Código teodosiano*, XVI, 1-2, *apud* TUÑÓN DE LARA, 1984, p. 127.

[39] *Código teodosiano*, XVI, 1-2, *apud* TUÑÓN DE LARA, 1984, p. 127.

Nas duas cartas de Cornélio comparece o conceito "deve haver ou ter" ["deve haver um só bispo" ou "não sabia que [...] deve ter um só bispo?"]. A ideia do *dever* ali é proferida a título de norma ou regulamento derivado do direito romano relativamente às obrigações estatais que recaíam sobre as corporações religiosas atuantes no Estado romano. Todas elas careciam de apenas um *pontifex* que em si detinha um poder central, moderador e administrativo. É nesse sentido que corre o apelo de Cornélio, a partir de Roma, em vista de uma unificação sob um só comando (um *pontifex*).

O apelo de Cornélio adveio em um momento no qual o terreno estava propício e tinha, atrás de si, o labor de muitos, em particular de Justino, de Clemente de Alexandria e de Orígenes. Eles foram os primeiros a efetivamente atender a necessidade de promover o arrazoado jurídico que o Direito romano requeria das agremiações religiosas em exercício no território, sob o controle, do Império. Enquanto os evangelistas e os discípulos se empenharam em verbalizar o evento Jesus, vinculando-o ao consuetudinário hebraico, os doutrinadores se ocuparam em adequar essa verbalização às exigências da filosofia e do Direito romano requeridas naquela época.

Justino, em Roma, pereceu em seu intento. Depois dele, a busca por unificação das *gnoses* se transferiu de Roma para Alexandria, o maior centro de instrução e de esclarecimento intelectual e filosófico daqueles tempos. A razão dessa transferência se deve ao fato de que a unificação doutrinária não adveio inicialmente por decreto, mas sob a demanda de um demorado processo de educação e de preparação dos principais líderes, de cuja instrução Alexandria foi o centro. Nesse sentido, a cristandade buscou o mesmo caminho do judaísmo na dispersão (na *diáspora*) de suas comunidades.

Concernente ao judaísmo, coube a Fílon de Alexandria (25 a.C. a 50 d.C.), vinculado à Escola de Alexandria, a tarefa de resguardar o *cânon* da *reta doutrina* unificadora do judaísmo. Na sequência e sob a base construída por Fílon, foi Marcos (o evangelista) quem assumiu a presumida *orthòs lógos* (o *reto discurso*) da unificação em consonância com os novos tempos. A obra de Fílon, nesse processo, desde o início foi muito bem acolhida e, inclusive, influenciou bem mais os cristãos que os próprios judeus.

> Foi Marcos [escreveu Jerônimo] aquele que difundiu a religião cristã em Alexandria, e lá fundou uma comunidade [...]. Dado que os membros desta primeira comunidade

seguiam ainda certas práticas judaicas (*judaizantem*), Fílon, o maior escritor judeu, escreveu um tratado a respeito do modo de vida levado pelos neófitos cristãos de Alexandria, acreditando, entretanto, que estivesse fazendo um panegírico de sua nação judaica.[40]

Marcos, o evangelista, viveu entre os anos de 10 a.C. e 68 d.C., e esteve sempre sintonizado com Pedro e Paulo e também com os destinos do judaísmo vinculado à nova proposição cristã de um *novo mundo*, presumido sob o conceito de *reino de Deus*. A tarefa de Fílon, assim como a de Marcos, consistiu em um empenho *didascálico* que deu nome à própria escola, o de *Didascálica*. Por *didascália* cabe entender um labor intelectivo que tinha por finalidade atingir o processo comunicativo de uma mensagem, na qual vinha implicado a força eloquente dos preceitos e da pedagogia relativa à instrução. A didascália punha em questão o comunicador quer em si mesmo quer na sua relação com o receptor.

Relativo ao comunicador, entrava em pauta a sua capacitação comunicativa, considerada em referência tanto ao texto do qual se servia quanto ao que ele próprio produzia. Quanto ao receptor (expectador), o principal da mensagem dizia respeito ao alcance da comunicação capaz de, enfim, promover atenção, confiança e acolhimento. Dado que o acolhimento em confiança carece de fundamento e não pode ser enganoso (senão tem sucesso efêmero), foi por essa razão que a eloquência, não puramente retórica, mas filosófica, entrou na pauta da instrução e da educação *didascálica*.

Depois de Marcos, ali em Alexandria, o mais significativo e influente promotor do ensinamento (da *didaskalía*) da doutrina cristã foi Panteno, um adepto do estoicismo. Ele migrou do estoicismo ao cristianismo por volta de 180, e ali em Alexandria veio a ser o principal expoente incumbido de sujeitar a Escola (a chamada *Didascálica* ou *Didaskaleion*) ao poder institucional e à ortodoxia cristã. Com Panteno o arranjo teórico da doutrina cristã toma novos rumos no sentido de adequá-la não só ao evento Jesus (em seu sentido originário) como também aos movimentos filosóficos de então, particularmente com o estoicismo (do qual Panteno era adepto) e do neoplatonismo (que findou, enfim, por gerar Plotino).

A ortodoxia da *Didascálica* era regulada pelos patriarcados de Alexandria e de Roma. Depois de Panteno, na direção da Escola, vem Clemente

---

[40] *De viris illustribus*, 8.

(dito de Alexandria), cujo nome latino, Tito Flávio *Clemente*, denuncia não ser exatamente grega a sua origem, tampouco estritamente latina (apensar do nome Tito Flávio), e sim judaica. Consta, afinal, que ele foi viver a sua velhice na Palestina, porque, certamente, contava com alguns da parentela naquela região, de modo que, por ter nascido em uma região sob o controle estatal romano, haveria de ter (assim como ocorreu com Paulo), enquanto judeu cidadania romana. No final do livro primeiro e no início do segundo *Strōmateîs*, referindo-se aos filósofos gregos, Clemente dá a entender que ele próprio era um *bárbaro* (ou seja, um judeu) que se dispunha a corrigir os sábios gregos, sem, entretanto, se preocupar que os seus escritos tivessem a elegância própria dos gregos. Quer dizer: ele, como judeu, dominava o grego como um latino, e não como um grego. Eis o que disse:

> [...] usamos, como os bárbaros, figuras simples e emblemáticas: os homens de bom senso e coração sempre rejeitam os artifícios da linguagem... Convertê-los é o nosso objetivo. Talvez corem diante de si mesmos, esses ilustres sábios, corrigidos pela censura de um bárbaro... Esta filosofia [explica mais abaixo Clemente], bárbara no julgamento dos gregos, nas pegadas da qual caminhamos, é a filosofia perfeita e verdadeira [refere-se à filosofia judaico/cristã].[41]

Clemente viveu entre os anos 150 e 220 e dirigiu a escola em Alexandria de 190 a 203. Foi indicado por Demétrio, patriarca de Alexandria (189-232), em substituição a Panteno. Depois de Clemente, em 203, vem Orígenes (185-253), cujo nome está vinculado aos de Amônio Sacas (180-242) e de Plotino (205-270). Amônio foi quem fundou uma Escola Neoplatônica em Alexandria, à qual se filiaram Orígenes e Plotino. Foi, pois, a proximidade com o neoplatonismo que levou Clemente e Orígenes a encontrarem nas mais diversas correntes filosóficas aproximações com a doutrina cristã, e a *recriar sentidos*, ou seja, levar para dentro da doutrina cristã tudo o que era aproveitável e concordante com o que presumiam ser a doutrina cristã.

Com Clemente e Orígenes a doutrina cristã tomou outros e novos rumos para além de sua verbalização originária. Assim como Alexandre tomou para si a filosofia com o propósito de helenizar os povos, Clemente e Orígenes (em Alexandria, início do século III) tomam para si essa mesma

---

[41] *Strōmateîs/Miscelâneas*, I, 29, 115; II, 1, 118; II, 2, 119.

filosofia sob o propósito de *helenizar* o doutrinário cristão.[42] Aqui, efetivamente, temos uma transmutação de significados: Alexandre, naquela ocasião. *helenizava* com o propósito de *civilizar*; agora, os doutrinadores *helenizam* com o propósito de *cristianizar*.

A necessidade se impôs como uma consequência da própria *helenização* promovida por Alexandre que fez da filosofia o sustento da civilização acrescida com a ideia do direito e da lei. A recorrência à filosofia (por parte dos doutrinadores cristãos) se deu no sentido de "civilizar" a própria doutrina cristã, ou seja, de torná-la plenamente aceita (palatável) por gregos e romanos, sem, portanto, excessivamente melindrar os anseios consuetudinários das culturas grega e romana, que, naquela época, findaram por se fundir umas nas outras. Assim como Alexandre "vestiu" o povo dito *bárbaro* (no caso, persas e árabes) com a cultura grega, os latinos fizeram o mesmo, a ponto de tomar para si os heróis e os Deuses dos gregos, recriando-os sob outros e novos propósitos. Foi assim que o *civilizar* (que, em Alexandre, era sinônimo de *helenizar*) adquiriu, imerso na doutrina cristã, o sentido de *cristianizar*. Na posteridade, assim que o cristianismo, sob o título de *católico* passou a ser reconhecido como uma religião normatizada pelo Estado, e, na sequência, como "a" religião do Estado romano, os templos ditos "pagãos" foram todos reformados para a condição de "cristãos", e assim o dito "paganismo" foi *cristianizado*!

Mas, nesse processo, os doutrinadores, a começar por Paulo e seus companheiros, promoveram igualmente uma necessidade de *helenizar* a própria doutrina cristã, e isso significou inicialmente a falar grego, e, na posteridade, a partir de Justino, a envolvê-la com a filosofia e a se estruturar teoricamente como se ela própria consistisse em uma filosofia. O *helenizar* da doutrina se fez necessário em razão de que os da elite latina viam na cultura helênica, em particular no cultivo da língua e da filosofia grega, o timbre do homem culto. Foi Alexandre quem sedimentou esse modo de pensar (independentemente aqui dos métodos de que se valeu) quando se deu a tarefa de *libertar*, levando a cultura e a instrução filosófica aos povos por ele supostos como *bárbaros*. A partir de Alexandre, toda a tarefa presumida como libertadora se orientava no sentido de promover uma aproximação com a cultura grega e o pensar filosófico. *Libertar*, no vocabulário de Alexandre, consistia em retirar os ditos *bárbaros* dos usos e costumes (da cultura) deles, a fim de submetê-los aos usos e costumes

---

[42] SPINELLI, 2015, p. 44 ss.

dos gregos. Alexandre não teve a mínima preocupação (feito educação à base do *chinelo*) no sentido de se valer da espada para promover tão "valiosa" libertação!

Foi também no sentido de uma *helenização* que se deu a aproximação do presumido como cristão com o filosófico, em busca, não, a rigor, de instruir a doutrina (ela, afinal, já estava sintetizada nos Evangelhos e nas Cartas ditas apostólicas), e sim a elite patrícia quanto à sensatez da doutrina. Os latinos exigiam que a doutrina cristã, de um ponto de vista da exposição teórica, contivesse alguma lógica e, ademais, razoabilidade e bom senso, e que promovesse a tolerância, e não o contrário. Eis aí a *helenização* que, naqueles tempos, os doutrinadores, em consórcio com o poder político estabelecido, buscaram promover. Mas esse, enfim, se constituiu em um lado da tarefa doutrinadora; o outro consistiu em vislumbrar uma *unificação* das gnoses cristãs dispersas no sentido de aparar os conflitos, e assim, em um mundo de ânimos contidos, viver como se tudo estivesse em ordem e em paz, regido por uma *universalidade* dentro de um modo *católico* de pensar e de crer. Foi a partir de então (no decorrer do século IV) que o que não se unificava mediante confabulação e exortação veio a ser unificado (*catolizado*) por decreto.

3 – Jesus, Moisés e os arranjos lógicos-filosóficos da *genealogia* de Jesus

Alexandre, diante de seu povo e do mundo de então, especialmente dos povos ao seu redor, se apresentou como o *sotér* (o libertador, o salvador). Assim também se apresentavam os faraós, que, nessa condição, eram louvados como elo de ligação, a que que estende a ponte, entre o céu e a terra, de cujo conceito derivou o de *pontifex*. O livro do Êxodo narra que emergiu no Império egípcio, sob os cuidados da filha de um faraó,[43] um outro *sotér*: Moisés. Eis como a narrativa do Êxodo descreve Moisés: como um homem do povo que fora criado feito um príncipe, a fim de libertar seu povo, os filhos de Israel.[44] Entre Moisés e Jesus há paralelos, mas de modo algum se confundem quanto às similaridades. No *Novo testamento*, Moisés se parece, em alguns aspectos com Jesus, e, em outros, com a figura de Paulo.

---

[43] SPINELLI, M. *Epicuro: o tema da amizade e os pactos de civilidade.* Jundiaí: Paco editorial, 2024.

[44] Êxodo, 3: 10ss.

A *libertação* (*sotería*) descrita no Êxodo e dada como ofício divino atribuído a Moisés tinha por finalidade livrar o povo judeu da escravidão em que estava submetido no reino do faraó. A libertação por Moisés promovida haveria de levar o povo judaico a ter o seu próprio reino livre de qualquer escravidão. Com a ascenção do cristianismo, em seu alvorecer, a libertação presumida tomou outras conotações, sob o sentido fundamentalmente de libertar do que os evangelhos denominavam de *hamartía* (em geral, traduzido por pecado), mas em seu sentido originário designava o livrar-se dos males corriqueiros desta vida. Daí que a libertação cristã, fundamentalmente, na linguagem do cristianismo primitivo, consistia em promover, mediante a vivência cristã, uma vida prazerosa e feliz, livre de sofrimentos e dores, e também de infortúnios, decorrentes de uma vida mal vivida, sem convivências (comunitárias) de amor, de confiança (sem acumular sentimentos de ira) e de cuidados recíprocos. Para quem desconhece, isto pode parecer estranho, mas as comunidades cristãs, em sua origem, guardam um profundo parentesco com as comunidades (nas quais imperavam o companheirismo e a amizade) concebidas por Epicuro; aliás, tão extraordinária, que a comunidade fundada por Epicuro em Atenas durou por mais de quinhentos anos: um fenômeno!

O livro dos *Atos dos apóstolos* fala de Moisés "como guia e libertador – árchonta kaì lytrotèn": como aquele que teve por função resgatar (*lýo*) e conduzir (*archo*) o seu povo para uma terra prometida. De Jesus, o mesmo *Atos dos apóstolos* (presumidas como palavras de Pedro), lhe concede as seguintes denominações: como o *filho do Deus de nossos pais* "de Abrão, de Isaac e de Jacó", como "o santo e o justo (*tòn ágion kaì díkaion*[45]) e como "a causa principal da vida (*tòn dè archegòn tês zoês*)".[46] Jesus, portanto, referido à figura de Moisés ocupa uma outra dimensão. Cabe, de imediato, uma observação no sentido de que o *Evangelho segundo Mateus*, quanto à *genealogia* de Jesus, diz que ele é o "filho de Davi e de Abraão",[47] e não propriamente filho de Deus, como faz Marcos: "Início do evangelho de Jesus Cristo, filho de Deus".[48] O *Evangelho segundo Lucas* denomina-o de "filho do altíssimo – *niòs hypsístou*" e não propriamente filho de Deus.[49] Ser "filho de Davi e de Abraão" significa evidentemente ser filho de um

---

[45] *Primeira epístola de João*, 2: 2.

[46] *Atos dos apóstolos*, 3:14-15.

[47] *Mateus*, 1: 1.

[48] *Marcos*, 1: 1.

[49] *Lucas*, 1: 32-33.

éthnos (de uma linhagem consuetudinária), visto que, afinal, ninguém tem dois pais biológicos! Jesus, de sua parte, se intitula de "filho do homem", porque o que mais importava, de seu ponto de vista, eram a afirmação e a promoção da *humanidade* sob pressupostos de divindade que implicam princípios de bondade e de justiça distribuídas entre os que carecem de ambas as coisas.

Lucas, no mesmo contexto de sua exposição, diz que o *filho do altíssimo* terá por nome Jesus, e que "o senhor Deus lhe dará o trono de seu pai, David", a fim de que ele venha a reinar *"eternamente na casa de Jacó";*[50] um pouco mais adiante, registra o seguinte diálogo entre um anjo e Maria: "a *dýnamis* do altíssimo te cobrirá com sua sombra (*episkiásei soi*); e por isso, o santo que nascerá de ti, será chamado filho de Deus".[51] Lucas curiosamente narra, em um só tempo, que Jesus é "filho do altíssimo" (conceito que relacionado por ele à expressão judaica de reverência ao seu Deus) e "filho de Davi" (em referência ao éthnos, povo ou nação judaica). E Lucas diz mais (termo, aliás, que merece consideração): que Jesus *"será chamado* filho de Deus" (enquanto Jesus, ele próprio, se dizia "filho do homem"). *Será chamado?* Essa, efetivamente é a proposição, expressa no futuro, de modo que deixa uma perspectiva em aberto, sem, todavia, explicitar quem assim o *chamará*.

Pelo que consta em Marcos o referido futuro viria depois da ressurreição quando o "filho do homem" vencesse a morte e se colocasse exclusivamente na condição de *filho de Deus*: "O filho do homem será entregue às mãos dos homens, e lhe darão a morte, e ressuscitará no terceiro dia".[52] A proposição *será chamado* podemos contrapor ao pretérito *era filho de Deus*, que comparece em Marcos: "o centurião que estava de fronte, vendo que Jesus expirava [...] disse: *verdadeiramente este homem era filho de Deus*".[53] Por *filho de Deus*, nesse contexto (na boca de um centurião, homem do povo a serviço dos interesses políticos do Estado romano e do Sinédrio, a fim de ganhar o seu soldo), não significaria outra coisa senão isto: *este homem era mesmo extraordinário!*

A narrativa de Marcos faz falar um homem do povo, presumidamente romano, que ali estava a serviço do Sinédrio, mesmo assim uma autoridade

---

[50] *Lucas*, 1: 32-33.

[51] *Lucas*, 1: 35: "et virtus Atissimi obumbrabit tibi. Ideoque et quod nascetur ex te sanctum vocabitur Filius Dei". O itálico foi acrescentado.

[52] *Marcos*, 9: 30.

[53] *Marcos*, 15: 39: "Vere hic homo Filius Dei ertat".

policial, com fé pública. Este é o teor da mensagem inerente à narrativa: se este homem era extraordinário significa que ainda é, e dado que não lhe demos a devida atenção, agora devemos (mesmo que retroativamente) dar ouvidos às suas palavras e observar os seus feitos! Ainda do fato de sair da boca de um centurião romano esta sentença — "Verdadeiramente este homem *era filho* de Deus" —, tais palavras poderiam ser concebidas nestes termos: este homem que o povo hebreu desconsiderou e o descartou, o povo romano o acolherá como alguém extraordinário! Afinal, foi na boca de um soldado romano que a narrativa evangélica colocou as referidas palavras, como se nele, no soldado (justo aquele que cravou em Jesus a espada ao modo de quem age por misericórdia), contivesse a representação pretérita da adesão ao cristianismo de todo o povo romano.

Quanto ao conceito de *filho de Deus*, Lucas registra, em uma certa passagem, uma observação muito significativa de um ponto de vista da lógica de seu tempo e da posteridade. Ela merece algumas considerações devido ao seu comprometimento com premissas filosóficas muito difundidas entre os gregos desde tempos remotos. Xenófanes foi um dos primeiros filósofos a dizer que "o único Deus, o maior entre deuses e homens" é eterno, não gerado e imortal.[54] Esse seu dizer repercutiu em toda a filosofia posterior. Mas, eis qual foi o registro feito por Lucas (dado como palavras de Jesus):

> Depois da ressureição dos mortos, nem os homens desposarão mulheres, nem as mulheres, homens, porque não poderão jamais morrer, porque são semelhantes aos anjos, e são filhos de Deus, porque são filhos da ressurreição.[55]

A afirmativa segundo a qual "depois da ressurreição (homens e mulheres) não mais desposarão" traz subentendida a mentalidade filosófica grega de que o que é eterno não gera, e, se não gera, não teria necessidade de se casar, e pela seguinte razão lógica: porque, dado que "não poderão jamais morrer" não geram, tampouco poderão ser gerados. A questão fundamental que na assertiva vem expressa não concerne ao casamento propriamente dito, e sim à geração. Gerar — eis a questão — para o que gera e o que é gerado, consiste em necessariamente entrar no ciclo do tempo, e, portanto, em se submeter ao processo de vida e morte próprio da geração, condição que não se submete o que é eterno. A questão

---

[54] DK 21 A 28; Pseudo-Aristóteles, *Melisso, Xenófanes, Górgias*, III, 7-11.

[55] *Lucas*, 20: 35-37.

comporta uma "sofisticada" reflexão filosófica característica da lógica da época (de cunho aristotélico), e que pode ser formulada nestes termos (em conformidade com o registro de Lucas): o que uma vez ressuscitou dos mortos não mais poderá morrer, tampouco nascer, ou seja, retornar ao ciclo de vida e morte, e, portanto, se colocar no ciclo do tempo cuja condição consiste em gerar e ser gerado de novo, e, consequentemente, nascer, cresce e morrer.

Sofisticada vem entre aspas porque se trata de uma *lógica* concernente à crença, sem que o argumento seja em si mesmo um construto próprio da razoabilidade lógica/filosófica em sentido rigoroso ou próprio. A questão fundamental veiculada pelo registro de Lucas se aplica a Jesus (que ressuscitou dos mortos), mas estende para os que (tal como a crença presume em termos de um juízo final) virão a ressuscitar dos mortos, e que serão considerados "filhos da ressurreição", e, consequentemente, "jamais poderão morrer". Sendo filhos da ressurreição (por uma questão lógica), não mais ressuscitarão dos mortos, porque o que ressuscitou (segundo a crença registra por Lucas) se colocou em um ciclo eterno de vida, e se veio a ser eterno (segundo, agora, a proposição da lógica filosófica) não mais se sujeitará ao ciclo de vida e morte (se, afinal, se sujeitasse, viria a morrer e teria de novamente ressuscitar, e o próprio juízo final não teria sido final). Seria um contrassenso, do seguinte modo: uma vez colocado no ciclo eterno de vida, teria que se recolocar num ciclo perecível de vida; teria, portanto, que ser novamente gerado etc. Aqui a questão: como novamente gerar o que, uma vez foi gerado e que, uma vez ressuscitado, se fez eterno?

Por isso a narrativa suprarreferida (e que aqui repetimos novamente): depois da ressureição dos mortos, nem os homens nem as mulheres *desposarão*, porque *não poderão jamais morrer*, porque, *como filhos de Deus, se*rão filhos da ressureição. A narrativa abarca a todos os ressuscitados (conforme a crença relativa ao juízo final), porém, o que ela especificadamente quer considerar diz respeito ao nascimento, morte e ressureição de Jesus, que, como todos os demais, *foi gerado no ventre de uma mulher*, de Maria, e, consequentemente, tinha que se sujeitar ao ciclo da morte. Do ponto de vista da crença, Jesus (que, por ser gerado, entrou a participar do ciclo de vida e morte) não mais retornará a entrar nesse *ciclo*, e, portanto, não voltará a nascer, mas, mesmo assim (sem novamente nascer, senão entraria novamente no ciclo de vida e morte) virá para efetivar o juízo final! Essa é a questão da crença, que, todavia, por detrás, detém (a narrativa assim foi cuidadosamente arranjada, por Lucas ou pela posteridade, entre os séculos II, III e IV da *expansão* e consolidação *do cristianismo*) dentro dos pressupostos da lógica filosófica grega, cuja máxima principal consistia em afirmar que o que é eterno não gera e não é gerado, porque se gerar ou for gerado, deixa de ser eterno, e se deixa, então nunca foi e jamais será eterno.

Ora, foi tendo em mente esse pressuposto, que toda a narrativa evangélica a respeito do nascimento (da *genealogia*) de Jesus foi arranjada. Tanto Mateus quanto Lucas são bem claros, e formulam a narrativa genealógica valendo-se dos seguintes pressupostos: segundo Mateus, Jesus é dito "filho de Davi e de Abraão"; segundo Lucas, "filho do altíssimo". Em ambos os casos, Jesus não é dito "filho de Deus", como, entretanto, enuncia Marcos. Mateus e Lucas, por força de se aterem à narrativa genealógica, se ocupam da questão da geração (do gerar que implica em perecer) e, por isso, fogem "propositalmente" de uma narrativa que permitiria deduzir que *Deus, o pai eterno, gerou Jesus, o filho de Deus, que também, por sua natureza, haveria de ser eterno, e, portanto, uma vez nascido necessariamente haveria de ressuscitar*, ou seja, de vencer a morte. Dada a premissa da lógica grega que o eterno não gera a risco de perder o atributo da eternidade, se o Deus eterno gerou Jesus, então, ele próprio deixou de ser eterno. Daí o tom extremamente cuidadoso das assertivas evangélicas, feitas ou pelos evangelistas (o que, talvez, seja pouco provável) ou inseridas pelos lógicos cristãos da posteridade (no decurso da segunda metade do terceiro e primeira metade do século IV), sob a anuência dos patriarcados.

Ambos, Mateus e Lucas, fogem, em parte, dessa assertiva em razão do princípio, difundido desde os primórdios da filosofia, de que Deus, enquanto ser único é não gerado e imperecível. Em parte, porque, por um lado, "forçam" uma questão de linguagem; de outro, apensar da linguagem, se mantêm no pressuposto de que Jesus, *uma vez nascido, ressuscita*, a fim de vencer a morte. Quanto a Marcos, ele inicia o seu relato nestes termos: "Início do evangelho de Jesus Cristo, filho de Deus". Ao contrário de Mateus e Lucas, ele não descreve a genealogia, ou seja, a entrada de Jesus no ciclo de vida e morte. A sua narrativa inicia explicitamente dizendo que vai relatar o "evangelho de Jesus Cristo [em cuja expressão mescla o nome de Jesus com o conceito de Messias, do *Cristo*] filho de Deus", ao que, de imediato recorre a Isaías, e pela seguinte razão: porque o "filho de Deus" a que se refere não é o da ressurreição, e sim o filho da enunciação messiânica, e por isso a recorrência ao *Antigo testamento*, ou seja, à *palaiòs lógos* tradicional judaica.

Na sequência, logo depois de relatar que simplesmente vai expor o "evangelho de Jesus Cristo filho de Deus", Marcos descreve o batismo de Jesus por João Batista e, como que imediatamente, começa a narrar a pregação de Jesus a respeito do "reino de Deus" do reino do Messias). Marcos não entra na questão do nascimento, de como Jesus foi gerado. A esse respeito, ele simplesmente relata, ao modo de quem enuncia um evento espetacular, que Jesus

> [...] logo ao sair da água, viu os céus (*toùs ouranoùs*) se abrirem e o espírito (*tò pneûma*, a alma), na forma de uma pomba, veio pousar sobre ele. Dos céus (*ex tõn ouranõn*) ouviu-se uma voz que dizia: Tu és o meu filho muito amado...[56]

Com tais dizeres, Marcos (aquele que difundiu a doutrina cristã em Alexandria, e que por lá fundou uma comunidade cristã) não tinha como se indispor com os filósofos (sobretudo com os neoplatônicos) de Alexandria. Inclusive, as figuras de linguagem das quais se serve ("os céus se abriram", "dos céus ouviu-se uma voz") de modo algum desagradavam os mitos gregos, e não fustigavam intelecções da lógica filosófica daqueles tempos. Em Marcos, assim como em Mateus e Lucas, o que se observa é uma calculada cautela. Na formulação de Lucas estas são as palavras de um anjo dirigidas a Maria: "O Espírito Santo descerá sobre ti e a força do altíssimo te cobrirá com a sua sombra".[57] A narrativa, quanto ao ato gerador de Jesus, não é atribuída diretamente a Deus, mas ao *pneûma hágion*, ou seja, ao espírito (ou alma) santo por meio do qual "a força do altíssimo – *dýnamis hypsístou*" (diz ele) "te cobrirá com sua sombra". A narrativa de Mateus é ainda mais cuidadosa, e contundente, diz que Maria, dada em casamento a José, *"percebeu que estava grávida por obra do Espírito Santo (ex pneúmatos hagíou)"*, então um anjo (tendo em conta a percepção dela) apareceu a José *em sonho (kat' ónar)*, dizendo: "o que nela foi concebido [fato consumado] é obra do Espírito Santo".[58] Quer dizer: José, ao qual Maria tinha sido prometida em casamento, recebe a comunicativa depois do fato consumado, e *em sonho*; a jovem Maria ficou

---

[56] *Marcos*, 1: 10-11.

[57] *Lucas*, 1: 35.

[58] *Mateus*, 1: 18-20.

sabendo (se *apercebeu*) que estava grávida, como que, por acaso! E tudo, naqueles tempos, resultou bem tranquilo!

São duas narrativas assemelhadas: a de Mateus narra que Maria ficou "grávida por obra do Espírito Santo"; a de Lucas diz (em termos, mesmo que iminente, mas futuro) que "o Espírito Santo descerá sobre ti e a força do altíssimo (*dýnamis hypsístou*) te cobrirá". Na de Lucas, há um acréscimo: ele, para além do conceito de *ex pneúmatos hagíou* (por obra do *pneûma* supremo), acresce o de *hýpsistos* (altíssimo, supremo, o que está acima de todos) do qual uma *dýnamis* a cobrirá. São dois conceitos corriqueiros na literatura mítica e filosófica grega: o de *"pneûma"* (que, de um ponto de vista filosófico, remete ao de alma do mundo), e o de *hýpsistos* (que, na literatura filosófica e na dos mitos, remetem a Zeus). A esse respeito, era corriqueiro entre os gregos referir-se a Zeus como *hýpsistos*, como aquele que estava *acima de todos os deuses*; afinal, ele era tido por todos como o Deus dos deuses, e não propriamente dos homens (que, nos deuses, elegiam o seu deus). É também curioso nesse sentido observar que, próximo de Damasco (na Síria), o imperador Adriano (que governou Roma nos anos de 117 a 138 depois de Cristo) edificou um tempo (ainda hoje existente na cidade de Ad Dumayr, sobre o Monte Gerizim[59]) dedicado a *Júpiter,* sob a denominação de Zeus *hýpsistos.*

O que efetivamente se observa nas narrativas é uma cuidadosa preocupação (digamos, *filosófica*) no sentido, a rigor, não de propriamente *promover*, mas de dissolver "querelas" lógicas a respeito da genealogia de Jesus. Está dito *dissolver* em razão de que tais *querelas* (que comprometiam as normativas teóricas da crença) se impuseram na posteridade e que as narrativas originárias tiveram a necessidade de se adequar. Aliás, é bem provável, a esse respeito, levando-se em conta a tônica dos relatos, que eles findaram por ser cuidadosamente vigiados antes de que os evangelhos atribuídos a Jesus fossem efetivamente reconhecidos como *canônicos* pela hierarquia cristã estabelecida. O que se deu foi uma adequação no tempo (do final do século I ao final do século IV) com o objetivo de firmar e unificar uma doutrina e de estabelecê-la, enfim, feito um decreto, a ser universalmente acolhida.

O que efetivamente nos relatos se observa é que, em nenhum momento (em atenção aos lógicos da época), comparece o conceito de

---

[59] PORTO, Vagner C., "Flavia Neapolis, Palestina Romana: o Monte Gerizim como espaço do sagrado. *In:* SILVA, Gilvan V. da *et al.* (org.). *Espaços do Sagrado na Cidade Antiga*. Vitória: GM Editora, 2017. p. 334-350.

que "Deus (pai eterno) gerou um filho". Essa proposição comprometeria a crença filosófica ancestral de que o eterno é imperecível e imortal, e que, portanto, não gera, porque, ao gerar se colocaria no ciclo de vida é morte (como ocorre na narrativa relativa à genealogia dos deuses gregos[60]). Daí toda a ambiguidade (na verdade uma esperteza retórica, fruto de esmerada ilustração filosófica) que envolve as narrativas do evento genealógico relativo a Jesus: "não foi gerado por Deus, pelo pai eterno", mas por Maria, por obra do *pneûma* e da *dýnamis* do altíssimo. Quem findou gerado foi Jesus de Nazaré, que, entretanto, coincide com o Messias profetizado por Isaías e pela *palaiòs lógos* tradicional judaica. Daí as reticências das narrativas em expressar abertamente que Maria gerou o filho de Deus, afirmativa que, igualmente, provocaria sérios e intermináveis debates lógicos. A narrativa de João (como veremos mais adiante) foge igualmente de qualquer pressuposto genealógico, no sentido de que o Deus pai eterno, imortal, gerou o Deus filho mortal, ou que Maria, em seu ventre humano, gerou um Deus. João, todavia, amplia a dificuldade (com a qual nos ocuparemos mais adiante): "No início era o logos, e o logos estava em Deus, e o logos era Deus".[61]

Enfim, a narrativa de Mateus e Lucas a respeito da genealogia de Jesus consorcia Maria e o *pneúmatos hagíou*, por cujo consórcio coloca em evidência (de um ponto de vista da crença), por um lado, um evento admirativo, misterioso (enigmático) e extraordinário; por outro, tende a de modo algum desvincular de Jesus uma origem divina (concernente à esfera do *hýpsistos*) e igualmente humana. Além desse aspecto caracterizador da referida vinculação entre o divino (o ser Deus) e o humano (o ser homem) em uma só pessoa, as narrativas de Mateus e de Marcos inserem o evento Jesus na tradição hebraica, como consta: a) em Mateus: "Livro da genealogia de Jesus Cristo, filho de Davi, filho de Abraão"; b) em Marcos: "Início do evangelho de Jesus Cristo, filho de Deus, conforme está escrito em Isaias...". Em ambos, na denominação "Jesus Cristo",[62] sob o atributo *Cristo* é devido entender "o Messias".

São, enfim, duas questões que efetivamente se cruzam na narrativa: o da geração e o da ressurreição. A questão do *gerar*, nesse contexto, concerne ao ser divino (ser Deus) e ser humano em uma só pessoa. A questão

---

[60]   Cf. SPINELLI, M., *Epicuro*: os deuses, a religião e a reforma moral. Curitiba: Appris, 2024.

[61]   *João*, 1: 1. Confira, a narrativa de João, mais adiante Cap. VI, 1.3.

[62]   Respectivamente: *Mateus*, 1: 1; *Marcos*, 1: 1.

observada se pôs nestes termos: como um Deus, que é eterno, e que, portanto, não nasce e não morre, pode gerar (presumindo que *gerar* consiste justamente em entrar a cumprir um ciclo de vida e morte)? A essa mesma questão se mescla a da ressurreição: se o "ser Deus" foi gerado imerso no "ser homem" necessariamente teria que vencer a morte. Assim resultou a crença: Jesus, o filho de Deus, uma vez gerado, *ressuscitou*, de modo que, ao ressuscitar, venceu a morte, e passou a deter o atributo da eternidade, e, enfim, veio a ser, em sentido pleno, filho de Deus, com que fica subentendido que não mais poderá ser gerado conforme a narrativa de Lucas.

Dado que a crença (a partir de um presumido juízo final) estende a todos a ressurreição (feito uma esperança ou tranquilização de ânimo no sentido de que todos podem contar com a ressurreição), então, todos, igualmente, findarão por ser eternos, e, uma vez ressuscitados e eternos, ninguém mais experimentará a morte, e consequentemente, não mais experimentará um ciclo de vida coincidente com um ciclo de morte (com o que fica na doutrina descartada o pressuposto de uma presumida reencarnação difundida pela mitologia grega[63]). Certas consequências lógicas incorporadas à crença cristã vieram como um ônus, a título de um adendo decorrente de certos postulados lógicos explicativos do evento.

O pressuposto filosófico subjacente à crença veio a ser este: quem vive, morre apenas um só vez, e, enfim, quando ressuscitado, ao entrar na condição de eterno, se colocará fora da possibilidade da geração, motivo pelo qual não *desposará*, porque, o desposar implica em se colocar na condição de gerador, com a qual igualmente se coloca na senda da morte. Esta, afinal, é a condição de toda semente e do ser que a produz: morrer para dar vida. Eis, nesse sentido, o que sentenciou Lucas, como palavras de Jesus: "que os mortos haverão de ressuscitar, o demonstrou também Moisés [...]. Ora, Deus não é Deus dos mortos, mas de vivos, porque todos tem vida por ele".[64] Paulo, na *Carta aos gálatas*, fez a seguinte observação: "a vida com a qual vivo agora na carne (*zõ en sarki*), vivo-a na fé do filho de Deus".[65] Por esse dizer, é de se presumir que o conceito de *filho de Deus* se aplica a todos os que vivem Deus na própria vida, mas não em abstrato, e sim, como diz Paulo, "na carne – *en sárx*", ou seja, imerso dentro da

---

[63] Tratamos filosoficamente esta questão no *Ética e Política: a edificação do éthos cívico da paideia grega* São Paulo:Loyola, 2017) especificamente no item "A tese pitagórico-platônica do contínuo renascer (*palingenesia*) das almas", p. 267-284.

[64] *Lucas*, 20: 38-39.

[65] *Carta aos gálatas* (2: 20).

condição humana, e assim serão, ou seja, viverão como filhos de Deus, na presumida ressurreição final.

*

Por carne (*sárx*), assim em Paulo, como aliás, em Epicuro (no qual o termo é corriqueiro), cabe entender *o corpo* por inteiro, enquanto organismo vivo, anímico, e enquanto órgão (*derma*) sensitivo humano pelo qual somos por natureza colocados no fruir da vida quer de um ponto de vista relacional consigo (no sentido de perceber a si mesmo) quer com os outros ou com o *mundo*.[66] A *sárx* era, entre os gregos, e pelo que consta em Paulo, a sede dos desejos vitais. Sem os sentidos restamos sem as pulsões naturais dos desejos e, enfim, prisioneiros de nós mesmos, ao modo de quem fica destituído do pulsar da vida! Se formos destituídos do perceber sensível, restamos (como sentenciou Epicuro) sem "o grito da carne (*sárx*)", cujo *grito*, segundo ele, consiste em "não ter fome, não ter sede e não ter frio".[67] Se retirarmos de nós mesmos todas as percepções sensíveis, em que poderíamos nos qualificar em virtude?

Sem o sensível, ficaríamos relegados a uma total insensibilidade feito um ser destituído de qualquer possibilidade de relações e, inclusive, da exercitação do inteligível. O corpo sem a "alma", afinal, é morto; a alma sem o corpo há de ser uma vacuidade destituída de sensibilidade. Sem as percepções do sensível (sem a visão, a audição, o tato, o olfato e o palato), o que seria, afinal, da inteligência ou do intelecto humano? Aristóteles iniciou assim a *Metafísica*: "Todos os homens têm, por natureza, desejo de conhecer; isso é o que em nós sinaliza o amor [que dedicamos] às percepções do sensível (*he tõn aisthéseon agápesis*)".[68] É em razão de sermos sensíveis que somos movidos pelo desejo de conhecer e que nos damos conta de nós mesmos e do mundo que nos cerca. São igualmente os sentidos que atiçam em nós a vontade, e, por ela, a intelecção com a qual nos é dada a possibilidade de acolher o que causa prazer e a recusar o que causa dor. São, portanto, os sentidos que ativam em nós o exercício do juízo (do arbítrio) com o qual edificamos a nossa autonomia e governamos (gerenciamos) a nossa liberdade.

---

[66] SPINELLI, M. *O hedonismo de Epicuro*: prazer, desejo e autodeterminação. São Paulo: Anablume, 2024.

[67] EPICURO. *Sentença vaticana*, 33.

[68] *Metafísica*, I, 980 a 24-25.

Duas coisas, nesse sentido, cabem ser considerar: uma, a edificação humana mediante o exercício do arbítrio estimulado a partir das escolhas promovidas por estímulos ativadores dos desejos naturais propulsores da vontade e, consequentemente, do intelecto; outra, a edificação humana a partir de leis preestabelecidas e propositivas a partir de determinações (em senso amplo) da *cultura*. No primeiro aspecto temos um modo de conceber caracterizador da paideia filosófica, cuja proposição fundamental (do ponto de vista dos gregos) recaía na educação do uso do intelecto em favor de boas escolhas (que implicam em boas rejeições) a partir das impulsões movidas pelos nossos desejos naturais; o segundo aspecto recai sobre proposições do estabelecido que nos alcançam mediante leis prescritivas, que, independentemente, do uso do intelecto, devem ser atendidas como um dever da vontade (no plano consuetudinário, cívico e também religioso) sem que o indivíduo se coloca fora desses planos.

Do primeiro aspecto (relativo ao filosófico, no qual se consorciam o sensível e o inteligível) este é o processo: os sentidos estimulam os nossos desejos naturais primários estimuladores do exercício da vontade, que, por sua vez, atiça o arbítrio em favor das escolhas que, inevitavelmente, a fim de serem *boas*, clamam pela exercitação do intelecto em vista de uma "boa" execução (governada) da vontade. No caso específico da filosofia, ela não trabalha propriamente com leis, e sim com máximas *instrutoras* do intelecto e do arbítrio, mas não são determinantes tampouco promovem esta ou aquela vivência consternada a um determinado regimento. Isso é o que ocorre no segundo aspecto, em que as referidas proposições prescritivas são leis decorrentes ou da cultura consuetudinária concernente a um éthos (usos e costumes) próprio ou pertencente a um éthnos (tribo, povo ou nação) reguladores da vida cívica. As leis consuetudinárias, cívicas e religiosas promovem (de um ponto de vista externo) uma contenção interna da vontade humana a ser exercitada sob parâmetros preestabelecidos.

As máximas filosóficas são apenas propositivas e não determinantes da vontade. São distintas das leis consuetudinárias, cívicas e religiosas, nas quais já vem contido um arbítrio prévio, de modo que resta apenas ao arbítrio a possibilidade de acolher ou não, com as seguintes consequências: os que acolhem se põem ao abrigo do bem (prescrito pelas normas), os que transgridem restam ao desamparo. Dá-se que o consuetudinário e o religioso operam com "leis" propositivas ou máximas promotoras do arbítrio que, por sua vez, se exercita mediante deliberações específicas caracterizadoras da vivência estatutária prescrita. Por isso o consueto cívico e religioso se caracterizam por determinações impostas mediante leis que determinam um interesse (cívico e vivencial) consoante às leis do decreto estatutário. Esta, enfim, é a dialética da vida: escolher e recusar. Trata-se de uma dialética que pede por leis obrigantes ou meramente propositivas. Quem escolhe certas coisas necessariamente rejeita outras, ou vice-versa, de modo que "morre" para as que rejeita, e ressuscita (vive) para as que escolhe, sendo que, reiteradamente, as antigas escolhas se acercam de novas, porque o antigo e o novo continuamente se põem como uma dialética conflituosa da vida.

4 – "Como Jesus é filho de Davi, se Davi o chama de senhor (*kýrios*)?"

Consta no *Evangelho segundo Lucas* que Jesus pôs aos saduceus a seguinte questão: "Por que dizem que o Cristo é filho de Davi, se o mesmo Davi, no livro dos salmos, o chama de Senhor? [...]. Se David chama Cristo de senhor (*kýrion*), como pode ser ele seu filho?"[69] O conceito de *kýrios* é, em geral, traduzido por mestre ou senhor, porém, no contexto da vida cívica grega, por *kýrios* os gregos denominavam o pai de família: aquele ao qual era dada a responsabilidade cívica (enquanto cidadão) sobre a esposa, sobre os pais (depois dos 50 anos, quando deixavam de exercer a cidadania), sobre os filhos (antes dos 21 anos, quando começavam a exercer a cidadania) e também sobre as vúvas e sobrinhos órfãos na família. Só o menino tinha direito à cidadania; a menina, até antes do casamento, tinha o pai por *kýrios*, depois, o marido.

Na referência de Lucas, o termo *kýrios* se aplicava ao patrão e ao mestre. É no sentido de mestre (*didáskalos*) que o termo, nos escritos do *Novo testamento*, vem corriqueiramente aplicado à figura de Jesus. Corriqueiro em Paulo, o termo não é assim tão comum nos escritos evangélicos. O fato de Paulo se valer muitas vezes do termo *kýrios* (ora como senhor ora como mestre) decorre da seguinte razão: como *senhor*, porque Paulo se diz ser de Jesus o seu servo (*doûlos*); como *mestre*, porque diz ser o seu *apóstolo* (o propagador da doutrina).

No contexto da assertiva suprarreferida de Lucas, o ser "filho de Davi" é descartado como uma efetiva filiação, mas não como um *éthnos*

---

[69] *Lucas*, 20: 41-44; *Salmos*, 109: 1.

genealogico, ou seja, como participante da estirpe ou linhagem de David. Lucas, ademais, põe na fala do próprio Jesus uma vinculação, feita pelo mesmo Jesus, com a tradição judaica, relativa aos salmos, que, pelos hebreus eram considerados como hinos de louvor ao *altíssimo*, em que a maioria das composições de tais hinos *é* atribuída a David. A narrativa de Lucas, certamente por estratégia retórica de comunicação, não é de todo clara a respeito da filiação de Jesus, visto que, inclusive, *não é igualmente clara quanto à distinção entre Jesus (reconhecido como aquele que nasceu de Maria) e o Cristo como denominação do messias* esperado pela tradição judaica.

Há, portanto, em termos de narrativa, algumas incongluências, que, provavelmente, foram de propósito formuladas com o objetivo de promover um texto pudencial e cauteloso diante dos ânimos ainda efervescentes de fariseus (senhores das sinagogas) e de saduceus (senhores da elite e detentores das dinastias sacerdotais). Expressivo nesse sentido é o diálogo que ocorre entre Jesus e os juízes no Sinédio (sob relato de Lucas): "Se tu és o Cristo [pergunta o juiz], dize-nos; Jesus lhe respondeu: *se eu disser não acreditareis*". Ainda no mesmo julgamento, lhe perguntaram: "Então tu és o filho de Deus? Jesus respondeu: *Dado que vós o dizeis, então eu sou!*".[70] Jesus assim falou valendo-se da seguinte lógica: se vocês dizem que sou, então eu sou, visto que, se um disser que sou, vocês não acreditarão, entretanto, se eu negar, vocês continuarão acreditando no que acreditam apesar de eu ter negado. Apesar dessa lógica, há por detrás das afirmativas uma cautela, da qual resta difícil divisar a efetiva razão.

A narrativa é visivelmente cautelosa, a não ser a de Marcos que diz claramente que Jesus é o "filho de Deus", porém, amparada por com uma justificativa pouco eficiente, até mesmo, ambígua. Ele recorre ao que consta em Isaías, a título de um empenho no sentido de vincular o evento Jesus com as antigas profecias, que, em geral (esta é uma característica das profecias), são bem abertas e permitem, igualmente, interpretações abertas. Daí que, efetivamente, há nas narrativas cautela e ambiguidade, provavelmente em razão de não alimentar ainda mais os ânimos exaltados dos sacerdotes (os saduceus[71]) que controlavam o Sinédrio e, os fariseus, as sinagogas.

Foram os sacerdotes, afinal, que levaram Jesus a Pilatos e exigiram que ele fosse "condenado" por ocasião da Páscoa. Era *costume* (às vezes,

---

[70] *Lucas*, 20: 66-70.

[71] *Atos dos apóstolos*, 5: 17.

certos usos e costumes são expressões consolidadas de insanidade ou ignorância) sacrificar dois ou três condenados e libertar um. Naquela ocasião, sacrificaram Jesus e dois ladrões, e soltaram um tal de Barrabás, "que estava preso com os demais sediciosos porque, em um motim, tinha cometido um suicídio".[72] Barrabás era um saduceu, da turma dos *zelotes*, daqueles, cujo próprio termo diz, *zelavam* pela preservação dos valores e dos "bons costumes" tradicionais judaicos. Barrabás, curiosamente, era um judeu que lutava contra as forças romanas dominadoras que controlavam a vida política, econômica e cívica dos judeus.

Esse fato merece consideração. Perante os fariseus e os saduceus, Barrabás representava, senão o contraposto (porque a causa de Jesus era diferente), uma liderança favorável de libertação judaica diante dos romanos. Nesse ponto, Jesus tinha por máxima: *"Dai a César o que é de César e a Deus o que é de Deus"*.[73] É de se presumir que a turba que, em frente do Sinédrio, gritou por libertar Barrabás, sem dúvida, era composta de (*parte de*) fariseus e saduceus previamente instruídos com aquela finalidade: condenar Jesus (que, para eles, se constituía em um outro tipo, feito uma seita herética, de ameaça às suas tradições) e soltar Barrabás, que disposto a lutar contra os romanos em favor dos valores tradicionais judaicos. Foi dito *parte de* fariseus, porque o movimento, em sua origem, era reformista.

> Pilatos [como relata Lucas], determinou que fizessem o que eles [os da turba] pediam. [...]; e abandonou Jesus ao arbítrio (*thélema*, desejo, vontade) deles.[74] [Pregado na cruz] os que iam passando [...] diziam: [...] se és o filho de Deus, desce da cruz. Também os sumos sacerdotes (*achiereîs*), com os escribas e os anciãos (*grammatéon kaì presbyréron*), diziam [em tom de deboche]: ele salvou (*sõsai*) os outros, mas a si mesmo não salva; [...] se Deus se interessasse por ele, já o teria libertado, porque ele disse: eu sou o filho de Deus.[75]

Na expressão "os que iam passando" contém uma referência a indivíduos aleatórios, curiosos, que, a rigor, não participavam da proximidade dos ensinamentos de Jesus. Mesmo assim, a narrativa de Mateus quer fazer crer que esses indivíduos tinham a informação de que Jesus *dizia ser* "filho de Deus", com o que fica evidenciado que essa denominação era

---

[72] *Marcos*, 15: 6-7.
[73] *Mateus*, 22: 21.
[74] *Lucas*, 23: 24-25.
[75] *Mateus*, 27: 42-43.

amplamente conhecida, mas não, a rigor, admitida pelo instituto religioso estabelecido, que via nisso uma heresia. São dois universos distintos: para os ilustrados dizer que Jesus era "filho de Deus" incorria (como vimos) e um contrassenso lógico; para os sacerdotes era simplesmente uma heresia. As narrativas lidam com esses dois universos, sendo provável que os evangelistas se ocuparam em fundamentalmente expressar a insensatez dos sacerdotes daquela época, enquanto a posteridade (séculos II, III e IV) se encarregaram em fazer daqui e dali pequenos ajustes que dificultassem o contrassenso lógico.

A narrativa, no que concerne ao conceito de "filho de Deus", para além dos populares, põe também na boca dos sacerdotes, dos escribas e dos anciãos a mesma constatação, que, nesse caso, se dá a título de uma zombaria; aproximadamente nestes termos: ele se diz "filho de Deus", mas, pelo que se observa, o Deus (que é o pai dele) não se interessa por ele, não se dispõe a libertá-lo, e, logo ele, que se vangloriava de ter salvo (*sõos/sáos*) tanta gente. O ser "filho" de alguém, na tradição judaica, agregava um enlevo extraordinário à figura paterna, e uma respeitabilidade ao filho em função do pai, que, quanto mais reconhecido (em termos de valores morais e econômicos) maior a respeitabilidade concedida ao filho. O conceito "filho de" era muito comum entre eles, e isso, evidentemente, recaí como uma extraordinária responsabilidade sobre a figura do pai que, forçosamente, deveria garantir respeito e consideração pública. Tratava-se, pois, de um "artifício" (constrangimento) cívico de grande incidência moral sobre a figura paterna. O conceito "filho de" tinha, certamente, tanto ou mais força, sobre os pais, que os véus e os pesados vestuários que cobriam (escondiam) as mães!

Quanto ao adjetivo *sõos/sáos* remete à saúde do corpo, e, portanto, às curas por Jesus realizadas em favor especificamente dos pobres, dos carentes, dos sem arrimo ou dos oprimidos por vários males. Foi, efetivamente, entre os necessitados, entre os que viviam à margem dos benefícios da cidadania da época, que Jesus recebeu a denominação de salvador *sotér*, como sendo aquele que restituía a saúde, e, com ela, a retomada da boa vida, isto é, da vida saudável e agradável de se viver. Sem saúde, afinal, não se vive bem, sobretudo pelo fato de tornar proibitivos os hábitos com os quais cada um cotidianamente se dá como fonte do bem viver. São duas coisas: de um lado, os lamentos pela falta de saúde recaem sobre carência de acesso aos hábitos de um cotidiano aprazível (poder comer e beber o que habitualmente come e bebe); daí, por outro lado, que o bem viver não recai, a rigor, sobre a saúde propriamente dita, e sim sobre os hábitos costumeiros que cada um cultiva. Aqui poderíamos até mesmo considerar que, por exemplo, o inusitado da opressão decorrente de hábitos costumeiros, é que eles findam por se tornar um estilo de vida de tal modo que o jugo se harmoniza na vivência como um modo ou forma de viver do qual cada um retira, em conformidade com a sua carência, a sua tranquilidade e o seu bem-estar. Por vezes, a escravidão é tão prazerosa, que vira vício!

Assim como os evangelhos são cautelosos em identificar explicitamente Jesus como "o filho de Deus", também o fazem no que concerne a uma estreita relação (enquanto paralelismo e identificação) de Jesus com Moisés. No evento concebido como da *transfiguração*, no qual Jesus tomou consigo (como testemunhas do evento) "Pedro, Tiago e João, seu irmão" [ou seja, Tiago Maior], "apareceram Moisés e Elias falando com Jesus". Pedro, como sempre, muito entusiasmado e afoito, logo propôs erguer três tendas; mas, de imediato, do meio de uma "nuvem saiu uma voz que dizia: este é o meu filho muito amado — *ho yiós mou ho agapetós*", em referência a Jesus. Na descida do monte, depois do fenômeno da *transfiguração*, um fato curioso é que Jesus *ordena* aos três (Pedro, Tiago e João) que nada dissessem até (segundo a expressão dele) que *o filho do homem* (*ho yiós toû anthrópou*) ressurgisse dos mortos.[76]

Também aqui, há ainda duas observações a serem feita. A primeira é condizente com o que foi observado acima: que, depois da ressurreição Jesus seria, em sentido pleno "filho de Deus", visto que, agora, em sua condição humana, era também e reconhecidamente, conforme consta em Mateus, um "filho do homem, que come e bebe".[77] A assertiva "come e bebe" é significativa em razão de que, de um ponto de vista lógico, um Deus não carece de comer e de beber, por isso a preferência da narrativa no sentido de denominar Jesus "filho do homem que come e bebe". Mas, isso antes da ressurreição, porque, depois, não mais carece. Se bem que Jesus, depois de ressuscitado, quando aparece aos discípulos, ceia com eles, isso dentro de uma narrativa em que Jesus afirma, de si mesmo, como sendo de carne e osso:

---

[76] *Mateus*, 17: 3-9; *Marcos*, 9: 6. Sobre o conceito de *filho do homem*: *Mateus*, 8: 20; *Marcos*, 2: 10; 8: 38; *Lucas*, 11: 8; 22: 22 e 48 e 69; *Atos dos apóstolos*, 7: 56.

[77] *Mateus*, 11: 19.

> Olhai para as minhas mãos e pés [diz ele aos discípulos], porque sou eu mesmo; apalpai, e vede, porque um espírito não tem carne, nem ossos, como eu tenho. [...]. Tendes aqui alguma coisa para comer? E eles lhe apresentaram uma posta de peixe assado e um favo de mel. E, tendo comido às vistas deles, tomou o restante e lhe deu.[78]

Ele era ainda de "carne e osso", não um "espírito" e, portanto, ainda se encontrava sob uma condição de ânimo humano, que carecia de alimentação. Enquanto ele se mostra aos seus discípulos, nessa ocasião não se desfaz de sua condição humana material, visível e sensível. Veremos, a esse respeito, mais adiante, como os gnósticos, Marcião e Valentim, foram tidos como *heréticos* por admitir que Jesus, por ser Deus, comia e bebia de um modo todo próprio por força da natureza (*dýnamis*) de seu corpo divino (não rigorosamente material) que não carecia de alimentação e de digestão. Fica igualmente evidente, pela narração, que há aqui (talvez uma inserção posterior) uma clara defesa da humanidade de Jesus, e de que ele fruía dos mesmos alimentos de seus discípulos.

A narrativa de Mateus diz que Jesus se encontrou com os onze discípulos em um morro da Galileia,[79] e não em Jerusalém, como em Lucas. Mateus não narra o evento da refeição. A narrativa de Marcos relata que Jesus "apareceu aos onze quando estavam à mesa", sem qualquer referência no sentido de que tenha ceado ou não com eles.[80] O evangelho de João narra o encontro como sendo um terceiro, no "mar de Tiberíades", na Galileia. Os discípulos estavam pescando, e quando retornaram "em terra, viram umas brasas preparadas e um peixe em cima delas, e pão. [...]. Disse-lhes Jesus: *vinde, jantai*".[81] O relato não faz menção se Jesus participou ou não da refeição, mas é de se supor que sim. O principal da narrativa de João, distinto da de Lucas, evidencia outro interesse: o das celebrações que foram denominadas de *eucarística*: "Jesus aproximou-se, tomou o pão, repartiu e deu a todos, e, igualmente, o peixe."[82] O interesse da assertiva de Lucas se dirige (no que parece ser um adendo poserior) contra as teses de Marcião e de Valentim; o de João em favor da eucaristia.

---

[78] *Lucas*, 24: 39-43.

[79] *Mateus*, 28: 16.

[80] *Marcos*, 16: 14.

[81] *João*, 21: 12.

[82] *João*, 21: 13.

Dá-se que os evangelhos, até, em definitivo, serem estabelecidos como canônicos, receberam adendos certificadores da doutrina.

A segunda observação cabe ser feita no sentido de que a afirmativa (pelo que consta nas narrativas evangélicas) de que Jesus era "filho de Deus" não era, de um ponto de vista de sua existência, a que mais importava e sim o reconhecimento nele, por todos, de sua humanidade fertilizada pela divindade. Sob o conceito de "filho do homem", foi do humano Jesus que as narrativas se ocuparam em destacar como a condição (nos termos do Deus que se fez homem) mais importante a ser observada e considerada. Não era, pois, objetivo prioritário das narrativas, e, evidentemente, do próprio Jesus, mostrar *como é ser um Deus*, e sim *como é ser homem* (um humano) *mediante padrões e atributos de divindade*. Depois de sua ressurreição restaria então um Deus ("filho de Deus") que se fez homem ("filho do homem") louvado pelas narrativas como fonte de orientação e de instrução do como *ser homem* ao modo de um Deus.

5 – Moisés e Jesus: complementares, porém, distintos

Moisés, no *Antigo testamento*, era tido como o libertador do povo de Israel, em particular dos chamados *hebreus* que viviam escravizados no Egito. Jesus, no *Novo testamento*, vem descrito como o libertador tanto dos hebreus quanto dos judeus (dos nascidos na Judeia), e, enfim, de todo o povo originário do reino de Israel e o do reino de Judá dispersos por todo o mundo. A grande diferença das narrativas entre um e outro decorre do fato de que, no que concerne a Moisés, ele é descrito como um libertador de uma condição concreta: a escravidão do povo hebreu, pelo faraó do Egito, que impunha sobre os hebreus pesadas cargas de jugo e de opressão; no que concerne a Jesus, não há referência a uma escravidão específica, e sim genérica, que diz respeito à libertação do *pecado* (da *hamartía*). Mas não só, e aqui está o específico da narrativa evangélica que caracteriza o cristianismo em sua essência, e que, além disso, veio a ser uma das principais causas da morte cruel à qual Jesus foi submetido: trata-se da libertação das injustiças e todo tipo de opressão e jugo, a começar pela opressão da fome, das doenças, das dores, das discriminações, dos preconceitos... Jesus é narrado, em termos de doutrina e de feitos, como um libertador completo, e, a rigor, não só de um povo, mas de todos os povos.

Quanto aos conceitos de *hebreu, judeu* e *israelita*, em síntese dá para dizer que eles foram concebidos a partir dos descendentes de Ur, na região da Suméria. Trata-se de vários descendentes, porém de um só povo liderado por Abraão, e que se expandiu por todo o Oriente Médio, especialmente na região de Canaã às margens do rio Jordão. Os que ultrapassaram o lado de lá do rio vieram a ser chamados de *hebreus*, que, seguindo em frente, findaram escravizados no Egito, onde, enfim, encontraram em Moisés o libertador. Os que restaram aquém das margens do Jordão, uns permaneceram na região de Canaã, e ali vieram a constituir o que chamaram de *reino de Israel*; outros, que se instalaram logo abaixo, na chamada região da Judeia, passaram a ser chamados de judeus, tidos como os filhos do reino de *Judá*. São três denominações de um só povo espalhado por regiões diferentes, e arranjados dentro de dois reinos: o de Israel e o de Judá. Temos, então, enquanto denominações: os israelitas de Canaã, os judeus da Judeia e os hebreus, isto é, aqueles que ultrapassaram o rio e findaram escravizados no Egito. Muitos judeus da Judeia se mudaram para a região da Babilônia e lá foram igualmente escravizados tal como os hebreus no Egito. Temos, enfim, três denominações genéricas, a de *hebreu*, a de *israelita* e a de *judeu*: expressões com as quais, ora uma ora outra, sempre abarcaram o todo de um povo disperso, que, por sua índole, esperançoso e sedento por liderança e por libertação, sempre igualmente ansiou por unificação.

O fenômeno religioso se avolumou sobretudo entre hebreus e judeus imersos em meio à condição do escravo sedento de libertação. A opressão aumenta a religiosidade e o jugo aprofunda o anseio por libertação. Jesus não é presumido como um libertador (*sotér* = protetor, salvador) ao modo de Moisés, que tomou para si o destino do povo hebreu escravizado no Egito. Referido como filho de Deus, Jesus veio a ser estampado como coincidente com o próprio Deus, de modo que o identificar com Moisés não fazia muito sentido para os hebreus. A libertação (*sotería*) de Jesus foi presumida no sentido de libertar todo o povo do reino de Israel e de Judá sob outros termos: demonstrando a todos como é possível fazer imergir no cotidiano da vida um modo divino de se viver. Nesse sentido, Jesus não se apresentou como aquele que veio libertar ou unificar um povo, e sim indivíduos. Eis qual foi, nesse sentido, a sua proposição: exortar a cada um, enquanto indivíduo subjetivamente considerado, imerso em suas circunstâncias e complexidades existenciais e humanas, a trazer o divino para a própria vida. Ele resumiu essa proposição em um só mandamento,

Ame a Deus sobre todas as coisas e o próximo como a ti mesmo,[83] sob a seguinte régua: nem mais a Deus nem mais ao próximo nem mais a si mesmo!

Por princípio, em termos de cristianismo primitivo, o evento Jesus de modo algum se impôs como ocasião e meio de gerar escravos e escravas voluntárias valendo-se da estratégia retórica da fé, a título de uma coação moral que intensifica o constrangimento e a culpa, sob a vigorosa exortação de que, desagradar Deus, corresponde a promover nele um sentimento de fúria e de cólera! O amor por Jesus exortado requer equilíbrio, sem escravidão: nem a Deus, nem ao próximo nem a si mesmo. Quem acredita que ama mais um que o outro, não ama ninguém.

> Se alguém disser: eu amo a Deus, e odiar o seu irmão, é um mentiroso. Porque aquele que não ama o seu irmão, a quem vê, como poderá amar a Deus a quem não vê? E nós temos de Deus este mandamento: que aquele que ama a Deus, ame também o seu irmão [como quem ama a si mesmo].[84]

Quando se diz que Jesus veio libertar do pecado (da *hamartía*) é preciso entender o conceito dentro da proposição tal como ele a concebeu (tema do Capítulo IV). Libertar do pecado não significa livrar alguém de suas culpas morais ou de seus desvios éticos ou de seus descontroles na senda do bem viver. Jesus de modo algum se deu a tarefa ou função de libertar o humano de sua condição humana, o que seria um contrassenso. Como seria possível conceber um Deus que se faz humano para libertar o humano de sua condição humana? Isso não faz sentido. Daí que, ao contrário, o fenômeno se deu sob o propósito de evidenciar como é possível e viável, e, acima de tudo, absolutamente necessário, assumir a condição humana sob pressupostos de divindade, a fim de que o humano venha a dar certo sob o governo de suas circunstâncias e complexidades. Quem foge de si mesmo para se qualificar abandona a si mesmo ao descuido e ao desgoverno, e, enfim, vive o desamor!

Como expressou Paulo, na *Carta aos romanos*, é na cisão entre *o bem* que *se quer* e o mal que não se deseja, que é dado ao humano fazer ressurgir em si mesmo todo o bem possível e, com ele, todo o belo e o justo desejáveis.[85] É em seu ser *real*, não em um ser deformado em sua condição, renegado por si mesmo em suas pulsões naturais, que se encontra

---

[83] *Mateus*, 22: 37-40.

[84] *Primeira epístola de João*, 4: 20-21.

[85] *Epístola aos romanos*, 7: 7-25.

o território (o *télos*) da exercitação humana possível quer em civilidade quer em *virtude* quer em divindade. É na aceitação e no acolhimento de si que o humano se põe no início da senda da humanidade e da elevação em virtude. Não há como edificar a civilidade sem humanidade; não há, do mesmo modo, como promover o *ser homem* deixando de fora a inevitável necessidade de cada um ser *a si mesmo* e de se acolher em suas circunstâncias e complexidades naturais. E nada disso, enfim, é possível sem conhecer a si mesmo, seus limites e suas possibilidades.

É forçosamente necessário que cada um olhe para o "espelho" de si mesmo e diga — *este sou eu* — e se acolha e se ame ao modo de quem efetivamente ama. Dado que a elevação em humanidade e em civilidade não se efetivam sozinhas ou isoladamente, então é constituindo (ao modo epicureu[86]) comunidades de cuidado e de bem-querer, de amor e amizade que a custosa elevação em virtude vem com mais facilidade. É na falta de acolhimento de si, cujo acolhimento requer conhecimento de si, é, igualmente, sob o desamparo de quem não se acolhe e, tampouco, se conhece, que, entre os humanos, frutificam o preconceito, a aversão, a discriminação, a fobia, a intolerância e todo tipo de insanidade que toma conta das emoções e, evidentemente, da carência de bom senso e de razoabilidade de quem vive de uma inteligência amena, pouco desenvolvida e sossegada a ponto de carecer de ânimo para se instruir. A filosofia em seu decurso histórico presumiu a necessidade de que, para que sejamos *humanos* viáveis, urge acrescer a educação do uso do intelecto, ao qual se vincula o uso do arbítrio nas continuadas requisições de rejeições e de escolhas, que, a nós humanos, seres essencialmente emocionais, nos atropelam.

Se serenamente observarmos, veremos que, na maioria de nossos infortúnios, agimos por uma descarga natural de emoções e de impulsões, como que movidos por uma inteligência natural estratégica, e não pôr apelos espontâneos de, mediante cálculos de racionalidade, nos reger. As emoções afloram em nós por natureza enquanto a razão só efetivamente se exerce (para além do uso natural estratégico) mediante instrução e empenho. Por é, enfim, a razão educada que se viabiliza em nós o governo das emoções e o cuidado de si. A filosofia presumiu que, fora dessa dimensão, a do uso educado do intelecto enquanto faculdade cognitiva e deliberativa, o humano fica mais facilmente refém dos mitos, especificadamente daqueles especializados em promover e alentar um

---

[86] SPINELLI, M. *Principais temas da ética de Epicruo*, São Paulo: Dialética, 2024.

saber que mais se parece com jugo e opressão do que propriamente com libertação, a ponto, inclusive, de levar a muitos a se submeter a um estado de degradação, como se com isso obtivesse grandes lucros. São indivíduos, em geral, que adoecem com o cultivo da ideia de que Deus se ocupa e cuida dele por ele, enquanto ele mesmo não se cuida: apenas mima a ideia de que é Deus que cuida!

O evento Jesus (afora tudo o que a posteridade erigiu em nome dele, e toda a desfiguração que implantaram sobre a fisionomia dele) estampou a todos a senda da *divindade*: evidenciou que a todos é possível trazer o divino para si e para a própria vida, e assim estampá-lo aos olhos uns dos outros. Jesus a todos demonstrou que é possível viver como um Deus entre os homens, como um humano qualquer. Da *libertação* (*sotería*) promovida por ele, a oração do *Pai nosso/Páter hemon*[87] contém a síntese: de que é possível fazer vir a nós o reino de Deus, cujo reino nada tem a ver com um estado de guerra e de maldade, visto que o próprio nome de Deus é sagrado, santo e justo. Um reino de Deus somente se efetiva onde se exercita a vontade de Deus, em si mesma coincidente *com a busca* do que é sagrado, santo e justo.

O *Pai nosso* reza, como efetivamente necessário, que, em um tal reino, a ninguém falte o *pão nosso* (*tòn árton hemon*) de cada dia — pão nosso, e não *pão meu*. Em um tal reino, a oração presume que nele há de imperar o perdão como um dever (*opheílo/opheílema*) exercitado em reciprocidade. Por isso, tratar-se, enfim, de um reino no qual a ninguém é dado deixar-se tomar pela *peírasis*, pelo intento de corromper uns aos outros se desqualificando em suas complexidades humanas e em benefício próprio (atitude que, evidentemente, descaracterizaria por completo o mandamento do amor). Sendo assim, um tal reino haverá de se esquivar de toda e qualquer maldade (*ponería*) que alguém possa exercitar uns sobre o outros e contra a si mesmo. As proposições vêm todas no plural ("Pai nosso", "venha a nós", "o pão nosso", "dai-nos hoje", "livrai-nos do mal"), de modo que a oração comporta uma requisição coletiva, com consequências coletivas, que, no entanto, só se efetivam mediante empenho subjetivo: porque não existe uma ação coletiva (universal) que não implique o exercício da subjetividade. O universal é sempre uma abstração, enquanto o particular é uma concretude a ser amada e respeitada dentro de suas circunstâncias e complexidades, visto que, enfim, são elas que estampam o fenômeno humano em sua realidade própria.

---

[87] *Mateus*, 6: 9-13.

CAPÍTULO II

PAULO DE TARSO, O OUTRO MOISÉS DO CRISTIANISMO

1 – Paulo e a causa cristã: seus companheiros, sua esposa e seus atropelos

Paulo de Tarso foi contemporâneo, mas não conviveu com Jesus. Além de judeu, era um cidadão romano. As datas de seu nascimento e morte são controversas, bem como o lugar onde nasceu, se em Giscala, na Judeia, ou em Tarso, na Cilícia (Turquia). Quanto às datas do nascimento de Paulo, admite-se que ele nasceu *por volta* do ano 5 e que foi assassinado entre os anos de 64 e 67 em Roma, no governo de Nero (não há uma data precisa). Segundo Jerônimo[88], Paulo nasceu em Giscala, atual Jish, cidade ao norte da Galileia, na qual também nasceu o afamado João de Giscala, o líder da grande guerra judaica do século I, e considerado por Josefo como um tirano e déspota. Sobre a afirmativa de Jerônimo, Rodrigo Furtado questiona: "será de rejeitar a hipótese Giscala? Ainda não. Jerônimo e Fócio não são tolos, conhecem os *Actos dos Apóstolos* e também admitem a relação de Paulo com Tarso [...]".[89]

Poderíamos comparar Paulo, dito de *Tarso*, nascido em Giscala, com Jesus, dito de *Nazaré*, nascido em Belém.[90] Nazaré era a terra natal de José e de Maria, onde Jesus viveu a infância[91], e um centro religioso, político e econômico distante de Jerusalém. José é referido como descendente do rei Davi[92], ao qual se atribui ter nascido em Belém, "*subúrbio*" da cidade de Jerusalém. O fato de também Jesus ser referido como de Belém comporta outras vinculações que vão além de uma mera localização quanto ao lugar

---

[88] *De viris illustribus*, 5.

[89] FURTADO, Rodrigo. Paulo de Tarso: em torno da origem. *In*: RAMOS, José A. et al. (coord.). *Paulo de Tarso. Grego e Romano, Judeu e Cristão*. Coimbra: Imprensa da Universidade de Coimbra, 2010, p. 15.

[90] *Lucas*, 2: 4-7.

[91] *Lucas*, 4: 16.

[92] *Mateus*, 1: 20; *Lucas*, 1: 26

onde efetivamente nasceu. Por ser de Belém, a terra de Davi, o unificador de Israel, isso, por si só, localizava Jesus em meio ao centro efervescente do poder e da história do povo de Israel. Ser de Belém, identificava Jesus, por vínculo de nascimento, ao rei da unificação de Israel, com o que a narrativa fazia dele um outro *Davi* unificador do velho e do novo, das antigas e das novas tradições, enfim, um reformador.

Do fato de a posteridade simplesmente afirmar que Paulo é de Tarso, deve-se pelo menos a duas razões: uma, à sua condição de judeu e de cidadão romano, fator importante na expansão do cristianismo; outra, localizá-lo em Tarso significava imergi-lo em um dos redutos de grande expansão da cultura grega e romana. Dizer que Paulo era judeu e romano abria ainda mais amplitude, com mais impacto, do que se fosse dito simplesmente que era apenas um judeu de Giscala, justo da terra do tirano e déspota João de Giscala; dizer que era de Tarso, capital da Cilícia, se constituía em um fator que concedia a Paulo uma maior expressividade, e também enlevo e autoridade. Sendo da Cilícia, significava que ele detinha (como de fato detinha) um bom conhecimento da língua e da cultura helênica, fator extremamente importante na difusão do cristianismo perante os da elite latina e o consequente domínio da cultura latina sobre os anseios da cultura hebraica.

Eis o que efetivamente escreveu Jerônimo a respeito de Paulo: "ele era da tribo de Benjamim e nasceu em Giscala, na Judeia, cuja cidade foi capturada pelos romanos, razão pela qual a família dele deslocou para Tarso, na Cilícia".[93] A fonte da qual Jerônimo se serviu para afirmar que Paulo é da tribo de Benjamim é a *Espístola aos romanos*, na qual Paulo explicitamente diz: "eu também sou israelita, da descendência de Abraão, da tribo de Benjamim".[94] A sentença deixa claro que Paulo nasceu em um ambiente judaico, da tribo de Benjamim, do que se presume que tanto o pai quanto a mãe fossem judeus. É o que ele efetivamente confirma na *Epístola aos gálatas*:

> Vós ouvistes dizer de que modo eu vivi em outros tempos no judaísmo, com que excesso perseguia a comunidade (*ekklēsían*) de Deus e a devastava, e prosperava no judaísmo

---

[93] "Paulus [...] de tribu Benjamin et oppido Judaeae Giscalis fuit, quo a Romanis capto, cum parentibus suis Tarsum Ciliciae commigravit" (*De viris illustribus*, 5).

[94] *Epístola aos romanos*, 11: 1.

> mais do que muitos coetâneos da minha geração, sendo em extremo zeloso (*zelotés*) das minhas tradições paternas.[95]

Prosperar no judaísmo, na proposição de Paulo, não significava, a rigor, alçar-se em instrução ou qualidade humana, e sim em poder em meio ao lado político do consórsio religião/poder caracterizador do judaísmo. Paulo, quando jovem, se pôs a serviço do Sinédrio e foi um dos responsáveis (enquanto executores) do assassinato de Estêvão: um arrependimento e dor que ele arrastou por toda a vida. Além de judeu, Paulo tinha também cidadania romana. Se Giscala ou Tarso, a plêmica resta infindável, e pela seguinte razão: sendo os pais judeus (mesmo que só a mãe), Paulo seria considerado um judeu; se nasceu em Tarso ou Giscala, dado que estavam sob domínio romano, teria o registro da cidadania romana. Que ele etinha cidadania romana, isso não se discute:

a) quando preso na judeia, Paulo questionou o centurião: "é permitido açoitar um cidadão romano sem ter sido ele ainda condenado?";

b) perante o que disse o tribuno no Sinédrio ("a minha cidadania romana custou-me um bom dinheiro") Paulo, em tom irônico, responde: "eu sou cidadão romano de nascimento".[96]

Pelo visto, açoitar prisioneiros era um hábito corriqueiro da *civilidade* romana, mas não exatamente contra um romano protegido pela severidade da lei! O outro aspecto da asseriva, referente ao fato do tribuno ter pago "um bom dinheiro" para adquirir a cidadania romana, isso demonstra que, certamente, pelos ricos, ela podia ser comprada. Trata-se de um fato que, por si só, demonstra como a justiça decorrente da severidade da lei se apresentava como privilégio dos ricos: bastava uns trocos para afrouxar a autoridade e a circunspecção do tribuno! Mas esse não foi o caso de Paulo.

O testemunho indica, a tirar pelo tom irônico da resposta de Paulo ao tribuno, que a sua cidadania lhe veio de graça, simplesmente pelo fato de ter nacido em uma cidade capturada pelos romanos. Consta em Jerônimo que os pais de Paulo "o enviaram *de volta* [de Tarso] para Jerusalém, a fim de estudar as Leis, na escola de Gamaliel".[97] Gamaliel, segundo consta nos *Atos dos apóstolos*, era um renomado fariseu e profundo conhecedor das leis de Moisés.[98] Aí mais um testemunho que também denuncia a

---

[95] *Epístola aos gálatas*, 1: 13-14.

[96] *Atos dos apóstolos*, 22: 25-29.

[97] *De viris illustribus*, 5.

[98] *Atos dos apóstolos*, 5: 34.

profunda vinculação dos pais de Paulo com o judaísmo, em particular com os da corporação dos fariseus: "eu sou fariseu [confessou Paulo] e filho de fariseus".[99]

Do que consta na *Epístola aos romanos*, no trecho em que Paulo pede a um tal de Rufo, que saúda "a sua e minha mãe – *matrem eius et mea*", dessa informação não dá para inferir que a mãe de Paulo vivesse em Roma.[100] O mais plausível a se admitir é que Paulo considerava a mãe de Rufo como se fosse também a sua. O livro, os *Atos dos apóstolos*, faz referência a um sobrinho, filho de uma irmã de Paulo, que denunciou uma conspiração contra Paulo quando ele veio a ser preso em Jerusalém. Esse fato põe em evidência que ele efetivamente tinha parentes na região (uma irmã), e que, portanto, tinha, naquele território, uma estreita vinculação familiar que não se restringia à cidade de Tarso.

O fato de Paulo ter vindo, bem jovem, a estudar em Jerusalém, na renomada Escola de Gamaliel, denuncia duas coisas: de um lado, a possibilidade de que por lá contava efetivamente com algum respaldo da parentela; de outro, que seus pais não viviam à margem da pobreza, razão pela qual pode ter acesso a uma esmerada educação. Foi essa educação que lhe permitiu, depois de convertido, incursionar pelas ruas de Jerusalém conversando e examinando, *junto aos gregos (pròs toùs Hellenistás*[101], como consta nos *Atos dos apóstolos*), os escritos da tradição hebraica, e anunciando o evento Jesus como um reforço e renovação do judaísmo. Paulo não inicia a sua pregação ensinando a doutrina cristã pela doutrina cristã, e sim pelos seus vínculos com o judaísmo, dentro do qual era bem instruído. Também não ensinava como um judeu ordinário, e sim ilustrado na Escola de Gamaliel, fariseu e doutor da lei, e um dos mais importantes líderes do Sinédrio.

Por *hellenistás* devemos entender os que dominavam a língua e a cultura grega, ou seja, gente culta e da elite que podia ter acesso à cultura helênica. Dado, segundo a narrativa, que Paulo ensinava "pelas ruas", isso denuncia que tomou para si o mesmo método e objetivo dos retóricos e dos sofistas (dos professores perambulantes) que ofereciam instrução aos que quisessem deles se acercar. O objetivo de um retor ou sofista consistia em buscar na rua os desocupados da elite que podiam pagar

---

[99] *Atos dos apóstolos*, 22:25-28 e 23:6.

[100] Texto grego: "*Aspásasthe Roûphon [...] tèn metéra autoû kaì emoû*", tradução latina: "*Salutate Rufum [...], matrem eius et mea*".

[101] *Atos dos apóstolos*, 9: 29-30; 11: 23.

pelo ensino particular. Aqui, por certo, a estratégia de Paulo consistia em dar a conhecer e trazer, inclusive os professores perambulantes, para a doutrina cristã, e promover neles o desejo de disseminar o cristianismo. Nesse ponto, Paulo iniciou seu magistério cristão ao modo como procedeu Platão que trouxe para dentro de seu ensino o sofista, a fim de fazer deles mestres afeitos ao filosofar e dar ensino deles consistência filosófica.

A esse respeito, Platão (que viveu entre os anos de 428 a 348 a. C.) se empenhou no sentido de sobrepor a filosofia à retórica, e o fez confabulando com os principais retores e sofistas de seu tempo: com Protágoras, Górgias, Hipias (aos quais, inclusive, dedicou um diálogo para cada um). Platão também dedicou um de seus diálogos aos *sofistas* e, em todos os diálogos, trouxe sempre algum sofista a confabular com Sócrates, personagem sempre central de sua dialógica filosófica. Este era o seu objetivo: trazer os sofistas para a interlocução, e assim promover neles a instrução filosófica, e, consequentemente, qualificar neles o ensino e, para além deles, os jovens e a civilidade grega. Platão, desse modo, tinha por objetivo empenhar o sofista em sua obra filosófica e, com ela (inerente à qual o sofista findava por caminhar junto, por fazer parte da confabulação e do diálogo), mover na juventude o desejo de saber e de virtude cívica.[102]

Relativamente a Paulo, para além de sua esmerada instrução, a principal questão que aqui se impõe diz respeito ao seguinte: de imediato, ou seja, logo após a sua "conversão", só podia mesmo ensinar e discutir a respeito do que aprendera na Escola de Gamaliel. É de se presupor, dado o seu profundo conhecimento da Torá (do livro de *orientações* segundo o escriturário hebraico), que o seu magistério se iniciou justamente buscando identificar o evento Jesus nas profecias tradicionais, cuja preocupação se tornou central no escriturário concebido sob a sua orienação e liderança. O ensino primordial deve ter se orientado nessa direção, em razão de que ele não participara diretamente das preleções doutrinárias de Jesus. O seu aprendizado foi paulatino e indireto, mediante a frequência dos discípulos e no decurso de suas cotidianas preleções: ele aprendia ensinando, e ensinava aprendendo!

---

[102] PLATÃO. *Sofista*, 221 a – 224 d. SPINELLI, M. *Principais temas da ética de Epicuro*, São Paulo: Dialética, 2024.

2 – As fontes da *didascália* de Paulo e os seus vínculos com Moisés

Consta, nos *Atos dos apóstolos*,[103] que Paulo, logo após sua adesão ao cristianismo, esteve por "alguns dias com os discípulos" (sem especificar quais) de Jesus "que se encontravam em Damasco" (na Síria, terra de Lucas). Esse dado é importante porque Lucas veio a ser o companheiro e escrivão (*grammateús*) inseparável de Paulo. Consta, na sequência, que Paulo, depois de estar "por alguns dias" com os referidos discípulos, "começou imediatamente a pregar nas Sinagogas", e, portanto, diretamente para um público judaico. Um fenômeno! De ferrenho opositor e *perseguidor*, um jovem que se colocava do lado dos que levaram Jesus à morte, responsável, inclusive, pelo assassinato de Estevão[104], passa "*imediatamente*" a ensinar feito um mestre da doutrina! Paulo fica uns dias em Damasco, depois, com os apóstolos que ali estavam, vai a Jerusalém, onde Barnabé (seu ex-colega na escola de Gamaliel), originário da ilha de Chipre, "o conduz até os [demais] apóstolos".[105]

Paulo restou com eles bem pouco tempo. "Ameaçado de morte", foi levado por alguns deles até o porto de Cesareia e de lá *enviado* a Tarso: cidade que, enfim, foi incorporada ao seu nome (em grego, Paulo, em hebraico Saulo). O refúgio em Tarso não durou muito: Barnabé, *enviado* de Jerusalém a Antioquia (próxima da cidade de Tarso), foi em busca dele e, "tendo-o encontrado, o levou consigo para Antioquia", onde permaneceram juntos "um ano inteiro". Quer dizer: são dois discípulos de Gamaliel, com uma instrução apurada na Torá judaica, ambos certamente fariseus, que dão início à saga da instrução cristã logo após a morte de Jesus. Consta, nos *Atos*, que foi ali em Antioquia que o título de "*discípulos (mathetás) de Cristo*" foi usado "pela primeira vez" para designar os *apóstolos*.[106] O conceito de *apóstolos*, em sua significação etimológica, comporta o sentido de aqueles que sempre estavam juntos ou ao redor (*apó*) do caminhante ou andarilho (*stellós*) propagador de algum entendimento ou saber do qual vinham a se tornar o mensageiro, a fim de equipar (*stello*) com o saber dele.

Em nenhum momento os *Atos dos apóstolos* especificam de qual fonte Paulo sorveu os ensinamentos que pregava, tampouco os discípulos (mestres) dos quais se colocou ao redor, a fim de instruir o intelecto

---

[103] *Atos dos apóstolos*, 9: 19-20

[104] *Atos dos apóstolos*, 7: 58; 8, 1 e 3; 9: 1-2, 21.

[105] *Atos dos apóstolos*, 9: 26

[106] *Atos dos apóstolos*, 11: 25-26

e a conduta e, depois, se exercitar naquilo que a palavra *apóstolo* veio, na tradição, a designar: aquele que sai por aí com a missão de comunicar o que aprendera. Nenhum dos evangelhos até então tinha sido escrito. Autodidata de doutrina alheia ninguém consegue ser! Lá em Antioquia, entretanto, depois de um ano convivendo com Barnabé, que também era um discípulo indireto, vem denominado de *mathetés*: termo que, entre os filósofos gregos, correspondia a ser aquele que detinha a posse da instrução (*máthesis*) sorvida de um mestre, e que, consequentemente, lhe dava condições de ser um instrutor.

O que Paulo fez constar na *Epístola aos gálatas* pode ser lido como um complemento ao que consta nos *Atos dos apóstolos*. O estilo da carta é apologético e a argumentação se vale do conceito de *revelação* a título de um princípio de *autoridade* em vista de autentificar plenamente os seus ensinamentos. Foi lá entre os gálatas, que os chefes das comunidades cristãs locais, começaram a ensinar (depois da partida de Paulo) que, para ser cristão, era também preciso se circuncidar como determinava a lei de Moisés. Eles apelaram, inclusive, para o concilio de Jerusalém, do qual Paulo tinha participado. Aqui se pôs a dificuldade: o concílio nem proibiu (quem quisesse poderia) nem exigiu a circuncisão; porém, os chefes da comunidade, dado que não era proibido, passaram a exigir. Paulo, como de sólito, a fim de evitar o conflito das opiniões (as *logomaquias*), toma a decisão de exortar a todos valendo-se do argumento de que o que mais importava não era a circuncisão, e sim a fé; mais do que a lei, o espírito da lei, e mais que a decisão do concílio, a doutrina de Jesus, da qual (ele, Paulo) diz ter tido acesso "desde o ventre de sua mãe – *ek koilías metrós*":

> Mas quando aprouve àquele que me selecionou desde o ventre de minha mãe, e se dignou a convocar-me, e, por sua graça, revelar-me seu filho, a fim de que o anunciasse entre os povos, imediatamente, sem consultar a carne nem o sangue, sem ir a Jerusalém aos que eram apóstolos antes de mim, parti para a Arábia. Depois voltei novamente para Damasco, e, dali, no fim de três anos, fui a Jerusalém ter com Pedro, e estive com ele quinze dias. Dos outros apóstolos não vi nenhum, a não ser Tiago, irmão do senhor; quanto a isso que vos escrevo, digo, diante de Deus, que não minto.[107]

A retórica de Paulo não se apega ao argumento de que "está falando a verdade", e sim de que "ele não mente". O argumento é retórico por

---

[107] *Epístola aos gálatas*, 1: 15-20

carência de razoabilidade: a) se fora mesmo instruído na doutrina cristã desde o ventre de sua mãe, então é de se supor que ele foi instruído antes mesmo de Jesus iniciar seu magistério; b) não teria tido necessidade de seus pais o enviarem de Tarso à Escola de Gamaliel; c) mesmo instruído cristãmente no ventre da mãe, a doutrina só começou a fazer um efeito tardio, depois de promover cruéis perseguições aos cristãos, e de, inclusive, submeter Estevão a uma morte cruel. Seja como for, o modo como Paulo conclui a assertiva — "digo que, diante de Deus, não minto" — demonstra como a sua autoridade perante a comunidade gálata era um tanto sofrida: teve que recorrer a uma espécie de *jura* que não estava mentindo!

É sensato pressupor que a grande mestria de alguém é maior ou menor caso a posse do saber de que dispõe realmente o coloca na condição de discípulo (de *mathetés*), por força do aprendizado, e de mestre capacitado, não só oralmente, mas também por escrito, a comunicar a *máthesis* da qual foi instruído e continuamente (sempre de novo) se instrui. A instrução não tem um ponto ou *télos* de chegada: quem se fixa em algum lugar toma o rumo da ignorância porque se põe na senda do esquecimento! O método próprio da filosofia grega é circular e não linear. A argumentação filosófica não visa um ponto de chegada. Ela sempre retorna e recomeça de novo num processo infindável de aprimoramento e qualificação do pensar. O método linear foi concebido pela escolástica, inclusive pela dita "música clássica" (por exemplo, com Vivaldi, Mozart e Beethoven[108]).

Paulo se fez a partir das instruções (do judaísmo tradicional) que colheu na Escola de Gamaliel, um fariseu reformador do judaísmo arcaico. Além de Gamaliel, Paulo sorveu das prerrogativas de um novo judaísmo no contato com os discípulos de Jesus, e, na sequência, na exercitação contínua de seu próprio magistério: iniciado em Chipre e expandido no território helenizado por Alexandre, que tendeu a se espraiar por todo o império romano. Paulo não só se apropriou continuamente da doutrina, como também, e sobretudo, a concebeu reflexiva e oralmente. Enquanto aprendiz, ele foi um instrutor, e, enquanto instrutor, foi um reformador. Ele não se ocupou apenas em aprender e ensinar, mas também em conceber e verbalizar a doutrina.

---

[108] Vivaldi, originário de Veneza, Itália, viveu entre os anos de 1678 a 1741; Mozart, de Salzburgo, Áustria, de 1756 a 1791; Beethoven, de Bonn, Alemanhã, de 1770 a 1827.

Um fato curioso decorrente do teor da narrativa dos *Atos dos apóstolos* está em um paralelo bastante simbólico e peculiar entre Paulo e Moisés. A respeito de Moisés, Tatiano, em sua *Exortação aos gregos*, traz, de modo lacônico, algumas informações a respeito de quando ele viveu: de um lado, diz Tatiano que Moisés "viveu muitos anos antes da guerra de Troia"; de outro, que "ele é 400 anos anterior à guerra de Tróia". Tatiano diz ainda que "Moisés é mais velho não somente de Homero, mas também dos escritores anteriores a Homero: [...] de Orfeu e de Museu...".[109] Clemente de Alexandria, no *Strōmateîs*, diz que Moisés "nasceu no tempo de Giges [rei da Lídia]".[110] Se a informação for correta, Moisés teria nascido entre os anos de 684 e 664 a.C., época em que se deu a primeira olimpíada, que, segundo consta no mesmo Clemente de Alexandria, antecedeu dois séculos à fundação de Roma. "Depois da primeira Olimpíada [registrou Clemente] até a fundação de Roma, passaram-se duzentos e quatro anos".[111]

Logo antes de os *Atos* narrarem a entrada de Paulo na cena da causa cristã, faz anteceder o referido paralelo. Não cabe aqui uma análise mais profunda entre a narrativa do Êxodo referente ao chamamento e missão de Moisés e a de Paulo, mas elas são profunda e sugestivamente semelhantes. A narrativa dos *Atos dos apóstolos* é bastante peculiar. Ela põe em cena Estevão, um colaborador dos apóstolos, a falar na frente do Sinédrio, justamente no lugar onde "os sacerdotes e os anciãos" se reuniram em conselho para mandar prender e entregar Jesus à morte.[112]

A fala de Estêvão, um judeu ilustre, comporta palavras duras em defesa de Jesus, por ele denominado de o "Justo", do qual os sacerdotes do Sinédrio foram (segundo expressão do próprio Estêvão) "traidores e assassinos (*prodótai kaì phoneîs*)".[113] Estêvão, a esse respeito reproduz o discurso de Pedro: "vocês entregaram Jesus para Pilatos, que manifestou a opinião que o soltasse", mas, mesmo assim, vocês queriam "um homem para matar (ándra phonéa)", e assim o fizeram com aquele que é "o principal [a causa primeira] da vida – *tòn dè archegòn tês zoês*".[114] O substantivo grego *phónos* comporta o sentido de morte, mas em termos daquele que é vítima de uma pensa injusta que o leva à morte; daí que

---

[109]   TATIANO. *Exortação aos gregos*, XXXI, XXXVI, XXXIX, XLI

[110]   *Strōmateîs/Miscelâneas*, I, XXI, C, 77. Os parênteses foram acrescentados.

[111]   *Strōmateîs/Miscelâneas*, I, XXI, 89.

[112]   *Mateus*, 27: 1-2: "*pántes oi archiereîs kaì oi presbýteroi*".

[113]   *Atos dos apóstolos*, 7: 52.

[114]   *Atos dos apóstolos*, 3:14-15.

phónos designa essencialmente o assassinato ou a pena de morte. Pelos termos que consta nos *Atos dos apóstolos*, o que se observa é uma grande indignação diante de um ato de injustiça extrema (não há romantização da morte de Jesus).

Lá na frente do Sinédrio, Estevão tinha por hábito discursar sobre a história do povo de Israel e dos grandes feitos de Moisés. Diz a narrativa dos *Atos dos apóstolos* que, no meio da turba, alguns infiltrados passaram a *subornar* os ouvintes para que acusassem Estevão de "blasfemar contra Moisés". Criado, em uma certa ocasião, o burburinho, Estêvão findou levado ao conselho (para dentro do Sinédrio) sob a acusação de que andava por lá pregando que o *nazareno* iria destruir Israel e mudar as tradições de Moisés, ou seja, efetivamente seria um *reformador*.[115] Condenado pelos sacerdotes, foi entregue para os acusadores que o *arrastaram* para fora da cidade e brutalmente o apedrejaram. Suas vestes — eis o principal da narrativa — foram depositadas "aos pés de um jovem [que liderava toda a trama] chamado Saulo" a serviço do Sinédrio.[116] O próprio Paulo confirma essa informação: "enquanto se derramava o sangue de Estêvão [...], eu estava presente, e consentia, e guardei as vestes".[117] A proposição, em si mesma, enquanto figura de linguagem, é bastante ilustrativa: Paulo "guarda as vestes" de Estêvão, toma para si a causa ele, mas de um modo distinto. Enquanto Estêvão acirrava os ânimos acusando os do Sinédrio (as autoridades religiosas e os governantes da época) pela morte de Jesus, Paulo se põe a confabular com eles.[118]

A narrativa é toda plena de simbolismo e destaca um fato que merece destaque: *destruíram* Estevão sob a falsa acusação de que "ele dizia que os ensinamentos de Jesus iriam destruir Israel (a cultura hebraica) e as antigas tradições (a *palaiòs lógos*) herdadas de Moisés". A acusação, do ponto de vista das narrativas evangélicas, é falsa, porque Jesus não é tido como aquele que veio *destruir*, mas *reformar* ou, mais precisamente, *dar acabamento* (nos termos da *plérosis* como consta em *Mateus* (numa tradução literal): "Não vim dissolver a lei e os profetas; não vim dissolver, mas ampliar".[119] Há, entretanto, aqui uma sutileza: o que se apresenta como uma reforma ou ampliação foi acolhido (por quem não estava minima-

---

[115] *Atos dos apóstolos*, 6:11-14.

[116] *Atos dos apóstolos*, 7:57-59.

[117] *Atos dos apóstolos*, 22: 20.

[118] *Atos dos apóstolos*, 9: 15.

[119] *Mateus*, 5: 17.

mente disposto a acolher mesmo que pequenas mudança) como uma destruição, e isso em razão de que *reformar* implica também, mesmo que de modo sutil ou benfazejo, *destruir*. Quem não é capaz de *destruir* boa parte daquilo de que a mente está entulhada (preceitos e preconceitos, ideias e ideais), quem não se dispõe a se "desinventar" um pouquinho de cada vez, não encontra espaço para a reciclagem e a transformação.

Indispostos diante da reforma pressuposta por Jesus fariseus e saduceus optaram por *destruir* Jesus e suas perspectivas transformadoras. Quando se diz fariseus, não dá para incluir todos, visto que boa parte deles (caso da Escola de Gamaliel) estava disposta a reformar. Implícito na narrativa — Paulo "guarda as vestes de Estêvão" — está em foco mostrar que, depois de *destruírem* Jesus, e, na sequência, Estevão, a causa não morreu, pela seguinte razão: porque o jovem Saulo (o líder e cumplice do crime, a serviço dos sacerdotes, e também ele um fariseu) findou por tomar para si a causa de Jesus e de lhe dar alento e continuidade. A reforma continua!

A descrição, entretanto, da "conversão" súbita de Paulo comporta uma narrativa dramática e estimulante. *Conversão* vem entre aspas porque, pelo teor da descrição, tratou-se de um atropelo. A caminho de Damasco, depois do assassinato de Estevão, Paulo foi *atropelado* por um fantástico chamamento divino. O fabuloso evento (sob uma narrativa grandiloquente cheia de simbolismos) se deu na entrada da cidade, quando (levando em mãos uma autorização dos sacerdotes do Sinédrio), Paulo supostamente iria a uma sinagoga prender homens e mulheres que se diziam cristãos:

> Ao aproximar de Damasco, Paulo foi subitamente cercado por uma luz vinda do céu que o fez cair por terra, e ouvir uma voz que dizia: Saulo, Saulo, por que me persegue? Ele questionou: quem és tu senhor? O senhor (*kýrios*) respondeu: eu sou Jesus a quem tu persegues [...]. Paulo, tremendo, e atônito, disse: senhor, que queres que eu faça? O senhor replicou: levanta-te e entra na cidade e aí será dito o que deves fazer. [...]. Em Damasco havia um discípulo (*mathe-tés*) chamado Ananias, ao qual o senhor, em uma visão, lhe orientou: [...] vai à rua chamada Direita, e busca na casa de Judas, um homem de Tarso chamado Saulo [...], ele é um instrumento escolhido por mim para levar o meu nome diante dos povos, dos reis e dos filhos de Israel.[120]

---

[120] *Atos dos apóstolos*, 9: 1-15.

Pelo teor do relato, não se trata de uma causa que Paulo livremente se deu, visto que lhe foi *imposta* por uma *determinação* dos Céus! A narrativa põe em destaque dois personagens concretos, mas incógnitos (sem especificação): Ananias e Judas. Ananias é avisado de buscar Saulo na casa de Judas, com o que fica dito que Paulo, depois do inusitado acontecimento, foi parar na casa Judas. A narrativa não especifica qual Judas, mas é de se supor que fosse o dito "irmão" de Jesus, mais exatamente irmão de Tiago menor, filho de um irmão de José, casado com uma prima de Maria (e, portanto, foi levado para um reduto familiar de Jesus). Dado que Paulo, segundo o relato, ficou quatro dias cego (decorrente da intensidade da luz que o derrubou), a narrativa também não explica como ele foi parar lá. Daí que a narrativa conta com dados reais e com a imaginação e o relato do fabuloso, do impressionante, com o que promove um fervor místico e mescla o misterioso e o incompreensível em um só relado, de modo a "explicar" sem efetivamente esclarecer.

Um dado que, nesse contexto, merece destaque é Damasco, exatamente a cidade que guardava uma forte conexão histórica com Abraão, com David e com Salomão. Paulo, na *Epístola aos romanos*, se põe dentro dessa mesma linhagem: "eu também sou [...] da descendência de Abraão".[121] Damasco, inclusive, era a terra de Lucas, do autor (segundo Eusébio de Cesareia) dos *Atos*[122] no qual consta a narrativa. Clemente, no *Strômateîs*, dá a entender que foi Paulo e não Lucas o autor dos *Atos*: "O apóstolo Paulo [diz Clemente] não se voltou contra toda espécie de filosofia, e sim contra a dos epicureus [...], filosofia da qual ele também faz menção nos *Atos dos apóstolos*".[123] Efetivamente, nos *Atos*, há uma menção de Paulo aos epicureus, mas não só (como quer Clemente), como também aos estoicos: "E alguns filósofos epicureus e estoicos disputavam com ele [com Paulo]".[124] Se foi mesmo Paulo quem escreveu os *Atos dos apóstolos*, e visto que na proposição "disputavam com ele" (como quem fala de si mesmo na segunda pessoa), então temos que pressupor que, na narrativa, Paulo se valeu do *ileismo*, ou seja, do método de quem fala de si próprio como se fosse uma outra pessoa.

---

[121] *Epístola aos romanos*, 11: 1.

[122] EUSÉBIO DE CESAREIA. *História eclesiástica*, II, 22, 1.

[123] *Strômateîs/Miscelâneas*. I, XI, 36. *Faz menção* foi traduzido de *mémnêtai/mimvêskô*, que também tem o sentido de fazer recordar, trazer à lembrança.

[124] *Atos dos apóstolos*, 17: 18.

É, entretanto, plausível considerar os dois como autores, uma vez que Lucas foi o companheiro inseparável de Paulo, do qual foi o *graphéa*, o copista ou escrevente "principal". O termo vem estre aspas porque Paulo seguramente deve ter se valido de outros, como vem registrado no final da *Carta aos Romanos*: "Eu, Tércio, que escrevi esta carta",[125] com o que dá a entender que ela foi ditada por Paulo. A linguagem e o estilo de Paulo e Lucas não são parecidos devido a semelhanças eventuais ou fortuitas, e sim porque, no geral, tudo foi concebido sob a vigilância de um e de outro, e na confabulação com os demais companheiros de jornada.

Em geral as cartas são longas, verdadeiros tratados, e isso demonstra como elas foram concebidas no tempo de uma construção reflexiva da doutrina, com cuidadosa vigilância na escrita e nos conceitos. Paulo, de modo algum, as escreveu sozinho, mas em uma equipe de companheiros unidos entre si e em favor de uma mesma causa e de um mesmo entendimento: promover um mundo no qual concretamente imperassem ideais de amor, de benevolência e de justiça. Um outro fator que de modo algum cabe descartar são os adendos posteriores, quando todos os escritos ditos *evangélicos* foram reunidos em um só conjunto constitutivo da chamada *Bíblia* (*Livros*) que compõem o dito *Novo testamento* em referência ao antigo. Tanto os escritos dos *Evangelhos* propriamente dito, quanto das *Cartas*, inegavelmente receberam adendos no sentido de dar à doutrina uma ortodoxia, uma harmonia e retitude concernentes a uma *orthòs logos* vigiada pela hierarquia estabelecida.

3 – Paulo: de serviçal do Sinédrio a líder da causa cristã

Paulo, antes de se pôr a serviço da causa cristã, ganhava a vida em Jerusalém como um serviçal do Sinédrio. Era uma espécie de miliciano que fazia o serviço sujo para os pontífices, escribas e anciãos. Sua principal função consistia em perseguir os cristãos, e, quando necessário, organizar a morte de alguém, como fez contra Estêvão. A Paulo foi dada, pelo Sinédrio, a função de reunir em torno de si uma milícia habilidosa o bastante capaz de pôr *fim* ao *início* do cristianismo. O objetivo era este: amedrontar os adeptos e dissuadir novas adesões. Quando os apóstolos foram todos presos por ordem do Sinédrio,[126] mas logo libertados por

---

[125] *Epístola aos romanos*, 16: 22.
[126] *Atos dos apóstolos*, 5: 17ss.

intervenção de Gamaliel, Paulo ainda atuava na sua condição de agente do Sinédrio. Se ele participou ou não desse evento, os *Atos* não contam. Mas é bem provável que sim, visto que esse fato é relatado como um acontecimento um pouco antes do assassinato de Estêvão.

Consta nos *Atos* que, no Sinédrio, "o príncipe dos sacerdotes, e todos os de seu partido, isto é, os da seita dos saduceus", ouviu o conselho de Gamaliel (justo daquele que fora o mestre de Paulo), e os soltaram. "Seguindo o conselho de Gamaliel, chamaram os apóstolos, e, depois de os terem mandado açoitar, soltaram sob a ordem de não mais falarem no nome de Jesus".[127] Saíram, mas não cumpriram o requerido; ao contrário, diz os *Atos*, os apóstolos saíram "da presença do conselho satisfeitos por sofrer maltratados em nome de Jesus". A prisão e o açoite promoveram, pois, efeito contrário: ativaram neles o estímulo para continuar a "ensinar a doutrina e enunciar" o nome de Jesus "nos templos e nas casas". "Naqueles dias, cresceu o número de discípulos", entre eles Estêvão, Filipe, Prócoro, e vários outros, e "a mensagem frutificava".[128]

Antes de efetivamente chefiar *o fim*, Paulo liderou *o recomeço*. Alguma luz de remorso interno e de senso de razoabilidade o cercou internamente a ponto de dissuadi-lo a inverter seus intentos. Todos os de sua milícia ficaram espantados, em vê-lo reverter assim tão bruscamente a sua atitude e os seus intentos. Paulo assumiu uma *contra causa*. Antes, estava empenhado em combater os cristãos, agora, em defendê-los. Antes, para o conforto dos príncipes e sacerdotes do Sinédrio, queria silenciar Jesus, agora, colocava-se como um serviçal disposto a levar o nome dele "aos povos, aos governantes e aos filhos de Israel".[129] De serviçal do Sinédrio passou, como que imediatamente, a ser o missivista (kêryx), o porta-voz, aquele que corria de um canto para outro (feito um maratonista) levando por todos os cantos a mensagem de Jesus.

Paulo se põe às cegas a serviço de uma missão diante da qual estava igualmente surdo e mundo, visto que, afinal, ele não acompanhou os ensinamentos de Jesus, não era amigo de nenhum dos discípulos, e nada dispunha da doutrina por escrito. Ele iniciou a sua *didaskalía* como quem tinha fome e sede! Mas logo se pôs a ouvir os discípulos, a se alimentar do que não sabia ao modo de quem adquire vigor e força em favor da *contra*

---

[127] *Atos dos apóstolos*, 5: 40.

[128] *Atos dos apóstolos*, 5: 41-42; 6: 1-7.

[129] *Atos dos apóstolos*, 9: 15.

causa na qual se viu envolvido. No decorrer de seu labor, boa parte das premissas do cristianismo veio a derivar das concepções que forjou, de modos com os quais se pôs a lidar com o evento Jesus, de seus conselhos e de umas quantas regras que ele se ocupou em formular.

Não dá, entretanto, para descartar o aprendizado por ele sorvido na escola do fariseu Gamaliel. Circulando para vários cantos, em contato com diversos povos, com seus usos e costumes, Paulo foi também o primeiro a *aculturar* a doutrina cristã trazendo para dentro dela valores caracterizadores do éthos de outras culturas. Paulo, entretanto, não surgiu como um fenômeno isolado, e sim integrado a uma causa em andamento. Ele entrou a participar dela como um líder, e assim pelos *Atos dos apóstolos* é descrito: como um jovem destemido, fogoso, dotado de um vigor extraordinário com o qual exerceu um lastro de liderança.

Paulo não teve de início outra saída senão se vincular com aqueles mesmos discípulos que perseguiu e que, antes de serem soltos no Sinédrio, foram açoitados sob a ordem de não mais falarem no nome de Jesus. Mesmo que os discípulos estivessem bem-dispostos e motivados, estavam, entretanto, atordoados e amedrontados com tudo o que estava ocorrendo e que ainda poderia de imediato acontecer. Paulo, de início, confundiu a todos os discípulos: "tendo chegado a Jerusalém, procurou juntar-se com os discípulos, mas todos o temiam".[130] Paulo, afinal, vinha do lado da opressão, do bando dos perseguidores, mas com conhecimento e habilidade o bastante para se pôr na *contra causa* e lutar por ela.

A primeira de suas tarefas consistiu em granjear credibilidade sobre si, e, ao mesmo tempo, ativar (desacanhar) a boa disposição e o ânimo dos discípulos órfãos de seu mestre. Também se ocupou em se manifestar pelas ruas disputando com quem quisesse ouvi-lo: "falava com os populares e disputava com os gregos".[131] Seu objetivo, por certo, consistia em se dar a conhecer, e, sobretudo, mostrar uma esmerada instrução, e assim ganhar credibilidade e confiança. Mas Paulo, enfim, não fez nada sozinho; associando-se aos discípulos, recorreu igualmente a amigos de sua confiança, e da confiança dos discípulos, tais como Barnabé, Lucas, Timóteo e Marcos. Paulo se valeu, portanto, de uns quantos parceiros e colaboradores, e de vários acompanhantes, homens e mulheres, todos empenhados em favor da mesma causa.

---

[130] *Atos dos apóstolos*, 9: 26.

[131] *Atos dos apóstolos*, 9: 26.

São vários os nomes que Paulo cita em seus escritos como partícipes de sua jornada:

a) Na *Carta aos romanos*:

> Recomendo-vos Febe, nossa irmã que está a serviço da comunidade (*diáconon tês ekklęsías*) de Cencris [...]; ela protegeu a muitos e também a mim. Saudai Prisca e Áquila, meus colaboradores [...], que expuseram as suas cabeças pela minha vida. [...]. Saudai o meu querido Epêneto, primícias da Ásia [...]. Saudai Maria, que muito trabalhou entre vós. Saudai Andrônico e Júnia, meus parentes (*syggeneîs*), cativos comigo, ilustres entre os apóstolos e que se fizeram cristãos antes de mim. Saudai Ampliato [...]. Saudai Urbano, nosso cooperador [...] e o meu amado Estaquis. Saudai Apeles [...] e os da casa de Aristóbulo. Saudai Herodião, meu parente (*syggenê*). Saudai os que são da casa de Narciso [...]. Saudai Trifena e Trifosa [...]. Saudai nossa amada Perside [...]. Saudai Rufo [...]. Saudai Asincrito, Flegonte, Hermas, Pátrobas e os irmãos que estão com eles. Saudai Filólogo e Júlia, Nereo e sua irmã, e Olimpíades [...]. Saudai-vos uns aos outros em ósculo santo (*en philémati hagío*);[132]

b) Na *Carta a Tito*:

> Quando eu te enviar Artenas ou Tiquico, apressa-te [Tito] a vir ter comigo a Nicópolis, porque decidi passar ali o inverno. Provê, com cuidado, a viagem de Zenas, doutor da lei, e de Apolo, procurando que nada lhes falte";[133]

c) Na Carta a Timóteo:

> Apressa-te a vir ter comigo [Timóteo]; Demas me abandonou [...] e foi para Tessalônica, Crescente para a Galácia e Tito para a Damácia. Só Lucas está comigo. Toma contigo Marcos, e traze-o, porque ele vai facilitar meu serviço (*gár moi eúchręstos eîs diakonían*). Envie Tiquico a Éfeso. Quando vires, traze contigo a capa (*phelónę*, pênula ou poncho) que deixei em Trôade na casa de Carpo, e também os livros (*tà bliblía*), principalmente os pergaminhos (*tàs membranas*, as peles preparadas para fins de escrita).[134]

---

[132] *Carta aos romanos*, 16: 1-16.

[133] Na *Carta a Tito*, 2: 12.

[134] *Segunda epístola a Timóteo*, 4: 9-13.

Paulo contava também, em suas andanças, com a presença de uma companhia feminina, nos termos como ele manifesta na *Primeira carta aos coríntios*:

> Esta á a minha defesa contra aqueles que me interpelam: porventura não temos nós [ele e Barnabé] direito de comer e de beber? Porventura não temos nós o direito de levar por toda a parte uma mulher irmã (*adelphèn gynaîka*), tal como os outros apóstolos, os irmãos do Senhor e Cefas? Ou só eu e Barnabé não temos direito de fazer isto?[135]

Clemente de Alexandria, no *Strōmateîs*, fala de uma esposa (*sýzyx*) com a qual Paulo mantinha uma união matrimonial estável:

> O próprio Paulo [relata Clemente] não teve, em uma de suas epístolas, receio de dar a conhecer a sua esposa (*prosagoreúein sýzygon*), que nem sempre levava consigo por todos os cantos, por causa da prontidão e da liberdade que requeria o seu magistério.[136]

Paulo reuniu em torno de si um grupo de parceiros e de amigos fiéis. Por onde passava organizava a formação de comunidades movidas por sentimentos de coesão e de compartilha. Sempre deixava em cada cidade alguns indivíduos, inclusive casais responsáveis pelo bom andamento da comunidade. Paulo leva igualmente em conta os usos e costumes, o poder político e as leis vigentes, perante as quais evita ao máximo se indispor ou se confrontar. Em favor do sucesso de sua causa, se submetia à autoridade das leis vigentes, sem confrontá-las.

É falso pressupor que Paulo exortasse, em vista do que diz na *Epístola aos romanos*, os cristãos a se sujeitarem aos governantes, ao modo de quem se subjuga à vontade de interesses políticos. No que concerne à política propriamente dita, ele pressupõe mais uma cautela que uma coragem desmedida. Quanto à sua proposição, nesse sentido, ela exorta obediência às leis cívicas, a fim de ninguém se colocar na contravenção, e com isso pôr a perder os interesses próprios da comunidade cristã. Mas eis o que ele disse na *Epístola aos romanos*:

> Toda a alma (*psyché*) esteja sujeita às autoridades (*exousíais*), porque não há autoridade (*exousía*, liberdade) que não venha de Deus, e as que existem foram instituídas por

---

[135] *Primeira carta aos coríntios*, 9: 3-6.

[136] *Strōmateîs/Miscelâneas*, III, VI, 232

> Deus. Aquele que resiste à autoridade se opõe ao mando de Deus; e os que resistem chamam para si a condenação. Os chefes (árchontes, magistrados, governantes, reis) não existem para serem temidos por quem faz o bem (*tò agathón*), e sim pelos que fazem o mal (*tó kakón*). Quer não temer a autoridade? Faça o bem e será louvado por ela; porque ela está aí a serviço (*diákonos*) de Deus para o seu bem. Mas, se fizer o mal, teme...[137]

Por princípio, não há ambiguidade na assertiva proferida por Paulo. Trata-se, entretanto, de uma assertiva que pode ter recebido algum adendo terminológico posterior que favoreceu, inclusive, propósitos políticos e de governo. É possível (seria muito ingênuo não admitir) que, no decorrer do século IV, quando os *livros* (*bíblia*) do novo testamento foram testificados como canônicos, não sofreram pequenas ou substantivas adequações. É de se pressupor que Constantino I, que governou de 306 a 337 (o mesmo que convocou e presidiu o Concílio de Niceia), uma vez que se fez cristão e que tomou para si a causa como sendo a do Império, promoveu adequações nos textos fundamentais reguladores da doutrina cristã.

Paulo, pelo que diz na *Epístola aos romanos*, não se refere explicitamente às autoridades políticas ou governamentais. Pelo teor e conjunto da assertiva, ele claramente se refere ao poder dos ministros (*diákonos*) administradores responsáveis pelo bom andamento das comunidades cristãs. Em qualquer circunstância, mesmo que se tratasse de autoridades políticas (o que, pelo teor da assertiva, é pouco provável), o que está dito, vem concebido dentro da seguinte concepção: o poder de quem quer que seja vem de Deus. A ideia fundamental é esta: todo poder vem de Deus. Ele não está se referindo explicitamente ao poder de uma autoridade constituída nos termos de que o seu poder é divino, ao modo, por exemplo, como Alexandre Magno, justificava a sua tirania (e que, aliás, causou muito mal-estar para os gregos). Paulo jamais admitiria, por exemplo, que Nero (que, afinal, veio a ser o seu algoz) detivesse em sua autoridade o poder de Deus.

Paulo, de modo algum, iria admitir que a autoridade dos Herodes e a de Pilatos fossem "instituídas por Deus", e que aquele que resistisse à autoridade deles se opunha "ao mando de Deus".[138] É evidente que a questão presumida por ele é outra: que toda a autoridade, seja qual for,

---

[137] *Carta aos romanos*, 13: 1-4.

[138] Carta aos romanos 13: 1-4.

deve ser exercida como sendo divina, porque somente o divino é o modelo e métrica das boas escolhas (que implicam acolher ou rejeitar) e das boas ações. Sendo assim, toda autoridade só dispunha de um meio de exercitar: o que promove e fortalece o bem, e não o mal. Do ponto de vista da assertiva de Paulo só há apenas um efetivo poder de ordem divina, o do bem; fora desse plano Deus não se põe.

Dado que a principal proposição da assertiva de Paulo recai sobre a máxima de que "os árchontes não existem para serem temidos por quem faz o bem e sim pelos que fazem o mal", os *arcontes* a que se refere dizem essencialmente respeito aos chefes das comunidades cristãs locais. A proposição que vem na sequência é dirigida aos membros da comunidade: "Quer não temer a autoridade?" Pergunta Paulo, e responde: "Faça o bem e será louvado"; e explica: por que o arconte "é um serviçal (*diáconos*) de Deus para o seu bem. Porém, se fizer o mal, tem que temer". Este era o ideal presumido por Paulo: não só o *arconte*, como, igualmente, toda a comunidade deveria se dispor para o bem, a fim de que, no final, toda a comunidade viria a ser benfazeja.

Quanto à *aculturação* (à absorção de valores e usos e costumes locais) em favor do cristianismo, há um trecho na *Primeira epístola aos coríntios* que sintetiza bem a estratégia de Paulo:

> Sendo livre para com todos, fiz-me servo de todos, para ganhar um maior número. Fiz-me judeu com os judeus, para ganhar os judeus; com os que estão sob a lei, fiz-me como se estivesse sem lei [...] para ganhar aqueles que estavam sem lei. Fiz-me fraco com os fracos, para ganhar os fracos. [...], mas tudo faço pelo evangelho...[139]

O *ser livre* segundo a proposição de Paulo consiste em saber se colocar em meio às circunstâncias e complexidades alheias, ou locais, sem qualquer ansiedade ou medo de deixar de ser a si mesmo com suas próprias circunstâncias e complexidades. Jesus fazia o mesmo: convivia com quem quer que fosse, inclusive foi crucificado circundado por dois ladrões, sem a ojeriza de ser reconhecido como um deles. O fermento não escolhe a massa do pão! Mas como ser fermento em meio ao que já está fermentado? Como ser transformador associando-se apenas com os iguais? Mas ninguém, entretanto, é igual, a não ser quando submetido a um só padrão. Mas, do mesmo modo, não existe um humano padrão,

---

[139] *Primeira epístola aos coríntios*, 8: 20-22.

a não ser aquele que esconde as circunstâncias e as complexidades que delimitam a sua subjetividade humana enquanto fenômeno.

O cristianismo não foi concebido com este propósito: criar um padrão idealizado teórico de comportamento humano que viesse a *encobrir* (ocultar, esconder) a realidade humana concreta e circunstancial de cada um (indivíduos ou culturas). Ao tomar para si a causa cristã, Paulo a concebe nos mesmos termos do mandamento do amor, cuja lei não se constitui em um preconceito (um juízo de valor preconcebido) e sim em um preceito (um ensinamento) de como viver bem e ser feliz sendo a si mesmo em conformidade com as próprias circunstâncias e complexidades naturais. Não existe uma natureza deformada enquanto natureza que manifesta aquilo que é.

A lei cristã da concepção paulina não deforma o indivíduo humano em sua *realidade natural*, apenas o fortifica, ou seja, o disponibiliza a ser a si mesmo em conformidade com a lei, com aquela que encontra no amor a sua mais nobre e eficiente expressão. Daí que a lei cristã da concepção paulina não violenta, não deforma, não exclui e, enfim, não promove a injustiça, entre as quais a mais perversa consiste em esconder a realidade *natural* ou o *ser assim* por natureza dentro de certas circunstâncias ou complexidades (sempre naturais) com as quais cada um existe e se mostra (se evidencia) enquanto fenômeno humano subjetivo.

Paulo tomou para si a causa de Jesus e assim se ocupou em vincular à *paliòs lógos* hebraica tradicional à nova lei. A causa que, nesse sentido, tomou para si, não tinha por objetivo *destruir* a cultura e a tradição de Moisés, e sim apenas reformá-la. É assim que, em seus escritos, Paulo se apresenta: como o *kêryx*, o porta-voz do novo *kérygma*, portador de um judaísmo reformado em conformidade com os ideais do messias libertador (cuja libertação nada tem a ver com a natureza no sentido de desfazer ou se aniquilar em suas próprias circunstâncias e complexidades). O Jesus libertador é o *didáskalos* que ensina os que se põem em sua companhia a vivenciar a lei cristã enquanto sendo a si mesmo, e não um outro. Por isso que o seu mandamento detém a seguinte métrica: "ame ao próximo como ama a si mesmo". A sua lei libertadora diz fundamentalmente respeito a um governo e um cuidado amoroso de si, sem deixar (ocultar, falsificar, dissimular) a si mesmo.

Vimos, aliás, como o *Evangelho segundo Mateus* põe na boca de Jesus estas palavras: "não vim dissolver [ou destruir] a lei e os profetas, mas aperfeiçoar (*plerõsai*).[140] O conceito grego da *plérosis* expressa um aperfeiçoamento em termos de uma plenitude. É fundamentalmente essa plenitude que Jesus presumiu como o principal elemento de toda e qualquer libertação. Libertar-se não consiste em deixar de ser o que se é (por natureza); ao contrário, a maior e primordial libertação consiste em se assumir como é. Nesse ponto, Jesus tomou para si a mesma proposição renovadora de Píndaro codificada nesta máxima: *homem torna-te no que és*[141].

Jesus, segundo as narrativas evangélicas, se fez homem com esta finalidade: certificar a todos que é possível vivenciar divinamente a condição de complexidade humana sem deixar de ser humano. Daí o sentido literal da *plérosis* da referência, cujo termo grego era, em geral, usado no sentido de expressar o ato de preencher um vaso ou qualquer outro recipiente capaz de conter ou acolher algo. Em referência à *palaiós lógos* judaica, este era o objetivo: preencher o judaísmo com um novo *kérygma* libertador, reformar o antigo *testamento* (pacto, aliança, declaração de vontade) mediante um novo *testamento*.

Paulo, na *Carta aos romanos*, toma para si a mesma declaração que Mateus colocou na fala de Jesus. Assim diz Paulo: "Como, pela fé, iremos destruir [de *katargéo* = deixar inativo, inutilizar] da lei o seu valor? Ao contrário [adverte], vamos reforçar [*histemi* = endireitar, levantar, colocar de pé]".[142] A narrativa promove uma simbólica vinculação entre Paulo e Moisés e também entre Paulo e Jesus, em que Paulo é visto como o promotor de um novo êxodo. Paulo é tido, na narrativa, como aquele que, concretamente, vai conduzir todo o povo descendente do reino de Israel à cristandade, e assim unir a todos, os chamados hebreus e judeus, sob uma só causa grandiosa e edificante. No decorrer de seu magistério, ele observa que a causa de Jesus se estendia para outros povos, para os não judeus, e é sob esse entusiasmo que a sua pregação deixa as sinagogas e tende a se espraiar por todos os cantos. É fora do judaísmo que, paulatinamente, Paulo começa a encontrar um mais amplo e fervoroso acolhimento, sobretudo entre os gregos.[143]

---

[140] *Mateus*, 5: 17-18.

[141] *Génoi oïos essì* (*Ode Pítica*, II, v.72. Disponível em: http://remacle.org/bloodwolf/poetes/pindare/pythiques. html. Acesso em: 8 jul. 2023). Píndado viveu entre os anos de 518 e 438 a.C.; ele é posterior a Tales, cujo acme da vida está localizado no ano de 585 a.C., data certa e segura do eclipse previsto por ele.

[142] *Epístola aos romanos*, 3: 31-32.

[143] *Epístola aos romanos*, 10: 11-13.

A narrativa de Lucas nos *Atos dos apóstolos* traça várias parecenças entre Paulo e Moisés. Paulo é narrado como cúmplice da morte de Estêvão; Moisés matou um egípcio porque ele maltratava "um dos hebreus, seus irmãos".[144] Deus se apresentou a Moisés "em uma chama de fogo"; Paulo foi abordado por Deus mediante "uma luz vida do céu".[145] São várias as confluências entre as narrativas, a do Êxodo e a dos *Atos dos apóstolos*. De Moisés, consta no Êxodo que ele "foi instruído em toda a ciência dos egípcios e que era poderoso em palavras e obras".[146] Consta, nos *Atos dos apóstolos*, que Paulo era instruído na cultura dos hebreus, dos gregos e dos romanos, e ambos são descritos como igualmente poderosos em palavras e obras.

Quanto às razões que levaram Paulo à morte, as que constam na *Carta de Clemente* de Roma *aos Coríntios* (Clemente viveu entre os anos de 35 e 97) diz que Paulo foi morto "por ciúmes e inveja". A informação é genérica e sem especificação; inclusive, diz ainda que Pedro foi levado à morte "por ciúme injusto", e, Paulo, "por ciúme e discórdia".[147] Tudo indica que tanto Pedro quanto Paulo encontraram em Roma um ambiente hostil, não, todavia, diretamente por parte do Império, e sim da própria comunidade cristã imersa num conflito entre judeus e cristãos ali sediados. A tirar pelo teor da *Carta* (escrita por volta dos anos 90, uns 30 anos depois dos assassinatos de Pedro e Paulo), a referência ao "ciúme e inveja" é usada como exemplo do que aconteceu em Roma e o que poderia vir a acontecer à comunidade de Corinto.

Paulo de modo algum foi morto, e também, um pouco antes dele, Pedro, por puro capricho de Nero! Houve, sem dúvida, após a condenação de Jesus um desejo intenso do poder político/religioso judaico e do governo romano de promover um extermínio dos líderes cristãos. Efetivamente, no decurso do tempo, nenhum dos discípulos foi poupado: todos tiveram morte trágica decorrente de interesses religiosos e políticos da época. Foi a preservação de interesses e desejos de poder estabelecidos que levaram todos à morte, a começar por Jesus. Do lado do poder religioso/político judaico temos, na figura de Jesus, aquele que pretendeu renovar (a título de um reformador), sem destruir (ele próprio era circuncidado[148]), as

---

[144] Êxodo, 2: 11-14.

[145] Êxodo, 3: 2; *Atos dos apóstolos*, 9: 3.

[146] *Atos dos apóstolos*, 7: 22.

[147] CLEMENTE DE ROMA. *Carta aos coríntios*, V, 2-5. Fonte: CLÉMENT DE ROME. *Epître aux Corinthiens*. Texte, traduction, introduction e notes par Anne Jaubert. Paris: Cerf, 1971.

[148] *Lucas*, 2: 23.

crenças e os usos e costumes do judaísmo arcaico; do lado de ambos, do judaísmo e da governabilidade romana, temos o próprio fenômeno da vivência cristã como a causa dos grandes embaraços. Ser cristão significava (como ainda hoje significa) defender a benevolência, o direito e a justiça, e, enfim, se pôr do lado dos desvalidos que reivindicavam (e reivindicam) para si direitos de benesses que, enfim, para serem obtidos exigiam (e exigem) cortes ou recortes dos interesses estabelecidos.

Foi em razão de *ser cristão*, de defender a causa dos que viviam à margem do poder e das benesses cívicas que levou Jesus e seus discípulos a serem dizimados pelo poder político e religioso imerso no Império romano. Como asseverou Paulo, e como consta igualmente em Mateus, foi a difusão da falsa ideia de que Jesus e os seus discípulos iriam *destruir* (*katargéo*) *a lei e os profetas* que levaram todos a serem exterminados pelos poderes estabelecidos. Do fato de a maioria dos discípulos vir da periferia e da pobreza, de um meio carente de melhores instruções e de acesso aos bens e proteção do Estado, não tiveram dificuldades para se lançar na defesa da causa cristã; e o fizeram com paixão, a serviço de Deus (do que é divino) e não de César (do interesse dos mais fortes). Seria estranho virem da periferia e da pobreza para defenderem os interesses dos ricos e passar a viver com eles como se fossem um deles!

Naquele momento (fenômeno que se intensificará na posteridade como forma de subsistência), os discípulos (a não ser Judas Iscariotes) se colocaram do lado dos que defendiam o direito e a justiça, dos que não tomavam fobias e preconceitos como valores, dos que acreditavam que um mundo melhor é possível só quando alguém luta por ele. Sem ninguém lutar, com as armas e dentro das circunstâncias de que dispõe, nada acontece. Após a morte de Jesus, nenhum dos discípulos se valeu ou fez uso do poder popular, decorrente da fama de Jesus (muito bem acolhido e respeitado pelo povo), e com o objetivo de associar a César! Os discípulos se mantiveram dentro de seu mundo, defendendo as causas de suas comunidades cristãs, sem se debandar para a casa, para o conforto e para as benesses da comunidade dos *ricos*![149]

---

[149] Quando se diz *rico*, é preciso distinguir os chamados *novos ricos* (aqueles que conseguiram, com seus negócios, alguma prosperidade econômica sem investir na ilustração da mente) e *os da* "elite" (os efetivamente ricos que controlam os usos e costumes, o poder econômico e político, e, muitas vezes, o religioso). Um novo rico é alguém que teve sucesso nos seus negócios, mas se mantém no mesmo patamar de carência de educação e de ilustração dos que nunca saíram da pobreza. Desde os gregos e os romanos, e ainda hoje, essa a *casta* mais manipulável e domesticável da vida cívica. Ocorre que a carência de ilustração, acrescida de algum poder econômico, coloca, em geral, o indivíduo em um nível de perversa ilusão: se acha superior, mas, na verdade,

Esse foi um fenômeno posterior que se fortificou dentro do império, e que se intensificou a partir de quando se instituiu a hierarquia sacerdotal (com um *pontifex*) sob o controle do Estado, e com patriarcas escolhidos em meio ao poder político e à riqueza, a fim de estabilizar tudo como sempre esteve. Jesus desestabilizou a ordem estabelecida, e o mundo, depois dele, nunca mais foi o mesmo; o maior empenho em favor dele tem se consumido em duas fortes lutas: uma, a dos que labutam para que tudo resulte como Jesus quis e como propôs que *o ser cristão* fosse; outra, a dos que, em nome de Jesus, labutam para manter tudo igual como sempre foi, com o que fazem da causa cristã um meio de vida. Foi em meio a esses últimos que os preconceitos foram elevados à preceitos, como se fossem valores a se preservar. A própria fisionomia de Jesus, a sua estampa humana, foi por eles, no curso histórico, adaptada sob os traços da parecença de um senhor de elite e do herói.

Temos vários conflitos que se alevantaram no alvorecer do cristianismo e que se intensificaram no percurso histórico. São dois aspectos que circundaram o cristianismo em seu alvorecer: o primeiro (primordial) foi aquele que, afinal, levou Jesus à morte, e que tomou forma a partir de um judaísmo arcaico (do poder religioso/político estabelecido) fechado em vista de qualquer transformação ou mudança, e, ademais, assentado no mal-entendido decorrente da preocupação de que Jesus iria *destruir* a cultura e as tradições hebraicas; o segundo, se impôs paulatinamente na posteridade em consequência do domínio da cultura grega sobre a romana, e que forçou uma reconstrução doutrinária do cristianismo sob requisitos da *helenização* e da civilização romana sob o modelo ideado por Alexandre: um só mundo, uma só natureza, um só povo e um só governo.

O que de início mais estranhou ou gregos foi quando Alexandre exigiu de seus súditos que o considerassem como um Deus, com o que, evidentemente, além de um só mundo, uma só natureza, um só governo almejava que todos cultuassem um só Deus. Essa foi uma arrogância que igualmente caiu no agrado dos imperadores romanos. Assim como Alexandre, eles também prezaram muito ser chamados de *divinos*. Com

---

tirando alguma soma de dinheiro, continua na *periferia* de onde nunca saiu. Do fato de cultivar a ilusão e de se deixar manipular pelos da "elite" redunda no que há de mais pernicioso na vida cívica, permitindo, fomentando e dando sustento (basta observar o que tem ocorrido historicamente) à tirania, ao fascismo e à outras formas perversas de poder. É nesse nível, no qual impera uma profunda carência de ilustração, que floresce a defesa de fobias e de preconceitos como valores, arrolados, muitas vezes, como se fossem princípios "religiosos" da família ou do "homem de bem"!

o espraiar do cristianismo e com a sua *helenização* de um ponto de vista fundamentalmente estoico, os romanos não demoraram (já no início do século IV, com Constantino) por almejar um Império regido por uma *teonomia*, a título de um sistema legislativo de origem divina, imperante como norma de vida, de ser e de pensar, para todos os povos.

O império romano reformou o cristianismo, e o cristianismo reformou o império. Mesmo que o cristianismo (como visto), em suas origens, não comportasse uma *unificação* das gnoses cristãs, foi, entretanto, nessa direção que ele se pôs, vindo a gerar, a partir do século XII, a chamada, ironicamente, *santa inquisição*, que durou por séculos e que teve por efeito maior (com açoites, com fogueiras e com torturas requintadas) desarranjar por completo a própria consciência cristã. No lugar do amor, o mundo conheceu, e de um modo grandiloquente, o ódio. A magistratura do *Santo Ofício* recobrou a do antigo *Sinédrio*, e, entre os clérigos, escolheu outros e novos serviçais de uma suposta fé cristã assentada, sobretudo, em fobias e em preconceitos como valores cristãos.

4 – Paulo apaziguador e a *Carta* de Clemente de Roma *aos coríntios*

Com a morte de Pedro e de Paulo, vários conflitos se acirraram, e o cristianismo não tardou a entrar em crise. Com a dissenção das comunidades e os conflitos das interpretações não tardou a despontar aqui e ali vários "cristianismos" conformados a diversas *gnoses* cristãs, que, por sua vez, implantaram o conflito na governança romana. Corinto, desde o tempo de Paulo (basta ler as duas *Epístolas aos coríntios*), foi o grande foco dos desentendimentos, a começar pelo fato de que as questões internas das comunidades cristãs buscavam solução no poder civil e não no interno das próprias comunidades.

Clemente de Roma viveu entre os anos de 35 e 100. Ele foi, segundo consta em Irineu de Lyon, o terceiro ou quarto patriarca na linha de sucessão, depois de Pedro, Lino e de Anacleto.[150] O seu patriarcado se deu em Roma entre os anos de 88 e 97. Nesse período, ele dirigiu uma *Carta aos coríntos* em busca de sanar conflitos e de promover a unificação. Pelo que consta na *Carta*, ocorriam em Corinto grandes desavenças entre os membros mais salientes da comunidade. Eles disputavam entre si por cargos, fato que, por sua vez, denuncia a importância de chefias hierárquicas quer

---

[150] *Contra as heresias*, III, 3.

de um ponto de vista econômico quer em termos de honrarias e poder locais. A *Carta* relata desavença já na época de Paulo, nos seguintes termos:

> Releiam [escreveu ele aos membros da comunidade] a epístola do bem-aventurado apóstolo Paulo, a respeito do que nela vos escreveu [...] quando comunicou as relações dele com Cefas e Apolo; já naquele tempo, vocês tomavam partidos. Mas o partidarismo daquela época representou uma falta muito menor, porque se agrupavam em torno dos apóstolos e de um homem aprovado por eles.[151]

Pelo relato de Clemente, se estabeleceu um grande conflito por lá quer relativamente aos membros da comunidade cristã entre si quer com os da comunidade judaica e civil. Não sabemos os termos exatos de toda a discórdia, porém, o principal das desavenças incidia entre judeus convertidos e não convertidos. Os da comunidade judaica defendiam que um judeu, mesmo cristão, deveria manter as antigas tradições a fim de ser reconhecido como judeu (ser circuncidado, por exemplo); os convertidos propugnavam um relaxamento das antigas tradições em vista das novas.

O poder civil se colocava indiferente perante os dois lados. Clemente de Roma, de família hebraica, elevado a administrador da comunidade cristã de Roma, se mostra ciente do que ocorria em Corinto, visto que endereçou a referida *Carta* no intuito de apaziguar os ânimos exacerbados por lá. Pelo teor do que escreveu, o que se sobressaía na comunidade de Corinto era "muita vaidade" manifesta em indivíduos mais dispostos a submeter os outros, que a si mesmos, aos ensinamentos de Cristo.

> Houve [diz a Carta] um tempo em que todos eram autênticos e incorruptos e que não cultivavam a malícia uns contra os outros. Naquele tempo, a revolta e o cisma causava horror, todos ficavam entristecidos diante das faltas uns dos outros a ponto de cada um tomá-las como se fossem suas. Ninguém carecia de se arrepender das omissões de bondade, porque todos estavam sempre dispostos a prover a boa ação.[152]

Pelo teor da *Carta*, naquele momento, e bem cedo, visto que a carta de Clemente é da década de 1980, o que por lá mais se observava era arrogância e orgulho, falta de humildade e insubmissão dos que queriam se elevar acima da comunidade.[153] O que mais se buscava eram benefícios

---

[151] *Carta aos coríntios*, XLVII, 1-4.

[152] *Carta aos coríntios*, II, 5-7.

[153] *Carta aos coríntios*, XVI, 1-2.

próprios, com o que se afastavam da ordem e da concórdia requerida pela doutrina.[154] Esse era um lado da exortação da *Carta*; o outro consistia em reivindicar a submissão da comunidade a uma concórdia universal, da qual Clemente de Roma se apresentava como o chefe e o unificador, visto que ele próprio, como *pontifex*, estava submisso ao poder imperial romano.

Com um propósito unificador, Clemente se vale da linguagem e de estratégias de exortação semelhantes às das *Cartas* de Paulo:

> Amados [diz Clemente, no estilo de Paulo], cuidai para que os vossos tão numerosos benefícios não se transformem em condenação para todos nós, o que ocorrerá caso não formos dignos do senhor Jesus e não realizarmos, na concórdia, o que é bom e agradável aos seus olhos.[155]

Não eram exatamente os olhos de Jesus que estavam vigilantes, e sim os do Imperador com o senado e os de sua corte. Clemente, com sua *Carta*, prevê o que estava por vir: uma desmedida e violenta perseguição contra os cristãos. Mais adiante, a Carta não só requisita uma união entre os cristãos, mas também exige submissão e obediência ao patriarcado de Roma, e ao poder imperial:

> Irmãos, militemos com todo entusiasmo sob as ordens indiscutíveis do senhor Jesus. Observem nos soldados como eles servem sob as bandeiras dos nossos imperadores, e como cumprem as ordens com disciplina, prontidão e submissão. Nem todos são comandantes ou são chefes [...], mas cada um cumpre, em seu próprio posto, as ordens do chefe supremo e das demais autoridades. Vocês sabem que os grandes nada podem sem os pequenos e os pequenos nada podem sem os grandes. [...]. Tomemos o nosso corpo como exemplo: a cabeça não vai a lugar nenhum sem os pés, tampouco os pés sem a cabeça. Até os membros inferiores são úteis e necessários para o resto do corpo: todos convivem e atuam em submissão unânime para a salvação do todo.[156]

Pelo teor da linguagem fica bastante evidente a pressão que Clemente (como, dito, de família hebraica, e, portanto, membro da comunidade judaica romana) deveria sofrer do poder político e religioso por lá estabelecido: ele dá um passo adiante para vencer a luta e um outro rápido

---

[154] *Carta aos coríntios*, XX, 4; XXI, 1.

[155] *Carta aos coríntios*, XXI, 1.

[156] *Carta aos coríntios*, XXXVII, 1-5.

atrás para não perecer! É preciso ter em conta que o *pontifex*, regente das celebrações e dos cultos (da *pietas*) dos templos romanos, estava diretamente vinculado ao poder imperial romano, e pela seguinte razão: porque o *pontifex* dos pontífices era o próprio imperador.

O *pontifex* da *religio* romana guardava estreitos vínculos com o poder imperial. Não era esse ainda exatamente o caso de Clemente de Roma, visto que o cristianismo, em seu tempo, não representava quase nada dentro do conluio do poder político/religioso romano. O fato de Clemente ser membro da comunidade judaica da elite, e não do gueto), isso, por certo, facilitava um pouco, mas era insuficiente para elevar os anseios da cristandade em poder e vigor diante do imperador e do senado romano. Essa elevação só se despontará a partir do século IV, quando a popularidade do cristianismo se torna tão extensa a ponto do imperador se ver obrigado a aderir para se fortalecer.

Os apelos de concórdia e de paz expressos na *Carta* de Clemente denunciam uma exigência que atingia os dois lados: o do controle da cristandade e o da governabilidade imperial. Exortações do tipo que "o bom trabalhador aceite sem contestar o pão que ganhou com seu trabalho",[157] que "o forte cuide do fraco e o fraco respeite o forte"[158] caíam bem ao gosto da elite patrícia romana. Dessa mesma elite, Clemente, por força da convivência política, também se punha a serviço, a fim de garantir o seu precário poder e a sua liberdade de ação. O império era tolerante com os movimentos religiosos organizados em seu império, desde que, efetivamente, fossem "organizados" conforme as exigências das leis e do consuetudinário romano.

Clemente de Roma, mais para o fim da *Carta* é bastante incisivo: "Se, porém, alguns não obedecerem ao que foi dito por nós, saibam que se envolverão em penas e perigos não pequenos".[159] "Que se conserve, pois, por inteiro o corpo que formamos em Jesus Cristo e que cada um se submeta a seu próximo, conforme o carisma que lhe foi dado".[160] Há, na Carta de Clemente, uma significativa mudança no mandamento: não mais diz exatamente "ame o próximo como a si mesmo", e sim "se submeta a seu próximo conforme o carisma que lhe foi dado"! O cristianismo começa,

---

[157] *Carta aos coríntios*, XXXIV, 1.

[158] *Carta aos coríntios*, XXXVIII, 2.

[159] *Carta aos coríntios*, LIX, 1.

[160] *Carta aos coríntios*, XXXVIII, 1.

pois, a tomar outros rumos para fora da senda originária. O conceito de amor toma uma outra conotação: "Que o amor (*tèn agápen*) não fique dependente das inclinações (*prosklíseis*), que ele seja praticado de modo santo e igual entre todos aqueles que temem a Deus".[161]

Com o referido dizer, Clemente propõe uma contenção nas relações de amor dirigidas fundamentalmente *aos que temem a Deus*, no sentido de que "amar o próximo" significa prioritariamente amar os da comunidade, e, além deles, os que se submetem ao mesmo credo. Observa-se, nesse ponto, que Clemente, mantém a mesma verve judaica no sentido de distinguir os judeus dos não judeus: os ditos *gentios* (*ethnikoí*) pertencentes a outros *gens* ou éthnos que não o judaico. Clemente parece que não se deu conta da nova proposição cristã que consta em Mateus, como palavras de Jesus: "Se saudares apenas os vossos parceiros (*adelphoi*), não estarão fazendo o mesmo que os *ethnikoí*?".[162] Eis o que Pedro, antes de Clemente, a todos ensinou: "Deus não faz acepção de pessoas", e só lhe é agradável quem pratica a justiça, e não simplesmente o que é bom, certo ou agradável em termos subjetivos.[163]

Observa-se em Clemente de Roma uma busca quase desesperada por harmonia, concórdia e paz, a ponto de enviar, não apenas um, mas três emissários a Corinto: Claudio, Valério e Fortunato. Com os três emissários, Clemente faz acompanhar a seguinte requisição (expressa no fim da Carta aproximadamente nestes termos): através de nossos enviados, devolvam para nós a ordem e a paz. Que Claudio, Valério e Fortunato nos tragam, em breve, boas notícias sobre a harmonia, a fim de nos alegrar com a ordem restabelecida entre vós.[164] Clemente, por certo, não agia apenas para assegurar seus interesses enquanto patriarca de Roma, mas também os do Império, visto que, como *pontifex* da comunidade religiosa cristã, mesmo que ainda incipiente em poder, já contava com um extenso *apoio popular*, sustendo da governança romana. Clemente tinha esse trunfo. Porém, estava fortemente submisso (porque não estava exatamente em conluio, tal como os demais *pontifices*) aos interesses do imperador e do senado romano.

---

[161] *Carta aos coríntios*, XXXVII, 1-5.

[162] *Mateus*, 5: 47.

[163] *Atos dos apóstolos*, 10: 34-35.

[164] *Carta aos coríntios*, LXV, 1.

De um modo geral, o comando eclesiástico da época era constituído por indivíduos dotados de saber e também de riqueza (fonte capaz de oportunizar o acesso ao conhecimento). As grandes sedes dos patriarcados costumavam migrar para as mãos desses indivíduos, que, cobertos com as vestes e o cajado ao modo dos *hierofantes* tradicionais, eram igualmente dotados de poder político por força do suporte popular, de um lado, e do poder político e econômico, de outro. À medida que os sacerdotes vieram ter em mãos o poder do povo, o Estado foi levado a ter em mãos os sacerdotes!

Os sacerdotes eram incisivos e duros com o povo, mas suaves e doces diante dos acenos do Estado: o povo se sentia honrado em ser amigo do sacerdote (do *hierofante*), e, o sacerdote, do governante. Orfeu foi um dos mais antigos hierofantes da Grécia e o principal mentor da cultura religiosa grega. Ele antecede a Homero, e na época de Platão já contava com uns cinco séculos de existência (se é que efetivamente Orfeu existiu). O título de *hierofantes* foi concebido em meio aos sacerdotes do antigo Egito e da antiga Grécia incumbidos de zelar pelos mistérios sagrados e de presidir, ricamente paramentados, cultos às divindades devocionais familiares e comunitárias. As divindades das elites consuetudinárias sempre foram tratadas com mais enlevo que as da pobreza; os cultos dedicados aos deuses dos ricos findavam sempre mais glamourosos, com oferendas bem mais valiosas!

As cartas de Paulo aos coríntios vieram a se transformar, na posteridade, em fontes de extraordinário aprendizado relativamente ao que adveio: a proliferação de comunidades cristãs (na época ditas *gnósticas*) por todo o Império e cada uma se agendando de modo livre e independente de um governo central. Do que, aliás, consta na *Carta* de Clemente, fica em aberto a possibilidade de que, efetivamente, com a presença de Pedro e de Paulo na comunidade de Roma, foram a discórdia, o ciúme e a inveja que promoveram uma forte dissensão e instabilidade política na capital imperial a ponto de levar à morte (como escreveu Clemente) "os dois principais atletas" da manutenção e difusão do cristianismo. Eusébio de Cesareia (265-339), sem especificar o motivo, registrou apenas que "Paulo foi decapitado e Pedro crucificado em Roma" no reinado de Nero.[165]

Quando Pedro e Paulo se instalaram em Roma, na sede do Império, ainda era bem cedo, pouco mais de 30 anos após a morte de Jesus, de

---

[165] *História Eclesiástica*, II, XXV, 5; III, I, 3

modo que ainda não havia por lá uma comunidade cristã consolidada. Não dava para se falar ainda de uma expansão cristã significativa em meio ao "coração" do Império Romano. Mas Pedro e Paulo, dada a expansão do cristianismo nascente, já estavam plenamente cientes da necessidade de estabelecer em Roma, ao lado de César, um centro de chefia e de governo das comunidades cristãs.

Ainda sobre Clemente de Roma, é totalmente impróprio dizer que ele veio a ser o primeiro *papa*, visto que, por longo tempo existiram dois outros centros de comando (de patriarcado): o de Jerusalém e o de Alexandria. O título de *papa* remonta ao século III, mas só veio a ser usual a partir do século VI. O título, em suas origens, derivou de uma epígrafe encontrada em um túmulo, nas catacumbas, com a inscrição "*jussu pp sui Marcellini*",[166] em que *pp* foi desdobrado, sob *mera conjetura*, como referindo-se a *p[a]p[ae]* Marcelino, que ocupou o cargo de 296 a 304.

Ao administrador religioso de Roma (no caso, Clemente de Roma), por estar na sede do Império, e também porque os corpos de Pedro e Paulo se encontravam sepultados por lá, era dada a primazia em autoridade sobre os demais. Quanto ao título, não era o de *papa* concedido à hierarquia religiosa romana, e sim o de *pontifex*. No momento em que Pedro e Paulo estiveram por Roma, e ainda por longo tempo, o cristianismo nascente atingia não propriamente a plebe romana, e sim os membros das sinagogas, alguns da nobreza romana e da casa imperial pró-judaísmo, e particularmente entre os romanos ilustrados que começaram a ver nos ideais cristãos um estoicismo qualificado. Era mais uma expectativa cautelosa que adesão.

A cautela advinha dos mitos que cercavam as exposições doutrinárias cristãs que careciam de explicações racionas plausíveis: sobre a concepção de Maria por obra de um *espírito santo*, sobre como ela gerou e se manteve virgem, como Jesus seria filho de Deus sendo filho desse *espírito*, ou como ele poderia realmente ser um Deus gerado por uma mulher, como, além disso, poderia ser filho de Deus, se o Deus eterno não gera, e tantas outras questões que não combinavam com a lógica da razoabilidade. Sob um outro aspecto, mesmo estando imerso e sendo herdeiro do judaísmo, o cristianismo, afinal, vinha recebido feito uma intromissão por boa parte dos judeus. Desde os primórdios sempre houve uma severa indisposição entre ambos que cultinou na morte de Jesus e no extermínio

---

[166] DENZINGER, 1963, 44-45, p. 19.

dos discípulos. Essa mesma perversa indisposição se estendeu, inclusive, aos apóstolos e a muitos cristãos, que, entretanto, não entendiam muito bem como vincular o judaísmo ao cristianismo, em particular no que diz respeito aos usos e costumes.

5 – O ser judeu e o ser cristão: conflitos e concórdias sob um novo éthos

Foi efetivamente Paulo, nos primórdios, quem assumiu a condução e a liderança do processo de expansão do cristianismo. Sem ele o cristianismo jamais viria a ser o que é. Em favor da causa cristã, ele se indispôs até mesmo com parte dos discípulos, e isso porque, sendo originariamente judeu, ligado aos fariseus, vivia, entretanto, como se não fosse, visto que não reconhecia a necessidade de vincular o *ser judeu* e o *ser cristão* como se fossem iseparáveis. Nas preleções públicas, fora das comunidades cristãs locais, os discípulos se viam levados a se apresentar publicamente como se fossem judeus, a requerer dos convertidos práticas judaicas, especificadamente a circuncisão a ponto de conceder o *ser cristão* também como sinônimo de circuncidado.

Paulo não reconhecia a necessidade dessas exigências: é possível ser cristão independentemente de ser judeu ou de qualquer outro tipo de pertencimento éthnico. O mesmo se aplica à natureza humana, da qual temos características semelhantes (comuns) e dissemelhantes (diferentes) em cada um. São as características dissemelhantes que definem o humano enquanto fenômeno subjetivo. Ocorre que o ser humano dito *universal* somente existe enquanto conceito, ao passo que o ser humano real é aquele dotado de características particulares que lhe são próprias. Só é possível ser cristão no governo dessas características, com as quais, sem extirpação, mediante conhecimento de si e acolhimento, é dado a cada um ser virtuoso e humanamente qualificado.

É possível ser cristão circuncidado ou sem circuncidar, casado ou solteiro, e independentemente de qualquer gênero caraterizado por circunstâncias e complexidades naturais. No que concerne à circuncisão, ilustrativas nesse sentido, com sérias discordâncias entre os apóstolos, vem relatadas algumas das controvérsias nos *Atos dos apóstolos* (15ss.) e na *Carta aos Gálatas* (2ss.). Tratou-se de um confronto duradouro, a ponto de Justino (um judeu/palestino que foi viver em Roma) retomar, no *Diálogo com Trifão*, o embate nestes termos:

> Diga-me [pede Justino ao judeu Trifão], quais são as observâncias da lei passíveis de serem seguidas [...]. Ora, responde Trifão, podemos observar o *sabbat*, a circuncisão, as luas novas, as purificações prescritas quanto tocamos algum objeto impuro ou realizamos o dever conjugal; [...] Você sabe [retruca Justino] que, dentre todos os justos [refere-se a Abraão, Isaac, Jacó etc.], nenhum, até Moisés, observou tais preceitos [...], exceto o da circuncisão [...] e foram salvos.[167]

O *Diálogo* de Justino *com Trifão* é imaginário. Mesmo presumindo possibilidades reais de confabulação, o Justino que pergunta é também o Justino que responde por Trifão! São dois judeus confabulando: um convertido ao cristianismo, e o outro na mira da conversão. Justino, em favor da convesão do judeu Trifão, se vale do mais valioso e credível "argumento" capaz de convencer um judeu: a palavra do *ancião* venerável. Sob essa figura, ele forja um diálogo dentro do *Diálogo* no qual a voz preponderante é sempre de Justino. Trata-se de uma peça lierária, expressão das técnicas retóricas daquela época, com o objetivo, por um lado, de exortar a doutrina cristã como mais valiosa do que qualquer filosofia de seu tempo; por outro, demonstrar que as contendas entre o judaísmo (o antigo) e o cristianismo (o novo *testamento*) não faziam sentido em razão de que o que efetivamente se deu foi uma revitalização da antiga pela nova lei, da antiga pela nova aliança.[168]

Na tradicional cultura hebraica, a figura do *ancião* sintetizava justamente a sabedoria experimental adquirida na realidade concreta da vida. Não se tratava de um simples velho ou de um idoso, e sim de uma espécie de mensageiro, porta-voz ou embaixador (*apóstolo*) da experiência (ação ou *práxis*) já testada e consolidada no tempo da vida, como tal muito respeitada como verdadeira. A palavra do ancião sempre denotava respeito e credibilidade, e, por isso, era atentamente ouvida. A figura do velho gozava de respeitabilidade e de confiabilidade naqueles tempos e naquela cultura, a ponto de o filho levar como sobrenome o prefixo "filho de". Por isso havia uma hierarquia de respeitabilidade voltada na direção dos ancestrais portadores de uma sabedoria experimental vivida e adquirida no trato das relações humanas e na exercitação do arbítrio no processo das escolhas e das rejeições.

---

[167] *Diálogo com Trifão*, XLVI, 2-5.

[168] *Diálogo com Trifão*, XI, 4-5.

O presumido diálogo relata uma indisposição crescente do cristianismo em ascenção no confronto do judaísmo que queria se manter em seu próprio *status* sem se deixa reformar, a ponto, inclusive, de acolher qualquer tranformação ou mudança como uma *destruição*. As proposições de Justino tinham uma função sobretudo operacional: facilitar a expansão do cristianismo entre os judeus gregos e romanos que repudiavam a circuncisão e a abstenção da carne de porco. Muitos gregos e romanos de ascendência judaica se alimentavam da carne de porco segundo os hábitos locais. O porco era, por exemplo, um animal festivamente sacrificado nas celebrações dos gregos em comemoração aos mistérios de Elêusis, das quais Platão faz referência na *República*.[169] Ainda hoje, muitas celebrações, entre este ou aquele povo são feitas comendo ou deixando de comer certos animais: no Natal, por exemplo, alguns celebram comendo o incógnito Chester ou o majestoso peru; outros, na Páscoa, jejuam da carne de gado (frango, porco, ovelha) comendo apenas peixes ou o caríssimo bacalhau!

Homero, na *Odisseia*, cita vários banquetes e refeições com base em carne de porco:

> Come, estrangeiro, este magro leitão, alimento dos servos, que aos pretendentes estão reservados os porcos mais gordos.[170] O melhor porco trazei-me, que o possa imolar ao meu hóspede de longes terras. [...]. Eles, então, lhe trouxeram cevado bem gordo de cinco anos, que junto à lareira puseram. [...]. Deu logo início, lançando no fogo alguns pelos da fronte do porco de alvos colmilhos, e a todos os Deuses implora, para que a casa pudesse voltar Odisseu astucioso. Toma de um pau de carvalho, que havia apartado, e desfere golpe mortal; os demais o sangraram, levaram-no ao fogo, e logo em postas o fazem; [...] e espetos enfiam nas postas, e cuidadosos as tostam, tirando-as, depois, dos espetos, pondo-as num monte, no centro da mesa.[171]

A carne de porco sem passar pelo fogo fica inútil e desprezível! A carne de porco era tida como impura pelos judeus por razões plausíveis infundidas na mente popular como exortação religiosa. Vivendo no deserto,[172] sem condições de prover um bom cozimento e a boa higiene, nada melhor que submeter a tão perniciosa carne de porco crua, que carecia

---

[169] *República*, II, 378 a.

[170] *Odisseia*, XIV, vv.80-81; na tradução de Carlos Alberto Nunes, 1962.

[171] *Odisseia*, XIV, vv. 412-432; na tradução de Carlos Alberto Nunes, 1962.

[172] *Atos dos apóstolos*, 13: 18.

de bom cozimento, como uma proibição sob ordem divina, como uma determinação de Deus. No deserto, afinal, não havia lenha para cozer a carne de um animal, tal como o porco, que come de tudo e é portador de verminoses, solitárias e umas quantas moléstias. São, porém, de um ponto de vista do bom senso, duas coisas distintas: uma, a consciência da insalubridade dentro de certas condições; outra, os mitos em dependência dos quais se estruturou o sucesso da proibição. O mesmo se diga da circuncisão, que, por certo, para um povo nômade, exposto ao calor e ao suor, sob rudimentar condição de higiene, visou prevenir doenças relacionadas à fimose, ao cancro e a outras infecções. Era, pois, a circuncisão, no contraposto da amputação, um feito divino e uma salvação!

Entre os latinos, no que concerne à carne de porco, ela era bem difundida dentro da culinária, sobretudo entre os da elite, que, inclusive, exigiam que os porcos, para o seu consumo, fossem alimentados com figos para dar à carne um sabor e odor agradavelmente fino (esquisito). As grandes festas populares, sustentadas pela elite, faziam da carne de porco o *mignon* da culinária festiva. Do porco, tudo era aproveitado! Quanto à circuncisão (à *postectomia*), entre eles, este era um hábito inusitado e estranho par, e ainda mais pelo fato de presumi-la como forma de se *aliar* com Deus, ou como sinal identitário ou como forma de pertencimento a um grupo ou povo específico. Seria, pois, difícil conquistar os latinos com esse tipo de requisito.

Paulo, na *Carta aos romanos*, se vale de esmerada retórica, a fim de não melindrar os judeus romanos que defendiam o hábito (inusitado para os latinos) da indiscriminada circuncisão. A *postectomia* entre os patrícios latinos era indicada em casos específicos sob justificativa médica. Na mesma *Carta aos romanos*, Paulo diz que a circuncisão só tem proveito para quem guarda a lei, caso contrário, o que não guarda a lei, mesmo o circunciso (*peritomé*) resta como se fosse incircunciso. O "verdadeiro judeu [diz ele] e a circuncisão verdadeira habitam o coração".[173] Ao valer-se do conceito de *circunciso* (*peritomé*), Paulo joga com uma retórica da ambiguidade, em que *peritomé* tanto pode designar a circuncisão quanto o "ser judeu".

Na referida *Carta aos romanos*, Paulo além da ambiguidade, expressa o mesmo que Lucas fez constar nos *Atos dos apóstolos*: "Havia lá [na cidade de Derbe, próxima de Antioquia] um discípulo chamado Timóteo, filho de

---

[173] *Epístola aos romanos*, 2: 25-29

uma mulher judia [...]. Quis Paulo que ele fosse consigo, e, tomando-o, o circuncidou, por causa dos judeus que haviam naqueles lugares".[174] Timóteo era filho de mãe judia (o que lhe proporcionava a condição de judeu) e de pai não judeu (*gentio*). Sua mãe também era cristã. Paulo exigiu que Timóteo se circuncidasse por causa das exigências dos judeus que viviam por lá, e que defendiam a crença de que os não circuncisos "segundo o rito de Moisés" não podiam ser salvos.[175] É de se supor que, pelo sinal da circuncisão (a morte dispensa a vestimenta), Moisés logo identificaria, pela carência do prepúcio, o pertencimento ao povo judeu e o indivíduo seria salvo; certamente Moisés haveria de se valer de outro método para identificar o não judeu circuncidado por razões médicas!

Do fato de Paulo exigir, segundo o relato dos *Atos dos apóstolos*, a circuncisão de Timóteo, é forçoso presumir (por uma questão de coerência e de lisura) que o próprio Paulo fosse circuncidado! A circuncisão, aliás, foi um tema recorrente, e isso também mostra o quanto se constituía em uma crença arraigada na mente de muitos judeus. Isso mostra também como *virtude moral* derivada do hábito, não se altera com facilidade, porque se impõe como um uso e costume. Para os Gálatas (povo da região que hoje ocupa o centro da Turquia, e que inclui os da capital, de Ancara), Paulo diz textualmente: "Em Jesus Cristo, nem a circuncisão (*peritomé*) nem incircuncisão (*akrobustía*) valem coisa alguma, apenas a nova criatura".[176] Paulo retirou da circuncisão qualquer pressuposto de salvação! Circuncidado ou incircuncidado, com prepúcio ou sem prepúcio, tanto faz, porque somente a vivência ou a ação cristã é sinal de pertencimento e de salvação.

---

[174] *Atos dos apóstolos*, 16: 3.

[175] *Atos dos apóstolos*, 15: 1.

[176] *Epístola aos gálatas*, 6: 15. Na tradução latina: "In Christo enim Iesu Christi, neque circumciso aliquid valet neque preputium, sed nova creatura". Veja também a *Epístola aos colossenses*, 3: 9-11.

CAPÍTULO III

A PRIMEIRA VERSÃO DA BÍBLIA E AS NARRATIVAS EVANGÉLICAS

1 – Ptolomeu, Demétrio e a primeira versão da Bíblia (*Septuaginta*)

As "conquistas" de Alexandre e o governo de Seleuco (por 27 anos, de 306 a 281 a.C.) espalharam a língua e a cultura grega por todo o Império macedônico. O Egito, onde por algum tempo viveu Jesus,[177] foi governado, depois da morte de Alexandre, por uma dinastia grega iniciada por Ptolomeu I (final do século IV a.C.) até Cleópatra (final do século I a.C.). Foi efetivamente a *helenização* promovida por Alexandre (nos governos de Pérdicas, Seleuco e Ptolomeu) que facilitou a cristianização, que, em seu processo de consolidação e expansão, veio a falar grego.

Alexandre, nascido em 356 a.C., morreu bem jovem, em 323 a.C., com apenas 33 anos de idade. Arriano (Lúcio Flavio) descreveu assim a sua morte: "Alexandre acabou ferido no peito, logo acima do mamilo, por uma flecha que atravessou a couraça, por cuja ferida, como conta Ptolomeu, ele respirava ar mesclado de sangue".[178] Morto Alexandre, Ptolomeu, Pérdicas e Seleuco, os três mais importantes generais de seu exército, dividiram entre si o território conquistado: Ptolomeu, dito o *Sotero* (o salvador, libertador)[179], ficou com o Egito e pôs fim à era dos faraós, e ali instalou um império de língua grega; Pérdicas, cunhado de Alexandre, ficou com o demais, sendo que a maior parte, em meio a desavenças, findou com Seleuco, outro importante general.

Quanto à dinastia Ptolomaica, consta em Clemente de Alexandria o seguinte relato:

---

[177] *Mateus*, 2: 13ss.

[178] "Alejandro resultó herido en el pecho, encima de la tetilla, por una flecha que le atravesó la coraza, de suerte que, según cuenta Tolomeo, espiraba por la herida aire mezclado con sangre" (*Anábasis*, VI, 10, 1).

[179] *Mateus*, 2: 12-15.

> Ptolomeu, filho de Lagos, governou (o Egito) por quarenta anos; depois dele veio Ptolomeu Filadelfo, por vinte e sete anos; depois Ptolomeu Evergeta, por vinte e cinco anos; depois Ptolomeu Filopator, por dezessete anos; depois Ptolomeu Epifânio, por vinte e quatro anos; depois Ptolomeu Filométor, que reinou trinta e cinco anos; depois dele Ptolomeu Físcon, por vinte e nove anos; depois veio Ptolomeu Laturas, que reinou trinta e sete anos; depois Ptolomeu Denis, que reinou vinte e nove anos; por fim, Cleópatra, por vinte e dois anos.[180]

É a Ptolomeu I, ao Sotero, que a posteridade deve a idealização e o financiamento da iniciativa de reunir em um só *livro* (*bibliós*) todos os *livros* (*bíblia*) da tradição escriturária que veio a compor o chamado *Antigo testamento*. O grande feito de Ptolomeu I, com consequências na posteridade judaica e cristã, consistiu em compor a primeira edição da *Bíblia* (cujo termo, em português, significa simplesmente *Livros*). Tratou-se de um evento extraordinário: Ptolomeu financiou a reunião de "setenta anciãos"[181] e escribas (*grammateîs*) reunidos em Alexandria com a finalidade de recolher e de traduzir (para o grego) *todos os livros* (sem que se saiba exatamente o número) vinculados à tradição hebraica. Foram livros que se encontravam dispersos por diversos territórios, especialmente na Mesopotâmia, cujo território compreendia o conjunto das prósperas regiões que margeavam os rios Tigre e Eufrates. Lá, naquele território a prosperidade se deu na mesma proporção do que ocorreu nas regiões às margens do rio Nilo.

Não há indicações exatas de quantos livros foram encontrados e traduzidos. Sabemos, afinal, que vários foram escritos e agregados, na posteridade, em diferentes culturas e regiões. Com essa agregação, vieram a existir diversas *Bíblias* com certos livros que constavam em umas, mas não outras. O caso mais famoso diz respeito ao livro de *Enoque* (ou Henoc) disponível apenas em uma *Bíblia* da Etiópia. O livro de Enoque vem citado na *Epistola* (de Paulo) *aos hebreus* e na *Epistola de Judas*.[182] Clemente de Roma também faz dele menção em sua carta: "Tomemos, por exemplo, Enoque, tido como o justo em sua submissão, e que foi levado aos céus sem deixar vestígios de sua morte.[183] Tertuliano fez o seguinte

---

[180] *Strõmateîs*, I, XXI, E, 83.

[181] *Diálogo com Trifão*, LXXI, 1.

[182] *Epistola aos hebreus*, 11: 5 e na *Epistola de Judas*, 1:14.

[183] *Carta aos coríntios*, IX, 3.

registro: "No livro de Enoque está registrado o que eu disse a respeito dos anjos desertores, mas eu sei que o livro não é aceito por alguns autores, e que não consta nas sagradas escrituras dos judeus".[184]

Do fato de a *Bíblia* ter sido organizada e traduzia pelos referidos setenta anciãos, os latinos a denominavam de *Septuaginta*. Sobre o labor dos 70 anciãos, eis o que escreveu Clemente de Alexandria:

> Dizem que as santas Escrituras [...] foram traduzidas do hebraico para o grego, sob o reino de Ptolomeu, filho de Lagos; segundo outros, sob o reino de Ptolomeu Filadelfo, e que o trabalho foi executado por Demétrio de Falero, para o que dispensou grande zelo na organização do material necessário. [...], os judeus escolheram entre eles setenta e dois anciãos [...], e os enviaram a Ptolomeu com os livros santos. Cada um dos setenta anciãos, separadamente, traduziu todos os livros [sem especificar quais], depois compararam cada uma das traduções e concordaram todas entre si quer quanto ao sentido quer quanto à expressão.[185]

Pela descrição de Clemente, tratou-se de um trabalho primoroso, sob os cuidados de Demétrio de Falero (350-280 a. C). A iniciativa foi de Ptolomeu, que, pelo que relata Clemente, sempre foi muito entusiasmado no sentido de enriquecer com toda sorte de obras a Biblioteca que fundara em Alexandria. O livro, na época, consistia, em geral, em um rolo de couro de ovelha ou de cabra ou de pergaminho. Era coisa rara e, sobretudo, cara, disponível a poucos, e por isso carecia, necessariamente, do fomento do Estado para ser produzido e difundido. Por Biblioteca cabe entender um ambiente capaz de conservar tais *livros* dentro de condições de preservação e de replicação. Junto à biblioteca estava o que denominamos de Editora, ou seja, da replicação dos livros mediante labor de copistas e de escrivães habilitados. Além dos copistas ou replicadores, a Biblioteca carecia dos curtumes e das preparações de pinceis e de cinzeis, e de tudo o demais necessário para a produção, a replicação e difusão dos livros em meio aos que, além de saber ler, tinham condições econômicas para adquiri-los, ou seja, mandar replicar.

Os 70 eruditos judeus helenistas se dedicaram prioritariamente a traduzir em língua grega os escritos nos quais os judeus dispersos e os povos da Mesopotâmia expressavam a sua sabedoria e as suas profecias.

---

[184] *De culto feminarum/La Toilette des Femmes*, I, 3.

[185] *Strṓmateîs*, I, XXII.

Coube a Demétrio de Falero,[186] que viveu entre os anos de 350 e 280 a.C., coordenar e executar essa tarefa. Demétrio foi um discípulo do Liceu, de Aristóteles e de Teofrasto.[187] Ele foi inicialmente nomeado pelo governo da Macedônia como administrador político de Atenas entre os anos de 317 e 307 a.C. Foi em nome do amigo Demétrio que Teofrasto (originário da ilha de Lesbos, e, portanto, um estrangeiro em Atenas) adquiriu o seu *kepos*, a sua "chácara", em extensa propriedade, nos arredores de Atenas, na qual desenvolveu seus estudos de botânica e de História Natural. No último ano de sua administração em Atenas, perseguido, Demétrio foi se refugiar em Tebas, e, depois, em Alexandria, onde, a convite de Ptolomeu I, foi incumbido da extraordinária tarefa de organizar a Biblioteca, na qual reuniu (segundo palavras de André Pelletier), "na medida do possível, todos os livros do orbe, e também promoveu compras e transcrições, e, felizmente, levou a cabo o mais rápido possível a encomenda real".[188]

A principal "encomenda real" consistiu em reunir em Alexandria os 70 eruditos que se ocuparam em traduzir para o grego os livros que vieram a compor o texto da *Bíblia*. A tarefa administrada por Demétrio, mesmo que breve, percorreu dois governos: o de Ptolomeu I e o do II. Ele teve apenas uns cinco anos para dar início, coordenar e executar seus grandes feitos, inclusive, o da tradução.[189] Dos livros bíblicos reunidos, somente os cinco primeiros, ditos o *pentateuco* (Gênesis, Êxodo. Levítico. Números e Deuteronômio), originariamente escritos e conservados em hebraico, foram acolhidos e reverenciados como sendo a *Torah* (o *Livro das Leis* ou *Pentateuco*) dos hebreus. Todo o conjunto da *Bíblia* (dos *Livros*), incluindo os do *Pentateuco*, foi naquela *reunião* traduzido para o grego e conservado em um só volume, ao qual, na posteridade, foram acrescentados os livros: *Tobias*, o *Eclesiástico* e o *Macabeus*. O *Tobias* foi escrito por volta do ano de 200 a.C. em algum dialeto local; o *Eclesiástico*, denominado originalmente de "Sabedoria de Sirac", também foi escrito por volta do ano 200 a.C., em hebraico; o *Macabeus* é um pouco mais recente, entre os anos 135 e 106 a.C., escrito em hebraico por um autor palestino, e logo traduzido para o grego.

---

[186] Antes de Temístocles, Falero era o mais importante porto de Atenas. Temístocles transferiu toda a importância estratégica de Falero para o Pireu, que foi todo circundado por muralhas até a cidade. Foi de Falero que Teseu partiu para Creta, e que a frota marítima saiu para tomar Tróia.

[187] DIÓGENES LAÉRCIO, *Vidas e doutrinas dos filósofos ilustres*, V, 5, §75.

[188] PELLETIER, André. *Lettre d'Aristée à Philocrate*, 9 – Introduction, texte critique, traduction, notes & index. Paris: Éditions du Cerf, 1962.

[189] PELLETIER, 1962, p. 104.

Não é de se estranhar o porquê de o cristianismo falar grego: porque o grego foi a língua erudita do chamado "mundo civilizado" a partir do projeto helenizador de Alexandre. O governo de Pérdicas e o de Seleuco falavam grego como língua oficial. O mesmo se deu no Egito com a dinastia ptolomaica que ali permaneceu governando por três séculos, até a morte de Cleópatra, em 31 antes de Cristo. Por ter sido a *Bíblia* organizada, traduzida e disponibilizada em grego, esse foi um outro fator que levou o *Novo testamento* a também "falar grego". Não cabe de modo algum colocar em dúvida o domínio de Jesus da cultura e da língua grega, que era a língua erudita daqueles tempos. Flavio Josefo refere-se a Jesus como o *didáskalos* (mestre, professor) que levava os homens a acolher seus ensinamentos com prazer. Josefo se refere a Jesus como sendo "um homem sábio (*sophòs anér*)", que "atraía para si uma multidão de judeus e de gregos".[190]

Pelo que diz Josefo, não resta mesmo dúvida de que Jesus era versado em grego, cuja língua, na época, era exigida na escolaridade e nos meios acadêmicos. O latim, no tempo de Jesus, era a língua dos burocratas e do funcionamento da *máquina* administrativa romana. Não era, entretanto, incomum na ocasião, mesmo para os que não tinham escolaridade, o acesso a mais de uma língua. Jesus tinha escolaridade, e, além do dialeto local, dominava o aramaico e tinha familiaridade com o hebraico, com o grego e com o latim. É preciso igualmente considerar que a chamada *Bíblia* (plural de *Bibliós, Livro*) era apenas disponível em grego e em hebraico, sendo que a primeira tradução latina ocorreu somente no século IV, com Jerônimo de Strídon, que viveu entre os anos de 347 e 420.[191]

2 – O conceito de *novo testamento* e as primeiras narrativas

Quando dizemos antigo ou novo *testamento*, sob esse termo cabe logo entender o que o escriturário bíblico expressa sob o conceito de *diathékes* na versão latina traduzido por *testamentum*. O termo, no direito romano, expressava a partilha do espólio dos *bens* deixados em herança pelos ancestrais. Os bens aos quais o antigo e o novo se referem diz respeito a um espólio de usos e costumes, de máximas e de ideias constitutivas da *palaiós lógos* consuetudinária ancestral. O *testamentum* da *civitas* latina consistia em um documento que poderia ser póstumo (feito em juízo, por

---

[190] *Antiguidades judaicas*, XVIII, III, 1.
[191] KENYON, 2006, p. 88.

terceiros, evidenciado mediante testemunhas e sob senso de justiça) ou em vida (em que o proprietário dos bens declarava a sua vontade, fixava a sua opinião e o seu desejo).

Dos escritos que vieram a compor o chamado *Novo testamento*, em alusão ao *Antigo*, o primeiro foi certamente a *Carta* derivada do *Concílio* (de um encontro de entendimento) realizado em *Jerusalém* entre os apóstolos, discípulos diretos e indiretos, e alguns anciãos judeus convertidos. A presença de *anciãos* em qualquer reunião consultiva ou deliberativa quer cívica quer religiosa pressupunha, entre os judeus, a presença necessária dos mais velhos, daqueles que, oralmente, dispunham da memória dos acontecimentos passados e também da *palaiòs lógos* tradicional. O concílio foi convocado a partir de um questionamento comum entre os judeus convertidos, como consta no seguinte relato dos *Atos dos apóstolos*: "Alguns da agremiação (*tês airéseos*) dos fariseus convertidos se manifestaram defendendo a necessidade da circuncisão conforme a prescrição da lei de Moisés. Os apóstolos e os anciãos (*presbýteroi*) se reuniram para examinar a questão".[192]

Além do proposto, foi debatido o tema da abstenção ou não da carne de porco, da proibição ou não de se alimentar dos animais imolados em sacrifício (hábito comum entre os gregos), ou de beber o sangue das vítimas ou de se banhar nele (como faziam os romanos), e outros temas. Está visto que as questões fundamentais abordadas pela *Carta* priorizavam não propriamente o cristianismo em sua essência, e sim uma conciliação entre o antigo e o novo, ou, mais exatamente, um reordenamento do antigo, pelo novo. Por isso, a importante presença dos anciãos: dos mestres consuetudinários da *palaiòs lógos* judaica. A *Carta* veio a se constituir como que na *Mishná* cristã: na primeira redação que detalhava quais haveriam de ser os usos e o costumes próprios de um cristão. A referida *Carta* do concílio foi o primeiro escrito de ordenamento e regulação efetiva da vivência cristã, que, até então, era difundida dentro de uma conflitualidade oral concernente às opiniões.

Depois da *Carta*, veio a *Epístola* de Tiago Menor (o dito *adelphós*, primo de Jesus), discípulo com grande autoridade sobre os demais e também sobre os membros da comunidade de Jerusalém.[193] Se houve um *pontifex* entre os discípulos, esse não foi, a rigor, Pedro, por mais venerável

---

[192] *Atos dos apóstolos*, 15: 5-6.

[193] SPINELLI, 2015, p. 519.

que tenha sido, e sim Tiago Menor em Jerusalém. Pedro representava a figura da coesão, feito o irmão mais velho que representa a presença e a autoridade dos pais, e que impõe respeito e se constitui em elo de união. O escriturário pôs em Pedro a expressão do ancião, a figura da autoridade venerável, mas, na prática, eram Tiago Menor e Paulo que se constituíam nas principais lideranças.

A *Epístola de Tiago* foi escrita em grego, e é de se supor que a *Carta conciliar* também. A *Carta* com as determinações do concílio, a *Epístola de Tiago* e o *Evangelho segundo Mateus* são contemporâneos, e foram escritos entre os anos de 40 e 50. Dos demais evangelhos, o *de Mateus* é a "fonte" primordial. Ele foi escrito originalmente em aramaico, talvez para atender a um princípio de fidelidade aos conceitos da doutrina. A pregação de Jesus se deu prioritariamente na língua aramaica local, que, pelo que consta, encontrava bom trânsito entre árabes e judeus locais e da dispersão. Mateus, escritor do *Evangelho*, e Tiago Menor, autor da *Epístola*, faziam parte dos 12.

Mateus era um servidor público, cobrador de impostos do Império, e, portanto, havia de dominar bem o latim, mas escreveu em aramaico. A referida *Epístola* de Tiago teve por função principal animar e confortar os membros das comunidades quanto às "várias tribulações"[194] que eles vinham sofrendo, e que findou na morte cruel de Tiago Maior, irmão de João. A morte de Tiago Maior deve ter alertado a todos no sentido dos riscos da empreitada, sob a vigilância de que todos estavam diretamente atingidos quanto à possibilidade de ser o próximo. Outra importante função da *Epístola* consistia em acautelar, nas comunidades de Jerusalém e alhures, a ambição de uns quantos no sentido de se fazerem, perante as comunidades "mestres (*didáskaloi*) da doutrina".[195] Tiago Menor, o autor da *Epístola*, foi por longos anos o chefe da comunidade de Jerusalém, fato que, por certo, o colocava numa ascendência em liderança perante os demais, sendo que Pedro era, por todos, a figura anciã respeitável.

É na *Epístola aos gálatas* que Tiago Menor vem referido como "o irmão (*tòn adelphòn*)" de Jesus.[196] O conceito de *adelphós* tem, em sua origem, o significado de *nascido do mesmo seio ou útero materno*, mas não de modo exclusivo ou restrito, visto que comportava outros significados; *adelphós*

---

[194]   *Thiago*, 1: 2-4.

[195]   *Thiago*, 11: 1.

[196]   *Gálatas*, 1, 19: *Iákobon tòn adelphòn toû Kyríou*.

designava o amigo, o aliado, o discípulo, ou o compatriota pertencente a um mesmo clã (fratria) familiar. Platão, por exemplo, na *República*,[197] se valeu de *adelphós* para designar o cidadão da mesma matriz ou cidade (*pólis*) originária, por ele descrita como cidade mãe e nutris. É nesse sentido que Platão chama de *adelphós* o *gegenós*, o *nascido da mesma terra*. Daí que *adelphós* não designava apenas aquele que nasceu da mesma mãe (da *matrix*), mas também da mesma *pólis*, pela qual os que nela nasciam compartilhavam de uma mesma *fraternidade* cívica: trabalhar e batalhar juntos em vista de um mesmo destino.

Vê-se que, na literatura tanto filosófica quanto cristã, o *adelphós* não expressava apenas um conceito, em sentido técnico, referido à parentela, mas também uma *afetividade* decorrente de vínculos especiais de relação. Sob esse aspecto, o *adelphós*, entre os cristãos, veio a designar um *eu análogo*, nos termos de o semelhante ou o próximo no sentido de uma proximidade em que todos se dão a mesma causa e a mesma vivência. Daí que Tiago Menor, referido como *adelphós* de Jesus, além de primo em sentido parental, era alguém que gozava de uma profunda intimidade com Jesus, a ponto de vir a ser o chefe da comunidade de Jerusalém. Tiago Menor também era de Nazaré, irmão de Judas Tadeu, e tinham outros irmãos, filhos de Alfeu (irmão de José, o pai de Jesus) casado com Maria Cleófas (prima-irmã de Maria, mãe de Jesus). Isso mostra como Jesus viveu e cresceu cercado por ambiente familiar (de parentela) extenso.

A *Epístola* de Tiago Menor foi certamente o escrito primordial e um dos textos que guardava uma franca e efetiva relação com a racionalidade filosófica e com a essência das preleções doutrinárias de Jesus.[198] Tiago, consoante à pregação de Jesus, e por seus laços de parentela, é a semente que caiu bem perto do mestre. A sua *Epístola* fez das *obras*, ou seja, da vivência cristã a antecessora da fé. A sabedoria cristã não é concebida como uma mera teoria, e sim como uma prática. O seu alcance, mais que teórico, é essencialmente vivencial, por cuja vinculação — entre o teórico e o prático —, o que mais se presume é uma profunda sinceridade e empenho pessoal tanto em conhecer a doutrina quanto em praticá-la. A fé verdadeira, escreveu Tiago, "não é dissimulada (*anyppókritos*)",[199] de modo que ela não comporta qualquer tipo de hipocrisia; no *ser cristão*, ela

---

[197] *República*, III, 414 e.

[198] Analisamos a *Epístola de Tiago* no "*Helenização e Recriação de Sentidos*", p. 519ss.

[199] *Epístola de Tiago*. 3, 17

não é dissimulada porque não se oculta aos sentimentos, às intenções e às ações, e, portanto, a fé não diz respeito a uma manifestação solitária meramente conceitual.

A *Epístola de Tiago*, com certeza, foi o primeiro registro por escrito, e, entre todos, o mais expressivo, do doutrinário cristão. Há uma polêmica (sem aqui pontuar os detalhes) em relação ao período e propósitos que ela foi escrita:

a) uns defendem, e os argumentos são fortes, que a epístola foi escrita na década de 40, e isso faria com que ela efetivamente fosse o primeiro escrito cristão, a ponto de anteceder, inclusive, o *Evangelho segundo Mateus*;

b) outros dizem que ela foi escrita (mas os argumentos são fracos) por volta do ano 60. Tudo indica que os que admitem esse período se moveram pelo propósito de justificar o teor da *Carta aos romanos* (escrita em 57) que envolveu em polêmica o pressuposto da fé e o da exigência de obras. É muito mais plausível pensar o contrário: que foi a *Epístola de Tiago* que inspirou o teor da *Carta aos romanos*. Há ainda que se considerar que a referida *Carta aos romanos* não foi propriamente escrita por Paulo, e sim por Tércio de Icônio: "Eu, Tércio, que escrevi esta carta, saúdo-vos...".[200]

É mais razoável admitir o contrário, ou seja, que foi Tércio (que nunca conviveu com Jesus) que valeu da *Epístola de Tiago*, do *adelphós* que conhecia profundamente os anseios e as preleções doutrinárias de Jesus. Paulo, ademais, foi instruído pelos discípulos de Jesus, e não os discípulos que foram instruídos por Paulo. Tiago Menor foi sempre muito próximo de Jesus, e exerceu, na posteridade, uma liderança incontestável entre os discípulos, a ponto de ter sido ele o eleito como chefe da comunidade cristã de Jerusalém. A influência de Paulo foi, em tudo, extraordinária, mas não a ponto de reverter a ordem das coisas, ou seja, de se sobrepor aos conhecimentos e à autoridade dos discípulos. Também não dá para descartar que o suposto conflito entre a mentalidade paulina e a de Tiago adveio como um pseudoproblema da posteridade que, no acolhimento canônico em favor da regulação institucional do cristianismo, colocou em debate o seguinte conflito: o que vem primeiro, a fé ou a vivência cristã? Aqui está uma boa razão para se compreender a dificuldade que recaiu sobre a *Epístola* no sentido de acolhê-la como escritura canônica, cuja razão primordial deve-se ao fato de que ela foge do controle do doutrinário

---

[200] *Epístola aos romanos*, 16: 22.

(estratégico perante o judaísmo e o direito romano) exercido por Paulo e administrado pela posteridade.

Uma coisa é certa: a *Epístola de Tiago* contém a estampa mais bela da vivência cristã que os discípulos tomaram para si como motivação e estímulo para levar adiante a causa de Jesus com o qual eles conviveram em uma profunda relação de companheirismo e de amizade. A essência de seu conteúdo antecede os escritos doutrinários de Paulo. O *Evangelho segundo Mateus* (em aramaico) e a *Epístola de Tiago* devem tomar parte do mesmo empreendimento inicial. O *Evangelho segundo Mateus* foi concebido no intuito de difundir as preleções de Jesus, e, portanto, de verbalizar a doutrina; a *Epístola de Tiago* foi concebida como expressão da prática vivencial da doutrina: da *poiętaì lógou*, como diz Tiago, ou seja, da manifestação do logos factivo, prático e vivencial. É nesse sentido que a *Epístola* se alinha ao *Evangelho segundo Mateus*, que, escrito originalmente em aramaico, foi depois traduzido em grego sob a vigilância de Paulo. Ambos, a epistola e o evangelho, vieram a se constituir na fonte instrutora (*didascálica*) dos princípios fundamentais da educação e instrução cristã.

Quanto ainda ao *Evangelho de Mateus*, além do registro da doutrina, ele teve outras funções, como dar a Jesus uma genealogia, revesti-lo de um grandioso e extraordinário passado. O seu maior objetivo consistiu em registrar (abrigar por escrito) e veicular o saber ou ciência da mestria (*didaskalía*) cristã que deveria orientar a todos, em particular os que se punham na liderança das comunidades. O outro escrito importante e significativo veio a ser a *Epístola aos gálatas* redigida em grego por Paulo, destinada aos da comunidade que, hoje, estaria localizada em Ancara, capital da atual Turquia. Nela, Paulo recrimina os Gálatas por não darem ouvidos ao "evangelho segundo Cristo — *euagélion toû Cristoû*", e sim a outros *ensinamentos*, distintos daqueles que ele e Barnabé estiveram por lá a ensinar (*euagelízetai*). O termo *evangelho*, nesse contexto, de modo algum deve ser tomado no sentido de "livros que contém a doutrina e os feitos de Jesus", e sim, em sentido forte, como a *doutrina* ou os *ensinamentos* ou as proposições doutrinárias de Jesus.

Na sequência, Paulo fala de "dois evangelhos" (entenda-se duas *mensagens*): uma, para os circuncidados (para os judeus), e, outra, para os não circuncidados, ou seja, para os de outros usos e costumes ou outros povos ou etnias, inclusive, para os judeus não circuncidados. Fica, pois, na *Epístola* de Paulo bastante evidente a sua defesa dos princípios doutrinários acertados na *Carta conciliar*, em referência à qual Paulo[201] fala de três *styloi*. O termo vem, em geral, traduzido por *colunas*, mas, concretamente, ele se referia aos três encarregados de escrever (de formular por escrito) o teor da *Carta conciliar*. Referem-se às três principais autoridades do cristianismo nascente: Cefas (Pedro), Tiago (o Menor, chefe da comunidade de Jerusalém e primo de Jesus) e João (de todos, o que mais conviveu cotidianamente com Jesus).

O pai de João e de Tiago Maior, de nome Zebedeu, é descrito como um homem próspero, dono de barcos de pesca, sócio de Pedro, e com empregados, fato que, evidentemente, facilitou a liberação dos dois filhos (João e Tiago) para acompanhar Jesus de um modo mais participativo e contínuo.[202] A figura de Pedro deveria ser a do líder comunitário, que, sempre cheio de iniciativas e afeito às boas relações, era amado e respeitado por todos os da comunidade local onde convivia e trabalhava. Pedro marcou presença nos principais momentos da vida de Jesus: era a estampa do discípulo comprometido com o mestre e com os demais discípulos, ao mesmo tempo forte e tenso nas decisões, frágil e inseguro nas emoções, mas, mesmo assim, era a imagem do homem cotidiano confiável.

Outro aspecto que fica evidente na *Epístola aos gálatas* é a sua íntima relação, em termos de conteúdo, com a *Epístola de Tiago*. Na *Epístola aos gálatas*, Paulo, ao defender que o cristão "não se justifica pelas obras da lei", mas pelas obras da fé, tende a retomar e a reler o princípio fundamental da *Epístola de Tiago* sintetizada nesta pergunta: "Qual o proveito [...] de alguém que diz ter fé, mas não tem obras?".[203] Sob a proposição "não se justifica pelas obras da lei", cabe entender apenas a lei da antiga aliança ou do antigo *testamento*, e não a nova lei: aquela que se constitui na regra de ouro do ser cristão ("ama ao próximo como a ti mesmo").

Por princípio, não há contradição nem sobreposição entre as duas *epístolas*, e sim complementaridade. Paulo, imbuído de uma reflexão filosófica sofisticada (como se pode observar no teor da escritura da carta), tenta, entretanto, não sem astuciosa retórica, justificar a não necessidade da circuncisão entre os cristãos, fossem judeus ou não. Daí que, ao dizer que *as obras da lei* não justificam o *ser cristão*, tampouco o *ser judeu* ou o *ser* relativo a outro éthnos, Paulo e Tiago Menor querem dar a entender o

---

[201] *Gálatas*, 2: 9

[202] *Mateus*, 4: 1; 10: 2; 20: 20; 26: 37; *Marcos*, 1: 19-26; 3: 17; 10: 35; *Lucas*, 5: 10; *João*, 21: 2.

[203] *Epístola de Tiago*, 2: 14.

seguinte: que apenas o cumprimento da lei, por si só, não eleva ninguém em qualificação ou virtude. Não há como ser, na vivência, e sob o estímulo da fé cristã, um virtuoso técnico, capaz de representar o ser cristão em atitudes ou comportamentos padronizadores do ser cristão. Sem implicar os sentimentos e as intenções, a virtude cristã redunda em uma farsa e em um contrassenso.

Nem na prática da lei civil a virtude cívica consiste em se colocar, diante do radar, na velocidade exigida pelo radar! A obediência à luz do semáforo não se constitui, em sentido próprio, em virtude cívica. Mas assim como no Direito a convicção não supera a lei, do mesmo modo a fé não supera a vivência cristã. Quando a fé é maior que a vivência, a doutrina finda por redundar em uma ilusão. Quando, no direito, o juízo não se fundamenta na lei, mas na mera interpretação derivada de convicções morais, estatutárias ou políticas de um juiz, o direito perde por completo o seu valor tornando-se apenas um álibi justificador das decisões tomadas ao bel prazer de quem as formula. O juiz, nesse caso, não está mais a serviço do direito e da lei, e sim apenas das corporações ou das entidades estatutárias ou, simplesmente, de comparsas ou de amigos, ou ainda de interesses subjetivos quer políticos quer econômicos quer corporativos.

O mesmo se aplica aos mandamentos cristãos. As *obras* só justificam o *ser algo* caso o cumprimento da lei resulte em efetiva prática consoante com a fé que impulsiona o desejo em vista da ação decorrente de uma fé, que, por sua vez, tem seu fundamento na doutrina. Isso considerado, o título de *carta magna* do cristianismo dado pela tradição à *Epístola aos gálatas* sem levar em conta seus vínculos edificantes com a *Epístola de Tiago*, é injusto, porque, separadas uma da outra, restam em si mesmas incompletas.

Depois da *Epístola aos gálatas*, Paulo escreveu (em grego, não em latim ou hebraico) várias outras cartas dirigidas às comunidades judaicas dos grandes centros. Ao dizer, *Paulo escreveu*, caberia acrescentar com a ajuda de Marcos, e, sobretudo, de Lucas, que era uma espécie de secretário (*grammateús*) de Paulo. Algumas das cartas contaram com a ajuda de Lucas, sob atenta vigilância de Paulo quanto ao teor e conteúdo da escrita. Também não cabe desvincular esse teor e conteúdo da confabulação de Paulo especificadamente com Barnabé e também com Timóteo, companheiros inseparáveis de Paulo; por certo, buscava igualmente a anuência dos dois principais chefes: Pedro e Tiago Menor.

A razão das epístolas terem sido escritas em grego decorreu do ponto de vista de Paulo segundo o qual era preciso desvincular o evento Jesus de um fenômeno *restrito*. Jesus, afinal, foi morto pelos mentores do judaísmo tradicional que viram nele uma severa intromissão a ponto de destruir a lei e os profetas. Paulo, evidentemente, como retórico e político habilidoso que foi, não podia cultivar a ingenuidade de insistir nas antigas direções. Ele, aliás, conhecia muito bem o lado de lá que levou Jesus à morte! Este, entretanto, era o seu drama: não podia se desvincular totalmente do judaísmo (porque, em princípio, o evento Jesus não era uma outra coisa completamente distinta do judaísmo, mas confluente) tampouco podia encampar o judaísmo como um simples estágio antecessor e arcaico do cristianismo. Restou-lhe o seguinte objetivo: difundir o evento Jesus como um fenômeno *judaico* universal.

Assim, inclusive, o fez a título de cumprir as referidas requisições (conforme as narrativas) do Jesus ressuscitado: "*Ide por todo o mundo e enunciai a minha mensagem – tò euaggélion*";[204] "*Ide e ensinai a todas as nações – matheteusante pánta tà éthne*".[205] Não se tratou, por princípio, de levar Jesus indistintamente a todos os povos e nações, e sim de levá-lo primordialmente aos judeus dispersos entre os demais povos e nações dentro do Império Romano, em particular entre os povos que habitavam o antigo Império de Alexandre. Paulo iniciou o seu magistério pelo território de Seleuco (sediado em Antioquia e que gerenciava toda a antiga Pérsia e um pouco mais), depois pelos governos de Pérdicas (sediado na Macedônia e que governava todo o território da antiga Grécia), e, enfim, através de Marcos, no de Ptolomeu (com sede em Alexandria e governava todo o Egito). "Foi Marcos [escreveu Jerônimo] que difundiu a religião cristã em Alexandria, e lá fundou uma comunidade".[206] O feito, enfim, de Paulo no que concerne a uma busca no sentido de atingir a universalidade do povo judeu, findou, entretanto, por se expandir e por atingir a todos os povos. Foram, pois, várias etapas que se constituíram em estágios do alvorecer do cristianismo.

---

[204] *Marcos*, 16: 16.

[205] *Mateus*, 28: 19.

[206] *De viris illustribus*, cap. 8

3 – Lucas e a tarefa de pôr em ordem a narração (*diégesis*) do evento Jesus

No cristianismo nascente, com a morte precoce de seu mentor, foi a liderança de Paulo que fez a diferença. Com ele, foram os registros por escrito das preleções e dos feitos de Jesus que impulcionaram o conhecimento e a expansão do cristianismo. Paulo não só foi o lider, como também, assessorado por Lucas, foi o principal instrutor e coordenador de toda a narrativa do evento. Pedro, por sua figura veneranda, e Tiago Menor, chefe da comunidade de Jerusalém, e também Mateus e Marcos, dois outros eruditos (assim como Lucas) aptos para promover as narrativas evangélicas, foram figuras agregadoras de uma elite em condições de verbalizar e de promover a doutrina cristã em seus primórdios. Dizemos *narrativa* em razão do que consta no prólogo do evangelho de *Lucas*. Depois de ressaltar que "muitos já empreenderam a tarefa de pôr em ordem a narração (*diégesis*) dos eventos que entre nós ocorreram", ele se dispõe a ordenar uma outra narrativa amparada em testemunhos bem consistentes.[207]

Pelo que está dito em Lucas, havia (naquela ocasião em que ele decidiu fazer a sua narrativa — supõe-se que na década de 1950-1660) muitas narrativas a respeito da doutrina e dos feitos de Jesus que circulavam entre as comunidades. É de se supor que os discípulos, espalhando-se e fomentando comunidades distintas tendiam a compor e difundir verbalmente narrativas conçoantes ao que viram e ouviram, e sempre havia os que (talvez induzidos por este ou aquele discípulo) se dispunham a ordenar as preleções, a fim de facilitar a contindade das pregações. Na afirmativa, entretanto, de que "muitos já empreenderam a tarefa de pôr em ordem a narração dos eventos ocorridos", resta, de um lado, a incógnita no sentido de saber exatamente quais eram esses *muitos*; de outro, que *muitas* narrativas elaboradas careciam de acribia, ou seja, precisão e rigor.

Sob a expressão *muitos*, de modo algum deve se referir apenas aos evangelhos escritos por Mateus e por Marcos, que, certamente, foram os primeiros a dar ordem às narrativas e a compor uma literatura de compreensão e entendimento do ocorrido. Não sendo apenas os dois evangelhos, seriam outras narrativas que circulavam entre as comunidades cristãs, e que Lucas, assim como Mateus e Marcos, também se

---

[207] *Evangelho segundo Lucas*, 1: 1-3.

sentiram convidados a *pôr em ordem*, a partir dos testemunhos dos discípulos, narrativas consistentes. É de se supor, então, que essas *muitas* ou *várias* vieram a se cosnstituir em fontes da composição dos evangelhos, especificadamente do de Lucas. Mas eis o que efetivamente Lucas diz no prólogo, expresso em uma só frase:

> Dado que muitos já se empenharam na tarefa de pôr em ordem a narração (*anatáxasthai diégesis*) dos eventos ocorridos (*pragmáton*) entre nós, ao modo como foi transmitido pelos que, desde o início, temunharam e transmitiram a doutrina (*toû lógou*), também eu, depois de investigar diligentemente tudo o que correu desde os primórdios, decidi escrever para ti, excelente Teófilo, uma bem ordenada instrução (*acribôs kathexes*), a fim de que possas ter um conhecimento sólido (*aspháleia*) dos logos que acolhestes.[208]

O *prólogo* está composto em uma só frase bem elaborada e sob um vocabulário erudito, bem vigiado e preciso. É difícil saber se realmente foi Lucas quem o escreveu ou se foi um adendo posterior, ao modo como se deu com o *prólogo* do evangelho narrado por *João*. O fato é que os dois outros evangelhos, o de Mateus e o de Marcos (aos quais Lucas sequer faz menção), dispensaram esse tipo de introito. A suspeita, no sentido de que o *prólogo* é posterior, decorre da dificuldade de conceber que, em tão pouco espaço de tempo (nem 25 anos após a morte de Jesus), houvesse *tantas* narrativas do evento como diz o *prólogo*. O modo, inclusive, como assegura que tais narrativas foram feitas "a partir do que foi transmitido "pelos que, desde o início, testemunharam e transmitiram a doutrina" pede por algumas observações:

a) Pelo que consta na afirmativa ("foi transmitido pelos que desde o início, testemunharam e transmitiram a doutrina"), fica claro que não foram, a rigor, os discípulos que escreveram, e sim indivíduos que testemunharam o evento, acompanharam as preleções e viram os feitos de Jesus. Do que está dito no *prólogo*, é plausível admitir que os próprios discípulos, em favor de suas pregações, encomendassem a *logógrafos* a responsabilidade de colocar por escrito o logos por eles expresso em suas preleções proferidas em suas andaças após morte de Jesus. Também é plasusível admitir que Jesus deixou atrás de si um entusiasmado e ativo movimento messiânico em função do qual *muitos* tomaram para si a iniciativa (mesmo não sendo um dos *discípulos*) de testemunhar e enun-

---

[208] *Evangelho segundo Lucas*, 1: 1-4.

ciar os acontecimentos. O testemunho de Gamaliel, registrado nos *Atos dos apóstolos*, quando interviu em favor dos apóstolos, evidencia como, naqueles tempos, muitos se colocavam na condição de *messias* portadores de extraordinário saber:

> Varões israelitas, considerai bem o que vão fazer contra estes homens [refere-se aos discípulos]. Lembrem-se de que, não faz muito, apareceu Teodas, que se dizia importante, ao qual se associou um número de cerca de quatrocentos adeptos. Depois de morto, todos os que acreditavam nele se dispersaram, e foram reduzidos a nada. Depois dele veio Judas, [...] mas também pereceu, e todos os seu seguidores se dispersaram.[209]

Havia, pois, naqueles tempos um movimento "messiânico" bastante intenso, e muitos se apresentavam como valiosos. É bem provavél, aliás, que esse seja também um dos fatores que levaram os discípulos a se unir e a se ocupar com as escritas das preleções proferidas por eles em vista de prover narrativas coersas e intencionalmente ordenadas. Os discípulos tomaram para si a tarefa de verbalizar o evento Jesus e assim evitar um grande bulício causador de desentendimentos, de conflitos e de discórdias.

b) A assertiva "muitos se empenharam", levando-se em conta o pouco tempo até a época presumida em que Lucas escreveu o Evangelho (por volta do ano 60), e pensar que naquela época poucos sabiam escrever, é de se supor que o referido "muitos" faz alusão a uma posteridade que cobre um maior prazo para além da escrita efetiva do evangelho, dando ao *prólogo* uma conotação de adendo posterior. É provável que, quando Lucas escreveu seu evangelho, existiam *outros* evangelhos (mesmo que breves) além dos de Mateus e Marcos, mas não, a rigor, *muitos*. O *prólogo*, portanto, sob o conceito de *muitos*, leva a um entendimento mais extenso que implicaria, inclusive, a posteridade, ou seja, o final do século primeiro e o início do segundo quando, efetivamente, se deu uma grande expansão do cristianismo sob o arranjo de comunidades (ditas *gnósticas*) dispersas, xom uma consequente proliferação de narrativas. Nesse sentido, o pró-logo viria como um adendo com acréscimos posteriores, com o seguinte objetivo: deixar bem claro que *muitos* dos esvangelhos, em particular as narrativas compostas pelas comunidades gnósticas, não se consituíam em *verdadeiros* evangelhos, e que este, o de Lucas, fruto de uma "investigação

---

[209] *Atos dos apóstolos*, 5: 35-37.

em tudo muito diligente (*pâsin acribõs kathexês*)" deveria ser indiscutivelmente por todos acolhido e levado em consideração. Pelo *prólogo*, enfim, se observa uma real preocupação no sentido de dar harmonia e coeção às narrativas, promover um conjunto canônico regular, uniforme, pontual e regrado, a fim de promover entendimentos em vista de uma unidade e da concórdia.

c) Quanto ao nome, *Teófilo*, um suposto destinatário da narrativa, esse mesmo tipo de menção comparece nos *Atos dos apóstolos*, igualmente atribuído a Lucas. Ele vem expressa logo na frase inicial (1: 1): "Na primeira narração, ó Teófilo, falei de todas as coisas que Jesus começou a fazer e a ensinar". Por *primeira narração* (*prõton lógon*) presume-se que seja uma referência ao Evangelho, dando a entender que a escrita dos *Atos* seria posterior. O nome *Teófilo*, quanto à sua etimologia, comporta a junção de *Theós*, Deus + *phílos*, amigo (amado, parceiro), e pode não ser um prenome específico, e sim apenas um atributo genérico aplicado ao ser cristão, em que *teófilo* o adjetivava como sendo o "amigo ou amado de Deus". Daí que o exclamativo, ó *teófilo*, pode, a rigor, não ter se referido a um indivíduo em particular, e sim a um atributo do ser cristão. No *Evangelho*, o adjetivo *krátistos* = excelente (superlativo de *krátos*, forte, robusto, sólido) aplicado ao nome *Teófilo* soaria como um atributo da crença e da fé em termos de *excelência* (de virtude) concerenente à vivência cristã do referido *teófilo*. Outro fator importante diz respeito ao conceito de *aspháleia* (que expressa segurança, estabilidade e solidez) igualmente aplicado à instrução do *teófilo*.

c) Enfim, pelo *prólogo*, o evangelho de Lucas, é louvado como uma fonte que prima pelo *acribo* da investigação e do ordenamento da narrativa concerente aos acontecimentos e é apresentado, perante as "muitas outras narrativas", como a melhor das fontes: como um logos catequético (instrutivo) firme, verdadeiro e seguro (*õn katechethés lógon tèn aspháleian*[210]) a respeito dos ensinamentos e dos feitos de Jesus.

Da "tarefa de pôr em ordem a narração (*diégesis*)" do evento Jesus, os dois primeiros evangelhos, o de Mateus e de Marcos, antecedem à profusão de comunidades gnósticas disseminadas em meio ao mundo romano, já o de Lucas e o de João contavam com uma inicial disseminação. É de se supor, inclusive, que os evangelhos de Lucas e de João, que são mais tardios em relação aos de Mateus e de Marcos, não foram pronta-

---

[210] *Evangelho segundo Lucas*, 1: 3.

mente difundidos entre as inúmeras comunidades, e que aos poucos (na posteridade histórica do cristianismo) foram chegando (replicados por copistas), não só como uma novidade, mas também como uma escritura mais elaborada, sólida e precisa, e que até mesmo contradizia certos ensinamentos promovidos por algumas comunidades gnósticas. Um fato, nesse sentido, que merece destaque é a acusação de Irineu de Lyon contra Marcião (que viveu entre os anos de 85 e 160) dizendo que ele "mutilou o Evangelho segundo Lucas, eliminando tudo o que se refere ao nascimento do Senhor, reformulando vários ensinamentos [...]."[211]

De um lado, todo o teor, em particular a assertiva insistente do *prólogo* (relativa à acribia da "investigação em tudo muito diligente") poderia ser um adendo a se contrapôr às mutilações referidas a Marcião; por outro, expressaria uma veemente defesa do evangelho de Lucas. Sob a expressão "muitos (*polloí*) já empreenderam a tarefa" inevitavelmente recai a suspeita de que o *prólogo* foi escrito em uma época quando já existiam uns quantos evangelhos gnósticos que não ordenavam as narrativas com o mesmo acribo necessário ao exame que os fatos (os eventos, acontecimentos) requeriam. A referência a *Teófilo*, fosse ele um indivíduo concreto ou apenas um adjetivo qualificativo (um atributo) do ser cristão, leva a pensar que o evangelho foi preferencialmente direcionado a cristãos ilustres, instruídos, mas de posse de conhecimentos que careciam de alguns ajustes, razão pela o *prólogo*, a título de um adendo, defente a narrativa de Lucas como tendo efetivamente sido uma investigação em tudo diligentemente conduzida, desde os acontecimentos relativos ao evento em seu princípio até o seu desfecho final. Se o evangelho tivesse uma destinação meramente popular não careceria de todas essas considerções próprias de requisitos acadêmicos.

Pela assertiva ("escrever para ti, excelente Teófilo, uma bem ordenada narração, a fim de que possas conhecer a solidez dos logos no qual fostes instruído"[212]), fica evidenciado que o evangelho queria instruir a todos, especialmente aqueles que já tinham sido instruídos, mas careciam (caso dos marcionistas) de pontuar uma instrução efetivamente verdadeira, ou seja, assegurada por testemunhos absolutamente confiáveis: daí a importância de uma inserção posterior do *prólogo* garantindo que o evangelho de Lucas, juntamente com os de Mateus e de Marcos (implici-

---

[211] *Contra as heresias*, I, VIII, 687.

[212] *Evangelho segundo Lucas*, 1: 3-4.

tamente presentes no evangelho de Lucas) efetivamente se constituía em uma "investigação diligente desde o princípio" (para o que recorreu aos demais discípulos e ouvintes participantes diretos das preleções de Jesus, e, inclusive, dos evangelhos de Mateus e de Marcos). É de se pressupor que havia, entre as comunidades, uma instrução não muito eficiente em ordem à narração da doutrina e dos feitos de Jesus, e, ademais, dado que o evangelho de Lucas fora mutilado por Marcião (como assegura Irineu), então a inserção do *prólogo* tinha o efeito de suprir a carência de uma informação canônica que desse unidade e veracidade à doutrina e aos feitos narrados a respeito de Jesus.

A referência ao incógnito Teófilo permite induzir que o *prólogo* quis, na posteridade, dar ao evangelho escrito por Lucas uma direção específica: não a rigor a um cristão convertido (não faria muito sentido escrever um evangelho só para uma pessoa) e sim para alguma autoridade da governança estatal. A menção de Teófilo, caso fizesse referência a um indivíduo, isso lembra, formalmente, o mesmo procedimento de Lucrécio que dedicou o seu poema, o *De rerum natura*, a um tal de Caius Memmius: "Força Mêmio [escreveu Lucrécio], empreste ao estudo da verdadeira doutrina [ele se refere à filosofia de Epicuro] um ouvido livre e uma mente sagaz"[213]. Caius Memmius era um político e *pretor* romano.[214] É bem provável que o tal Teófilo, caso dissesse respeito a um indivíduo concreto, fosse igualmente uma autoridade política, que, assim como Mêmio, tinha poder e influência apaziguadora sob as comunidades gnósticas. Fato curioso é que, assim como Lucrécio roga a Mêmio que conhecesse a doutrina do epicurismo a fim de defendê-la (alguém só defende aquilo que se conhece), o mesmo intenciona o *Prólogo*, perante *Teófilo* (fosse ele um indivíduo ou não), em favor da doutrina cristã.

4 – Jesus: um evento religioso para os judeus, político para os romanos

Não foi sem razão que Pilatos "lavou as mãos". O evento Jesus germinou como um problema dos judeus e não dos romanos. A grande dificuldade, entretanto, se impôs em razão de que o evento Jesus promovia diretamente uma instabilidade política dentro do poder religioso do

---

[213] LUCRÉCIO. *De rerum natura*, I, vv.49-50. SPINELLI, M. *Os caminhos de Epicuro*, São Paulo: Loyola, 2009, p. 111ss.

[214] SUETONIUS. *De vita Caesarum. Divus Julius*, XXII, 1.

judaísmo, mas veio a atingir indiretamente o poder político romano na região. Pilatos, no caso de Jesus, exerceu a função do magistrado romano ao qual era atribuída a função de confirmar ou vetar as sentenças capitais. Cabia aos magistrados romanos a deliberação relativa à pena, mas esse não foi o caso de Jesus, que, diretamente, não incomodava os romanos. A condenação de Jesus foi decretada por sacerdotes e anciãos do Sinédrio judaico que se valeram, como consta no *Evangelho segundo Mateus*, do "falso testemunho" para condenar Jesus à morte.[215]

Foi "para satisfazer o povo [escreveu Marcos], que Pilatos entregou Jesus para [...] a crucificação".[216] Ocorre que no povo estava o sustento do poder político e da governabilidade romana. Por isso o Sinédrio teve necessidade de insuflar (subornar) boa parte do povo (dos seus) em favor de sua causa. Sem essa sublevação, Pilatos não teria uma boa razão para atender interesses subjetivos de membros da hierarquia sacerdotal judaica sob o domínio e controle do Estado romano. Foi a sublevação popular que moveu Pilatos, que, perante o *pontifex* e a hierarquia do Sinédrio, lavou as mãos. Assim o fez como manifestação de um crime que não era seu. Mesmo assim, se valeu de um evento criminoso promovido por sacerdotes de alta linhagem para levar vantagem perante aquela porção popular manipulada da qual advinha o sustento político de seu governo. Da parte de Pilatos, resultou em um ato político; dos sacerdotes, um feito religioso de preservação dos antigos usos e costumes e dos princípios arcaicos que defendiam.

Desde o nascimento à morte de Jesus, depois com Pedro e Paulo, e depois ainda com Justino de Nablus (100-165), todos eles judeus, o cristianismo nascente se apresentou e se expandiu essencialmente como uma questão do judaísmo, a saber, como um problema que atingiu, de início e diretamente, a dinastia dos Herodes, movida pela insatisfação dos sacerdotes, dos anciãos e dos escribas judaicos. Foram quatro Herodes: o grande, filho de Antípatro, que governou a Judeus por volta de 70/74 a 04/01 a.C.; e dois filhos de Herodes, o grande: Herodes Arquelau, que governou a região de 04/08 a.C. a 06/10 d.C., e Herodes Antipas, que governou de 06/10 a 39/43 d.C., enfim, o Herodes Agripa, de 39/43 a 44/48. A fixação aproximada das datas satisfaz o calendário gregoriano que estabeleceu o nascimento de Jesus no ano "1". O certo é que são datas

---

[215] *Mateus*, 26: 59.

[216] *Marcos*, 15: 15.

imprecisas, de modo que nem o nascimento de Jesus deve ser tomado como absolutamente seguro no ano 1.

É certo que a morte de João Batista e a de Jesus ocorreram sob o governo de Herodes Antipas, daquele que o próprio Jesus denomina de raposa (*alópex*) de Israel.[217] Mateus assegura que foi Herodes, o grande, e não o Arquelau que promoveu a perseguição ao Jesus recém-nascido sob a alegação de que os magos, vindos do Oriente, queriam adorar o "rei dos judeus". Diz ainda Mateus que era o Herodes "Arquelau que reinava na Judeia" quando José, Maria e Jesus retornaram para a Galileia.[218] Aqui comparece igualmente uma informação carente de explicação relativa ao porquê (haveria de ter alguma razão real ou simbólica) dessa procedência dos *magos* vindos *do Oriente* à Jerusalém em busca do "rei dos judeus", que acabava de nascer em Belém.

A narrativa de Mateus tem por propósito fazer crer que ali havia nascido um novo Davi: um novo chefe da "casa" de Israel.[219] Essa mesma narrativa consta em Lucas, que, entretanto, não menciona a matança referida laconicamente por Mateus, a Herodes, o grande. Lucas assinala apenas um recenciamento decretado pelo imperador romano César Augusto (que governou o império de 27 a.C. a 14 d.C.). Assim descreveu Lucas:

> E iam todos recencear-se, cada um em sua cidade. José foi da Galileia, da cidade de Nazaré, à Judeia, à cidade de Davi, que se chamava Belém, porque ele era da casa da família de Davi [...]. Estando ali, aconteceu completarem-se os dias em que Maria devia dar à luz; e deu à luz a seu filho primogênito.[220]

Lucas não fala de fuga para o Egito. Marcos e João sequer relatam o nascimento de Jesus. A narrativa consta apenas em Mateus, que, inclusive, diz que Herodes (presumidamente o grande — visto que Arquelau governava quando Jesus retornou do Egito) convocou secretamente os *magos* em busca de informação, sob a alegação de que também ele queria adorar o rei nascituro. Enganado pelos magos, Herodes então pôs seus soldados na busca do menino. Não tendo encontrado (num ato de extermínio, de verdadeiro genocídio), mandou então matar todos os recém-nascidos de

---

[217] *Lucas*, 13: 32

[218] *Mateus*, 2: 22.

[219] *Mateus*, 2: 2-7.

[220] *Lucas*, 2: 3-7.

Belém e dos arredores.[221] Sabendo que os soldados de Herodes estavam à procura do "menino para matar", José, de *madrugada*, tomou o menino e sua mãe e "retirou-se para o Egito, até a morte de Herodes".[222]

Foi Herodes Antipas, com o apoio do Sinédrio, que deu sustento político à crucificação de Jesus, e que também ordenou as decapitações de João Batista[223] e de "Tiago, irmão de João".[224] Consta nos *Atos dos apóstolos* que Tiago, "irmão de João", foi decapitado para *agradar* "os judeus".[225] O relato, nesses termos, demonstra a importância da perseguição em favor de dividendos políticos perante uma maioria estimulada a apoiar a morte de Jesus e que agora era sugestionada a se pôr de acordo com a perseguição. Outro fato que merece destaque é o destino de cada um dos discípulos: tirando João, que morreu bem idoso, e Judas Iscariotes, que se enforcou, todos os demais, foram perseguidos e assassinados. Todos tiveram o mesmo destino de Jesus, e isso permite, por um lado, aduzir o quanto a pregação de Jesus e de seus discípulos mexia profundamente com o estabelecimento político e religioso daqueles tempos; por outro, presumindo o destino que todos tiveram, cabe perguntar: qual foi a mágica que fez com que o cristianismo, sob o título de *católico*, viesse a ser a religião principal do Império romano?

Eram dois Tiagos, um dito "Tiago Maior", irmão de João, e, o outro, "Tiago Menor", irmão de Judas Tadeu,[226] ambos primos de Jesus. Eram filhos de Alfeu, um irmão de José (pai de Jesus) casado com Maria Cleófas, prima-irmã de Maria, mãe de Jesus. Havia, pois, um estreito parentesco; eram, efetivamente "quase" irmãos! Consta, de cada um, de Judas Tadeu e de Tiago Menor, uma *Epístola*. A de Tiago Menor é uma das mais belas da literatura do *Novo testa*mento; a de Judas Tadeu foi escrita dentro de um tom desconcertante na medida em que tende a *judaizar* o evento Jesus, sobrepondo-o, inclusive, à figura de Moisés. O epiteto *menor*, dado a Tiago, consta em Marcos.[227] A distinção entre *maior* e *menor* tem a ver com a diferença de idade, de modo que por *menor* cabe entender o *mais jovem*.

---

[221] *Mateus*, 2: 13.

[222] *Mateus*, 2: 13-15.

[223] *Mateus*, 14: 5-11.

[224] *Atos dos apóstolos*, 12: 2; *Mateus*, 4: 21; *Marcos*, 1: 19; *Lucas* 5: 10.

[225] *Epístola aos colossenses*, 4:15.

[226] *Epístola de Judas*, 1: 1.

[227] *Marcos*, 15: 40.

Tiago Maior foi, depois de Jesus, o primeiro discípulo a ser assassinado pelo poder religioso/político estabelecido; fato que se deu também na Páscoa judaica do ano de 42. "Naquela ocasião, o rei Herodes [...] mandou matar à espada Tiago, o irmão de João".[228] Trata-se de Herodes Agripa, visto que não foi ele propriamente o carrasco que manuseou a espada, tampouco foi dele a iniciativa, mas do Sinédrio (da sede do *pontifex* e de sua corte administradora da justiça adjetivada de *divina*), que veio a acusação e a sentença para matá-lo. Quanto a Tiago Menor, dito o *adelphós* de Jesus, também ele foi morto (entre os anos 61 e 62) por determinação do poder político/religioso judaico. Assim registrou Josefo: "Anás reuniu o Sinédrio, convocou diante de si Tiago, irmão (*adelphós*) de Jesus denominado de Cristo, e, juntamente com outros, todos acusados de ter transgredido a lei, mandou apedrejá-los".[229]

Tiago Maior foi decapitado e Tiago Menor, apedrejado. Nos *Atos dos apóstolos* há uma observação quanto à morte de Tiago Maior, irmão de João, que merece consideração. Primeiro, quanto aos *Atos dos apóstolos*, trata-se de uma obra que narra a saga dos Apóstolos descrita por Lucas, um médico (*iatrós*), que não foi discípulo direto de Jesus; segundo, o que consta sobre a morte de Tiago Maior, expressa uma severa malevolência de Herodes Antipas como estratégia política de contenção de ânimos. Dado que os judeus apoiavam e estimulavam a perseguição aos discípulos de Jesus, Herodes, a título de uma astúcia, se valeu desse ingrediente em favor da manutenção de seu poder. Mas, eis o que consta nos *Atos*:

> Naquela ocasião [sem uma data fixa], o rei Herodes [só poderia ser o Antipas] pôs a mão em alguns membros das comunidades (*tês ekklesías*) no intuito de maltratá-los. Ele mandou matar à espada Tiago, irmão de João. Vendo que isso agradava aos judeus, mandou aprisionar Pedro.[230]

O evento Jesus era, efetivamente, em sua origem, um problema para o poder político/religioso judaico e não diretamente para os romanos. O cristianismo só será um problema para os romanos quando, disperso e dividido em inumeras comunidades gnósticas, sem um líder aglutinador, veio a dificultar e a pôr em crise a governabilidade do Império. Sem um lider, as comunidades, pro força das preferências e das interpretações

---

[228] *Atos dos apóstolos*, 12: 1-2.

[229] FLÁVIO JOSEFO. *Antiguidades judaicas*, XX, IX, 1, 200.

[230] *Atos dos apóstolos*, 12: 2-3.

tenderam a promover conflitos de intolerância recíproca. Foi assim que (a partir de meados do século II estendendo-se para o III), ambos imersos em *crise*, a goernabilidade e a cristandade, sem uma imediata perspectiva de mudança, e ocupando o mesmo território, disputando a boa vontade dos mesmos povos, que o cristianismo e o Império passaram a se carecer um do outro: a unificação de um facilitava a do outro.

Ambos, naquele momento, o cristianismo florescente e o poderoso Império, tinham os mesmos objetivos: a governabilidade. Isso quer dizer, de um lado, que o Império era cioso quanto à manutenção de uma unidade governamental; de outro, que o cristianismo buscava por uma reunifica- ção em termos de construir uma nova ordem com novas perspectivas e referências a partir de um núcleo enquanto governo comum. Foi então nesse momento, na *crise* (cuja validade conceitual se define, sobretudo, em termos de conflito e tensão), que ambos, o poder político e a crença, se apoiaram um no outro. Foi no decorrer do século III e, em definitivo, no século seguinte, que o cristianismo nascente deixou de ser um problema para o judaísmo para vir a ser uma solução para os romanos. Deixou de ser um problema porque o *evento* Jesus veio a ser assimilado, absorvido e administrado pelos interesses do poder político romano estabelecido como um benefício estratégico em favor de sua governabilidade.

5 – Jesus e a ressignificação do judaísmo

De início, a tendência do magistério de Jesus foi buscar as sina- gogas, mas também as casas e as ruas da periferia (ao ar livre) ao modo dos sofistas que ocupavam as ruas, os mercados, os hortos e as praças. Jesus, fundamentalmente transitava entre um círculo de parentes, de amigos e de conhecidos, razão pela qual o seu ensinamento se restringia, para além de ambientes externos, aos redutos familiares. O seu primeiro grande feito, o da transformação de água em vinho, se deu em uma festa de casamento e foi realizado a pedido de sua mãe.[231]

Com a morte de Jesus, a tendência dos discípulos se deu no sentido de restringir as reuniões de confraternização cristã e de confabulação a respeito da doutrina ao ambiente familiar. A celebração do evento Jesus se deu entre os discípulos como um fenômeno agregador de relações humanas em comunidades restritas, abertas, mas cuidadosas em razão à

---

[231] *João*, 1: 1-11

proximidade da condenação de Jesus. A perseguição religiosa (de cunho político) contra os ideais e os feitos de Jesus foi muito severa e amarga para os seus discípulos. Jesus não foi condenado por maledicências, e sim por beneficências (por empatia com os excluídos e com a defesa dos destituídos de arrimo e de direitos) que ele promoveu em meio ao povo. Os membros do Sinédrio, naquela ocasião, não suportavam ver Jesus, colocado na periferia, defender os da periferia, os pobres, os desvalidos, os doentes, os carentes de justiça e as mulheres. Aquele pessoal do Sinédrio não suportava ouvir falar de direitos humanos e de justiça: temas prediletos das preleções de Jesus.

Todo processo da condenação e morte de Jesus foi movido por uma farsa judicial, e acrescida do deboche público, a ponto de pregarem no lenho de sua cruz a zombaria do *rex iudaeorum* etiquetado naquele homem de periferia que se dizia fautor de um *reino de Deus*. Ele foi trocado por um criminoso confesso e crucificado em meio a dois ladrões: uma morte na glamourosa. O objetivo era não deixar espaço ou razão alguma para os seus seguidores e discípulos louvarem a morte do mestre. Foi um deboche que contribuiu, e muito, para fragilizar o ânimo dos adeptos e dos discípulos, a ponto de colocá-los em uma situação de humilhação e de perseguição. Fato curioso e que merece destaque recai sobre a figura de Pilatos governador romano da província da Judéia. Assim que os dignitários (os ditos *pontífices*) da lei judaica pediram em coro para crucificá-lo, Pilatos respondeu:

a) "examinei diante de vós, mas não encontrei nele qualquer motivo (*aítion*), [...] sequer um ato, pelo qual seja digno de morte";[232]

b) "pois eu não encontro nele uma causa (*aitían*) sequer" que o condene.[233]

Pilatos segue à risca os preceitos da jurisprudência romana: só era devido condenar alguém depois do processo julgado mediante a certificação de evidências que condenassem ou absolvessem o acusado. Jesus não passou por esse processo: ele foi condenado sob o amparo das *convicções* dos membros do Sinédrio. Ele não foi condenado sob uma sentença amparada em evidências, e sim sob um acordo de opiniões emitidas pelo conselho de sacerdotes, escribas e anciãos reunidos no Sinédrio. São duas coisas entre si relacionadas que merecem consideração: uma, já salien-

---

[232] *Lucas*, 23: 14-15.

[233] *João*, 19: 6.

tada, o empenho dos discípulos e das comunidades locais organizadas em torno dos ensinamentos de Jesus; outra, a escrita da doutrina que vem a ser efetivada bem depois da pregação e morte de Jesus, do mestre (*didáskalos*) primordial da instrução cristã.

No contraposto dos personagens do Sinédrio, Jesus representou, naquele momento, um marco histórico divisório entre a busca por civilidade e a instauração (ou manutenção) da barbárie. Colocar-se do lado de Jesus, naquele momento, significava se pôr do lado civilizatório em defesa de valores assentados na ideia de humanidade, de benevolência, de empatia, de perdão, de direito e de justiça. O fato de Paulo se voltar contra o Sinédrio (para o qual se pôs a serviço de uma brutalidade que culminou no apedrejamento de Estevão) em favor da doutrina cristã (a serviço de Jesus) assinala exatamente a travessia da linha que separava o civilizado e o bárbaro. Paulo, movido por sabedoria e inteligência, logo se deu conta da barbárie na qual estava inserido, e se pôs do lado do civilizado: daqueles, a exemplo de Jesus, que defendiam direitos, buscavam enlevo para os oprimidos, sabedoria para os ignorantes e benevolência e justiça para todos os que almejam bom-senso e humanidade como fármacos contra os preconceitos e a distorção de valores que oprime a mente de muitos.

As comunidades locais, mesmo após a trágica morte de Jesus, se mantiveram organizadas, apesar de amedrontadas e desoladas, sobretudo indignadas, com a crueldade do poder político religioso reinante no trato com Jesus, ao qual submeteram a uma morte calculadamente cruel. Foi naquela ocasião, por certo, que o judaísmo sofreu o seu maior grande golpe de credibilidade na lucidez e na humanidade de seus sacerdotes postos a serviço do poder político que, na ocasião, se sobrepunha ao poder religioso no Sinédrio. Eis qual deve ter sido a grande questão: como admitir que alguém, um povo ou uma comunidade de sacerdotes reverencie um Deus presumido como pleno de sabedoria e, ao mesmo tempo, esse mesmo povo se dispõe à tamanha atrocidade? Prenderam e mataram Jesus, em nome de Deus, e por uma única razão: porque ele era bom, justo, benevolente e livre (insubmisso) perante o arcaico e o estabelecido. Ele ainda fazia algo extraordinário: educava e instruía. Ele era um edificador do humano, tarefa que, inclusive, Paulo vem a tomar para si, e se ocupar em universalizá-la. Aliás, a ideia da universalização da doutrina cristã não consta, a rigor, como uma ordem de Jesus em vida, e sim como uma profecia:

a) como consta em *Mateus*: "este evangelho (*euaggélion*)", no sentido de "essa boa notícia", "será manifesta para todos os povos – *eis martýrion pãsin toîs éthnesin*":[234] "Ide e ensinai a todas as nações – *mathęteusante pánta tà éthnę*";[235]

b) ou como consta em Marcos: "essa novidade, eu vos digo, será difundida por todo o mundo – *eis hólon tòn kósmon*":[236] "Ide por todo o mundo e enunciai o evangelho (*tò euaggélion*)";[237]

c) as proposições foram manifestas, como uma ordem, depois da ressurreição. Na *Epístola aos colossenses*, Paulo diz ter sido posto a serviço dessa tarefa (*egò Paûlos diákonos*) que consistia em difundir o evangelho de Jesus, feito uma boa notícia, para todos os povos.

Tudo indica que nem Jesus nem os apóstolos cultivaram em vida a ideia (nem havia como e não cabia naquele momento a possibilidade) de uma *universalização* no sentido de estender a doutrina cristã para além do judaísmo local. Jesus fundamentalmente ficou restrito à Galileia. A decisão de universalizar o cristianismo se deu após a morte de Jesus e foi primordialmente Paulo quem acolheu a tarefa da universalização, que, entretanto, não foi, de início, ponto pacífico entre todos os discípulos. Paulo veio a ser escolhido justamente para levar à ação esta finalidade: ser o apóstolo (o enviado) que difundiria a doutrina para outros éthnos (povos ou nações) que não só o judaico, mesmo que, preferencialmente, se dirigiria aos judeus circuncidados ou não.[238] Ocorre que o cristianismo, em suas origens, não se alevantou como uma sabedoria contrária à *palaiós lógos* dos hebreus, antes, quis, em seu alvorecer histórico, se firmar como "um acabamento (*plerōsis*, plenitude)"[239] da sabedoria hebraica ancestral.

Em Paulo é preciso reconhecer fundamentalmente a tarefa da universalização do cristianismo. Entre os discípulos, ele ficou conhecido, e ele próprio se autodenominava valendo-se do adjetivo *ethnikós* (*popular*), razão pela qual passou, na posteridade, a receber o título de "o apóstolo

---

[234] *Mateus*, 24: 14.

[235] *Mateus*, 28: 19.

[236] *Marcos*, 14: 9.

[237] *Marcos*, 16: 16.

[238] *Ato dos apóstolos*, 9: 16.

[239] *Mateus*, 5: 17-18.

dos gentios ou dos povos, *ton éthnikón*". Quer dizer, ele não era tido como apóstolo de *um povo*, do judeu ou de Israel, mas de todos *os povos*. A referida universalização, na medida em que se deu, ocorreu de modo lento, e se impôs em decorrência de outros fatores que vão além do acolhimento e ordenamento interno da própria doutrina que coube aos evangelistas registrar. Por certo o grande fator em dependência do qual o cristianismo se universalizou se deu em vista de sua *helenização*, ou seja, em decorrência da requisição, feito uma exigência, de levar a doutrina a *falar* grego: a língua erudita da época.

O cristianismo se organizou no sentido de promover uma construção que se sobrepusesse à do judaísmo, porém, em suas origens. O seu objetivo primordial consistia em ressignificar a lei e os profetas, e, enfim se sobrepor em arranjo doutrinário e poder. Foi por força justamente dessa ressignificação e sobreposição que o poder judaico da época se insurgiu, porque viu nisso uma *destruição* das tradições da *palaiòs lógos* (do logos ancestral) do povo de Israel. Inserida no coração do Império, em Roma, o cristianismo se viu diante de dois fundamentais embates que deveriam evitar: um, não destruir o judaísmo (eis aí uma razão pela qual não foram as sinagogas romanas que foram transformadas em tempos cristãos); outro, não transformar o cristianismo, enquanto religião, em uma pura ignorância, e, pior, tomar essa ignorância (carência de razoabilidade e de bom senso) como se fosse um respeitável saber sobre o qual se assenta a intolerância.

Levado a se indispor com os princípios do judaísmo, por força de uma certa ambiguidade na pregação a respeito da circuncisão e das restrições alimentares (dietéticas), enfim, dos usos e costumes, a pregação dos discípulos começou por tumultuar e a afrontar o *status quo* político-religioso do zelo canônico e dos mitos judaicos. Dizer, como disse Paulo que a circuncisão ou a não circuncisão pouco importa perante a lei, e sim a nova criatura renascida em Cristo, satisfazia a uns quantos, mas não a todos, especificamente aos judeus fundamentalistas (mesmos convertidos ao cristianismo) que se apegavam às prescrições e aos ritualismos da ortodoxia judaica, e não à vivência cristã. A circuncisão, as vestimentas, as dietas alimentares, ou seja, seus usos e costumes vinham antes do ser cristão.

Os preceitos ditados pelo código judaico de leis alimentares conhecido como *Halachá* (como o *caminho* a ser seguido) denuncia um judaísmo aristocrático tão refinado, cuja dietética, sob alguns aspectos, mais se parece, para os dias de hoje, com alguma outra coisa do que propriamente com uma saúde. Em alguns aspectos a dietética denuncia igualmente a idealização de um requinte em meio ao qual não se conhece a pobreza e a urgência da fome: opressões humanas com as quais Jesus se indispôs profundamente. Se certos preceitos não proporcionam nem prazer (gosto de viver), nem saúde, mas são simplesmente cumpridos porque são tidos como mandamentos divinos (determinados por alguns em nome de Deus) disciplinadores da fé, é evidente que estamos diante de um preceituário ritualístico promotor de um éthos (comportamento) opressor e não libertador; daí, naquela ocasião, a indisposição cristã contra certos preceitos do éthnos (povo) judaico.

No que concerne à circuncisão obrigatória a título de um ritual religioso tomado como preceito de salvação, esta é a lógica difundida pelas preleções de Paulo: Deus não julga o prepúcio, mas o coração. Deus não põe valor nas vestimentas e estéticas externas, mas nas internas: "na justiça e na verdadeira santidade (*en dikaiosýnę kaì hosióteti tês alętheías*)".[240] São as "vestimentas internas" que revestem o homem novo segundo o entendimento paulino e cristão. Jesus, no dia do juízo, identificará o pertencimento observando o coração, não o prepúcio! As mulheres, afinal, não têm prepúcio, mas delas igualmente é o reino de Deus. Jesus sempre manifestou pela sua mãe extraordinário carinho e afeição, a ponto de, na cruz, externar tais sentimentos: "Mulher, eis aí o teu filho; depois disse ao discípulo [a João]: eis aí a tua mãe. E dessa hora em diante o discípulo a levou para a sua casa".[241]

Com proposições desse tipo, a tendência do cristianismo correu no sentido de acirrar o conflito, mas não propriamente no confronto com outros povos e nações (para as quais o cristianismo se abriu), e sim perante um judaísmo arcaico, herdeiro e conservador de tradições reguladas por conceitos, preceitos e até mesmo estéticas ancestrais muitas vezes sob opressão. A questão se acirrou de tal modo, iclusive entre os discípulos, que se viram levados a se reunir em *concílio*, do qual resultou a *Carta* (conciliar) *de Jerusalém*.

> Reuniram-se, pois, os apóstolos e os anciãos, para examinar esta questão [a da circuncisão]. Depois de uma grande dis-

---

[240] *Epístola aos efésios*, 4: 24.
[241] *João*, 19: 27.

cussão, levantou-se Pedro, e disse: [...] Deus ordenou entre nós que, da minha boca, ouvissem os gentios a palavra do evangelho, e acreditassem nela. Deus [...] não fez diferença alguma entre nós e eles [os não circuncidados], purificando com a fé os seus corações. Logo, porque tentais agora a Deus, impondo um jugo [...] que nem nossos pais, nem nós podemos suportar? A assembleia se calou [...]. Depois que se calaram, Tiago tomou a palavra.[242]

Dado que o concílio ocorreu por volta de 48 (Tiago Maior foi assassinado em 44), então foi Tiago Menor, na ocasião o chefe da comunidade de Jerusalém, quem (em sintonia com Pedro) tomou a palavra e disse: "eu sou de opinião que não se deve inquietar os que, dentre os outros povos (*tôn ethnôn*, os gentios), põem sua confiança (*epistréphousin*) em Deus".[243] Tiago, em seu favor, se valeu estrategicamente do *Antigo testamento*, das palavras de Amós, segundo o qual o messias veio para "reerguer a tenda (*skenén*) caída de Davi".[244] Foi certamente Tiago Menor quem aplicou a Jesus o conceito de o novo Davi, de o unificador do reino de Judá e aquele que veio trazer novos e felizes tempos para a casa de Israel. Jesus, assevera Tiago, veio fazer com que "todos os outros homens e todos os outros povos (éthne)" busquem o mesmo Deus, e que ponham nele a sua confiança.[245] Tiago descarta a presunção assentada sobre o conceito de "Deus de um povo escolhido", como se Deus fosse propriedade de alguns (só dos que tiravam o prepúcio) e não de todos.

Sob o conceito de reerguer *a tenda* (*skenén*) de Davi, há uma explícita referência à condição nômade do povo do reino de Judá. Fica manifesta a disposição de retomar, sob o evento Jesus, fundamentado no *Antigo testamento*, os ideais pacificadores e unificadores concedidos a Davi, ao qual também se atribui ser de Belém. Fica igualmente explícita a preocupação no sentido de universalizar o conceito de *Deus*, não mais *de* apenas *um povo*, mas de todos os povos. Além, disso, não mais um Deus atormentado pela cólera, disposto a fazer grandes maldades (mandar enchentes, alagamentos, pestes, e tantas sandices mais que não combinam com o senso do que é divino) só para chamar para si o seu povo. A ideia de Deus impregnada na estampa de Jesus é uma quebra desse paradigma, e Tiago

---

[242] *Atos dos apóstolos*, 15: 6-12.

[243] *Atos dos apóstolos*, 15, 18.

[244] *Amós*, 9, 11.

[245] *Atos dos apóstolos*, 15, 16-17

Menor, primo de Jesus (filho de um irmão de José casado com uma prima de Maria), manifesta essa ideia.

O objetivo principal da *Carta* conciliar se ateve prioritariamente em disciplinar os usos e os costumes: quer, como já visto, dispensando a circuncisão (sem proibi-la), quer admitindo o consumo da carne de porco (para judeus e não judeus convertidos), quer ainda regulamentando certos usos e costumes, como a absteção de comer a carne e de beber o sangue dos animais imolados em sacrifícios. A *Carta* também proibia (hábito comum entre os menos abastados) de partilhar as oferendas oferecidas aos deuses.[246] Com o decorrer do tempo, a *Carta* promoveu uma outra questão que ela mesma não teve condições de prever: o da dissimulação. Tratou-se de um real problema que Paulo teve a necessidade de registrar na *Epístola aos gálatas:*[247] diz que Cefas (que não é Pedro, em aramaico também chamado de Cefas), mereceu dele uma forte repreensão na medida em que não se importava de comer o alimento dos não judeus quando não estava com os judeus, mas, perante os judeus, se portava e exigia a prática dos usos e costumes tradicionais. Paulo, nesse caso, não era contra que se comece o que estava colocado à mesa, e sim a hipocrisia: o fazer-se passar por não judeu (por gentio) entre os não judeus, e judeu entre os judeus.

O embate do cristianismo com os usos e costumes de outros povos foi imediato, e o cristianismo não teve como não absorver valores de outras culturas, a fim de ser acolhido, de se manter e de prosperar. Nesse aspecto, além da cultura e do éthos comportamental, foi a barreira das línguas que veio a se constituir em grande obstáculo para o entendimento e para a difusão da doutrina. Aqui entra em cena, como um elemento fundamental a ser considerado, os ideais civilizatórios e helenizadores de Alexandre Magno, que, no intuito de construir um Império para si, findou por aplainar e por promover um certo nivelamento cultural entre os povos. Daí que foi a introdução da cultura e a disseminação da língua grega (através, sobretudo, de Alexandre e de seu império) que facilitaram, e muito, o aplaino, e também favoreceram a posterior expansão e ascensão do cristianismo. Por onde Alexandre, e, a partir dele, Seleuco (sediado em Antioquia) passou helenizando, Paulo de Tarso repassou cristianizando.

Não haveria, afinal, como o cristianismo alcançar outros povos e culturas circundantes aos de Israel sem passar primordialmente pela lín-

---

[246] *Atos dos apóstolos*, 15: 29.

[247] *Epístola aos gálatas* 2: 11-14.

gua grega. Tanto é verdade que os evangelhos (a tirar o de Mateus, escrito originalmente em aramaico, mas logo traduzido para o grego), bem como as ditas cartas apostólicas, a começar pela *Epístola de Tiago*, foram todas escritas em grego, e não em hebraico ou latim. Daí que o cristianismo em sua origem, a fim de se consolidar e de se expandir, teve a necessidade de falar e de escrever em grego: a língua reconhecida pelos romanos da elite como a do homem culto (educado) e pesumido como *civilizado*. Foi, aliás, a língua grega que fez renascer, sobretudo na sintaxe e na semântica, a partir de Varrão, no século I a.C., a língua latina[248]. Foi, pois, na língua grega que, em seus primórdios, o cristianismo construiu as suas narrativas doutrinárias, e assim alcançou os povos através de quem era capaz de ler e de interpretar. Aberto ao universo da interpretação, foi assim que o cristianismo, em seus primórdios, edificou as suas comunidades, e, no confronto umas das outras, criou o conflito das interpretações.

Foi a governabilidade romana, a aspiração de submeter a todos os povos sob um único governo, que findou por fazer do cristianismo uma unidade de poder coincidente com a do Império. O cristianismo primitivo se organizou em comunidades dispersas, e foi nessas comunidades que ele encontrou a sua prosperidade. Assim que ele se unificou sob a força das aspirações coincidentes com a unidade do Império, começou se tornar extraordinariamente forte, a ponto de redundar mais forte do que a si mesmo, de cuja força adveio o princípio de sua decadência: desfazer-se de valores cristãos, a fim de garantir a sua unidade e o seu poder congregado ao do Estado. Outro aspecto a se levar em conta, diz respeito ao conflito entre os ideais abstratos e as práticas concretas: entre a fé (revestida de esperanças grandiloquentes) e a ação (presumida de ideais impraticáveis). Quando um indivíduo, um avaliador ou uma instituição, uma religião ou um Estado cria ideais e valores (um *qualis*) que ele próprio não pode suportar, nesse momento se impõe o início de sua degeneração fomentada pelo cultivo da ilusão.

---

[248] Foram especialmente Quintiliano (35-95, contemporâneo de Clemente de Roma), Tácito (56-117) e Suetônio (69-141) que evidenciam as relações entre a cultura grega e latina (Silva, 2019).

CAPÍTULO IV

OS CONCEITOS DE *HAMARTÍA* (PECADO) E DE *EUCHARISTÍA*

1 – O conceito de *pecado* (*hamartía*) em sua significação originária

Imerso na condição humana, Jesus experimentou as dores e sofrimentos,[249] e também as alegrias e os prazeres próprios da vivência humana, e, enfim, a morte. Dizer que Jesus só experimentou sofrimentos, e não os prazeres dessa vida, é um modo humano apequenado e deficiente de conceber a experiencia da humanidade dele. É no governo dos prazeres e das dores da vida (prazeres e dores que carecem de governo) que está o segredo do bem viver. Jesus foi um ser humano completo, que, entretanto, não experimentou (porque não deixaram) a velhice, mas experimentou a morte, e cedo, com a qual, inclusive, pode sentir de modo intenso a capacidade humana de mentir, de odiar, de promover falso testemunho e desumanidade.

A morte sobreveio cedo a Jesus, e de modo cruel, com o que demonstrou, acima de tudo, a brutalidade e a selvageria humana. Não foi a perspectiva de *salvação* que se manifestou em primeiro lugar ou acima de tudo, e sim os piores instintos da animalidade dos que se dizem seres dotados de alma, racionais e humanos. Em qualquer circunstância, mesmo que Jesus tivesse morrido idoso, cumpriria o que Paulo sentenciou: "Cristo morreu por nossos pecados – *tõn hamartíõn*".[250] Por *pecados* (*peccatis*, no latim), cabe entender o que os gregos e o texto bíblico concebiam por *hamartía*, cujo conceito não expressa apenas algum erro ou defeito ou falta ou descuido específico, mas tudo isso genericamente considerado, e, em síntese, os *piores instintos* do humano que, no desgoverno, compromete a vivência caracterizadora do bem viver e a *salvação* primordial e necessária.

---

[249] *Isaias*, 53:3.

[250] *Primeira epístola aos coríntios*, 15:3.

Antes propriamente de indicar o erro ou falta, a *hamartía* expressava fundamentalmente o sentido de uma falha ou carência na avaliação ou arbitragem relativamente ao governo das escolhas que levam ao erro ou à falha, e, consequentemente, traz atribulações para o bem viver. Só escolhe bem quem rejeita bem, e o bem escolher e o bem rejeitar não se aprende apenas mediante instrução teórica, e sim prática, ou seja, na vivência e exercitação das escolhas sem o que o humano resta carecente de governo. A referida *carência*, entretanto, especificadamente a evidenciada pelo conceito grego de *hamartía*, diz respeito a duas coisas interligadas: o uso do arbítrio e a educação do arbítrio que se efetiva (nunca por completo) na exercitação do viver que comporta satisfação, felicidade ou prazer sazonais. É um contrassenso gastar a vida de hoje para ser feliz amanhã! Pior ainda é ocupar o dia de hoje a fim de resolver hipotéticos problemas de amanhã; mesmo para a solução dos reais, carecem de aguardar o tempo ou momento certo!

No caso específico da proposição cristã, são estas duas coisas — o uso do arbítrio e os mandamentos ou princípios cristãos — que promovem o seu uso em favor de uma vivência dita "em plenitude", e isso quer dizer agradável, satisfeita e feliz. Jesus não veio trazer infelicidade, tampouco uma vida sofrida. Nem ele jamais queria ou gostaria de ter sofrido aquilo do tudo: "A minha alma está possuída de uma tristeza mortal [...]. Pai, se for possível, venha em meu socorro, passe de mim este cálice (*rapelthéto ap'emou tò potérion toûto*)".[251] Não foi possível: Jesus não foi ouvido, tampouco fugiu ou se exilou, coube-lhe, sem covardia, estampar, da fisionomia humana (de indivíduos supostamente religiosos que injustamente o condenaram), a crueldade e a barbárie (a *hamartía*).

Da proposição cristã, a *hamartía* vem expressa na oração do *Pai nosso*, resumida na seguinte assertiva: "não nos deixei cair em tentação, livrai-nos do mal". A *hamartía* da referência cristã mantém vínculos com o conceito de *anomia*, cujo termo em grego, expressa a falta ou *carência da lei* fautora da boa ação requerida pela lei. Era a *anomía*, que, de um ponto de vista da jurisprudência dos gregos, colocava o cidadão em uma condição de *adikía*, ou seja, de um modo de agir incorreto ou injusto no sentido de incompatível com a lei que indica a boa ação ou o bem-agir que, uma vez transgredido, redunda em pena, e, portanto, em mal.

Foi por esse modo de entender que a *hamartía* (vinculada à *anomía* e à *adikía*) veio a compor a "jurisprudência" do viver cristão, concebida

---

[251] *Mateus*, 26: 38-39.

como uma negação, na vivência, da boa doutrina. Eis aí a libertação (salvação, *sotería*) que nos termos da proposição cristã, é presumida como uma jurisprudência que faculta um ajuizamento eficiente em favor da boa ação, e, consequentemente, da fuga do mal. A ação é tida como *boa* quando exercitada em consonância com a lei, nos seguintes termos: quem age conforme a lei foge do erro ou da falha (*hamartía*) que consiste exatamente em agir de outro modo que não o consoante à vivência requerida pela doutrina cristã.

Na *Carta aos romanos*, Paulo escreveu: "Não sabeis que [...] fomos batizados na morte de Cristo?".[252] A referência de Paulo tem um sentido bem claro para o romano que tinha por hábito se aspergir, muitos, inclusive, usavam se banhar com o sangue da vítima do sacrifício. Assim o faziam sob a presunção de se purificar de suas faltas perante os deuses. Tais *faltas*, entretanto, não eram de cunho moral, mas relativas à piedade, ou seja, não ter feito as preces e as oferendas habituais, não ter participado das cerimônias em louvação ao deus ou deusa padroeira etc. Não existia entre os gregos e os romanos uma doutrina zelada por uma instituição religiosa que submetia a ação do piedoso a uma conformidade dos princípios por ela gerenciados. Nesse aspecto, a moralidade tinha a ver com princípios da regulamentação cívica dos usos e costumes, e não propriamente de uma relação religiosa. Eles costumavam também se banhar ao modo de quem se lava dos próprios malfeitos e se purifica em vista de um fechamento aos infortúnios da vida muitos deles atribuídos a castigos advindos da ira dos deuses.

Na fala eloquente de Paulo — "fomos batizados na morte de Cristo" — fica, por analogia, evidenciado que o sangue de Jesus, derramado na cruz, fizera antecipadamente a função da purificação. Dado que ele escreve para *romanos*, era comum, como visto, entre eles se banhar no sangue das vítimas sacrificadas em devoção. Paulo se vale da analogia: todos foram pelo sangue de Jesus antecipadamente banhados, de modo que ninguém mais carecia de cultivar aquele hábito (no mínimo anti-higiênico) de se pôr debaixo dos estrados do altar do sacrifício para se lavar (purificar) com o derrame do sangue quente das vítimas. Agora (no momento de sua fala) o que, para Paulo, mais importava era tomar para si a doutrina e vivenciá-la, a fim de não cair em *hamartía*, ou seja, em *pecado* no sentido de faltar com o sacrifício efetivado por Jesus. [Entre parênteses: como vimos no item anterior, a *Carta conciliar* concebida pelos discípulos em

---

[252] *Carta aos romanos*, 6: 3.

Jerusalém, vedava beber, como faziam gregos e romanos, o sangue da vítima sacrificada aos deuses, e também comer a carne imolada ou repartir entre si as oferendas].

Os gregos não desperdiçavam absolutamente nada da carne das vítimas imoladas no altar dos sacrifícios. O seu consumo se constituía no principal da festa. Os gregos também bebiam, em certas circunstâncias, e de certos animais, goles do sangue derramado, como o sangue da galinha (que, pelos governantes, não era proibido) em favor da absorção do iodo (valioso na prevenção do bócio). O sangue da galinha sempre foi consumido na culinária grega e latina. Havia, pois, um hábito generalizado entre gregos e romanos no que concerne à ideia da vítima imolada em sacrifício como meio de libertação e de purificação. O cristianismo, ao se expandir, se viu levado a igualmente sujeitar o evento Jesus dentro dos parâmetros da cultura religiosa ancestral: por isso a analogia (em sentido abstrato, limpo) quer do "sangue purificador de Jesus" quer do "sangue" a ser bebido (na representação do vinho) nas refeições das celebrações ágape das comunidades cristãs. Tais celebrações consistiam em refeições feitas nas comunidades, para as quais eram convidados os pobres, os desvalidos e com fome. Por isso, o sentido de *caridade* concedido ao termo grego *agápe*, em que o principal da *refeição* (*deîpnon*), realizada em um encontro festivo (com cantos, recitações, abraços, trocas de recíproca afeição), se constituía no consumo do pão umedecido com vinho.

No contraposto do "pão, religião e circo" da política romana,[253] a "política" cristã fez do pão e do vinho o símbolo da cristandade, que, só redunda em *cristãos* quando repartidos, em terna afeição, com os que têm fome. A oração do *Pai nosso* trouxe o pão como um apelo de dádiva divina; pela oração fica realçado que o maior bem consistia em ter o pão de cada dia e saúde o bastante para, com satisfação, dele usufruir. Dá-se que o pão é o princípio (a *arché*) primordial da elevação da dignidade humana carente, além de pão, de abrigo, de entendimento e de compaixão. Pão e abrigo se constituem em necessidades que, para o humano, não podem faltar. Onde faltam pão e abrigo para uns quantos da comunidade cristã, toda a comunidade perde o atributo da *cristandade*, e se coloca em uma condição de *hamartía*.

---

[253] VEYNE, P. *Pão e circo: sociologia histórica de um pluralismo político*. Tradução de Lineimar Pereira Martins. São Paulo: Unesp, 2015.

Não há humanidade que resista sem pão. Foi por isso que o *Pai nosso*, a mais bela das orações cristãs, assim requisitou, em sua petição: "o pão nosso de cada dia dai-nos hoje".[254] Em seu sentido original, a oração diz "pão de *hoje*" (*sémeron*, como consta na oração), não pão amanhecido, e o suficiente para cada dia (*epioúsios*, cotidiano, diário)! A requisição do *Pai nosso*, única oração ensinada por Jesus, é de uma seriedade, humanidade e divindade ímpar. Esta é a sentença: "*tòn árton hemôn tòn epioúsion dòs hemîn sémeron* = o pão nosso, do cotidiano (diário, de cada dia), dai-nos hoje', ou 'o pão nosso, venha a nós hoje, o suficiente para cada dia".[255] Na fórmula do *Pai nosso* comparece, em referência ao pão, o termo ártos e não *mãza*. *Mãza* designava o pão de cevada, enquanto que ártos expressava o pão de trigo e o de centeio.

Na tradução latina da edição vulgata Sixto-Clementina (promulgada em 1592) resultou assim: "*Panem nostrum supersubstantialem da nobis hodie* = O pão nosso supersubstancial nos dai hoje".[256] *Hoje*, e não amanhã! A fome sempre diz respeito a uma urgência, de tal modo que a tão significativa e única oração ensinada por Jesus só cabe ser sinceramente rezada por quem luta e por quem se empenha em favor de que ninguém, ao seu redor, passe fome! Fora desse plano, sem nenhuma atitude cristã, sem, inclusive, a da indignação, é blasfêmia, desrespeito, impiedade e insensatez. Ninguém, enfim, tem um "pai celestial" que seja só seu, a seu bel dispor, como se fosse seu guardião e protetor particular: esse deus não existe, e um tal crente, é um ímpio!

Jesus ensinou o *Pai nosso* como única oração sob a seguinte justificativa:

> Nas vossas orações, não abusem das palavras como fazem os éthnikoí ["pagãos",[257] os não cristãos], que julgam que é pelo muito falar que serão ouvidos. Não sejam, pois, como eles, porque o vosso pai sabe muito bem do que cada um carece antes mesmo que lhe peçam. Orem então assim: Pai nosso que estás no céu...[258]

Jesus ainda advertiu da necessidade de rezar em silêncio, no próprio quarto, de porta fechada, "não como fazem os hipócritas (*oi hypokritaí*)"

---

[254] A oração completa em *Mateus*, 6: 9-13.

[255] *Mateus*, 6: 11.

[256] MERK, 1964, p. 16.

[257] Cf. mais adiante o item 5: "O pagão (*pagus*) e o gentio (*ethnikós*)", do Capítulo VII.

[258] *Mateus*, 6: 7-9.

que gostam de rezar alto nas sinagogas, nas praças ou nas esquinas, a fim de serem visto pelos transeuntes ou ouvido pelos da redondeza. "Em verdade vos digo [sentenciou]: já tiveram a recompensa"![259]

2 – Das reuniões *agápe* às celebrações denominadas de *eucharistía*

As celebrações cristãs adotaram um hábito semelhante ao das celebrações gregas e romanas, com requinte e asseio: o vinho, por analogia, veio a representar o sangue, e, o pão, a carne imolada da vítima. Foi, pois, logo nos primórdios da expansão do cristianismo que se concedeu a morte de Jesus (diante da mentalidade religiosa dos gregos e romanos) sob o conceito do sangue derramado na forma de um sacrifício purificador e redentor. Pão e vinho eram os dois alimentos substancias presentes na mesa de refeição da grande maioria da população. Os ricos tinham acesso aos melhores vinhos, mas não necessariamente aos melhores pães. A pobreza sempre soube fazer com pouco, e, muitas vezes, pelo supostamente desprezível, o extraordinário.

Pão e vinho foram os dois alimentos consumidos na chamada última ceia de Jesus com seus discípulos. A narrativa evangélica remete à instituição da chamada eucaristia a esse evento, e inclusive vincula à autoridade de Jesus à sua concepção. Somente os evangelhos segundo Mateus, Marcos e Lucas trazem a narrativa. A de Mateus e de Marcos são bem parecidas, praticamente a mesma. A de Lucas comporta alguma diferença, enquanto que o *Evangelho segundo João* não registra o evento.

1.1 – Assim narrou Mateus (na tradução grega do original aramaico):

> Jesus tomou o pão, benzeu (*eucharist*ḗ*sas*), partiu e deu aos seus discípulos dizendo: isto é o meu corpo; depois, pegou um cálice de vinho, deu graças, e passou aos discípulos dizendo: bebam todos porque este é o meu sangue, sangue da nova aliança (*diath*ḗ*k*ē*s*, ordenamento, regulação, reforma) que será derramado sobre a maioria (*tò perì poll*ō̄*n*) para livrar dos pecados (*eîs áphesin hamarti*ō̄*n*).[260]

Além da versão de Mateus, temos a de *Marcos* que repete a de Mateus. Marcos exclui da narrativa de Mateus a proposição "para livrar dos peca-

---

[259] *Mateus*, 6: 5-6.

[260] *Mateus*, 26: 26-28.

dos", resultando assim: "sangue da nova aliança que será derramado em favor de todos".[261] Se a versão original de Mateus, em aramaico, continha os mesmos termos da tradução grega, é difícil saber; também é impossível saber por que Marcos excluiu a proposição "para livrar dos pecados": resta apenas, nesse caso, a hipótese de alguma indecisão. Se excluiu, como de fato excluiu, teve lá as suas razões; a principal podemos inferir a partir da proposição de Marcos: derramado sobre todos, e não sobre uma maioria, em que uma minoria ficaria de fora!

Alguns conceitos merecem destaque, como o de *eucharistía*, que, em grego, expressava o sentimento do regozijo e da *gratidão*. Trata-se de um termo, o de *eucharistía* (isto, para muitos, pode parecer inacreditável e estranho), que é fundamentalmente epicureu.[262] Ele comparece em Epicuro como expressão do culto aos deuses, por ele denominado de *eucharistía*. Epicuro instruía seus discípulos quanto à necessidade de cultivar a *eusébeia* (o respeito e a reverência) aos deuses, aos quais dizia ser necessário lhes aviar preces e sacrifícios, mas jamais na forma de *petição*, e sim de *gratidão*, daquilo que ele denominava de *eucharistía*. O culto aos deuses, a *eusébeia*, Epicuro resumiu em uma só palavra: na de *eucharistía*, ou seja, de *gratidão*. Do ponto de vista dele, do culto, o principal sentimento seria o de louvação e de agradecimento pelo dom da vida, que, por natureza, nos é dado como uma gratuidade. Segundo ele, o dom natural e o mais extraordinário que temos — o dom da vida — não nos adveio por petição, mas por pura gratuidade, de modo que, diante dele, só temos uma atitude a exercitar: o da *gratidão*, ou seja, o da *eucharistía* expressa em forma festiva de celebração (individual e/ou coletiva).

No cristianismo primitivo, nos cultos cristãos originários imperavam aproximadamente os mesmos sentimentos de regozijo e de gratidão da *eusébeia* dos epicureus. Havia também uma compreensão semelhante, orientada no sentido de que a *eucharistía* (o culto de gratidão) deveria se constituir em uma forma de promover uma *comunhão* com o divino em benefício da vivência. Na mentalidade epicureia, o culto tinha por função levar o epicureu a se alimentar daquilo que aos Deuses necessariamente devemos lhes conceder: a posse da natureza do que é divino, na qual não comparece nada que não seja bom, belo e justo, e, ademais feliz. Epicuro de modo algum concebe um Deus ao qual se possa conceder o atributo

---

[261] *Marcos*, 14: 22-25.

[262] SPINELLI, M. *Epicuro: os deuses, a religião e a reforma moral*, Curitiba: Appris, 2024.

de infeliz e triste. Na mentalidade cristã se dá algo semelhante: o cristão celebra a *eucharistía* (o culto de gratidão), a fim de, com os demais membros da comunidade, repartir o pão e o vinho (a representação da carne e do sangue), e entre si compartilhar, ao modo de quem em comunidade se alimenta do que é divino.

A posteridade induziu um modo de pensar que não necessariamente corresponde à plenitude da concepção das narrativas evangélicas a respeito da *eucharistía* em sua origem primordial: uma celebração de gratidão, em que o principal da louvação recaía não sobre a morte, mas sobre a vida, de tal modo que a *eucharistía* celebrava a alegria da ressurreição. A celebração em termos de "o sangue derramado para a remissão dos pecados" não consistia em presumir a purificação e a libertação da *hamartía* a título de uma mágica, como se o acesso ao pão e o vinho bastassem para purificar sem vivência. Daí que o principal da celebração recaía sobre a vivência cristã, que a ninguém é dada em gratuidade. Cear o pão e o vinho significava o mesmo que "se alimentar do que é divino": um ato coletivo, e não meramente individual, solitário, de modo que a ceia se constituía em um ato de *comunhão*, com o seguinte pressuposto: a cada um era dado cuidar de si e se governar. Por isso se alimentava do divino, a fim de amar a si mesmo e ao próximo, do qual era requerido o mesmo, ou seja, que amasse a si mesmo ao modo de quem, alimentado do que é divino, cuida e governa a si em favor da vida comum.

1.2 – Das narrativas de Mateus e de Marcos merece destaque o conceito já referido de *diathḗkes* que, na versão latina da vulgata, foi traduzido por *testamento*. *Diathḗkes* deriva de *diatíthemi* cujo termo comporta o sentido de disposição, de ordenamento e de regulamentação. A questão carece de ser entendida, por um lado, sob o conceito de que o dito antigo *testamento* do judaísmo e o novo *testamento* do cristianismo, sob a concepção cristã, haveriam de se dispor (se ordenar, se vincular, se harmonizar) em uma só aliança, e que, portanto, deveriam expressar juntos uma só ordem cívica e religiosa, e, enfim, resultarem em um só testamento. Na posteridade, não foi o que se deu, mas esse era o propósito;

Nas duas versões de Mateus e Marcos, e também na de Lucas, como veremos, comparecem a proposição "o meu sangue será derramado", cuja sequência comporta uma dificuldade induzida pela tradução latina:

a) A proposição grega de Mateus se expressa assim: "o meu sangue será derramado (segundo a versão latina) *pro multis* = o meu sangue será derramado *para ou em favor de muitos*. A expressão da tradução latina *pro multis* deriva de *"perì pollōn"*, cuja versão grega *"perì"* expressa *"sobre"* e *"pollōn"* (*polýs*) *"muitos"*. Há, nesse caso, uma aparente *micro* diferença entre as versões grega e a latina, porque resulta praticamente no mesmo dizer *"sobre* muitos, no sentido de *sobre a maioria"* que "em favor de muitos ou da maioria".

Entretanto, a diferença não é tão pequena, e pela seguinte razão: porque o *"sobre* muitos" da expressão grega da narrativa de Mateus faz uma referência direta ao hábito latino de se colocar debaixo do estrado onde eram sacrificados animais de grande porte, a fim de se lavarem com o sangue deles. Os vários altares dos sacrifícios (nas festas matavam muitos animais) eram feitos na forma de estrados de madeira com altura suficiente para se colocar em pé debaixo deles e se banhar com o sangue derramado da vítima. A versão latina, assinala um distanciamento perante a mentalidade latina, de modo que a expressão "para muitos" não promove uma invocação direta daquela mentalidade.

b) A versão de Marcos foi concebida assim: "o meu sangue será derramado (segundo a versão latina) *pro vobis* = o meu sangue será derramado *por vocês ou por vós"*. A tradução *pro vobis* latina foi derivada da expressão grega *"hýper pollōn"*, em que *hýper* expressa *"em favor de"* e *"pollōn"*, *muitos*. Daí que, nesse caso, há uma grande diferença entre *pro vobis* = *por vós* e *hýper pollōn* = *em favor ou para muitos*. Está visto que a versão latina deu à narrativa uma outra configuração, e, por certo, adotou o *pro vobis* em favor das celebrações, em que o *pro vobis* evocava explicitamente os que tomavam parte da celebração. Nesse caso, a tradução não se importou com a fidelidade da narrativa, e sim com o recinto da celebração, em que *pro vobis* (*para vocês*) vinha a fazer menção aos presentes, já *hýper pollōn* (*para muitos*) redundaria ambíguo.

Ainda uma observação: *polús*, na expressão grega expressa o conceito de *muitos* no sentido de a *maioria*, tanto que o substantivo *oi polloí* (de uso corriqueiro na literatura filosófica dos gregos) designa *muitos* no sentido de *a maioria*. Daí que nas traduções latinas *pro multis* e *pro vobis* permitem entender não propriamente uma ampla totalidade, mas uma parcialidade, o que não condiz exatamente com as versões gregas de *perì pollōn* e hýper pollōn. Sobressai na versão latina uma mentalidade judaica de povo escolhido; mas, pelo que consta, não é essa a mentalidade das narrativas. Nelas sobressaem o conceito de "uma grande maioria", ou seja, todos aqueles (que, na perspectiva das narrativas já eram *muitos*) os que acolheram, e os que iriam acolher, o evento da *nova aliança* entre o antigo e o novo. A ideia da *aliança* naquele contexto, no alvorecer do cristianismo, aludia a uma união (nos termos do referido *testamento*) entre o antigo e o novo de modo a se constituir em um único testamento — o que, na verdade, historicamente não se deu. Temos hoje, inclusive (para espanto de Jesus e de seus discípulos), entre algumas designações religiosas *cristãs*, uma certa propensão a priorizar a *Antigo testamento* sobre o novo.

Enfim, ainda uma observação a respeito da proposição "meu sangue que será derramado, sobre a maioria, para livrar dos pecados (*eîs áphesin hamartiōn*)". A observação recai sobre a proposição grega *eîs áphesin hamartiōn*. O substantivo áphesis deriva de *aphíemi*, cujo verbo comporta o sentido de despedir ou de licenciar, em geral utilizado para designar o repúdio (em relação a algo ou a alguém) ou a remissão (de uma fatura ou de uma dívida). É esse segundo sentido, o de indulto, que implica anistia ou perdão, que se impõe perante a assertiva bíblica. O substantivo áphesis vinculado ao verbo *aphíemi* comporta, então, o significado de *emitir* (a notação do indulto, do repúdio ou do perdão) e também o sentido de *absorver*, de livrar, de eximir e, enfim, de afugentar ou distanciar a possibilidade da *hamartía* (do erro, da falta, da contravenção).

O sentido fundamental do "derramamento de sangue" não comporta, pois, nenhuma mágica, e sim o sentido de que, quem se purifica ou *se lava* com ele (por analogia ao entendimento dos sacrifícios romanos), ao se lavar, para si dá a obrigação de acolher a doutrina, e, com ela (dando-se as leis, normas, princípios e regulamentos que ela prescreve) de se pôr para longe da *hamartía*. Esta é a proposição evangélica: só efetivamente se *lava* com o sangue de Cristo aquele que adere e que, enfim, leva para a vivência a sua doutrina. Sem essa correlação não há purificação alguma.

1.3 – Lucas também registrou o evento da chamada última ceia, mas sob uma narrativa distinta. Ela não é tão precisa quanto a de Mateus e de Marcos, que são verbalmente arranjadas de um modo mais claro e sintético. Eis como narrou Lucas:

> Jesus, assim que pegou o cálice, deu graças (*eucharistésas*) e disse: bebam e repartam (*diamerísate*) entre si [...]. Depois

> pegou o pão, deu graças, partiu e entregou dizendo: isto é o meu corpo que lhes dou; façam isso em memória de mim. O mesmo fez com o cálice depois de cear (*metà tò deipnêsai*), dizendo: este cálice é o novo testamento (*he kaine diathéke*, o recente legado, o espólio) em meu sangue, a ser derramado por vós.[263]

As narrativas de Mateus e Marcos iniciam dizendo que Jesus, por primeiro, pegou o pão, agradeceu e repartiu; depois, pegou o vinho. O de Lucas inverte: primeiro o vinho, e, depois, o pão. Uma inversão que, por si só, não muda nada, apenas mostra que não havia uma uniformidade quanto à sequência do ritual. Lucas ainda acrescenta um dado que não consta nos demais: diz ele que Jesus, *depois de cear*, "pegou novamente o cálice e disse, "este cálice é o novo *diathéke* (testamento) em meu sangue, a ser derramado por vós".

Como observação primeira, cabe dizer que, entre os gregos, a *diathéke* (o testamento) não se confundia com a *synthéke* (o contrato ou o pacto). O conceito de *diathéke* era utilizado como expressão jurídica concernente ao direito privado que incidia sobre o espólio da herança. A *diathéke* correspondia ao testamento lavrado no fórum com o qual se declarava a divisão dos bens entre os herdeiros. Daí que o termo *dia-théke* deriva da conjunção de *diá* (que indica divisão, partilha) mais o verbo *títhemi* (dispor, expor), de modo que, juntos, *diá + títhemi* expressavam a exposição dos bens colocados em ordem a assegurar um pertencimento particular e de conjunto.

Referido à *synthéke* (o contrato ou o pacto), a *diathéke* também comportava a ideia de *comum*, porém, enquanto partilha de um todo. A característica fundamental da *diathéke* dizia respeito à sua inviolabilidade jurídica de um pacto ou contrato firmado no tribunal (*bouleutérion*). Uma vez registrado não havia como se desfazer, por isso a *diathéke* era concebida como se fosse um *pacto* (*synthéke*) *de sangue*: idêntico àquele relativo a um acordo ancestral em que (antes de uma jurisdição eficiente) os indivíduos faziam uma pequena incisão no dedo (polegar ou indicador) ou mesmo nos punhos, e, apertando um no outro, selavam um compromisso inviolável, feito um pacto de morte. É essa ideia que vem explicitamente submersa na narrativa de Lucas no sentido de uma *diathéke*, um testamento feito, na expressão de Jesus "em meu sangue – *en tōi aimatí mou*".

---

[263] *Lucas*, 22: 17-20.

O *testamento*, ademais, redundava, entre os gregos, em um pacto de sangue, decorrente justamente da consanguinidade genealógica inerente ao testamento ou espólio gerado pelo labor e cuidados familiares. Nesse sentido, a ruptura de um pacto firmado entre dois indivíduos colocava em jogo o "sangue", em sentido metafórico, a credibilidade invulnerável do éthnos ou da gênese familiar. Aqui, no que concerne à narrativa de Lucas, comporta a mesma ideia, no sentido de que Jesus deixava para os seus discípulos em herança, como legado, a sua doutrina e o seu exemplo (o seu labor), cujo legado se constituía ao modo de um éthnos do qual os doze entraram a participar. Daí o sentido da assertiva de Lucas que, entretanto, não comparece nos demais; esta é a assertiva: "testamento (*diathéke*) em meu sangue, a ser derramado por vós". O *vós*, da referência, agrupava especificadamente aos discípulos tidos como herdeiros do legado ou da causa cristã.

Cabe ainda observar que o conceito de *diathéke* (de testamento) implica também o sentido de *aliança* sob dois aspectos: um, relativo ao espólio da *palaiòs lógos* tradicional judaica, concebida sob o conceito de antigo (*archaîos, palaiós*), com a qual o novo *lógos* fazia aliança (se aliava); outro, relativo a Jesus, à sua *didaskalía*, ao seu ensino e magistério, e aos seus discípulos. O objetivo dessa aliança consistia em viabilizar o estabelecimento do "reino de Deus" entre os homens, do qual os discípulos seriam os outros e novos mentores. Foi, afinal, a partir do logos e da *didaskalía* de Jesus que os discípulos se fizeram dele companheiros de conduta: portadores de um mesmo éthos (índole, caráter) e participantes de um mesmo éthnos (ou linhagem).

1.4 – Fato inusitado é que o *Evangelho segundo João* não traz o relato da dita última ceia, o que permite duas considerações:

a) por um lado, demonstra a sua (ao menos uma certa) independência em relação a Mateus, a Marcos e a Lucas. Todos esses três evangelhos foram concebidos dentro de um contexto no qual sobressaía a liderança e vigilância de Paulo;

b) por outro lado, o não registro de João, permite induzir que as narrativas da ceia derivaram de uma intenção no sentido de construir, em meio às comunidades cristãs primitivas, um ritual de celebração da morte ao modo de quem celebrava a vida de Jesus e rememorava a sua doutrina e os seus feitos. Na narrativa de Lucas, do companheiro inseparável de

Paulo, há, como um adendo, uma petição que comparece somente nele: "façam isso em memória mim". Trata-se de uma petição que, por si só, demonstra a referida intenção de instituir e de promover, em meio às comunidades, uma celebração ritualística e festiva de rememoração da vida, da doutrina e dos feitos de Jesus, cujo modo de ser e de viver, e de verbalizar, os impressionou profundamente.

3 – O conceito paulino de "purificação (*kátharsis*) dos pecados (*tõn hamartiõn*)

Paulo, na *Epístola aos hebreus*, fez uso do conceito de purificação (*kátharsis*), a fim de com ele sintetizar a nova aliança promovida por Jesus entre o antigo e o novo testamento. Existem duas grafias: uma, *kátarsis* grafada com *tau*, e, outra, *kátharsis* grafada com *theta*. *Katársis*, com "tau", expressa um lugar de desembarque, e guarda consonância com o verbo *kataíro*, aportar, descer, lançar-se, transportar-se; *kátharsis* com "theta" (expressão utilizada por Paulo) designa a purificação, a purgação e a libertação, e guarda consonância com o verbo *kathaíro*, lavar-se, limpar-se.[264] A purificação referida por Paulo e concedida a um feito de Jesus comporta o seguinte significado: ao restaurar a antiga lei com a nova lei, Jesus promoveu igualmente uma *kátharsis*, ou seja, uma purificação (libertação ou limpeza) de todos os erros, deformidades ou malfeitos relativamente às ações humanas produzidas (realizadas, feitas) em consonância com a antiga lei.

Aqui está, na correlação pressuposta entre a antiga e a nova lei, a ideia fundamental da *kátharsis*, não só paulina, mas, no geral, concernente à nova aliança referida pelo *novo testamento*: de que a nova lei, agora vigente, foi dada como um acabamento (no sentido de melhoria) e de reforço (no sentido de tornar mais forte, mais consistente) a antiga lei. "Não pensem que vim destruir a lei e os profetas [sentenciou Jesus segundo o evangelho de Mateus]; não vim destruir, mas dar acabamento".[265] O mesmo questionou Paulo: "Como, pela fé, destruiremos da antiga lei o seu valor? Não vamos destruir, mas reforçar".[266] Há, na proposição doutrinária do cristianismo nascente, uma consonância entre o antigo e o novo, mas é

---

[264] SPINELLI, M., Ética e política: e edificação do éthos cívico da paideia grega, (Loyola, 2017), p. 425.

[265] *Mateus*, 5: 17-18.

[266] *Epístola aos romanos*, 3: 31-32.

partir do novo que se inicia uma nova aliança (um *novo testamento*, um novo pacto ou contrato). O *novo testamento* marca como que um outro começo, no qual a antiga aliança ou pacto se encerra e se renova como uma *kátharsis* libertadora perante os mandos da antiga lei (testamento ou contrato). A nova lei (o novo testamento) enuncia e marca o início de uma nova era e de um novo juízo.

Jesus, com o seu sangue (analogia da qual Paulo se vale e que era de fácil entendimento por força dos hábitos gregos e romanos), *purificou* (no sentido de livrou, libertou) a todos das penas concernentes aos desacertos promovidos pelo mando da antiga lei. O que a partir de agora impera – eis a proposição fundamental das narrativas evangélicas – são os mandamentos da nova lei, e não mais os da antiga, que, entretanto, não perderam vigência. Todos serão, a partir de agora, julgados por ela, e não pela antiga. A nova lei, entretanto, é afirmada como aquela que não destruiu a antiga, apenas lhe deu acabamento, tampouco desfez o seu valor, antes, o reforçou. Não, portanto, nas narrativas uma intenção precípua no sentido de que a nova lei tinha por finalidade desfazer ou simplesmente desqualificar a antiga, apenas aprimorar. O que se propunha, na correlação antigo e novo, era um outro e novo modo de ser e de viver, mais eficiente ou qualificado, conforme os desígnios de Deus manifestos na nova lei, e que abriam perspectivas de um novo juízo. Assim sentenciou Paulo na Carta dirigida aos hebreus:

> Assim como está decretado [pela natureza] que os homens morram uma só vez, depois do que advém o juízo, assim também Cristo se ofereceu uma única vez para apagar os pecados de muitos e virá uma segunda vez, não mais por causa do pecado (*hamartías*), mas para a salvação (*soterían*) daqueles que depositaram sua esperança nele.[267]

O conceito de *kátharsis* ocorre na *Epístola aos hebreus*, cuja epístola foi destinada a todos os judeus convertidos, dos quais a carta não indica uma comunidade nem uma localidade específicas. A epístola foi, pela tradição, reconhecida como endereçada *aos hebreus* por causa de suas múltiplas referências ao *Antigo testamento* concebido como o registro da antiga lei reformada pela nova sob os parâmetros de um *Novo testamento*. Não sendo o antigo a fonte da nova lei, então a epístola foi concebida com a finalidade de levar as comunidades judaicas convertidas a se mirarem na nova lei,

---

[267] *Epístola aos hebreus*, 9: 27-28.

sem, entretanto, descuidar da antiga, fonte das promessas e do sustento da nova lei. A questão de fundo se mantém sempre a mesma: o evento Jesus não tinha por objetivo fundar uma nova religião ou promover uma nova doutrina distinta da antiga, e sim reformar o antigo judaísmo e corrigir (emendar, reconstituir) a antiga sob os parâmetros da nova. Dado que "a nova lei veio reformar, sem destruir ou desqualificar a antiga", então a *kátharsis* (da proposição paulina) consistia em resgatar a todos em favor da nova lei. A epístola exorta a todos no sentido de que Jesus veio uma primeira e virá uma segunda vez, com uma finalidade específica: julgar e arrebatar consigo os que se puseram na senda dos ditames da nova lei que se resumia em uma só máxima: "amar a Deus sobre todas as coisas e o próximo como a si mesmo".

Não dá para saber ao certo se foi exatamente Paulo quem escreveu a epístola. A razão dessa dúvida se deve ao fato de ela conter proposições doutrinárias genéricas proferidas dentro de um estilo incisivo e solene próprios de um ofício ou decreto. Nesse sentido, a *Epístola* permite inferir que se tratou de um documento, a título de um regulamento dirigido a todos os hebreus convertidos, e não de uma simples *carta*. A *Epístola* pode, nesse sentido, ser considerada como uma espécie de *Carta apostólica* emitida pelos principais membros diretivos (no que implicou um entendimento comum) das comunidades cristãs daquela ocasião sob a liderança de Paulo.

Se comparada à *Primeira epístola de João*, a *Epístola aos hebreus* tem um tom semelhante e comporta a mesma abrangência: atende interesses e questões doutrinárias que com as quais se preocupava o todo da comunidade cristã vigente na época. Ambas, a *Epístola aos hebreus* e a referida *Carta* de João, comportam proposições doutrinárias universais dirigidas ao todo e não a uma comunidade específica ou em particular. São, por princípio, duas *cartas* documentais que, no contexto dos primórdios do cristianismo, resultaram (e assim deveriam ser analisadas e lidas) como documentos *canônicos* do cristianismo nascente. Ambas mais se parecem com uma síntese de princípios doutrinários destinados ao todo das comunidades cristãs que com uma simples *carta* em sentido próprio.

À *Epístola aos hebreus* e à *Primeira epístola de João* poderíamos acrescentar a *Epístola de Tiago* que também foi escrita com o objetivo de normatizar a vivência especificadora do éthos ou comportamento cristão. Tiago Menor era o patriarca da comunidade de Jerusalém, do centro diretivo, na época, de todas as comunidades cristãs. As três se assemelham, quanto ao estilo e metodologia "epistolar" (a título de exortação, promoção e especificação dos temas principais teóricos e práticos da doutrina), às três cartas de Epicuro dirigidas aos seus discípulos.[268] Mas, eis o que consta logo no introito da *Epístola aos hebreus*:

> Muitas vezes e de muitos modos, Deus falou a nossos pais através dos profetas. Nestes últimos dias, ele nos falou por meio de seu filho, a quem constituiu herdeiro (*éthēken*) de tudo [...]. Depois de ter feito a purificação (*kátharsis*) dos pecados (*tōn hamartiōn*) está sentado à direita da majestade nas alturas.[269]

A Epístola inicia com uma clara referência às "falas" do *Antigo testamento* proferidas pelos *profetas*, ou seja, por indivíduos que *enunciaram* as promessas de Deus, de cujas falas Jesus é pela epístola referido como o "herdeiro de tudo". O conceito de *profeta*, nesse contexto, e, em geral, nas referências do *Novo testamento*, não expressa mera adivinhação, prognósticos ou previsões futuras, e sim os desígnios de Deus enunciados por ele, cuja enunciação primordial concerne àquela que diz respeito ao Messias caracterizado pelo *antigo testamento*. A assertiva é bastante clara "*Deus falou* através dos profetas", e, "nestes últimos dias, *falou* por meio de seu filho", referido como o seu *herdeiro*. Daí que Jesus não é narrado como alguém que simplesmente *fala* (ao modo de um *profeta*) em nome de Deus, e sim como o próprio Deus (na condição de filho) que fala e toma para si a condição de feitor, administrador e executor, da antiga aliança sob os pressupostos testamentários da nova.

Sob a assertiva "depois de ter feito a purificação (*kátharsis*) dos pecados (*tōn hamartiōn*)" vem implícita uma *missão* da qual a Jesus é dada efetivamente a condição de *feitor*: o da "purificação dos pecados", presumida como por ele efetivada, sem, entretanto, explicitar claramente o que a referida *kátharsis* dos *pecados* (*hamartíai*, erros, faltas), no contexto da Epístola, realmente queria dizer. É de se presumir que, aqueles aos quais a carta foi dirigida, soubessem de algum modo o que tal *purificação* significava e quais *pecados* foram deles efetivamente purificados. Pelo que consta, o *pecado*, nos termos da *hamartía* como a *Epístola* de refere, diz respeito a uma *carência* ou *falta* (no sentido de uma ausência de possessão)

---

[268] SPINELLI, M., *Principais temas da ética de Epicuro*, (São Paulo: Dialética, 2024), especialmente as "Observações preliminares".

[269] *Epístola aos hebreus*, 1: 1-3.

que veio a ser suprida por meio do filho constituído *herdeiro* de tudo: das promessas e das esperanças promovidas pelos antigos adivinhos e profetas.

De todas as *carências*, a maior recaía na ignorância instalada em consequência da falta de um real conhecimento de Deus, de cujo conhecimento o *novo testamento* (em relação ao antigo ou arcaico) quer ser o portador sob a expressão de uma nova lei. O pecado (a *hamartía*), nesse contexto, não cabe ser entendido nos termos de alguma falta moral atinente aos usos e costumes, e sim de uma carência (expressão que advém do radical grego *hamart*) ou falta de saber ou bom senso em se conduzir nas ações humanas, na vivência ou na vida. A *hamartía*, a esse respeito, não concerne a uma falta específica, e sim a um modo se ser ou de existir estrutural em termos de uma condição momentânea a ser superada ou vencida, de cuja condição ninguém especificadamente é culpado, porque se trata de um estágio arcaico a superar ou a ser vencido, do qual o Cristo (o Messias concebido desde o antigo testamento) vem a ser o indutor e mestre do *novo*. O Cristo, portanto, vem a ser apresentado como a superação (a *kátharsis*) daquele antigo estágio, do qual a antiga lei detinha a métrica e a condição.

Referido à antiga lei, nenhum hebreu era agora presumido como detentor de uma culpa inata ou adquirida, e sim de portador de um estágio que implicava um rol de comportamentos a serem reavaliados e reformados em consonância com um novo modo de ser e de viver, cuja responsabilidade não mais recai mais em Moisés (o antigo condutor e libertador), tampouco nos profetas, mas, agora, nas forças de cada um (no sentido de "eu sou o meu libertador") para o qual Jesus vem a ser o *pontifex* e o sacerdote por excelência. Como ninguém se liberta sozinho, tampouco carece de se libertar de algo em uma condição de solidão (a não ser, primordialmente, da solidão), então reunindo-se forças em comunidade e sob a mediania de Jesus, o caminho se torna menos árduo e a libertação mais acessível. Não existe libertação mais eficiente do que aquela da qual o libertador é o sujeito e o mestre da própria libertação.

De todo o empenho libertador, o da superação (o livrar-se, nos termos da *kátharsis*) da própria ignorância se constitui no primordial e mais eficiente grau promotor de libertação. Livrar-se da ignorância significa superar contínua e paulatinamente os próprios níveis de verdade tomados como estágios de conhecimento ou saber. Posto, entretanto, a nova lei (dada em um *novo testamento*), então a condição de *hamartía* vem a tomar outros contornos, à medida que recai sobre a contravenção de quem, mesmo ciente dos ditames da nova lei e das novas promessas, falta na fidelidade (na *fé* e na atitude) de quem acolhe os preceitos da nova lei sem dar testemunho deles na vivência cristã. Nesse aspecto, e para além da Epístola, o conceito de *pecado* adquire outros significados, vinculados, por exemplo: ao verbo *adikéo*, que expressa o agir injustamente, do qual decorre a ação injusta, ou seja, a *adkía* em relação à justeza requerida pelo preceito; ao verbo *parabaíno*, que faz referência ao caminhar fora da estrada, da via certa segundo os parâmetros estabelecidos; ou ainda ao verbo *parapípto*, o colocar-se fora da linha, que implica desviar de curso, e assim se pôr a andar em passos falsos — *falsos* porque não levam ao lugar desejado.

A *Epístola* teve como propósito fundamental exortar quanto à superioridade da figura de Jesus em relação à de Moisés. Ela foi concebida no sentido de persuadir a todos da necessidade de "abrir o coração" a fim de expandir a mente para além do cercado em que ela está acuada, e de dispor os sentimentos em favor dos ensinamentos da nova lei, das novas promessas e esperanças futuras. A Epístola exorta a todos a promover em suas crenças uma progressão na fé e na esperança, e a preservar o antigo abrindo-se para senda e a prosperidade do novo. O pressuposto vinha a ser este: Jesus é o herdeiro e fez a purificação, mas não depende só dele a efetivação da nova aliança, da qual, entretanto, se pôs na condição de *pontifex* (de *archieréus*, de sumo sacerdote[270]). Todo o feito de Moisés e de Jesus sem o empenho humano não leva a lugar algum:

> Tendo nós, pois, um grande pontífice (*archieréa mégan*), que atravessou os céus (*toùs ouranoús*), Jesus, filho de Deus, sejamos firmes em nossa fé. Temos um sumo pontífice que sabe se compadecer de nossas enfermidades [...]. Vamos, pois, confiantes, nos aproximar do trono da graça, a fim de alcançar misericórdia, e de encontrar graça, para recebermos misericórdia no momento oportuno.[271]

A Epístola assegura que Jesus, depois de executada a purificação, foi se pôr em uma morada celestial (*en hypseloîs*, nas alturas) como o verdadeiro *pontifex*: como o novo *mediador* entre Deus e os homens. O adjetivo *hypselós* faz referência ao que é elevado, em sentido espacial, sem refe-

---

[270] *Epístola aos hebreus*, 5: 1-2.

[271] *Epístola aos hebreus*, 4: 14-16.

rência a um lugar específico. A referência é clara: Jesus foi para esse lugar (indeterminado) "depois de ter feito (realizado) a *kátharsis* dos pecados". Vimos como a *kátharsis* que comparece na assertiva de Paulo guarda, em seu significado, uma consonância com o verbo *kathaíro* que especifica a ação de lavar-se, limpar-se. Aqui, para entendermos melhor a *kátharsis* da proposição de Paulo, caberia uma breve consideração a respeito da *ascese catártica* libertadora concebida por Platão,[272] cujo significado primordial diz respeito a um momento supremo da educação filosófica.

4 – A *kátharsis* filosófica e a cristã sob o requisito da imersão em si mesmo

A *kátharsis* presumida por Platão tem vários significados, porém, quanto ao primordial, àquele pelo qual se define, diz respeito a uma elevação em intelecção de quem almeja por conhecimento, saber ou virtude. Por *kátharsis*, Platão concebe uma *ascese* permanente daquele que, de um certo nível de conhecimento (elementar ou por mais elevado que seja), está sempre aberto a melhorias: a se elevar intelectivamente em qualificação e virtude quer em termos teóricos quer práticos ou moral. Da *elevação* platônica, de um ponto de vista da filosofia prática, este é o pressuposto: ninguém se qualifica saindo de si ou renunciando ou deixando de ser a si mesmo. Só se eleva quem se dispõe a se conhecer e a se qualificar dentro dos limites e das possibilidades relativamente às circunstâncias e às complexidades naturais que lhe concernem. Ninguém se qualifica querendo ser um outro que não a si mesmo, tampouco assentando a sua elevação humana em alicerces que não os de sua realidade natural.

Podemos até nos dar os mesmos propósitos com os quais percorremos sendas semelhantes às dos outros, sem, entretanto, deixar de ser a nós mesmos ou sem negar a si próprio. Por *kátharsis*, Epicuro, por exemplo, concebe uma forma de contenção (que implica em se conhecer, cuidar e governar) do arrebatamento das *paixões* (do *páthos*) ou das inclinações naturais intensas da alma, afetivas e sensuais, dentro de níveis de prudenciais qualificadores da satisfação e do prazer sem dor. A elevação fundamental da *ascese* libertadora presumida tanto por Platão quanto por Epicuro tem como momento supremo a exercitação racional de quem, por meio da reflexão ou meditação teórica se concentra na busca da plenitude

---

[272] SPINELLI, M. *Questões fundamentais da filosofia grega*, p. 259ss.; Id., 2017. Ética e política, p. 401ss.

cognoscitiva e humana de si mesmo e do que pode, em qualificação e virtude, vir a ser continuamente melhor.

A *kátharsis* concebida pelos filósofos gregos, mesmo presumindo alguma negação, comporta sempre um senso positivo que implica uma positivação de ânimo. O ato da purificação é de melhoria, não de *negação*. Aqui, de saída, cabe destacar que a negação (*arnésis*) presumida pelos evangelhos sinóticos no que concerne a uma positivação de ânimo no sentido de tomar para si a mesma causa ou senda que Jesus tomou: "A todos [sentenciou Lucas] Jesus dizia: *Se alguém quer andar atrás de mim* [no sentido de que se alguém quer me seguir ou adotar para si a minha causa] *toma a sua cruz de cada dia e me siga*".[273] As assertivas de Mateus e de Marcos são idênticas, ambas registram os mesmos termos ["*Ei tis thélei opiso mou eltheîn, aranesástho heautòn kaì aráto tòn stauròn autoû, kaì akoloûtheíto moi*"], enquanto que a de Lucas operou apenas uma mudança significativa ["*Ei tis thélei opiso mou* érchesthai, **arnesástho** heautòn kaì aráto tòn stauròn autoû **kath' heméran**, kaì akoloûtheíto moi"].[274] Lucas acresceu à proposição "toma a sua cruz", o conceito de "cada dia" *kath' heméran* (que também comporta o sentido de "hodierno".[275]

Há, pois, entre as assertivas uma micro diferença muito significativa. Com a inserção de *kath' heméran*, a assertiva redundou extraordinariamente clara, nestes termos: "*Quem quiser me seguir toma a sua cruz de cada dia (kath' heméran) e me siga*". Com a expressão *kath' heméran* a assertiva veiculou a proposição segundo a qual não se trata de uma cruz qualquer, e sim da hodierna ou cotidiana, e, ademais, não se trata da *cruz de Cristo* propriamente dita, e sim da cruz daquele que quer seguir Jesus. Não se segue Jesus tomando para si a cruz de Jesus, mas a própria cruz. "Quem não toma para si a própria cruz e não me segue, não é digno de mim. Quem cultiva a sua alma por amor de si mesmo e não em favor de minha causa, irá perdê-la".[276]

Ninguém se faz cristão querendo ser o Cristo, e sim dando a si mesmo a vivência que especifica um cristão em sentido próprio. Jesus não era, aliás, um egoísta a ponto de pedir que alguém carregasse a cruz dele por ele. São os egoístas que gostam que os outros carreguem seus

---

[273]   *Evangelho segundo Lucas*, 9: 23.

[274]   *Mateus*, 16: 24-25; *Marcos*, 8: 34-35; *Lucas*, 9: 23-24.

[275]   Quanto ao verbo érchesthai = vir, expressa o sentido de seguir; quanto ao aoristo arnesástho/arnéomai significa o mesmo que aranesástho/arnéomai = negar.

[276]   *Edictum Constantini ad Silvestrem Papam*. Migne. P.L., VIII, *apud* ARTOLA, 1978, p. 47-48.

fardos, e que, inclusive, gostam de colocar tudo o que lhes cabe carregar, na cota de Jesus ou de Deus! São indivíduos que não suportam o mínimo sofrimento ou dor hodierna sem colocar a própria *cruz* nos ombros dos outros ou (mediante preces ansiosas e intermináveis) nas mãos de Deus.

Com a inserção de *kath' heméran*, a assertiva soou assim: se quer me seguir faça-o sem se abdicar de seus limites e de suas possibilidades, e sim ao modo de quem acolhe e acata as próprias circunstâncias e complexidades que, cotidianamente, cada um carrega consigo. Não há, de modo algum, qualquer negatividade (não altruísta) na proposição de Jesus: não se trata de renegar ou, tampouco, rejeitar a si mesmo, e sim de se acolher, e de se assumir em favor de um causa que, em liberdade, alguém se dispõe a dar a si mesmo. Sob o pressuposto "quem quiser", há uma afirmação não obrigante, referida sob pressuposto de liberdade, nos termos de um convite no sentido de se dar causa, com espírito livre, com autonomia, sem qualquer tipo de opressão, seja de quem for. Um indivíduo que segue a Jesus sem uma manifestação da vontade livre e autônoma, esse sim rejeita a si mesmo; e quem se rejeita jamais será acolhido por alguém, sequer por Jesus, visto que ele próprio não foi capaz de se acolher.

Um indivíduo pode rejeitar ou renunciar paixões, propósitos, opções, desejos ou, inclusive, causas previamente assumidas, mas não propriamente a si mesmo. Quem nega a si próprio tende a querer ser outra coisa que não ele mesmo: trata-se de alguém que não se reconhece em sua própria natureza e em sua humanidade. Quem se nega nesse sentido descarta em si a possibilidade da virtude: como ser virtuoso sem ser a si próprio ou se acolher e se governar dentro do território das próprias circunstâncias e complexidades? Um tal indivíduo descarta igualmente o modo sobre o qual incide o amor ao próximo, visto ser esta a máxima que verbaliza o mandamento: "ame ao próximo como você *ama a si mesmo*"!

No "amor a si mesmo", para espanto de muitos, Jesus pôs a métrica e o modelo do amor humano a ser exercitado no intercâmbio das relações. Um indivíduo incapaz de amar a si mesmo, ao modo de quem efetivamente se ama, jamais está em condições de amar quem quer que seja. Quem não se cuida, como poderá cuidar de alguém? Aos que é dado se pôr na senda da vida, o mínimo que a natureza dele requer é que aprenda a cuidar de si e a se governar, ou seja, a amar a si mesmo. Esse é um pressuposto fundamental da educação ou da chamada "catequese" cristã. Quem não aprende a amar a si mesmo, não aprende a amar ninguém! Quem não se ama finda por se destruir, ou, então, por se colocar como um peso para os outros, e, pior, para si mesmo; redunda em um ser que, de modo egoísta e manhoso, exige que, em tudo, cuidem dele, que façam o seu pão e tantas coisas mais. É tão egoísta que põe tudo nas mãos de Deus, a fim de poder andar à larga, sem fardo, de coração e de mãos vazias!

A referida *arnésis* (negação) presente na assertiva de Lucas, e também na Mateus e de Marcos, derivada do verbo *arnéomai* (negar, recusar, renunciar), de modo algum presume uma despersonalização de quem toma para si uma causa cristã em favor da qual sintetiza a destinação da própria vida. O negar-se a si mesmo (*arnesásto heautòn*) da proposição de Lucas diz respeito a uma *transfiguração* no sentido de assumir para si plenamente uma causa para a qual converge seus sentimentos, seus desejos, suas aspirações e suas ações, e, evidentemente, sua realidade humana. Na expressão de Mateus, e também de Marcos, o negar-se a si mesmo (*aparnesáto heautou*) pressupõe (segundo o contexto da assertiva) a capacidade de se dar ou assumir para si as mesmas dores e os mesmos sofrimentos de quem (no caso de Jesus) estava prestes a ser crucificado pela causa que se deu. Quem dos discípulos quisessem segui-lo (na sequência dos eventos em que estava prestes a ser submetido) teria que enfrentar essa realidade, tomar para si a causa de Jesus e a ela se "entregar por inteiro".

Entregar-se por inteiro vem entre aspas porque uma tal requisição de modo algum significava, para os discípulos (que tinham suas famílias e seus afazeres e ofícios), renunciar as causas dentro das quais estavam inseridos. Seria desconcertante que Jesus requisitasse a cada um deles que abandonassem os pais (alguns deles já idosos), as esposas e os filhos; que, inclusive, abandonassem seus ofícios e deixassem de prover o alimento e o bem-estar familiar. Jesus, evidentemente, não presumia, tampouco queria ou almejava, que eles fizessem isso. O mesmo conceito "largar tudo" comportava o mesmo significado, ou seja, nada tinha propriamente a ver com abandono, e sim com zelo e cuidados concernentes à vivência cristã. Os discípulos, afinal, continuaram "tocando" a própria vida adiante, mas não, a rigor, com a mesma rotina, porque abriram igualmente espaço para o *ser cristão* assumido como uma causa imersa no cotidiano da vida.

O cristianismo, em sua origem – e aqui está a característica fundamental caracterizadora do viver cristão – veio a se constituir em um fenômeno especificador de uma comunidade familiar de amparos, dentro da qual cada um se via (e, em geral, na família se vê) requisitado a ser ele mesmo, com suas circunstâncias e complexidades. Não se deve esquecer igualmente que o magistério de Jesus se iniciou, de modo público, aos trinta anos de idade, em cujo período, certamente, não se portou como um desocupado: como alguém que viveu às custas do pai e da mãe, sem se dedicar aos ofícios e à instrução. Os discípulos, ademais, quando requisitados a se fazerem companheiros das andanças de Jesus pela Galileia, eram indivíduos da convivência dele. Eles não eram estranhos, e participavam todos de um amplo círculo de amigos e de familiares.

O extraordinário é que o próprio Jesus, como consta em Lucas, assevera o quanto a sua causa não era assim tão romântica, a ponto de prontamente unir a todos em uma só direção. Ele se apresenta, inclusive, como um *incendiário* das relações humanas familiares e cívicas (como consta em Lucas): "Eu vim trazer o fogo à terra, e desejo que ele se acenda [...]. Julgais que vim trazer paz à terra? Não, eu vos digo, vim trazer separação"; e explica: "Porque de hoje em diante, em uma casa de cinco haverá divisão: três contra dois ou dois contra três".[277] Não quer dizer que esse fosse o objetivo de Jesus. De modo algum! Essa era a realidade que iria se instaurar com a mensagem dele, e que ele, pessoalmente, nada poderia fazer. Findava em um drama que não era dele, a ponto de dividir "o pai contra o filho ou o filho contra o pai, a mãe contra a filha ou a filha contra a mãe, a sogra contra a nora ou a nora contra a sogra",[278] ou seja, de um lado *ou* de outro sempre partiria algum desentendimento ou desavença, que não lhe cabia, entretanto, administrar ou solucionar.

Este é o relato do Mateus:

> Não julguem que eu vim trazer paz na terra; não vim trazer a paz, mas a *máchaira* [a faca usada para executar os animais no altar do sacrifício]. Eu vim promover a disputa entre o filho e o pai, a filha e a mãe, a nora e a sogra.[279]

O cristianismo, portanto, deixava de ser uma questão subjetiva de Jesus para ser uma questão objetiva enquanto tarefa humana, e, fundamentalmente familiar. Na versão de Mateus, ele concluiu assim: o principal inimigo de vocês, são vocês mesmos, e os seus familiares,[280] ou seja, os da proximidade. Os de longe, afinal, não nos afetam. O vizinho ou o próximo

---

[277] *Lucas*, 12: 49-53.

[278] *Lucas*, 12: 53.

[279] *Mateus*, 10: 34-35.

[280] *Mateus*, 10: 36.

é sempre o nosso primeiro potencial inimigo: aquele com o qual podemos com mais probabilidade nos desentender. O mandamento do *amor ao próximo* comporta esse modo de pensar, e pela seguinte razão: porque Jesus e os que vieram a ser seus discípulos todos viviam na proximidade, com um amplo lastro familiar entre eles. Em Lucas, esta é a conclusão: a cada um cabe julgar por si mesmo o que é justo e o que é injusto. O *ser cristão*, enfim, veio a se constituir em uma exercitação subjetiva do arbítrio em conformidade com a causa cristã que cada um se dá. Esta veio a ser a máxima: "Quem não toma para si *a própria cruz* e não me segue, não é digno de mim. *Quem cultiva a sua alma por amor de si mesmo e não em favor de minha causa*, irá perdê-la".[281]

5 – Da *kátharsis* presumida por Platão à de Paulo de Tarso

Do conceito de "dar-se uma causa", sob a perspectiva da *kátharsis* platônica, especificadamente, o *dar-se a causa filosófica*, Platão presumiu vinculado à necessidade de introspecção subjetiva, porque não há como conceber o mundo e tudo o que nos certa, inclusive, a nós mesmos, fora de nós, a não ser imerso dentro de nós, mediante conceitos. A imersão em si mesmo, essa é a característica de qualquer filosófica prática, visto que, mesmo na filosofia teórica, segundo Platão, é essa imersão que define e especifica a "alma filosófica" dedicada à meditação ou reflexão que tem por meta buscar a plenitude do saber ou conhecimento. A ciência, afinal, só se faz mediante o operar de símbolos da exercitação do intelecto, e isso mesmo quando a ciência exige o apalpar das mãos! É, todavia, a referida plenitude de conhecimento que se constitui na fonte *catártica* da educação filosófica presumida por Platão:

> Recomendo-lhes [escreveu Platão, no *Fédon*] que se concentrem e que se voltem para si [...], que se persuadam de que as realidades examinadas por intermédio do corpo não são em si mesmas verdadeiras, pois pertencem ao gênero do sensível e do visível, e o que é examinado pela alma, e por seus próprios meios, é, ao mesmo tempo, inteligível e invisível.[282]

Que, de modo algum, alguém tome essa assertiva como se Platão dissesse que há uma separação entre corpo e alma, ou que o sensível e o

---

[281] *Mateus*, 10: 38-39. O itálico foi acrescentado.

[282] *Fédon*, 84 b.

inteligível não se confluem reciprocamente. Não sejamos intelectualmente ridículos a tal ponto![283] A questão é: o que seria do sensível sem o inteligível, ou, vice-versa? Se nos abstrairmos de todo o sensível (de nossos cinco sentidos) sobra o quê? O exame feito pelos sentidos, por mais valioso que seja, em termos de ciência, resulta sempre precário, mas mesmo assim, é no plano do sensível que, para nós, se põem as evidências. Mesmo assim, não se faz ciência com o dedo ou com o cotovelo; tampouco com o olhar! Porém, só é possível saber se a água está fria ou quente com o dedo, e não com a alma ou com o intelecto! Das coisas, o sensível examina apenas a casca, deixando o demais para o inteligível, que trabalha (opera) com conceitos (com símbolos intelectivos), para o que se faz absolutamente necessário submeter o intelecto à *kátharsis* da superação da ignorância que consiste em não dispor de todo o aparato necessário que só a instrução pode oferecer para o seu operar. A água é visível aos olhos, mas H2O não! Diante de uma árvore ou de um *cavalo* vemos (com os olhos) formas e cores, porém não vemos nem árvore nem cavalo, porque árvore e cavalo são símbolos gráficos e vocais, que, por convenção, dizemos ser aquilo que intelectivamente denominamos ser árvore ou ser *cavalo*![284]

A principal *kátharsis* da proposição platônica recai sobre a libertação do descaso ou indolência ou da preguiça humana que, por comodidade, persiste em se manter em um certo nível de escuridão que corresponde a um certo nível de saber e carência de saber (ou *ignorância*), que não deixa, entretanto, de ser um nível de verdade, por mais inferior ou precário que seja o referido nível. Ninguém, por mais alto que seja o nível de saber em que se encontra, não está livre do ignorar; do mesmo modo como ninguém, por mais atolado na ignorância que esteja, se vê fora de um nível de verdade que ele assume e defende como um saber extraordinário! Em qualquer estágio, a ignorância só pode ser superada por quem toma consciência de alguma precariedade ou carência de mais conhecimento. Ocorre que o conhecimento em plenitude é uma façanha muito difícil de ser realizada por um só indivíduo e por uma só disciplina do saber.

Existem dois tipos de ignorância: um, o de quem tem consciência de que o seu universo de saber nunca é pleno e carece continuamente de

---

[283] SPINELLI, M., "Platão e alguns mitos que lhe atribuímos". *Transformação*. Marília, 30, 1, 2007: 191-204, disp. em https://www.scielo.br/j/trans/a/SBVYHymvgnKMhGc4TGcBHhK/?format=pdf; Idem. "*Aísthêsis e nóêsis*: de como a filosofia grega rompeu com as aparências", *Kriterion*, Belo Horizonte, 119, 2009: 137-158. Disponível em: https://www.scielo.br/j/kr/a/BTZVmvnP5BjL5ScGmLWQ9sF/?format=pdf. Acesso em: 27 ago. 2024.

[284] Remetemos o leitor ao *Questões fundamentais da filosofia grega*, São Paulo: Loyola, 2006, p. 269ss.

se ampliar; outro, o de quem acredita que o seu saber é tudo o que um indivíduo deve saber, e assim, sem ciência da precariedade relativamente ao que sabe, está certo de que o conhecimento de que dispõe é justamente aquele que todos deveriam ter. O mais lamentável e dificultoso da superação desse nível decorre do fato de que tais indivíduos (que não são poucos) só tomam como opiniões ou valores verdadeiros os que reproduzem a sua "ignorância (sua posse precária)" como um saber, e assim tendem a se fechar dentro da bolha que pensa como eles, ou seja, que tomam os seus supostos valores (que, em geral, são fobias e preconceitos) como o saber necessário relativamente aos bons costumes e ao bem viver.

A questão filosófica fundamental que recai sobre o que vem referido como nível de ignorância não diz propriamente respeito a uma mera falta de conhecimento (ágnoia) ou de ciência (*amathía*), mas sim a uma teimosia humana no sentido de tomar o pouco que sabe, na maioria das vezes um saber precário, obscuro, sombrio, como verdade indiscutível; e não só: toma-o como modelo ou parâmetro (como medida) de ajuizamento de tudo, e, portanto, do uso do arbítrio na exercitação das escolhas ou das recusas. Daí o principal da *kátharsis* de cunho epistêmico que consiste na superação de modos antigos de pensar (de anteriores instruções precárias), que subjugam o agir, mediante uma continuada disposição de se reciclar na senda do *melhor* (do *béltistós*, superlativo de *agathós*).

Da *kátharsis* platônica, esta é a libertação primordial: dispor-se continuamente a se desfazer dos entulhos em dependência dos quais o humano tende sempre a proferir as mesmas opiniões e a se dar as mesmas ações com o que se fecham para a edificação, melhoria ou qualificação humana. Segundo a proposição platônica, o humano, em busca do melhor, há de se dar um continuo movimento dialético de *anábasis* (de ida) e de *katábasis* (de retorno[285]) a título de um processo libertador, cuja *libertação* (*sotería*) requerida à mente humana haveria de se orientar pelos caminhos da capacitação racional: única via por meio da qual o humano, efetivamente, não sem a ajuda de algum *mestre*[286], é possível propiciar a renovação, feito uma ressurreição (*anabíosis*), do humano.

---

[285] Sobre o conceito dentro de uma perspectiva religiosa: DIETER, Hans. "Fragments from a *catabasis* ritual in a Greek magical papyrus". *In*: *History of Religions*, XIX (4), 1980, p. 287-295.

[286] A começar pela mestria das mães, que induzem seus filhos a falar *mamãe*, ou seja, a se apropriar de símbolos indispensáveis ao operar da mente, e que também lhes passam rudimentos de sua cultura, de seu saber e de seus mitos!

Todos sabemos o quanto é difícil, no que concerne à tarefa do saber e da ciência, promover conhecimento sem se apropriar dos meios (do universo dos símbolos, a começar pelos do alfabeto e dos números) e também dos métodos que facultam o uso disciplinado do intelecto. Quando, por exemplo Platão, diz que é preciso se liberar do sensível, ele assim aconselha porque o sensível se exercita em nós sem carecer de empenho, enquanto que, para o uso do intelecto (não da inteligência estratégica em favor do safar-se na vida), faz-se necessário demorada instrução. Efetivamente, só há um meio de nos libertar das impressões torrenciais do sensível que condicionam as opiniões do senso comum: educando o intelecto no sentido de que venha a ser capaz de fazer uso (dentro de parâmetros de razoabilidade) das referidas impressões, que, por princípio, são vitais o entendimento das relações com o fora de nós ou com o mundo. É a educação do intelecto, enfim, que nos leva a reconstruir dentro de nós, sob parâmetros do saber ou da ciência humana, o mundo fora de nós. Destituídos do sensível perderíamos nossa capacidade de relações com o mundo, de modo que restaríamos como que sem enraizamento com o que nos cerca ou nos rodeia: perderíamos, inclusive, a capacidade de sentir a nós mesmos.

Do sensível não há como nos libertar senão através do inteligível, do qual a única libertação plausível consiste em promover melhoria, visto que, na precariedade, o que se observa é a "ignorância" humana que se impõe feito uma escravidão. Daí que nem do sensível nem do inteligível nos é devido renegá-los, porque um não se exerce a contento sem o outro. Quem renega o sensível renega a própria vida! Sem os sentidos o mundo redundaria em uma profunda escuridão! O libertar-se do sensível, na proposição do sábio Platão, significa tornar-se (com a ajuda de nossos sentidos) apto a fazer uso do próprio intelecto, a ponto de ser mestre de si mesmo (das relações consigo e com o mundo) de modo a promover o que ele chama de *anabíosis*, de a *ressurreição* do humano. Do sensível só nos libertamos promovendo o inteligível com o qual fertilizamos o sensível: fonte humana fundamental de conhecimento e de vida. Sem as duas fundamentais sensações de prazer e dor o que seria da vida animal e humana?[287]

A *kátharsis* da proposição de Paulo não caiu longe da presumida por Platão ou pelos filósofos gregos em geral. Em Platão, assim como em Paulo,

---

[287]   SPINELLI, M., *O Hedonismo de Epicuro*, São Paulo: Anablume, 2024.

a *kátharsis* contém um valor em si mesma, decorrente da busca humana por qualificação, assentada no seguinte pressuposto: de que não temos como nos libertar de nossa condição humana. Dela não há como nos livrar. Com ela, e a parir dela, podemos e devemos renascer, para o que se faz necessário, se conhecer a fim de se cuidar e de se governar, e, enfim, de se elevar em divindade (em perspectivas de excelência) ou virtude. Ninguém se alça em virtude se desfazendo da própria natureza humana. A virtude não é opressão, mas libertação. Salvar-se é se fazer virtuoso dentro das próprias circunstâncias e complexidades. Só se liberta quem se governa, caso contrário se torna escravo das próprias pulsões. O escravo não é quem tem desejos; tampouco o homem livre é aquele que erradica seus desejos. Só é livre quem frui os próprios desejos sem se deixar escravizar por eles: nem para mais (no excesso) nem para menos (na carência).

Afinal, não somos deuses, mas humanos, eis aí a nossa realidade: aquela que nos é dada a conhecer e, com ela, nos agendar. Jesus não veio (esta é uma questão fundamental da *kátharsis* paulina) para retirar de nós a nossa própria condição, e sim para proporcionar meios a fim de podermos lidar com ela, e de, com ela (que implica em saber de nossas circunstâncias e complexidade naturais), nos elevar. Quando se diz que "Jesus veio para nos salvar ou nos liberar", isso não significa que ele veio nos retirar de nossa condição, e sim indicar meios de como gerenciá-la em favor da virtude: uma tarefa pessoal, subjetiva e comunitária. Quando, igualmente, se diz que ele "veio perdoar os pecados" não quer dizer que, milagrosamente, nos qualificou ou santificou, e sim que, mesmo em condições tidas como de *pecado* (*hamartía*) podemos nos elevar.

Esta é a questão: Jesus veio nos tornar melhores caso nos empenhemos a fim de não nos tornar piores. Aí está o pressuposto fundamental de salvação ou libertação! A *kátharsis* cristã presumida por Paulo (em termos de uma purificação da *hamartía*) comporta uma imersão para dentro da doutrina mediante uma atitude de acolhimento e de vivência cristã em conformidade com ela. Não é Jesus propriamente quem liberta, e sim o sujeito humano que se dá a doutrina cristã (da qual Jesus é o *dikáskalos*) como ocasião e meio de libertação. Sem essa condição – o dar-se a doutrina cristã – não há libertação alguma. Assim como o mestre ou professor não faz o sábio, Jesus, do mesmo modo, não faz o santo. Assim como o aluno não se instrui bajulando o professor, o crente não se santifica ou se liberta mediante preces. A proposição de Paulo no sentido de que a morte de Jesus se deu como o sacrifício da vítima (ao modo dos gregos e romanos) oferecida em louvor a Deus para lavar a todos de seus pecados, não presume nenhum feito mágico no sentido de curar ou de libertar a todos da *hamartía* sem correlação com a vivência cristã.

A *kátharsis* paulina (o conceito de purificação) implica em uma ação vinculada à fé, visto que é nas obras que a fé se efetiva, e, com ela, a libertação. A fé sem a ação não liberta ninguém, antes torna-o escravo da própria indolência e inoperância, do egoísmo e até mesmo da arrogância de quem cultiva a ilusão de que basta ter fé para ter tudo! A fé positiva o ânimo, porém é a ação que promove a virtude, e, com ela, o modo de vida meritório e eficaz. Também não basta apenas saber ou ter a ciência do que deve ser feito. Vale aqui o que escreveu Tiago Menor: "Aquele que tem ciência do bem que deve fazer e não o faz, se põe em uma condição de pecado (*hamartía*)".[288] O bem, entretanto, não é uma ciência a ser adquirida, e sim uma ação a ser vivenciada. O bem não é um *télos*, no sentido de uma finalidade a se alcançar, e sim um território feito um caminho a percorrer. Só se constrói o bem caminhado nele, e o mesmo vale para a justiça e as demais virtudes. Daí, enfim, que a própria ciência do bem só nos advém vivenciando-o. Do fato de o bem não ter uma definição precisa ou mesmo por não se constituir em uma definição prévia, e, além disso, do fato de ele não ser um fim alcançável de uma vez por todas, é na ação da vez que ele encontra a sua força e o seu vigor.

É nessa mesma perspectiva que se põe a narrativa paulina segundo a qual, para espanto de muitos, a libertação não é pura gratuidade! Esse modo de pensar foi construído na distância do evento Jesus, e chegou até nossos dias dentro de um modo de conceber muitas vezes intelectivamente indigente e desfigurado. Ele reflete mais a ignorância de um ânimo preguiçoso e descomprometido, até mesmo arrogante e orgulhoso, que a altivez de um crente. O achegar-se à celebração da *eucharistía* (do culto de louvação e de agradecimento, de celebração ágap*e*) sem compromisso com a verdade cristã, não promove *kátharsis* alguma. A *eucharistía* não faz sentido algum para aquele que não se alimenta do que é *divino*. O imbuir-se de piedade sem vivência, resulta em puro moralismo: serve para apaziguar ansiedades e serenar a consciência, mas não como fomento da vivência cristã ou da chamada *vida bela*! Não dá para comungar do *pão* e do *vinho* e sair por aí defendendo preconceitos, disseminando mentiras,

---

[288] *Carta de Tiago*, 4: 17.

promovendo cisão e ódio, pisoteando as circunstâncias e as complexidades naturais dos outros!

A celebração do sacrifício de Jesus veio a se constituir na rememoração fundamental ativadora do ânimo em favor da vida que ele viveu e propôs que se vivesse. Esta veio a ser a questão fundamental: Jesus (como diz o *Evangelho de Lucas*, 24: 26) "sofreu tais coisas", a fim de experimentar a condição humana, e a experimentou para mostrar a todos como é que se conduz na vida sem se abdicar da humanidade e sem se esquivar perante as complexidades naturais alheias. Quando Jesus, certa vez, foi questionado pelos "príncipes dos sacerdotes e anciãos do povo"[289] com que autoridade fazia tudo o que fazia, deixou bem claro que qualquer um "está autorizado" a ser decente (a se dar leis de virtudes), independentemente de qualquer outra autoridade externa que lhe conceda permissão. A vivência cristã pressuposta por ele é permitida a todos, a ponto, como ele diz, de "as meretrizes se colocarem antes (*ai pórnai proágousin*) de qualquer um no reino de Deus".[290] O verbo *proágo*, da narrativa evangélica, denota uma antecipação nos termos de um adiantar-se, de se colocar na frente, no sentido de que não é esta ou aquela condição humana que põe ou retira alguém do reino de Deus, e sim a carência ou não de uma vivência cristã enquanto governo dessa condição.

O *ser cristão* da proposição evangélica pressupõe uma exercitação vivencial cotidiana em que escolher e rejeitar, errar e acertar, se intercambiam na condição existencial humana sem prejuízo para quem se coloca na senda do *reino*. Daí que o que mais importa é a celebração da vida, e não da morte de Jesus. Expressões românticas do tipo, "Jesus morreu por amor (sendo que ele foi barbaramente assassinado)", "sua morte foi para nos salvar (mas ele teve alguma outra escolha?)", ou, em síntese, "a morte na cruz foi um ato voluntário, amoroso e expiatório (sob toda aquela crueldade?)", são assertivas que não fazem justiça ao evento Jesus, e não educam, apenas romantizam a morte dele e desviam a atenção da crueldade humana exercitada contra ele. Nos algozes está a estampa mais significativa do humano a ser levada em conta, mais que na de Jesus (do suposto como *cordeiro*). A grande ilusão cristã consiste em pôr no peso da cruz de Jesus os malfeitos humanos, e acreditar que Jesus, ao carregá-los, liberta a todos do peso da própria cruz, e, inclusive, do desafio de ser cristão!

---

[289] *Mateus*, 21: 23.

[290] *Mateus*, 21: 31.

Uma coisa é certa: a existência de Jesus, com suas circunstâncias e complexidades, e também a sua morte não tiveram por finalidade nos levar a chorar por ele! Temos, sim, que chorar a barbárie daqueles "príncipes dos sacerdotes", daqueles "escribas e anciãos" que estamparam a barbárie humana exercitada em nome do Deus de Israel! A morte de Jesus, uma vez que nasceu ("veio ao mundo"), e que, em verdade, assumiu a condição vivencial humana, se efetivaria em qualquer circunstância. A morte é um fenômeno inevitável que atinge os que experimentam os prazeres e as dores do ciclo natural gerenciador da vida. Desafortunadamente, o mataram bem cedo (não teve tempo de envelhecer), e o fizeram de modo calculado, e também de modo calculado romantizaram a sua morte em favor de muitos objetivos e interesses que não eram os dele. Não cabe a justificativa de que o mataram "para cumprir as escrituras", e sim porque foram efetivamente cruéis, e assim agiram em defesa de seus interesses e de suas causas, que, historicamente, se manifestaram escusas! São duas coisas distintas: a causa que Jesus se deu e a dos que conspiraram a fim de levá-lo rapidamente à morte. Há ainda uma terceira: o que fizeram com a morte dele.

Ser cristão consiste fundamentalmente em carregar a própria cruz como Jesus carregou a dele. Foi assim que sentenciou o evangelho: *Se alguém quer andar atrás de mim toma a sua cruz de cada dia e me siga.* Ser cristão não é andar por aí carregando a cruz dos outros, sequer a cruz de Jesus, mas a própria cruz, dando a si mesmo a divindade cristã da qual advém o bem viver, e que promove, em meio às agruras da *cruz de cada dia* (*hodierna*), uma vida prazerosa e feliz. Daí que na perspectiva da *kátharsis* Paulina, se alguém quer pagar com justiça a injustiça que Jesus sofreu só tem uma saída: tomar como vivência a causa dele; cuja causa, afinal, foi tão severa e significativa que levou o próprio Paulo a ter o fim que teve, e assim Pedro e os demais discípulos. Segue-se, enfim, que quem toma para si a causa de Jesus e vive à larga, cheio de benesses e de conforto, que não se indispõe com nada nem com ninguém, que vive confortavelmente acomodado no estabelecido, algo está errado na vivência cristã!

Se olharmos para o que se sucedeu com os apóstolos esta é conclusão: Jesus não se pôs na existência sob o propósito de experimentar por nós o pedaço que nos cabe, tampouco sofrer por nós, e ainda menos para que sofrêssemos com o sofrimento dele. As narrativas evangélicas, estampam um Jesus como fautor de um modo e atitudes de vida. Uma questão importante a se considerar diz respeito ao fato de que não há um modo de vida uniforme no que concerne ao *ser cristão*. O mandamento do amor é o mesmo para todos, mas o modo de vivenciá-lo está intimamente vinculado aos limites e possibilidades, circunstâncias e complexidades naturais de cada um. Aí a razão pela qual não há um modo uniforme de ser cristão, porque são as diferenças (e não as semelhanças) que especificam e evidenciam em cada um de nós o fenômeno humano particular. O humano universal é uma abstração, não uma realidade; a realidade ou natureza humana se efetiva e se consome (nasce, cresce e morre) no particular.

O amar ao próximo da proposição de Jesus, ou melhor, da proposta cristã, não tem a ver apenas com uma função altruísta, no sentido de que ela resulta em um bem para quem é amado, e sim, igualmente, para quem ama. O maior desafio humano não está em amar os outros, mas a si mesmo, se cuidar, se governar e prover para si mesmo umas quantas virtudes de prudência e de moderação. A vivência cristã é concebida como uma forma de bem viver que atinge o próximo e aquele que a pratica: em ambos os casos ela é *catártica*. Esta, fundamentalmente, é a tese filosófica subjacente à doutrina cristã: o bem que se faz em favor do outro redunda em um duplo bem, para quem dá e para quem recebe. Aqui está a grande recompensa para ambos: quem faz o bem e quem recebe bem encontram nesta vida o que mais de extraordinário todos nela procuram, qual seja, o viver prazeroso e feliz. Se o suposto cristão anda vivendo uma vida cheia de desprazer e infeliz, sofredora e chorosa, cheia de manhas, que nada sabe de si a fim de se governar, uma coisa é certa: o tipo de vida que leva tem outras causas ou motivações que não as do *viver* cristão.

No caminho do calvário, quando Jesus se deparou com um grupo de mulheres enternecidas que "batiam no peito e se lamentavam, Jesus, voltando-se para elas, disse: *Filhas de Jerusalém! Não choreis por mim, chorai antes por vós mesmas e por vossos filhos*".[291] Jesus requisitou às comovidas mulheres que chorassem por elas mesmas (*he-autás*), em favor delas, e também daqueles, no caso, os filhos, colocados na sequência imediata de uma obrigação natural requerida da condição de mãe. A sua mensagem se estende a todos: a cada um é devido chorar sobre si mesmo, e por si mesmo, e também por aqueles que estão ao seu redor, mas não sem antes chorar por si mesmo. Jesus, no caso, cumpriu a sua cota, que, aliás, foi curta e intensa. O vida em plenitude que viveu foi em tempo escasso. Que falta de sorte a nossa! Ele conseguiu viver e nos mostrar apenas três anos de vida, porque eles (aqueles religiosos cruéis, que adoravam exibir seus trajes e suas vestimentas, inclusive, um efêmero poder enquanto vassalos de César e de outros interesses) o mataram bem cedo. A razão foi porque o homem Jesus se deu como propósito mostrar a todos como se vive a vida humana: dentro de parâmetros de divindade, de amor e de justiça.

---

[291] *Lucas*, 23, 27-28.

CAPÍTULO V

OS VÁRIOS ESTÁGIOS DO ALVORECER DO CRISTIANISMO

1º – Do magistério oral de Jesus aos registros escritos de suas preleções

1.1 – Dos estágios concernentes ao alvorecer do cristianismo, o primeiro coincide com o magistério doutrinário de Jesus promovido na ação e na confabulação, e não em um logos apenas discursivo. "O que vimos e ouvimos [sentencio João na primeira epístola] voz anunciamos". [292] Jesus foi mestre de uma *didaskalía* que não priorizava o catecismo: ele ensinou, sobretudo, através da ação, e não da catequese. Os seus discípulos aprenderam com ele mais pelo olhar, observando como fez ou viveu, do que pelos ouvidos, escutando o que ele disse. Ele não se pôs a falar só para o judeu, e sim para quem quisesse ouvi-lo. Ele não foi um *didáskalos* só de sinagoga, mas de via pública na qual transitou em busca de justiça para os desvalidos, de liberdade para os de alma fechada em valores e crenças arcaicas, e de humanidade para os carentes de empatia, de benevolência e de civilidade.

Eis como se deu o magistério de Jesus: ele discursava e agia, e, ao agir, manifestava a sua doutrina na ação, ou seja, expressava a sabedoria de que dispunha e que dava sustento a um modo de ser e de viver em conformidade com o seu dizer e pensar. Jesus se fez o criador do modo de ser e de viver cristão. Foi assim que ele veio a se constituir em um fenômeno diferenciado do habitual: ele não tinha uma doutrina preestabelecida a oferecer para o agir dos outros. A sabedoria que proferia, ele a manifestava na ação de modo a fazer coincidir o ser, o pensar, o dizer e o agir. Era, portanto, através da palavra e da ação que ele instruía a todos os que cruzavam o seu caminho.

---

[292] *Primeira epístola de João*, 1: 3.

Ilustra aqui o magistério de Jesus, o que escreveu Tiago, também denominado de Iácobo ou Jacó ou Iago/Yago. Esse Tiago era o irmão de Judas, o Tadeu. Ele ainda tinha dois outros irmãos, Simão e José. Os quatro eram parentes, primos, de Jesus. Mas eis o que disse Tiago com o que sintetizou o *modus operandi* da doutrina cristã: "Tu tens a fé (*pístis*), e eu tenho as obras (érga); mostra-me (*deîxón moi*) a tua fé sem obras e eu te mostrarei a minha fé através de minhas obras".[293] Foi exatamente assim que procedeu Jesus: ele mostrou (no sentido grego da *deîxis*, ou seja, da *prova*, da evidência, do dar a conhecer) a doutrina através de suas obras, ou seja, de um logos que se fez ação como forma de testificar esse mesmo logos. Esta é a máxima principal do ser cristão: de que vale a fé sem a obra? Daí que a vivência cristã não consiste exatamente em rezas e esmolas, e sim em pensar como Jesus pensou e em viver como ele viveu. A máxima anterior, se complementa nesta: o cultivo do agir cristão é superior ao cultivo retórico conceitual da fé.

A *Epístola de Tiago* contém a estampa do *modus operandis* de como Jesus agiu, e, consequentemente, da vivência cristã. O *Evangelho segundo Mateus* configura o evento Jesus dentro da narração do messias prometido, a ser acolhido e, enfim, universalizado.[294] O *Evangelho segundo Mateus* se tornou a base fundamental dos demais. O de Marcos e o de Lucas complementam o de Mateus e trazem outras informações e arranjos certamente vigiados por Pedro que conviveu em Roma com Marcos e, depois, com Lucas. O *Evangelho segundo João*, de um ponto de vista teológico, é o mais primoroso. Ele submete o evento Jesus a uma narrativa teológica com a qual põe em questão, de um lado, o tema da trindade; de outro, o da humanização de Deus *gerado* no humano. O evangelho de João prioriza essa *geração* descrita como um feito que trouxe luz sobre os modos humanos de viver. Jesus é por João descrito como o *lugar* humano da habitação de Deus, em que o corpo físico de Jesus é por ele narrado como o templo (a *ekklesía*) de Deus e da exercitação do que é divino. Daí que o evangelho escrito por João vem a ser a expressão da possibilidade real e fática da incorporação do divino na vivência humana, e assim viabilizar relações de afeição e de civilidade recíprocas.

Poderíamos logo perguntar: por que quatro evangelhos? Não bastaria um! Mesmo que, na época, não existisse a imprensa, havia, entretanto,

---

[293] *Epistola de Tiago*, 2:18.
[294] *Mateus*, 28:19.

exímios copistas. Daí que a questão haveria de ser outra, e que diz respeito à necessidade de arranjar e dar eficiência à *narrativa* (*diégesis*). Há que se considerar também que, na ocasião, não existiam apenas quatro evangelhos, mas vários outros, como o próprio Lucas fez constar no prólogo de sua narrativa evangélica: "Dado que muitos já empreenderam a tarefa de pôr em ordem a narração (*diégesis*) dos eventos ocorridos entre nós [...], também a mim [...], ocorreu-me dar essa tarefa".[295] Quando Lucas diz *muitos* (*polloî*) parece evidente que ele não está se referindo apenas aos outros dois: aos evangelhos de Mateus e de Marcos.

Foi em vista de um primor em termos de construir uma ordem interna na narrativa, que os quatro evangelhos se aprimoraram um pelo outro. A suposta desarmonia entre eles (especificadamente entre os três ditos *evangelhos sinóticos*, o de Mateus, de Marcos e de Lucas) decorre justamente da ideia do primor, ou seja, da necessidade de buscar uma melhor explicação, de acrescer dados, de trazer precisão e credibilidade às narrativas. Cada um dos evangelhos atribui maior ou menor ênfase a certos princípios ou feitos e, enfim, se ocupa em adequar a mensagem aos anseios desta ou daquela comunidade, sem, entretanto, desfigurar, tampouco desfazer a harmonia da narrativa. Os quatro evangelhos se *harmonizam* entre si, mas também se complementam e se "corrigem" reciprocamente. Pedro, em sua *Segunda Epístola*, denuncia que, já em seu tempo, não era incomum a adulteração, e por isso a necessidade de uma constante vigilância:

> Paulo, nosso irmão caríssimo, vos escreveu [Pedro se dirige uma comunidade cristã da Ásia Menor], segundo a sabedoria que lhe foi dada, como também faz em todas as suas cartas [...], nas quais há algumas questões obscuras, que os indoutos e inconstantes se encarregaram de adulterar [...].[296]

1.2 – Tatiano, o discípulo mais ilustre de Justino em Roma,[297] foi o primeiro a evidenciar que, apesar das discrepâncias, das contradições e das duplicações, havia entre os evangelhos de Mateus, de Marcos e de Lucas uma harmonização.[298] Pelo que consta foi ele quem concebeu o adjetivo *sinóptico* aplicado aos três evangelhos. A palavra grega *synoptikós*

---

[295] *Lucas*, 1: 1.

[296] *Segunda Epístola de Pedro*, 3: 16.

[297] Justino se refere a Tatiano como o *admirável*, ho *thaumasiôtatos* (*Discurso aos gregos/Pròs héllenas s*, XVIII).

[298] Arthur Bellinzoni identificou semelhantes harmonizações nos escritos de Justino: BELLINZONI, Arthur. *The Sayngs of Jesus in the Writings of Justin Martyr*. Leiden: Brill, 1967. O mesmo fez Michael Mees em relação

foi concebida mediante a soma do adjetivo *sýn* (*todos juntos, juntamente* ou *ao mesmo tempo*) e do verbo *oráo* (*ver, observar, entender*); unidos *sýn+oráo* deram origem ao verbo *synoráo*, com o seguinte significado: aquilo que pode ser abarcado em um só olhar.

Esta foi a ideia que o termo *sinóptico* ou *sinótico*, aplicado aos três evangelhos, findou por expressar: três narrativas que, juntas, compõem uma só, que, unidas, formam um só conjunto de informações e de fatos que se complemetam reciprocamente. Mesmo consideradas dentro de uma certa perspeciva ou ótica sujetiva, as narrativas findaram concebidas dentro de um só modo de ver, a ponto de, juntas, resultarem em uma só narrativa apesar de discrepãncias, de repetições e de, inclusive, contradições. Os três evangelhos foram, portanto, tidos como *synoptikós* por força de uma confluência das narrativas que permitiram concebê-los dentro de uma só visão de conjunto. A três narrativas juntas vieram, então, a ser concebidas como sendo (assim também podemos dizer) uma *sinopse*, ou seja, uma sintese, a título de uma descrição resumida da vida, das preleções (da *diskalía*) e dos feitos de Jesus.

Isto Tatiano não diz, mas os três evangelhos não vieram a ser *synotikós* (a oferecer uma visão de conjunto) aleatoriamente ou por acaso, e sim sob os cuidados de Paulo que imprimiu sobre eles (não sem a participação de Pedro e, certamente, de Tiago Menor, os três principais líderes dos primórdios do cristianismo) um olhar vigilante. Os quatro evangelhos foram concebidos pelos de dentro da comunidade de discípulos, em que Mateus era um deles, e João também. Nem Lucas nem Marcos foram discípulos diretos, mas colaborades sempre presentes no magistério de Pedro e de Paulo. Mesmo o evangelho tido como escrito por João não está desvinculado do empreendimento (iniciatíva, estratégia e projeto) didascálico de Paulo. De um ponto de vista doutrinário, é dele (não sem o respaldo de Pedro e de Tiago Menor) a inteligência unificadora da doutrina. O que Plaulo, por exemplo, fez constar na *Segunda epístola a Timóteo* dá a tônica da extensão de sua liderança: "Apressa-te [escreveu Paulo a Timóteo] em vir ter comigo [...]. Só Lucas está comigo. Toma contigo Marcos e traga-o até mim, porque será útil para o meu ministério (*diakonían*)".[299]

---

a Clemente de Alexandria: MEES, Michael. *Die Zitate aus dem Neuen Testament bei Clemens von Alexandrien*. Bari: Instituto de Litteratura Cristiana Antica/Università di Bari, 1970.

[299] *Segunda epístola a Timóteo*, 4, 9-11.

Jerônimo de Stridon fez um comentário a respeito dos evangelhos que merece destaque. Jerônimo viveu entre os anos de 347 e 420 e traduziu a Bíblia para o latim, a chamada *Vulgata*. Ela foi assim adjetivada em função do objetivo que promoveu a sua tradução: ser destinada ao *vulgo*, ou seja, àqueles que não tinham uma esmerada instrução que lhes permitisse ler a Bíblia na lingua grega, especificadamente naquela tradução originária feita pelos setenta eruditos reunidos em Alexandria sob o governo de Ptolomeu e sob a coordenação de Demétrio de Falero. Mas eis, entretanto, qual foi o comentário de Jerônimo a respeito dos evangelhos:

> Marcos, discípulo e intérprete de Pedro, escreveu, por determinação de seus irmãos de Roma [Paulo e Pedro] um resumo, na forma de evangelho, de tudo o que Pedro havia coletado. Depois de lê-lo, Pedro o aprovou e determinou que fosse lido em todas as comunidades.[300]

É certo que os quatro evangelhos se reportam aos ditos e feitos de Jesus, mas sofreram influências dos relatores que guardavam de memória esses *ditos e feitos*, que, por sua vez, se submeteram a uma profunda mentalidade vigilante de Paulo: daquele que veio a ser o arranjador teórico e o promotor da viabilidade prática da doutrina. Feito um outro e novo *Moisés*, foi Paulo quem promoveu a persuasão e deu tônus às palavras originárias do cristianismo. Lucas, que não foi um discipulo direto de Jesus, disse explicitamente que a sua narrativa (*diégesis*) foi concebida "depois de ele ter investigado diligentemente" e de consultar os que, "desde o princípio, ouviram a mensagem (*toû lógou*)" e dela foram ministros, ou seja, divuldagores.[301]

Mateus, mesmo tendo sido um dos discípulos da convivência auditiva das preleções e visual das ações de Jesus, contou, por certo, com inúmeros relatos e testemunhos, e com um laborioso empenho pessoal rememorativo. É difícil que tenha estado o tempo todo ao lado de Jesus sem perder nenhuma preleção. Ele, afinal, era também um cobrador de imposto a serviço do Império, com cujo ofício labutava pelo seu soldo, fato que não permitia que estivesse o tempo todo atrás dos passos de Jesus! Não sabemos das fontes das quais efetivamente se serviu, mas é de se presumir que contou com a colaboração dos demais discípulos e

---

[300] *De viris illustribus/Sobre os homens ilustres*, cap. 8.

[301] *Lucas*, 1: 2-3.

de várias outras testemunhas, especialmente das mulheres que também acompanhavam Jesus em suas constantes caminhadas.

Do fato do *Evangelho segundo Mateus* ser a base dos demais, significa que ele foi o relato mais primoroso de todos quanto à fidelidade da narrativa das preleções e dos feitos de Jesus dentro dos ideais regidos pelas lideranças de Pedro, Paulo e Tiago Menor. Os demais evangelhos foram concebidos, com alguns arranjos e complementos daqui e dali, a partir das narrativas de Mateus, que, evidentemente, não o escreveu sozinho, sem a vigilância das lideranças da comunidade cristã de Jerusalém da qual Tiago Menor era o patriarca. Sobre a redação dos evangelhos, temos o seguinte relato de Irineu de Lyon, que viveu entre os anos de 130 e 202:

> Mateus [relatou Irineu], na época em que Pedro e Paulo evangelizavam em Roma e fundavam a comunidade, publicou entre os Hebreus, na língua deles, uma forma escrita de evangelho. Depois da morte de Paulo, Marcos, o discípulo e intérprete de Pedro, lavrou por escrito a pregação de Pedro, sendo que, Lucas, o companheiro de Paulo, pôs em livro o evangelho que pregava Paulo. Mais tarde João, o discípulo do Senhor [...], na época em que vivia em Éfeso, na Ásia, também tornou público um Evangelho.[302]

Presumindo que Pedro e Paulo foram mortos por volta do ano de 65-68, e se está correto o que diz Irineu, então, o *Evangelho segundo Mateus* foi escrito um pouco antes dessa data, entre 60-65 e não entre 40-50 como habitualmente se diz. Mas, talvez a informação de Irineu falhou em incluir Paulo em Roma como referencial da época em que Mateus escreveu o evangelho. Ocorre que Pedro se instalou em Roma bem antes de Paulo, por volta de 42-45 e, portanto, dentro da década em que Mateus provavelmente redigiu o evangelho.

Paulo foi detido em Jerusalém por volta de 58, ficou preso por dois anos na Cesareia e, posteriormente, no ano de 60, foi para Roma. Este foi o roteiro da viagem: de Cesareia para Alexandria, de Alexandria para Malta, e de Malta, para Roma. Quando Paulo chegou em Roma, já fazia mais de uma década que Pedro estava por lá. Pedro se instalou em Roma quando o governo do Império estava sob o poder de Cláudio que governou de 41 a 54, seguido por Nero, de 54 a 68. Paulo viveu em Roma sob Nero, de modo que, além de Nero, ele também foi contemporâneo do estoico

---

[302] *Contra as heresias*, III, Preliminares.

Sêneca (que se suicidou em 65 no mês de abril); também Nero se suicidou, no ano de 68, no mês de junho.

Há conflitos de datas relativamente à escrita dos evangelhos. Consta, em geral, que o Evangelho de Marcos foi escrito por volta de 44, quando acompanhava Pedro na jornada evangelizadora em Roma. Se, efetivamente, o evangelho de Marcos foi escrito em 44, então o de Mateus se deu um pouco antes dessa data, e os demais são posteriores. O de Lucas foi escrito entre 55-60 (antes dos *Atos dos apóstolos*), e o de João, depois do ano 70. Mateus e João foram discípulos auditores das preleções de Jesus. Marcos e Lucas foram "apenas" *colaboradores* (*synergoí*) de Paulo.[303] É certo que os quatro evangelhos, e, de um modo inequívoco, os chamados *sinóticos*, foram estimulados um pelo outro e elaborados sob a preocupação de formalizar princípios gerais da doutrina e de adequar uma narrativa harmoniosa e consistente como se fosse uma só.

João morreu bem idoso, quase centenário. Depois da morte de Jesus, João tomou para si a responsabilidade de cuidar de Maria.[304] Assim que ela morreu (segundo a tradição entre os anos 43 e 48), João foi chefiar a comunidade de Éfeso, terra de Heráclito. Foi no período que antecedeu a sua deportação a Roma que João escreveu o evangelho e as três cartas. Essa afirmativa se justifica pelo fato de João, na segunda e na terceira cartas (se é que foram escritas por ele), manifestar na *conclusão* o seu desejo de ir ter com eles (com a senhora Electa, destinatária da primeira carta, e com Gaio, o destinatário da segunda). Ocorre que, depois da deportação, quando João retornou a Éfeso, ele já estava bem idoso: tinha por volta de 97/98 anos, e, portanto, é certo que não haveria de ter tanta disposição assim e tempo pretérito para implementar viagens (na época, bem mais sofridas que as de hoje).

A referida deportação de João a Roma se deu por ordem do imperador Domiciano, que governou o império entre os anos de 81 e 96. Pelo que consta, João foi levado até lá (segundo Tertuliano, no ano de 95) para ser morto por ordem do imperador. João, entretanto, se livrou da condenação, e fugiu de Roma para a ilha de Patmos, onde ficou exilado por algum tempo até a morte de Domiciano, ocorrida em setembro de 96. Foi em sua estada em Patmos, já idoso, e em um período conturbado, que

---

[303] *Carta a Filémon*, 1: 24.
[304] *João*, 19: 27.

João escreveu o *Apocalipse*. Algum tempo depois da morte de Domiciano, João retornou a Éfeso.

Se foi efetivamente em seu retorno a Éfeso que João "escreveu" as duas outras breves cartas (à Electa e a Gaio), certamente o fez através de algum escrevente, companheiro ou discípulo. Fortifica essa tese o que consta nos introitos delas (escrito na terceira pessoa): "O ancião à senhora Electa e a seus filhos que eu amo na verdade"; "O ancião ao caríssimo Gaio, a quem eu amo na verdade". O que consta nas conclusões das duas cartas (escrito na primeira pessoa), "espero ir ter convosco e falar de viva voz", fortifica a tese de que, se foi João quem efetivamente escreveu, teria de ser em uma época em que estava em condições e com bom ânimo para viajar. O certo é que ele morreu logo depois de seu retorno da deportação. A morte de João e dos demais discípulos não encerraram a saga, antes abriram, com os discípulos *dos discípulos*, novos ciclos e estágios dos primórdios do cristianismo.

1.3 – O Evangelho segundo João foi escrito quando ele vivia em Éfeso, cidade de Heráclito. Ele comporta um *prólogo* altamente erudito e de cariz heraclitiano. Há dúvidas quanto à originalidade desse prólogo, ou seja, se realmente ele foi escrito por João ou se foi inserido posteriormente. Essa última tese, a da inserção, é a mais provável, e pela seguinte razão: porque a principal assertiva do *prólogo* combina com a máxima que foi sentenciada como *credo* defendido pelo Concílio de Niceia realizado em julho de 325. Esta é a assertiva do prólogo: "No princípio era o Logos, e o Logos estava em Deus, e Deus era o Logos [...]. Mas o Logos se fez carne e veio habitar entre nós [...], cheio de benevolência e de verdade (*charitos kaì alêtheías*)".[305]

Na proposição, *no princípio era o logos e o logos estava em Deus e Deus era o logos*, sobressai, em primeira mão, uma ambiguidade decorrente da erudição que pairava sobre o termo *logos*, cuja compreensão se restringia aos meios intelectivos, e não aos populares. Tratava-se de um termo, na época, compreensível apenas nos meios filosóficos ou acadêmicos, o que certamente concorreu para promover boas explicações em meio às comunidades cristãs daquele tempo. Tudo leva a crer que o prólogo foi composto no sentido de atender às confabulações e disputas lógicas dos intelectuais e não para instruir os populares que nunca foram afeitos a esse tipo de questionamento.

---

[305] *João*, 1: 1-2, 14.

Um segundo aspecto a considerar, recai em uma presumida necessidade de que a narrativa evangélica (dada como um cânon da dogmática cristã) viesse a afirmar, sem equívoco, a unidade um do outro, ou seja, de *Deus* e do referido como *logos* (termo que, entre os gregos, a partir de Heráclito, designava tanto o pensamento quanto a palavra).[306] Para além da unidade, uma outra questão que se impunha era a da contemporaneidade de ambos, nos seguintes termos: o *Logos* (a *sabedoria*) de Deus sempre esteve, e estará, por toda a eternidade em Deus. A proposição foi filosoficamente bem elaborada, e bem acolhida por boa parte dos intelectuais da época. Por ser uma assertiva que comporta uma erudição própria da lógica dos debatedores a respeito do tema da *trindade*, recaiu a dúvida se efetivamente saiu da escrita de João (tido, em geral, como não muito ilustrado) ou se foi inserida posteriormente. Ocorre que, naquele momento, no da escrita do evangelho (por volta dos anos de 70/80), ainda não estava filosoficamente posto o debate lógico/teológico relativo à unidade entre o pressuposto como *Deus pai* e *Deus filho*.

Esse debate é posterior. Ele remonta aos séculos II e III (como demoradamente tratamos no *Helenização*[307]). Mesmo acolhido como um problema da fé, o dilema se impôs como uma questão de linguagem. A questão lógica formulada a respeito da trindade dependeu de, pelo menos, três importantes nomes da teologia daquela época: Marcião (que viveu entre 85-160), Sabélio (do final do século II início do III) e Ário (que viveu entre 280-335). Ário era um religioso que vivia em Alexandria, e foi um dos mais representativos do debate. As suas opiniões, próprias de um lógico da época, promoveram uma dissidência teológica dentro do cristianismo, mas não, a rigor, pelas discordâncias, e sim pela aceitação delas. O seu acolhimento veio a ser distinto do de Marcião, por Irineu de Lyon acusado de mexer com a estrutura doutrinária primordial em favor de suas teses: por ter mutilado "o *Evangelho segundo Lucas*, eliminando tudo o que se refere ao nascimento do Senhor, reformulando vários ensinamentos [...]. Ele mutilou também as epístolas do apóstolo Paulo".[308]

---

[306] SPINELLI, M. *Filósofos pré-socráticos: primeiros mestres da filosofia e da ciência grega*, Porto Alegre, Edipucrs, 3ª ed., 2012.

[307] *Helenização e Recriação de Sentidos*, p. 629-644.

[308] *Contra as heresias*, I, VIII, 687 (Irénée de Lyon,1952). A estratégia de retirar, ocultar, modificar e até mesmo mutilar textos da *Bíblia* não foi um feito só de Marcião. A versão inglesa da *Bíblia* do rei James acresceu adendos e ocultou passagens significativas. A versão de Lutero deixou de fora o livro de *Tobias*, de *Judite*, os dois de *Macabeus*, o da *Sabedoria*, o *Eclesiástico* e o livro de *Baruc*.

A discussão da trindade posta por Marcião, Sabélio e Ário, mesmo comportando uma questão de linguagem, não era meramente semântica, e sim lógica, e se apoiava na contraposição dos seguintes termos:

a) entre o referido como *agénetos* (não gerado) e o *génnema* (o gerado);

b) entre o *egéneto* (de *gígnomai*, no sentido de fazer-se, produzir-se, tal como comparece várias vezes no prólogo do evangelho segundo João) e o *poíema* (o criado, a obra, no sentido de *feito*).

O curioso é que o prólogo do *Evangelho segundo João*, dentro de uma proposição sintética e retoricamente astuciosa, põe em evidência justamente os termos desse grande debate que se deu (com Sabélio, Marcião, Ário) no alvorecer do cristianismo, cujo tema veio a se constituir no principal da teologia daquele tempo: o da *trindade*. O prólogo põe a questão nos seguintes termos: não diz que Jesus (o filho) é *coeterno* com Deus (isto é, que, em carne e osso, existiu desde sempre com o pai), e sim que o *logos* é coeterno com Deus. Sob o termo *logos*, que, em si mesmo comporta várias conotações, vem manifesta uma ambiguidade por força justamente da dificuldade de associar o termo a uma significação específica fora da conotação em termos de *pensamento* e *palavra*.

Fenômeno literário semelhante encontramos na *Primeira epístola* atribuída a João. O texto é repetitivo, deixando a impressão de que também foi arranjado. Talvez o início efetivo da *Epístola* (sem o arranjo) foi concebido a partir da assertiva: "O que vimos e ouvimos vos anunciamos" – o que vem antes é excerto. Estas duas proposições concernentes ao preâmbulo da *Epístola* ["o que existe desde o início (*arché*)" e "vida eterna que estava no pai"] enunciam as mesmas premissas lógicas do *prólogo* do evangelho.

> O que existe desde o início, o que ouvimos, o que vimos com os nossos olhos, o que atentamente observamos, o que nossas mãos apalparam a respeito do verbo (*lógos*) da vida: vida que se manifestou entre nós, e que a vimos e a anunciamos como vida eterna que estava no pai (*pròs tòn patéra*) e que a nós se manifestou. O que vimos e ouvimos, vos anunciamos...[309]

---

[309] *Primeira epístola de João*, 1: 1-3. Na tradução latina: "Quod fuit ab initio, quod audivimus, quod vidimus oculis nostris, quod perspeximus et manus nostrae contrectaverunt de verbo vitae: et vita manifestata est, et vidimus et testamur et adnuntiamus vobis vitam aeternam, quae erat *apud* Patrem et apparuit nobis; quod vidimus et audivimus, adnuntiamus vobis...".

As afirmativas "o que ouvimos, o que vimos com os nossos olhos, o que atentamente observamos, o que nossas mãos apalparam a respeito do logos da vida" comportam uma conotação fundamentalmente empírica no sentido de sujeitar, de um modo inequívoco, "o logos da vida" à evidência sensível. Na assertiva final – "o que vimos e ouvimos, vos anunciamos" – comporta a mesma preocupação no sentido de certificar o evento como um fenômeno empírico real, e não como uma ilação ou abstração teórica do logos discursivo.

Não dá para dizer que João, com seu escrevente e com aqueles que refletiram com ele a consistência da doutrina imersa no evangelho e na epístola, não tivessem ciência das questões lógicas subjacentes à *trindade*. O que efetivamente cabe admitir é que essa questão não consistia, naquele momento, em uma dificuldade filosófica para eles, e sim apenas em uma proposição da fé cultivada por eles. Duas coisas são necessárias considerar: uma, que a *epístola* não foi endereçada a uma comunidade específica, e sim ao todo da comunidade cristã, fato que leva a pensar que ela foi concebida (por João e os da vigilância da doutrina – especificadamente Pedro, Paulo e Tiago Menor) como uma espécie de prefácio ao quarto evangelho; outra, que a *epístola*, em seu conjunto, manifesta a referida ciência das questões lógicas que, por certo, naquele momento, e lá em Éfeso, Roma, Alexandria e Atenas (centros de intensa discussão e de excelência filosófica) já eram amplamente levantadas, sendo que entre os discípulos e nas comunidades populares cristãs, se restringia apenas a uma questão de fé.

Por um lado, ao ressaltar na *epístola*, por exemplo, que ele não está escrevendo para "ignorantes da verdade", mas para quem conhece a verdade e sabe "que da verdade não vem nenhuma mentira", ressalta de algum modo que escrevia especialmente para um público ilustrado, dotado de educação filosófica, cuja principal preocupação consistia em buscar sempre a verdade e fugir de todo e qualquer tipo de mentira; por outro (lembrando sempre que a *epístola* não se dirigia a uma comunidade específica, e sim ao grande público) ao advertir "que ninguém vos ensine" uma nova fé e que permaneçam fiéis ao ensinamentos enunciados evidencia que a *epístola* desempenhava uma função canônica em meio às comunidades cristãs.

Ainda no contexto da *epístola* há um trecho em que comparece claramente a questão da trindade, mas não de um ponto de vista do debate lógico, visto que ali não comparecem os termos nem do prólogo do evangelho nem do preâmbulo da *epístola*, mas apenas um testemunho e enunciado da fé cristã concernente àqueles tempos. Há, inclusive, em relação a esse trecho um descompasso entre o texto grego da epístola e a tradução latina. O texto grego diz simplesmente: "existem três testemunhos: o espírito, a água e o sangue, e os três são um"; a Vulgata "traduziu" assim: "São três os que dão testemunho no céu: o pai, o verbo e o espírito santo; e esses três são um; [e acrescentou] e são três os que dão testemunho na terra: o espírito, a água e o sangue; e esses três são um".[310] Há, na tradução da Vulgata, um adendo que, explicitamente, não comparece no texto grego, e que deliberadamente foi acrescentado.

Todo o debate teológico instaurado, em seus primórdios, a partir de Marcião, Valentin, Basilides etc., a respeito da *trindade* não deriva, a rigor, do *prólogo* do evangelho de João, e sim das narrativas evangélicas a respeito do nascimento de Jesus (por Mateus e Lucas, visto que Marcos e João não descrevem o feito). O prólogo, bem como o preâmbulo da carta vêm em consequência, foram concebidos como meios eficientes de submeter o tema da *trindade* a uma canônica fidedigna imersa dentro da própria narrativa evangélica. Eis o que narrou o evangelho de Mateus:

> Assim se deu o nascimento (*he génesis*) de Jesus Cristo: estando Maria, sua mãe, prometida em casamento a José, antes de coabitar com ele, descobriu no ventre um feito (*euréthe en gastrì échousa*) do espírito santo [a assertiva contém um senso de ingenuidade atribuído à jovem Maria no sentido de quem não sabia exatamente o que estava acontecendo com o seu corpo]. José, sendo um homem justo, e não querendo difamar, resolveu deixá-la secretamente. Estando ele a administrar esse pensamento, um anjo do senhor lhe apareceu em sonhos dizendo: José, filho de David, não temas receber Maria como tua esposa, porque o que nela foi concebido é obra do espírito santo, e dará à luz um filho [...], e o chamarão pelo nome de Emanuel, que quer dizer *Deus conosco*.[311]

Lucas, sem fazer menção a José, insere na narrativa a figura de um anjo, Gabriel, que vai ao encontro de Maria, e lhe diz:

---

[310] *Primeira epístola de João*, 5: 7-8. Texto grego: *hóti treîs martyroûntes, tò pneûma kaò tò hýdor kaì tò aîma, kaì oi treîs eis tò hén eisin*; texto latino: *Quoniam tres sunt, qui testimonium dant in caelo: Pater, Verbum et Spiritus sanctus, et hi tres unum sunt. Et tres sunt, qui testimonium dant in terra: Spiritus, et aqua et sanguis, et hi tres unum sunt".*
[311] *Mateus*, 1: 18.

> Não temas Maria [...] conceberás no teu ventre, e dará à luz um filho ao qual dará o nome de Jesus [...]. Maria disse ao anjo: como se fará isso, se eu não conheço homem (*epéi ándra ou gin*ó*sko*)? [Aqui, como em Mateus, a narrativa realça um senso de ingenuidade, perplexidade e temor atribuídos à jovem Maria que não sabia exatamente o que estava acontecendo com o seu corpo]. O anjo lhe respondeu: o espírito santo descerá sobre ti, e o vigor (*dýnamis*) do altíssimo te cobrirá com sua sombra, e o santo que vai nascer será chamado filho de Deus.[312]

Das descrições surtiram várias interpretações que vão de Marcião a Ário e a Eunômio. Nelas prevalecem o debate (um verdadeiro imbróglio teórico) entre os termos *agénetos* (não-gerado), *génn*e*ma* (gerado), *egéneto* (feito) e *poí*e*ma* (criado). Nelas, a lógica subjacente consistia em assegurar que Jesus não foi *gerado* por Deus, mas *feito* por ele. Nos termos em que veio a constar no evangelho de João – *o logos se fez carne* – comparece, inclusive, o conceito pitagórico e plotiniano de *emanação*, no sentido de que fluiu de Deus, o pensamento e a palavra, isto é, a *sabedoria* de Deus que veio habitar naquele que, por obra do espírito santo (sem o consórcio de José), veio a ser gerado por Maria. Esta é a proposição da "lógica" subjacente: o corpo de Jesus (o ser carnal) foi *gerado* por Maria, mas *feito* por Deus mediante uma fertilização por obra do espírito de Deus. Nessa "lógica" da fé, Jesus foi *feito* filho de Deus pelo Deus pai, através de um corpo humano gerado por Maria, imerso no qual manifestou a *dýnamis* da sabedoria (do *logos* pensamento e palavra) de Deus, no qual Jesus existiu e existe desde sempre.

O principal da questão teórica (tratada não só por Marcião, Sabélio e Ário, mas também por Valentin, Basilides, Saturnino e Carpócrates) recaía sobre a proposição do "Deus ingênito". Aqui esteve o cerne de problema: se Deus é *o não gerado*, então Jesus, em relação aos outros homens, foi por Deus dotado (gerado pelo consórcio de Maria) de um corpo rigorosamente humano, mas não da mesma alma humana, que, enfim, haveria de ser a mesma do Deus pai ingênito. O corpo do filho foi gerado, mas não a alma do "filho de Deus", que, desde sempre, existia no pai. O objetivo da proposição consistiu em minimizar os desentendimentos e desavenças lógicas, restringindo a questão a um tema ou atitude da fé. Posto, ademais, o debate na forma de evangelho, resultava mais difícil contestá-lo ou,

---

[312] *Lucas*, 1: 31-36.

simplesmente, colocar em questão uma proposição regulada e vigiada pela certeza da fé.

Do ponto de vista do padre Ário, isso na virada do século III para o IV, ele não negava que o Logos e Deus fossem *coeternos*, porém não admitia (de um ponto de vista lógico) que o filho e o pai fossem os mesmos, e pela seguinte razão: porque se ambos fossem eternos (por força de um princípio lógico, formulado por Eunômio, valendo-se de Aristóteles), não haveria geração, porque o eterno não gera e não é gerado. Tudo o que gera e é gerado entra a participar do ciclo de nascimento crescimento e morte. Nesse ponto, o *Prólogo*, valendo-se da expressão *sárx egéneto* (se *fez carne*) buscou driblar o conflito lógico promovendo o sentido de que o filho não foi propriamente *gerado*, e sim *feito*, de modo que ele não se submeteu à geração, visto que foi concebido desde sempre pelo pensamento (inteligência) de Deus, e, pela *dýnamis* do espírito santo, fluiu (emanou) de Deus pai no Deus filho.

Afora a questão filosófica e teológica, a premissa do *fazer-se carne* (*sárx egéneto*) assumiu, de um ponto de vista existencial, a seguinte conotação: Jesus foi presumido como um fenômeno divino que se evidenciou em carne e osso. Manifesto no sensível, enquanto existente real, sujeito às pulsões naturais de prazer e dor, experimentou as venturas e desventuras da vida humana. Como um Deus, ele experimentou como homem a condição humana em todas as suas circunstâncias e complexidades concernentes à geração (ao prosperar da vida) e à deterioração ou corrupção que redunda em morte; porém, ressuscitou. Fato curioso é que Jesus, por ter sido levado à morte ainda jovem, não experimentou todo o processo, especificadamente o da velhice, cuja fase é a mais complexa e conflitante da experiencia e da regência vivencial humana.

A velhice é um momento em que se dá a real dimensão do que significa acolher e "digerir" o dom da vida. A velhice é um ponto de chegada em que o hoje prevalece sobre o amanhã, o passado, sobre o futuro, em que a esperança reside na certeza de ter buscado, no decurso da vida, mediante escolhas e rejeições, erros e acertos, a melhor direção em favor de uma vida presente prazerosa e feliz. Ficar velho não é tão bom e nem tão ruim, porque não se trata de uma escolha, ou fica ou não fica velho, e, se fica, para quem ficou, só tem uma opção, ir até o fim. Não há como retornar pelos antigos caminhos percorridos, porque eles se levantam atrás de nós na forma de poeira. Uma coisa é certa: não existe nada mais extraordinário que nascer, crescer e perecer com o mundo; quem não nasceu não entra a tomar parte desse fenômeno enigmático e maravilhoso que consiste em viver e se debater com as próprias circunstâncias e complexidades.

2º – O magistério de Paulo de Tarso

O segundo estágio do alvorecer do cristianismo se deu com o magistério de Paulo, em geral sempre acompanhado de Lucas, sendo que nem um e nem outro foram discípulos diretos de Jesus. Lucas viajou com Paulo por várias regiões, e isso denuncia que ele, assim como Paulo, tinham folga e suporte econômico para tanto. Segundo consta nas epístolas *aos filipenses* e *a Filémon*, dois ricos senhores Epafrodito e Filémon contribuiram economicamente com o bem-estar de Paulo e com o financiamento de suas viagens. Paulo se refere a Epafrodito como "meu irmão, colaborador e companheiro de luta"[313], e a Filémon, como aquele que é "por nós muito amado e nosso colaborador".[314] Na *Carta aos Filipenses*, Paulo se mostra grato pela ajuda econômica recebida da comunidade dos filipenses, que, até mesmo quando ele estava em Tessalônica, lhe mandaram mais de uma vez o *necessário*. Certamente foi uma das comunidades que o socorreu em vista de que nada lhe faltasse.

Na *Segunda epístola aos coríntios*, Paulo elogia as contribuições recebidas das comunidades da Macedônia, e pede dos coríntios a mesma generosidade.[315] Paulo recorria às comunidades não para prover para si a abundância, e sim para não viver em absoluta indigência. Paulo se regia por uma mentalidade, tal como a de um Sócrates e a de um Epicuro que valorizava a vida frugal. De Epicuro, além de outras, esta era a sua máxima principal: "Nada é suficiente para aquele que o suficiente não basta"[316]. Paulo, por sua vez, diz isto:

> Aprendi [diz ele aos filipenses] a contentar-me com o que tenho. Sei viver nas privações, sei também viver na abundância. Em tudo e por tudo fui habituado, a ter a fartura e a passar fome, a estar na abundância e a padecer necessida-

---

[313] *"Epaphróditon tòn adelphòn kaì synergòn kaì leitourgòn mou"* (*Epístola aos filipenses*, 4: 11-12); na versão latina: *"Epaphroditum fratem et cooperatorem et commilitonem meum"*.

[314] *Epístola a Filémon*, 1: 1.

[315] *Segunda epístola aos coríntios*, 8: 1ss.

[316] *"Oudèn hicanòn ôi olígon tò hikanón"* (*Sentenças vaticanas*, 68). SPINELLI, M. *Principais temas da ética de Epicuro*, São Paulo: Dialética, 2024.

de.[317] Tendo, pois, os alimentos necessários e vestimentas, contemtemo-nos com isso.[318]

Paulo é dito como sendo da cidade de Tarso (Ásia menor, hoje Turquia); Lucas, de Antioquia, um dos maiores centros culturais da antiguidade junto com Alexandria e Roma. Isso, entretanto, ou seja, por ser Paulo dito de Tarso não quer rigorosamente dizer que Paulo tivesse nascido exatamente ali, e sim que era a cidade referencial na qual mais vivera, e tinha raízes familiares. Tarso era uma cidade greco-romana e a capital da Cilícia. Assim como Alexandria veio a ser a capital do império de Ptolomeu, Antioquia foi edificada como a capital do império de Seleuco (o outro general estrategista que dividiu com Ptolomeu as duas grandes partes do império conquistado, depois da morte de Alexandre). Ptolomeu ficou com o Egito, Seleuco com toda a antiga Pérsia e um pouco mais.

As cidades de Tarso e de Antioquia eram próximas entre si e da ilha de Chipre onde Paulo iniciou a saga por ele denominada de *apostólica* (cujo significado literal expressa "a mando de", "enviado por"). Ali Paulo iniciou o seu magistério acompanhado de "José, a quem os apóstolos davam o nome de Barnabé", um levita, natural de Chipre, em cuja região tinha um campo, que vendeu e doou o dinheiro aos apóstolos.[319] Barnabé foi o primeiro companheiro inseparável de Paulo; juntos passaram um ano em Antioquia, lugar onde "foi dado pela primeira vez aos discípulos o título de cristãos".[320] Paulo nunca andava só; na *Carta a Filémon* ele se refere a "Marcos, Aristarco, Demas e Lucas" como "meus colaboradores (*oî synergoî*)".[321]

Quanto à palavra *apóstolo*, ela deriva etimologicamente da fusão da preposição *apó-* (no sentido de *vindo de, a partir de, em continuação de*) com o verbo *stéllō* (equipar, munir, preparar, dispor para o combate, pôr-se em marcha). O *apóstolo*, na literatura grega, expressava o enviado do governante da *pólis* em viagens específicas, nas quais era encarregado de levar consigo, da *parte de* (*apó-*) do governante, alguma mensagem ou missiva oficial, a título de *instruir* (*stéllō*, equipar, munir) generais, embaixadores, chefes e representantes sediados em outras regiões, a respeito das diretivas, decisões e determinações da *pólis*. O termo era usado na forma

---

[317] *Epístola aos filipenses*, 4: 11.

[318] *Segunda epístola a Timóteo*, 6: 8.

[319] *Atos dos apóstolos*, 4: 36-37.

[320] *Atos dos apóstolos*, 11: 26.

[321] *Epístola a Filémon*, 1: 24.

de adjetivo, com o qual se qualificava ou definia a função do missivista, e também na forma de substantivo, com o que especificava o próprio missivista enquanto porta-voz (*kêryz*) da mensagem (*kérygma*) que levava consigo e que a portava como a *boa* ou alvissareira *notícia* (*euaggélion*).

Paulo, em geral, se apresenta assim: como o *apóstolo* ou o *kêryz* (o pregador, o missivista) da mensagem cristã da qual diz ser o *doûlos* (o serviçal). Na segunda *Carta a Timóteo*, Paulo diz ser, da doutrina (do *euaggélion*, da boa notícia) de Jesus, "o missivista, o mensageiro e o mestre – *kêryz kaì apóstolos kaì didákalos*".[322] Paulo não segue um manual ou uma cartilha; ele sintetiza, nos primórdios do cristianismo, o protótipo do professor ou mestre (*didáskalos*) que (ensinando e aprendendo) se faz no exercício de seu próprio magistério. Feito um professor, ao mesmo tempo em que ele comunica o que aprendeu com os demais discípulos, se apropria do que, para ele, vem a se constituir em seu saber, que, a rigor, não é seu, mas da tradição *didaskálica* forjada a partir das preleções de Jesus.

Jesus, distinto de Paulo, representa a estampa pronta de uma sabedoria que se mostra e se avoluma (nos termos da *deîxis* referida por Tiago) na ação. O seu ensinamento não se restringe a palavras, porque requer ações. Dado que o principal mandamento de sua doutrina é o amor, não há como amar discursivamente; não é porque alguém diz "amo muito, muito" que efetivamente está amando! Cabe reconhecer, entretanto, que o amor decorre, por vezes, de um sentimento de precisão a ponto de se tornar redundante, ou seja, de um sentimento transbordar no outro: amo porque preciso, e preciso porque amo.

O magistério exercitado por Jesus, distinto da *didaskalía* tradicional, não se restringe a um ensino verbal ou meramente teórico, e sim vivencial e prático (em cujo território se engaja a carência ou precisão). Paulo representa uma sabedoria que se constrói e se equipa no discurso (oral e escrito) tal como o de um mestre ou professor que se aprimora e se recicla continuamente através de seu ofício. Ele aprendeu a ser mestre ensinando e, por sua vez, aprendeu a ser cristão vivenciado a doutrina *vinda de* (*apó*-) Jesus e através da confabulação com os demais discípulos com os quais se *equipou* para o exercício da tarefa de instrutor que lhe coube.

Foi através do magistério ou apostolado de Paulo que efetivamente se deu a difusão e expansão do cristianismo para além das fronteiras do território da Galileia por onde preferencialmente Jesus percorreu e pre-

---

[322] *Carta a Timóteo*, 1: 11.

gou. A expansão promovida por Paulo se deu, sobretudo, voltada para a cultura judaica dentro da qual o fenômeno Jesus, de cunho religioso, cultural, civilizatório e político, se evidenciou. Mesmo fora do território originário, a primeira expansão do cristianismo visou primordialmente os judeus dispersos em outras nações, especificadamente nas regiões que hoje compreende o Líbano, a Síria, a ilha de Chipre e toda a Turquia. Paulo dirigiu uma especial atenção aos judeus disseminados pela Grécia, familiarizados com a cultura filosófica dos gregos. Eis a esse respeito um registro dos *Atos dos apóstolos*:

> Quando Paulo estava em Atenas [...] certos filósofos epicureus e estoicos discutiam com ele. De Atenas, Paulo foi a Corinto [...], e discursava (*dialégeto*) todos os sábados na sinagoga [...] e convencia judeus e gregos; [depois foi] a Éfeso [...], e, tendo entrado na sinagoga, confabulava (*dielézato*) com os judeus.[323]

Por onde o governo de Alexandre passou helenizando, Paulo veio depois cristianizando. As suas preleções não ocorriam nas praças ou nas ruas como se fosse um retor ou um sofista, e sim nas sinagogas. Porém, o objetivo, naquele momento, não consistia em transformar as sinagogas em igrejas cristãs, e sim apenas reformar o judaísmo dentro de outros e novos parâmetros em conformidade com a mensagem cristã, e, sobretudo, com a prática do mandamento "ama ao próximo como a ti mesmo". Estava em seus projetos levar adiante e consolidar a aliança entre o velho e o novo judaísmo, a fim de fazê-los confluir em um só: em uma só *aliança*.

Foram as incursões de Paulo por Chipre (onde imperava as culturas grega e hebraica), bem como a sua passagem por Atenas e Corinto, que (assessorado por Lucas, que, igualmente não era um discípulo auditor de Jesus) surtiu a necessidade de traduzir o evangelho de Mateus (do aramaico ao grego) e a fazer do grego a língua oficial da verbalização da missiva cristã. Percorrendo os mesmos caminhos pelas regiões helenizadas por Alexandre, a façanha de Paulo não poderia ser diferente: tinha necessariamente que levar a doutrina cristã a falar grego. O fato de o *Evangelho segundo Mateus* ser traduzido do aramaico para o grego, e não para o latim, e, ademais, de os outros evangelhos (ditos canônicos) também serem escritos em grego, assinala, efetivamente, que a pregação, mesmo dirigida para todos (o grego era a língua erudita universal

---

[323] *Atos dos Apóstolos*, 17, 16-21; 18, 1-19.

da época) visava fundamentalmente o engajamento dos eruditos judeus, porém, aberto aos não judeus.

Um outro assessor de Paulo foi Marcos de Cirene. Marcos nasceu por volta do ano 10 e morreu por volta do ano 68 em Alexandria. Cirene era uma das colônias gregas instalada no território (na costa oriental) da atual Líbia. Inicialmente, Marcos acompanhou Paulo, depois findou por acompanhar Pedro em Roma. De ambos, foi parceiro e intérprete, fato que, por si só, permite inferir que Marcos era versado, além do grego, também em latim, principal razão pela qual acompanhou Pedro quando veio a se estabelecer em Roma. As duas *Epístolas de Pedro* certamente contaram com a colaboração da escritura de Marcos. No epílogo da *I Epístola* (5:13), Pedro se refere a Marcos como *meu filho* (*Mãrkos ho niôs mou*) com o que evidencia que Pedro era bem mais velho que Marcos.

O evangelho segundo Lucas expressa fundamentalmente o ensino de Paulo, a ponto do próprio Paulo (como consta em Eusébio de Cesareia) se referir ao "evangelho segundo Lucas como *o meu evangelho*" (como se fosse dele). O evangelho segundo Marcos verbaliza o ensino de Pedro; o de João (que, como Mateus, acompanhou diretamente o ensino de Jesus) expressa seus próprios ensinamentos e rememorações doutrinárias,[324] e também sintetiza as principais questões teológicas daquele tempo, sobretudo no que concerne ao tema teológico da trindade.

Os três primeiros evangelhos (o de Mateus, de Marcos e de Lucas) são ditos *sinóticos* porque compõem, juntos, um só todo, e, portanto, se harmonizam entre si. Todos os quatros, entretanto, estão entre si vinculados, e foram concebidos um pelo outro em favor da *akríbeia* (rigor e precisão diligente) da doutrina. Jesus, afinal, nada escreveu, de modo que proferiu uma doutrina não escrita, com as consequências que esse fato veio a implicar: a necessidade de confiar na memória e na verbalização dos auditores, que se viram levados a dar, ao mesmo tempo, harmonização aos preceitos e à narrativa. Vários filósofos, afinal, tal como Pitágoras, Sócrates, Epicteto etc., nada escreveram, foram apenas enunciadores e não escritores. A *didaskalía* de Jesus, por razões já assinaladas, não obedeceu aos mesmos parâmetros da tradição filosófica. Além de oral (verbal), ela fora vivencial, de modo que Jesus não se deu a tarefa de apenas verbalizar uma doutrina, mas, sobretudo, de vivenciá-la. Tal como igualmente vários outros filósofos, ele nada escreveu.

---

[324] *História eclesiástica*, III, 4, 7; II, 15, 1; III, 39, 15; III, 24, 6-7.

3º – As mortes de Jesus, Pedro e Paulo e o desamparo das comunidades

3.1 – O terceiro estágio se dá com a morte de Pedro e Paulo executados no governo de Nero, depois de uns trinta anos da morte de Jesus. As mortes de Jesus, de Estêvão e de Tiago Maior (irmão de João) desolaram os discípulos; a de Pedro e Paulo levaram as comunidades ao desamparo. A ausência deles deixou a cristandade órfã e, sobretudo, atemorizada, à mercê de seu destino. As mortes cruéis (na verdade, assassinatos) que sofreram desestabilizaram o ânimo e a unidade precária cultivada entre as comunidades dispersas por todo o Império romano fomentadas mediante as cartas de Paulo e a figura respeitável e ilustre de Pedro. Tiago Menor, primo de Jesus e irmão de Judas Tadeu, representou, nos primórdios do cristianismo, a figura venerável e admirada por todos. Foi ele quem substituiu Pedro (quando este, por volta do ano 40/50, se deslocou para Roma) na chefia da comunidade de Jerusalém.

Depois do evento Jesus o mundo nunca mais foi o mesmo; o que se deu foi um interminável conflito entre o estabelecido mediante valores de precária humanidade (defendido pelo judaísmo arcaico, sob uma ideia de Deus severo, punitivo e justiceiro) e a reformulação desses valores mediante ideais de benevolência, de acolhimento e de justiça (sob a ideia de Deus benevolente, amoroso e acolhedor). Com as mortes de Pedro e Paulo, sem a vigilante liderança deles, mesmo dispondo dos evangelhos e das cartas (de Paulo e dos demais discípulos[325]), a tendência das comunidades se deu no sentido de se fecharem em si mesmas sob a orientação e governança de lideranças locais. Paulo resultou na figura mais extraordinária e indispensável da prosperidade do cristianismo primitivo; ele tomou para si o projeto de Jesus ao modo como Platão assumiu o projeto filosófico de Sócrates. Sem Paulo, o cristianismo, como doutrina, não teria tido a repercussão e o acolhimento que teve, a ponto de vir a ser erigido como a religião do Império romano.

Nem Jesus e nem Paulo imaginaram que o Império de Roma, aquele que lavou as mãos diante da morte de Jesus, viesse a fazer da doutrina cristã sustento de um instituto religioso que o próprio Império o concebeu sob o título de *católico*. O cristianismo em suas origens não quis ser,

---

[325] Uma de Tiago (do *adelphós*) duas de Pedro, três de João, uma de Judas Tadeu (que não é o Iscariotes), o *Atos dos apóstolos*, escrito por Lucas e o *Apocalipse* concebido por João.

e nunca veio a ser, em sentido próprio, uma religião, enquanto se erigiu como uma doutrina que deu sustento a várias religiões. O assassinato cruel de Jesus (romantizado posteriormente) foi astuciado pelas lideranças religiosas locais. Consta, no *Evangelho segundo João*, que a morte de Jesus derivou de uma conspiração sustentada no seguinte argumento: "Se o deixarmos assim, livre (*eloúsontai*) [com sua pregação e seus feitos], todos crerão nele, e os romanos virão e arruinação o nosso lugar e o nosso povo (*aroûsin hemõn kaì tòn tópon kaì tò éthnos*)".[326]

Sob os termos *tòn tópon* e *tò éthnos* cabe entender não propriamente um lugar físico e sim cultural. *Tópos* diz respeito a um território, enquanto o conceito de *éthnos* expressa uma linhagem assentada em um certo lugar ou território que em si abriga um povo, uma tribo, uma nação. O conceito de *tópos*, por exemplo, em Platão, é de uso corriqueiro nas seguintes fórmulas: *tópos koinós* (lugar ou região comum), *tópos noetós* (lugar inteligível), *tópos horatós* (lugar visível) e *tópos ahoratós* (lugar ou região invisível).[327] O *tópos* ao qual o evangelho se refere é o da *palaiòs lógos* (o da tradição ancestral) constitutiva do *éthnos* da linhagem especificadora do povo ou nação de Israel.

Jesus foi morto sob a mesma falsa acusação com a qual mataram Estêvão. A afirmativa de Jesus "*Não [...] vim destruir a lei e os profetas [...], e o que digo é verdade*"[328], remonta aos primórdios de sua pregação. Ela permite inferir que um movimento de incitação popular contra ele, estimulado por escribas, fariseus e saduceus, se iniciou bem cedo a partir do Sinédrio e dos administradores do templo e das sinagogas de Jerusalém. Os fariseus vieram a se constituir em um movimento que defendia as tradições ritualistas, para os quais a grande virtude consistia em preservar os rituais.

Foi em meio a fariseus que se agruparam os chamados Zelotes, aqueles que *zelavam* pelo cumprimento das leis, da soberania dos preceitos e do cumprimento dos ritos contra qualquer inovação. Os saduceus eram os da classe sacerdotal abastada, ricos e cultos, especializados no estudo e, sobretudo, com o apoio dos fariseus, na aplicação dos preceitos e orientações da Torá. Era em meio aos saduceus, aos doutores da lei,

---

[326] *João*, 11:48.

[327] Conceitos trabalhados no livro Ética e Política, em vários itens, especialmente p. 401ss.

[328] *Mateus*, 5: 17-18.

que escolhiam (entre eles) os sumos sacerdotes (os *pontifex*): aqueles que vinham a ser os representantes da lei perante o poder imperial romano.

O mesmo suborno em termos de mentiras promovidas enquanto alarido popular contra Estêvão, foi certamente utilizado como método que levou Jesus à condenação. Nos *Atos dos apóstolos*, consta, contra Estêvão o uso da seguinte estratégia: "subornaram alguns que dissessem que tinham ouvido dele mentiras contra Moisés e contra Deus, e assim amotinaram o povo".[329] Continua a narrativa dizendo que "avançaram contra Estêvão, o agarraram e o levaram ao conselho [do Sinédrio], e reproduziram falsas testemunhas". Julgado, foi enxotado para fora da cidade e apedrejado. Esse mesmo método foi utilizado contra Jesus: o do fomento de um clamor popular valendo-se de mentiras e de falsos testemunhos.

O processo contra ele se consolidou de modo mais lento que o de Estêvão, mas de modo bem calculado e eficaz. Foram mais lentos, porque as mortes cruéis de João Batista e de Estêvão ainda estavam muito efervescentes no clamor popular. Jesus, distinto de Estêvão (mas de modo semelhante a João Batista) contava com a força de sua popularidade: ele "ensinava nas sinagogas e era aclamado por todos".[330] Mesmo assim, o assédio popular mediante calúnias e mentiras, evoluiu bem cedo, tanto que Jesus foi sacrificado logo no final do terceiro ano de seu magistério. Acusações contra ele foram corriqueiras, e, muitas delas, banais:

> Em um dia se sábado [relata *Lucas*], passando pelas searas, os discípulos colhiam algumas espigas de milho e comiam, e, vendo-os, alguns fariseus lhes questionaram: por que fazeis o que não é permitido nos sábados? Publicanos e pecadores [relata igualmente *Lucas*] iam se aproximando de Jesus para ouvi-lo, e alguns fariseus e escribas murmuram dizendo: *ele recebe os pecadores e come com eles*.[331]

Israel, naquele momento, tinha nos fariseus e nos escribas, uma milícia religiosa instalada nas ruas a fim de fiscalizar os usos e os costumes. Aflorava por lá uma perversidade cívica promovida pela religião. Jesus, como consta em vários exemplos dos Evangelhos, não admitia e tampouco respeitava os milicianos dos "bons costumes", que, feito guardas de trânsito, vigiavam, impiedosa e brutalmente, a prática religiosa, com especial

---

[329] *Atos dos apóstolos*, 6: 11.

[330] *Lucas*, 4: 15.

[331] *Lucas*, 6: 1-2; 15: 1-2.

destaque (em geral, saiam à caça) às mulheres "pegas" em adultério. Só podia viver bem dentro daquele território (*kaì tòn tópon kaì tò éthnos*) os que se portavam segundo os parâmetros requeridos pela vigilância dos *zeladores* que operavam em nome de Deus segundo parâmetros de uma ideia de Deus que não coincidia com a de Jesus. Naquele meio, Jesus (contraposto de uma perversa ideia de Deus cultora da segregação e do preconceito, de um Deus colérico sempre pronto para distribuir infortúnios, na forma de castigo) se elevou como uma contravenção.

São várias as acusações que estampam um estado de espírito negativo promovido nos populares por fariseus e escribas contra Jesus. A promoção do ódio, travestido de mentira, foi corroendo devagar! A mentira era difundia a partir das sinagogas (sob o controle dos fariseus) e do Sinédrio (controlado pelos saduceus) e foi logo se alastrando até sedimentar o destino trágico de Jesus, que, efetivamente, se apresentou como o fautor de um novo judaismo, perante um judaísmo que jamais se dispôs a se reciclar, matendo-se sempre como fautor e sustento do estabelecido. Ambos, fariseus e saduceus, subjugavam os preceitos religiosos (a *paliòs lógos* e o *éthnos*) do consuetudinário judaico aos interesses do poder econômico e do poder político, e viam em Jesus uma nova dissidência do judaísmo em moldes semelhantes ao dos essênios,[332] que também atuavam na Judeia.[333]

São vários os relatos que manifestam, da parte de Jesus, uma conciência quanto à sua brevidade e ao seu sucesso efêmero perante os escribas, fariseus e saduceus defensores de um judaísmo mais a serviço dos interesses de César do que dos próprios interesses, a não ser de indivíduos particulares dispostos a preservar o seu *status* e as suas posições. A morte de Jesus, dentro daquele quadro, estava como que prevista de antemão, cuja previsão fomentou um estilo de *didaskalía*, meio que apressado, porém, preciso na fala (na verbalização) e nas ações. Sem demora, Jesus se pôs a pregar para todos; por lá, afinal, não existiam apenas fariseus e saduceus. Ele frequentava as ruas, bem mais que as sinagogas. Ele sabia exatamente com quem estava lidando, e não tinha receio de manifestar publicamente o seu saber: "se a vossa justiça [dizia ele ao povo em geral]

---

[332] MANZANARES, Cesar Vidal. *Los esenios y los Rollos del Mar Muerto: el desenlace de un enigma apasionante* (Enigmas del cristianismo). Barcelona: Martínez Roca. 1993; MARTÍNEZ, Florentino García y BARRERA, Julio Trebolle (ed.), *Los hombres de Qumrán: literatura, estructura social y concepciones religiosas*. Madrid: Editorial Trotta, 1993; MENDELS, Doron. "Hellenistic Utopia and the Essenes". Harvard Theological Review, v. 72, n. 3-4, 1979, p. 207-222.

[333] FLAVIO JOSEFO. *A guerra dos judeus*, II, 8 e 13; *Antiguidades judaicas*, XIII, 5, 9.

não exceder a dos escribas e a dos fariseus, não entrareis no reino dos céus".[334] Para esses mesmos escribas e fariseus, especificadamente para alguns sacerdotes de alta patente dizia: as meretrizes alcançarão (*ai pórnai proágousin*) antes de qualquer um de vocês o reino de Deus.[335]

Jesus, pelo que consta no *Evangelho segundo Mateus*, não se indispunha, a rigor, contra o ensino dos fariseus, e sim contra a carência de ações concernentes ao que ensinavam, apresentando-se, desse modo, como reprováveis:

> Assim falou Jesus ao povo e aos seus discípulos: na cátedra (*kathédras*) de Moisés sentaram os escribas (*grammateîs*) e os fariseus. Procurem observar e fazer tudo o que eles ensinam, mas não as ações, porque eles não praticam o que dizem; eles atam pesadas cargas, impossíveis de carregar, nos ombros dos outros, mas eles próprios nada fazem, sequer elevam um só dedo para movê-las.[336]

O reino de Deus de que fala Jesus é de ação e não de mera conversação ou de retórica de púlpito. Outro fator importante é que as ideias de Jesus a respeito do *reino de Deus* não mais se restringiam ao conceito ilusório de um *povo escolhido* em sentido restrito, do qual os fariseus e os escribas (saduceus) diziam se constituir na casta especial. O *reino de Deus* da concepção de Jesus é para todos, especificadamente para aqueles que se dispõem a dar para si, para o seu modo de ser, de pensar e de agir, a causa (em sentido efetivo) do *reino de Deus*.

Sob a *didaskalía* de Jesus, o conceito de *povo escolhido* de modo algum representava um projeto de subjugo e de dominação, tampouco insuflava a ilusão de "homens de bem", de "gente especial" ou de "casta particular" à qual Deus depositava suas esperanças e promovia os seus grandes feitos.[337] O principal da *didaskalía* de Jesus consistia em difundir a proposição segundo a qual, sem amor ao próximo, sem humanidade, sem empatia, sem benevolência, sem justiça, sem acolhimento e cuidados recíprocos, e sem tantas coisas mais do mesmo jaez, não existe *reino de Deus algum*, a não ser mera ilusão!

---

[334] *Mateus*, 6:9-10.

[335] *Mateus*, 21: 31.

[336] *Evangelho segundo Mateus*, 23: 1-4.

[337] Êxodo, 19:5; *Deuteronômio*, 7:6; *Isaías*, 43:10.

A ironia sobreposta ao conceito de "povo ou indivíduo escolhido", na ilusão conceitual dos dias de hoje, recai no seguinte dilema: aquele que acredita ser o *escolhido* não tem consciência de ser *dominado*, e assim acredita ser livre sem se dar conta de que está subjugado. Do fato de estar obtuso, domado e escravizado mediante preceitos, e não mediante instrução e educação do intelecto, se sente autorizado para dominar os demais. São igualmente indivíduos como que imutáveis, porque só fazem o que sempre souberam ou estão acostumado a fazer. Eles não se dispõem a agir de uma outra maneira fora do *habitual* (do éthos) dentro do qual estão estacionados, e, portanto, não mudam, não se reciclam e não se transformam, mantendo-se sempre os mesmos na ação do fazer o que estão habituados e treinados a fazer. A virtude para eles consiste nisto: em se manter nos hábitos costumeiros dentro dos quais foram, sob o conceito de educação, adestrados.

Em geral, a dominação sobre eles é tão forte, que eles próprios, conceitualmente subjugados, não têm preceitos, na forma de opiniões ou argumentos ou mesmo proposições razoáveis a comunicar e a defender. O que tomam como princípios na maioria das vezes são fobias, preconceitos, estigmas e tantas sandices mais que beiram o comportamento do incivilizado e do criminoso. São indivíduos estacionários que reproduzem apenas o ancestral pressuposto como valores consuetudinários e da família. Cheios de convicções, são indivíduos que se põem na condição de quem quer transmitir (impor) uma vontade dominante, do qual se apresenta como testemunho e servo, sob o pressuposto de que seus princípios, sua cultura e seus valores (que, muitos deles correspondem a preconceitos) são superiores. Dominados, eles se acham os senhores do *reino*! A grande e eficaz dominação humana historicamente se deu mais pela promoção da ignorância que pela força; a força sempre foi, e ainda é exercida sobre aqueles que não se deixam dominar pela ignorância.

A oração do *Pai nosso*, especificadamente a primeira parte, contém uma síntese instrutiva e declarativa da essência do *reino de Deus* presumido por Jesus. Assim reza a primeira parte: "Pai nosso que estás nos céus, santificado seja o teu nome, venha a nós o teu reino, seja feita a tua vontade assim na terra como no céu".[338] A proposição tem um alcance universal, comunitário e coletivo: *pai nosso* e não *pai meu*; *venha a nós* (no plural) e não *venha a mim* o teu reino; "que estás nos céus" (no plural) em

---

[338] *Mateus*, 6:9-10.

uma clara referência aos infinitos mundos da tradição filosófica grega. A oração comporta uma requisição coletiva, com consequências coletivas, que, entretanto, só se efetivam mediante empenho subjetivo.

Foi essa requisição coletiva com o comprometimento subjetivo que levou o cristianismo, desde as suas origens, a ser acolhido como uma intromissão revolucionária diante do estabelecido. O próprio Jesus e todos os discípulos foram dizimados. Na posteridade histórica, todos os que ousaram retomar a doutrina cristã em sua essência, a reproduzir os mesmos anseios de acolhimento, de benevolência e de justiça se debateram com a mesma sorte. O cristianismo originário floresceu com esta característica: buscar e instalar entre os homens um reino de Deus em que cada um (subjetivamente considerado) é o principal agente. Não há um reino de Deus universal sem que ele se manifeste em um agente particular. Ocorre que o cristianismo, enquanto doutrina, só se efetiva enquanto ação. É no indivíduo (subjetivamente considerado) que se efetiva o fenômeno concreto tanto da santificação (*hagiótes*) do nome, quanto do reino e da vontade de Deus.[339]

Não existe, em meio aos humanos, uma vontade de Deus abstrata fora da vontade humana que se dá o reino de Deus, cujo reino comporta apenas o que é excelso. Uma vez que, entretanto, comporta, na medida em que ela vem a ser beligerante, excludente e reticente perante as demais vontades, então ela deixa de ser divina e de ser excelsa. De um ponto de vista genuinamente cristão (mas não só, também sob senso de razoabilidade), por *reino de Deus* cabe entender o *reino* do bem, da excelência, do *béltistos* (superlativo de *agathós*), que tem por lei ou regra o amor, a empatia, a civilidade, a justiça e a humanidade.

O *reino de Deus* da proposição cristã não é uma abstração, e tampouco diz respeito a um reino submetido a um monarca isolado e de acessibilidade restrita. Por isso, desde os primórdios, foi tão combatido e requisitado no sentido de se submeter ao poder estabelecido, razão pela qual não tardou em se transformar na religião oficial do Estado romano, cujo imperador se deu o *status* de divino (*divus*) perante o povo. Daí que, continuamente, até os dias de hoje temos um real embate entre dois cristianismos: um, o

---

[339]   Texto grego: Πάτερ ἡμῶν ὁ ἐν τοῖς οὐρανοῖς, ἁς ἁγιασθῇ τὸ ὄνομά σου. ἁς ἔλθῃ ἡ βασιλεία σου. ἁς γείνη τὸ θέλημά σου, ὡς ἐν οὐρανῷ οὕτω καί ἐπὶ τῆς γῆς. Tradução latina: "Pater noster, qui es in caelis, sanctificetur nomem tuum, adveniat regnum tuum, fiat voluntas tua, sicut incaelo, et in terra". A versão de *Lucas* (11:2-3) é mais sintética: "Πάτερ, ἁγιασθήτω τὸ ὄνομά σου. ἐλθέτω ἡ βασιλεία σου. – *Pater, sanctificetur nomen tuum, adveniat regnum tuum* – Pai, santificado o teu nome, venha o teu reino". MERK (1964), p. 16 e p. 240-241.

que defende os mesmos ideais que dizimaram Jesus e os discípulos; outro, o que se contrapõe a esses ideais, romantiza (com trejeitos de doçura) Jesus e seus feitos, e se vinculam a regimes autoritários e extremados.

3.2 – Paulo, ao se pôr na senda de Jesus, optou pelo novo judaísmo do qual Jesus veio a promover jovialidade e transformação. Paulo tomou para si a causa de Jesus ao modo de quem se ocupou em expandi-la e em lhe dar direção e governo. Altivo e fogoso, feito um guerreiro romano da época, Paulo foi muito cioso e controlador da causa que se deu, a ponto de igualmente trazer para si a liderança e a autoridade do fomento da doutrina cristã enquanto agente a serviço *do que é divino*. Pedro representava, entre os discípulos, a figura do *ancião* que denotava respeito e credibilidade. O *ancião*, entre os judeus, era reverenciado como se fosse uma espécie de *instituição* humana. Na pessoa de Pedro, os cristãos reverenciavam a figura do mensageiro (do porta-voz) da experiência vivida no convívio com Jesus (daquele que, no humano, reconheciam que veio habitar o divino), e igualmente reverenciavam em Pedro a vivência da doutrina, em cuja pessoa acrescia a reverência, a franqueza e a respeitabilidade.

Com a ausência de Pedro e Paulo, o cristianismo se estratificou em diferentes *gnoses*: cada comunidade deu para si a tarefa de fomentar a doutrina cristã em conformidade com a capacidade de leitura e de intepretação, e também com os interesses consuetudinários e políticos das lideranças. As várias comunidades cristãs fomentadas por Paulo perderam a liderança unificadora, de modo que cada uma, no decorrer do tempo, foi se ajustando às lideranças locais com seus interesses, orientações, interpretações, sincretismos e aculturações. O que se promoveu, em última instância, foi uma extensa diversificação e discórdia. O cristianismo deixou de ser apenas uma doutrina para se transformar em várias e multiformes concepções ou, como na época se dizia, em inúmeras *gnoses*.

O termo *gnose*, em sua origem grega, expressava um conhecimento, não, a rigor, em termos de ciência, e sim de percepção em termos de cognições cuja fidedignidade dependia de um certo modelo, paradigma ou padrão de entendimento. Tratava-se, pois, de um "saber fidedigno" enquanto dotado de uma certeza relativa à subjetividade de uma comunidade específica quanto a um modo próprio de entender, interpretar e de vivenciar a doutrina. O *conhecimento* (*gnōsis*), que naquele contexto do alvorecer do cristianismo ganhou enlevo, não condiz com a *máthesis* (ciência) epistêmica dos gregos. Sequer corresponde à *pístis alethés* (a fé verdadeira) ou mesmo à *orthós dóxa* (à reta opinião) ou à *dóxa alethés* (à opinião verdadeira) ao modo como, por exemplo, Platão concebeu no *Mênon* e no *Górgias* vinculadas à *epistéme* (termo que expressava, entre os gregos, um *saber pleno de confiança*).

Mesmo, entretanto, que não expressasse a mesma ideia dos gregos, a *gnose* concernente ao vocabulário da doutrinação cristã comportou, em termos de significação, um pouco de tudo: de uma *máthesis* e de uma *epistéme*, e, mais do que tudo, de uma *pístis alethés*, e, inclusive, de uma *dóxa alethés*, nos termos da *orthós dóxa*, que, todavia, nada teria a ver com a *dóxa* em si mesma dada como frágil ou carente de verdade. Aqui, nessa translação de sentido, o que promoveu a fidedignidade cristã não obedeceu, como entre os gregos, às *evidências* requeridas pela ciência, e sim pela fé, que sobrepunha à doutrina cristã o conceito de *saber pleno de confiança*. Há uma assertiva de Clemente de Alexandria que, aliás, sintetiza muito bem a referida translação de sentido: "O conhecimento [diz ele] tem por fundamento a fé, e entre o conhecimento (*gnõsis*) e a fé (*pístis*) nasce uma espécie de divina conformidade e de inseparável aliança".[340]

Os termos são os mesmos que encontramos no filosofar, mas a significação é distinta. Nesse ponto, o que temos efetivamente diz respeito a uma *recriação de sentidos* sob outros e novos interesses e intencionalidades. Sob esse pressuposto, e, em última instância, a *gnose* presumida pelos doutrinadores cristãos nada têm a ver com a *máthesis* epistêmica da Ciência em sentido próprio; entretanto, sob outros parâmetros, pressupõe igualmente uma harmonização entre a *orthós* (retitude) da razão teórica e a *orthós* da *pístis* religiosa que quer se evidenciar como um fenômeno manifesto na ação. A *orthós* (a retitude) do logos cristão só se efetiva na *orthós* vivencial da doutrina.

Nesse ponto, aliás, a *máthesis* cristã é também aparentada com a *máthesis* do saber epistêmico, porque também a ciência só encontra a sua utilidade e valor no benefício da vida prática. Antes de um *saber*, em sentido forte, a *pístis* da gnose cristã (sob a presumida *recriação de sentidos*) vinha a ser também expressão de uma fé (confiança, fidelidade) pública forjada como *verdade*. Revertida em opinião usual, corriqueira, a *dóxa alethés* prezada e cultivada na mente e no coração só encontra a sua eficácia no comportamento ou agir cristão daqueles que a acolhem.

---

[340] *Strõmateîs/Miscelâneas*, II, IV, 126.

Daí que a doutrina cristã, de um ponto de vista estritamente religioso, propunha em seu alvorecer um enlace no sentido de que a fé, sem a ação, resta destituída de persuasão, de fidelidade e de confiabilidade.

Foi o que escreveu em sua carta Tiago: "Assim é a fé: se não manifesta obras (*érga*), está morta (*nekrá*, necrosada) em si mesma".[341] Do mesmo modo se dá com a caridade e o amor, porque ambos dizem respeito a uma ação e não a uma verbalização. Não existe humana caridade mais eficiente do que a da vivência cristã, isto é, a que se manifesta em modos de viver que defendem princípios de justiça distributiva e de dignidade. Um pedaço de pão não é suficiente para efetivar a caridade cristã que se caracteriza por atitudes de acolhimento, de acolhimento e de justiça. Não é o amor nas palavras, mas na ação que vem a ser persuasivo. Assim, carinhosamente, sentenciou João em sua carta: "Meus filhinhos (*teknía*), não amem com discursos (*lógoi*), mas mediante ações e verdades".[342]

O amor não se exercita em abstrato, em microfone de púlpito, nem *rigorosamente* ao longe, distante ou no desconhecido, tampouco em palavras doces e singelas de quem, na sombra do fundo do templo ou da igreja, leva uma vida bem confortável. O que está lá longe não é tão difícil de amar, razão pela qual o mandamento diz: "ame o próximo"! "A caridade [escreveu João à senhora Electa] consiste em que andemos segundo os mandamentos".[343] Para andar segundo os mandamentos, que, afinal, se resume a um só — "ame o próximo como a ti mesmo" — se faz necessário ilustrar-se nele, sendo que essa "ilustração" não se dá mediante pura teoria, ou mediante elaborada catequese, e sim mediante a ação (a vivência cristã). Sem o agir cristão — que implica escolhas e rejeições, erros e acertos — não há educação cristã.

O amor presume relação e acolhimento, a começar de si, por si. É feito a saudade, que só se dissolve se relando! O desconhecimento que move a paixão só no conhecimento encontra o amor. Não é capaz de amar a si mesmo quem se desconhece e vive distanciado ou fora de si, de sua realidade ou verdade: do território de suas circunstâncias e complexidades sobre as quais se assenta a condição da virtude. Não há como ser virtuoso sem o governo das próprias complexidades e pulsões naturais. O amor não se isola da realidade. Ele é uma concretude que se efetiva

---

[341] *Epístola de Tiago*, 2: 17. Na tradução latina: "*Sic et fides, si non habeat opera, mortua est in semet ipsa*".

[342] *Primeira epístola de João*, 3: 18.

[343] *Segunda epístola de João*, 1: 6. "A caridade" foi traduzida de *he̱ agápe̱*, em consonância com a tradução latina que verteu por *caritas*.

em gestos, e, portanto, não apenas em meras palavras, mesmo que, em alguns momentos, são bem-vindas e valiosas, sobretudo em forma de poesia! O amor não é propriamente cego nem surdo e nem mudo: ele não se contenta com qualquer *aparência de amor* assim como não se contenta com meras declarações de amor.

4º – A busca por liderança, unificação e governo das comunidades cristãs

4.1 – O quarto estágio do alvorecer do cristianismo diz respeito a uma busca por unificação da *gnose* cristã, que, com as mortes de Pedro e Paulo, se dispersou em várias *gnoses*. O objetivo era congregar a todas em uma só *pístis* sedimentada na verbalização de uma só doutrina regida por um só credo e por um só governo. O inusitado é que, por si só, dentro de um universo sem a liderança de Paulo e sem as figuras respeitáveis e agregadoras de Pedro e de Tiago Menor, o universo da cristandade tendia cada vez mais a se desagregar sem qualquer possibilidade iminente de reunificação.

Enquanto a morte de Jesus se deu fruto de uma iniciativa estritamente religiosa (fomentada por fariseus e saduceus), as mortes de Pedro e Paulo, em Roma, contou com a participação do Estado romano gestor das religiões romanas que se sentiam (com seu *pontifex* e sua hierarquia) ameaçadas com a expansão do cristianismo. Na sede do Império romano ninguém lavou as mãos relativamente a Pedro e a Paulo; antes, e de início, a tendência se deu no sentido de perseguir e exterminar com o fenômeno cristão que promovia (sem a liderança de Pedro e Paulo) a intolerância e a desagregação entre as próprias *gnoses* cristãs disseminadas pelo Império.

O conflito entre as gnoses, ao qual se somava uma indisposição da hierarquia sacerdotal romana, gerava sérias consequências para a governabilidade que tinha na força do povo o seu sustento e o seu poder. O próprio Império, de início, não tinha interesse em intervir na desagregação, cujo caos contribuía para justificar a sua intervenção e perseguição contra os cristãos e as comunidades cristãs. Uma perseguição sistemática começou a se instalar no Império a partir do século II, período em que as elites governamentais regionais começaram a desapropriar, em seu benefício, terras e bens de cristãos convertidos. Esse, afinal, foi um dos itens que o Édito de Milão, do ano de 313, fez constar: estancar as perseguições e restituir os bens e propriedades confiscadas dos patrícios convertidos. O confisco das terras promoveu a improdutividade, e, com ela, o desaquecimento da economia e dos víveres, e, enfim, a insatisfação popular e a pobreza.

Toda a perseguição desencadeada pelo Império não alcançou o sucesso desejado; antes de exterminar as comunidades, elas se fortificaram, e uma das razões foi justamente porque uma das características do cristianismo nascente consistia em estimular e promover a esperança humana em uma vida futura com Deus. Vários outros fatores contribuíram: o acolhimento de todos (da família como um todo), a preocupação em termos de saúde e de bem-estar dos membros da comunidade, o cuidado para com os doentes, crianças, idosos e necessitados. Com o advento do cristianismo o mundo começou a experimentar sentimentos humanos de benevolência e de cuidados recíprocos, de empatia, de senso de justiça e de humanidade. Eram sentimentos que, entre os cristãos, criavam elã, adesão e apoios recíprocos, e, entre os da elite, desconfiança e apreensão.

Os conflitos das *gnoses* atingiam particularmente os mentores das comunidades que se punham como condutores, líderes e intérpretes, nem sempre compatíveis com o esclarecimento e a instrução derivada do ofício da *didascália* de Jesus e de seus discípulos. Muitos membros da hierarquia religiosa romana tinham todo interesse em se colocar igualmente como líder das comunidades cristãs em ascensão, e muitos políticos não tinham receio em fazer uso do fervor religioso das comunidades. Daí que foram duas coisas distintas que se observou no desenvolvimento histórico do cristianismo: o movimento sapiencial de elevação em entendimento e em humanidade, em educação e civilidade, enfim, em comportamentos assentados na benevolência, na justiça e na piedade; de outro, o poder religioso, enquanto poder político vinculado aos seus líderes, com a morte de Pedro e Paulo, ficou à mercê de anseios e interesses políticos coorporativos e regionais.

Um fator importante e que facilitou a busca por unificação, decorreu do fato de que as comunidades (as dispersas e eivadas de desentendimentos quanto às interpretações e ao estabelecimento de prioridades) tinham em comum os mesmos ideais cristãos de cuidados recíprocos, de humanidade e de justiça, ideais que davam sustento à civilidade cristã. A dificuldade, portanto, com a qual o cristianismo, na dispersão, se deparou, não consistiu propriamente em unificar as *gnoses*, e sim em buscar para elas uma estrutura hierárquica e de poder, que, naquele momento, estava completamente desestruturada com a morte de Pedro e Paulo. Foi essa busca que atiçou os primeiros doutrinadores, como Justino, por exemplo (não sem algum estímulo de políticos da elite patrícia converti-dos desejosos de tomar a frente das comunidades em seu favor), a buscar reconhecimento e aprovação política em benefício da organização do cristianismo a título de uma religião estatal.

Nenhuma religião, no mundo romano, podia operar ou se instituir em meio ao povo (sobre o qual assentava o sustento e a força do poder imperial) sem autorização e controle normativo do Império. Daí que o movimento de unificação não se deu sem igualmente buscar o reconhe-cimento do governo imperial, que, nessa direção ou sentido, requeria do instituto religioso razoabilidade e unidade de ânimo em favor da estabili-dade e da serenidade política do Império. Foi em vista desses fatores e do reconhecimento público de sua razoabilidade que a doutrina cristã saiu do restrito território dos *testamentos* (evangélicos) em busca da filosofia, cujo empenho se alevantou no sentido de uma reunificação da *sophia* cristã em favor de uma só *gnose* agregadora de um todo harmonioso sob controle da razoabilidade.

Esse foi um estágio que não surgiu por pura espontaneidade, e sim por força de urgências decorrentes de vários interesses e da governança política. A dispersão do cristianismo em gnoses estratificadas e em comu-nidades conflitantes desestabilizou a ordem e a unidade do Império, e incitou o desgoverno em comunidades específicas. Daí que a unificação adveio como uma necessidade no sentido de apaziguar os ânimos e de pacificar os interesses e a intolerância, e assegurar a governabilidade. São dois fenômenos que confluíram em um só: de um lado, temos o conflito regional; de outro, temos os reflexos desse conflito no universo da gover-nabilidade estatal como um todo. A questão fundamental, portanto, não foi religiosa, mas política, visto que a ascenção dos líderes das comunida-des cristãs, apoiados por sua comunidade, findava por tomar espaço e a suplantar a normalidade dos governos regionais estabelecidos.

4.2 – Ao contrário dos gregos, a religião dos romanos era institucio-nalizada e se exercia sob as leis e domínio do poder do Estado. O chamado *pontifex* romano tinha por encargo e função preservar e manter a religião dentro da canônica dos ritos, das cerimônias, dos cultos, das libações e dos sacrifícios estabelecidos pelo consuetudinário religioso. O próprio Paulo de Tarso, na *Carta aos hebreus* define assim o *pontifex*: "todo pontí-fice é constituído para oferecer dádivas e vítimas", e também para ser o *mediador* (*mesítes*, intermediário, intercessor, árbitro) entre os homens e Deus.[344] O *pontifex* era o administrador da religião romana ao qual cabia manter o *status quo* do estabelecido com o que a religião se mantinha harmonizada em si mesma e dentro de uma governabilidade política dialogante. Entre os romanos, os termos *religio* e *pontifex* carregavam uma forte reciprocidade etimológica:

a) O verbo *religare*, do qual derivou a *religio*, denotava em latim o significado de ligar e religar, mas também de soldar ou desatar, no sentido de livrar ou de libertar. De um lado, era exigido da religião uma profunda vinculação com os interesses do Estado; por outro, a libertação requerida tinha por função livrar o Estado dos desentendimentos e das desordens promotoras de intranquilidade, e, portanto, de desgoverno. Um cidadão liberto era aquele que podia ir e vir, se mover pelo Império dentro das normas vigentes, de modo que, um indivíduo livre, era aquele que se sujeitava aos ditames da lei e aos requisitos do Estado. Fora desse plano, ele era tirado de circulação, e, portanto, deixava de ser livre. Daí, portanto, que a *religio* não tinha como função primeira *ligar* o indivíduo (o cidadão) a Deus, e sim aos interesses do Estado;

b) O termo *pontifex* decorreu da junção dos conceitos de *pons/pontis* (ponte) e *facio/facere* (fazer, produzir, estabelecer), de modo que, literalmente, expressava fazer ou produzir ou estabelecer pontes entre o cidadão e o governo estatal, e também, para tranquilidade do cidadão, com o *divino*. O curioso das referidas pontes está no fato de que elas tenderam a se restringir a dois pilares da cidadania: um, a liberdade garantida mediante o cumprimento das normas e obrigações estatais; o outro, a reverência ao imperador ao qual foi concedido o honroso título de *divino*. Daí que a *religio* (nos termos do *religare*) presumia uma profunda vinculação (a bem da verdade uma subserviência) escalonada do povo – quanto mais pobre ou desprotegido, maior a subserviência – diante do poder Imperial. A própria figura do imperador, que encontrava no povo o seu apoio e sustento, representava para o Império, o *divino*, cujo elo de ligação com os populares (na correlação humano e *divino*) para muitos consistia apenas em um pedaço de pão; para outros, proteção e segurança. O *divino* imperador representava nessa vida o que de necessário o povo carecia, sendo que tudo o demais ficava reservada para a vida futura. O sínico de toda essa estratégia consistia no seguinte: o povo não tinha (não contava

---

[344] *Epístola aos hebreus*, 8: 3.

com) nenhum amparo do Estado no que concerne à saúde, à educação e demais garantias, porém o Estado se apresentava como garantidor de amparos caso o indivíduo, sua família e os seus se colocassem como força amparadora do Estado;

c) Esta, afinal, entre os romanos, era a função do *pontifex*: estabelecer pontes (ligações, liames, vínculos) entre os homens e os Deuses promovendo cerimônias, cultos e sentimentos de piedade. Entre os latinos, a seu modo, também imperava o conceito judaico de *Deus de um povo* em termos semelhantes ao *Deus ou Deusa protetora da pólis* dos gregos. Eles igualmente honravam o *Deus protetor padroeiro da civittas*, não em função, primordialmente, do benefício do cidadão (subjetivamente considerado), e sim do Estado. Por isso, em primeiro lugar, as petições ao Deus ou Deusa padroeira eram dirigidas em favor dos governantes, tidos como os benfeitores do todo cívico. O *pontifex* era o vigilante das cerimônias e da manutenção da crença:

> Pois eu próprio [diz Gaius Aurelius Cotta], na condição de pontífice, julgo que cabe a mim vigiar as cerimônias e os cultos públicos a fim de que sejam invioláveis, razão pela qual me cabe também ser o primeiro a estar persuadido de que os Deuses existem, não apenas como uma opinião minha, mas como uma verdade válida para todos.[345]

A ascensão do cristianismo, expandido em meio ao Império romano, promoveu uma severa mudança do conceito de *pontifex* (*archiereús*, na expressão grega). Essa mudança adveio quando Paulo restringiu (atribuiu) a Jesus essa condição: temos "um grande pontífice [dizia ele] que penetrou os céus (*toùs ouranoús*), Jesus".[346] Esse modo de pensar ressignificou o conceito de *pontifex* tornando-o subalterno não ao imperador, mas ao próprio Deus. Ao menos essa foi a intenção de Paulo, que, na *Epístola aos hebreus*, distinguiu o *pontifex* terreno do por ele denominado de *pontifex celestial*. Do *pontifex* ou sumo sacerdote terreno, esta veio a ser a sua definição: "todo pontífice (*archiereús*, sumo sacerdote), escolhido entre os homens, é constituído em favor dos homens naquelas coisas que se referem a Deus, para que faça as oferendas e os sacrifícios."[347]

---

[345] Citado por Cícero: "Itaque ego ipse pontifex, qui caerimonias religionesque publicas sanctissime tuendas arbitror, is hoc, quod primum est, esse deos persuaderi mihi non opinione solum, sed etiam ad veritatem plane velim" (*De natura deorum*, I, XXII, 61).

[346] *Epistola aos hebreus*, 4: 14: "ergo pontificem magnum, qui penetravit caelos, Iesum...".

[347] *Epistola aos hebreus*, 5: 1: "Omnis manque pontifex ex hominibus adsumptus pro hominibus constituitur in iis, quae sunt ad Deus, ut offerat dona et sacrificia".

Na sentença, Paulo faz referência ao *pontifex* da hierarquia judaica, que, naquela ocasião, era a mesma que a dos romanos (que exerciam sobre os judeus uma total dominação). Paulo, como judeu e romano, sabia disso, de modo que ao atribuir a Jesus a condição de *pontifex* (*archiereús*) no céu (em *ouranós*) admitia, entretanto, a necessidade de preservar o *pontificado* terrestre. Seria politicamente desastroso para ele desqualificar o poder dos pontificados judaicos e romanos. Como fariseu e colaborador (quando jovem) dos saduceus, Paulo conhecia muito bem a estrutura do poder sacerdotal e a força política exercida no Sinédrio pelos saduceus doutores e juízes da lei, que, perante o povo, se portavam bem mais como agentes repressores que edificadores de civilidade. Criar desavenças com o Império e com a estrutura religiosa de poder que ceifara Jesus e Estevão (do qual o próprio Paulo fora cúmplice), e também ceifara Tiago (o irmão de João), era tudo o que Paulo não carecia.

À medida que o doutrinário cristão se viu levado a se constituir em *religião*, ele teve, necessariamente, de se submeter (de se adaptar) ao regimento estatal dos ditames da *pietas* romana. Ao se institucionalizar, o cristianismo teve que se adequar às exigências, às prerrogativas e aos parâmetros da hierarquia sacerdotal romana, a começar pela existência de um *pontifex* regente da corporação religiosa dentro do Estado romano, mas submisso ao imperador. No topo da hierarquia vinha o imperador, cujo poder era presumido como sujeito ao poder de Deus, do qual, na terra, antes do *pontifex*, era o principal representante. Era o imperador que conseguia dos Deuses a benevolência para o povo, fartura nas colheitas e vitória nas guerras. Foi através desse modo de pensar que, a partir do século VI, o imperador tomou para sai a tiara papal e a coroa imperial, momento em que a cristandade e os césares unificaram um mesmo destino e um só governo!

5º – A normatização da doutrina cristã sob um só credo e um só governo

Compreendido e assimilado por interpretações e interesses os mais diversos, o cristianismo findou por comprometer dois governos: o de si mesmo e o do Império romano. Sem ter por si mesmo condições de controlar a dispersão, de trazer a todos à unidade sob um só comando, coube ao poder político romano (que sempre teve em seu poder e comando as religiões estatais) se encarregar dessa tarefa. Veio do Império, não sem a indicação de indivíduos comprometidos com ambos os lados, a normatização das comunidades cristãs locais e a unificação da doutrina em uma só religião, em um só credo e em um só governo. Em favor desses propósitos, o primeiro passo se deu com o Édito de Milão, promulgado em 313, depois veio o Concílio de Niceia, em 325, e, um pouco mais tarde, em 380, o Édito de Tessalônica. São vários aspectos, que, vinculados entre si, promoveram o desenvolvimento histórico do cristianismo. São momentos que dialogam entre si, e que são complementares:

a) o primeiro diz respeito à dispersão das comunidades cristãs fundadas e mantidas sob a vigilância de Paulo e dos demais discípulos. Com a morte trágica de todos eles (menos de João, que morreu bem idoso), se deu uma situação de descontrole que levou as comunidades dispersas a fomentar várias *gnoses* (modos de interpretar e de vivenciar a doutrina cristã) dentro de um *universo* de desentendimentos e carente de unificação;

b) um segundo aspecto recaiu sobre os anseios dos vários filósofos (neoplatônicos, aristotélicos, estoicos, epicureus, céticos) que aderiram ao pensar cristão, e que, na condição de *apologistas*, se deram a tarefa de exortar os valores do cristianismo e de reivindicar, não propriamente o direito, mas o reconhecimento como uma doutrina filosófica perante as demais doutrinas. Os apologistas (que se valeram do método grego da retórica *protréptica*) se ocuparam, sobretudo, em favor das exigências da intelectualidade romana, em reivindicar o adjetivo de *filosófica* para a doutrina não sem priorizar a linhagem filosófica dentro da qual cada um se encontrava filiado;

c) um terceiro aspecto tem a ver com a intervenção do Estado romano defronte à extensa expansão do cristianismo em seu território, junto ao qual promovia inúmeros conflitos entre *gnoses* (interpretações a título de acolhimento e compreensões diversas) cultivadas nas comunidades cristãs dispersas.

No descontrole, e sem uma universal coesão, o próprio Estado romano se viu levado a intervir em favor de um entendimento comum e de uma harmonização teórica da doutrina, mas não, a rigor, ao modo como os apologistas reivindicavam (ou seja, como uma filosofia entre as filosofias), e sim como uma religião entre as religiões. De um lado, se impôs a necessidade (acolhida pelos apologistas) de promover uma unidade interna doutrinária; de outro, a necessidade (assumida pelo Estado) de decretar por lei uma unificação sob uma só direção, um só credo e um só governo. Aqui cabe destacar, vinculado a esse segundo aspecto, que o cristianismo findou como um bom meio de apaziguar a plebe sob os anseios da fé cristã, fator que, aos poucos, levou parte da elite, e, inclusive, os próprios imperadores a se converterem em cristãos, a fim de, perante o povo, retirar, na forma de clamor, a força e o sustento de sua governabilidade.

São três ciclos entre si conjugados:

a) o magistério da doutrinação cristã, sob os ensinamentos orais de Jesus e os de Paulo e dos demais discípulos, cujos ensinamentos findaram arranjados em uma ampla narrativa evangélica composta sob a vigilância sobretudo de Paulo que contou com inúmeros colaboradores que ele, habilidosamente, conseguiu reunir e manter em torno de si;

b) a formulação teórica da doutrina cristã (em termos de uma *filosofia* concorrente com as demais linhagens filosóficas, especificadamente, a estoica, a neoplatônica e a epicureia) elaborada por "filósofos" dessas linhagens convertidos ao cristianismo. Enquanto no confronto das filosofias estoica e neoplatônica os apologistas procederam mais por assimilação que contestação, no da epicureia prevaleceu a contestação;

d) a unificação se deu mediante decretos: derivado do édito de Milão, em 313, do concílio de Niceia, em 325, e do édito de Tessalônica, em 380.

O édito de Milão veio logo na sequência do chamado édito de *Tolerância* assinado, em 311, pelos imperadores Galério, Constantino I e Licínio. O Édito da tolerância determinava o fim da perseguição aos cristãos, e foi ratificado, em 313, pelo de Milão. Doze anos depois, em 325, o imperador Constantino I (Flávio Valério) se viu levado a convocar e presidir o Concílio de Niceia, contra os Arianistas, e em favor da defesa de um único credo adotado por todos os cristãos. O objetivo do concílio consistiu em "proclamar a boa mensagem (*kérygma*) e regular as comunidades na reta doutrina".[348] O Édito de Milão foi ratificado sessenta e sete anos depois (em 380) pelo *Édito de Tessalônica,* em que os imperadores, os do Ocidente (Flávio Graciano e Valentiniano II)[349] e o do Oriente (Flávio Teodósio), assinaram um rigoroso decreto determinando a unificação das *gnoses*

---

[348] *Lettre*, 90, in BASILE (Saint). *Correspondance*. Tome I: Lettres I-C. Texte établi et traduit par: Yves Courtonne, Paris: Les Belles Lettres, 2002.

[349] Dois irmãos: Graciano (deveria ter, em 380, por volta de uns 21 anos) e Valentiniano (com 9 anos de idade). Foi uma época em que, quem governava de fato, eram os militares romanos do Ocidente. Teodósio tinha por volta de 26 anos. Ele era casado com a irmã de Graciano e de Valentiniano, portanto, estava tudo em família!

em uma só, à qual propuseram, no decreto, a denominação de "cristãos *católicos*".

O Concílio de Niceia foi adjetivado de *ecumênico*, mas, na verdade, foi dirigido contra os Arianistas.[350] Do fato de ter sido convocado e presidido pelo imperador Constantino I, isso por si só demonstra a potência do poder político perante o religioso, que, a partir do Édito de Milão, passou a ser submetido ao direito civil. A carta de Basílio (de 372) foi escrita dois anos antes do Édito de Tessalônica (de 380), e 12 anos depois do Édito de Milão (313). A partir do Édito de Tessalônica, o Estado romano tomou para si os destinos do cristianismo, e a unificação da doutrina cristã (das *gnoses* dispersas), mediante decretos, veio, enfim, a surtir efeito. A partir daquele momento, sob a vigilância do Estado, a tendência se deu no sentido de elevar o poder religioso ao mesmo patamar do poder político, de modo a consolidar a doutrina do cristianismo como uma religião oficial *sob o controle* do Estado romano.

A união decisiva entre o poder político e o religioso começou a se efetivar quando o imperador Constantino I concedeu, em consequência do Édito de Milão, ao "Papa" Silvestre poderes imperiais. *Papa* vem entre aspas porque esse título somente veio a ser usual a partir do século VI. Antes, o termo corriqueiro era o de *pontifex* ou de patriarca (esse último era habitualmente utilizado Antioquia e Alexandria). O pontificado de Silvestre foi longevo, perdurou de 313 a 335. O concílio de Niceia, de 325, convocado por Constantino, se deu sob Silvestre, que, entretanto, era tutelado por Constantino, que governou o império de 306 a 337. Mas, eis, em síntese, o teor do decreto de Constantino I que elevou Silvestre à condição de *pontifex* romano:

> Concedemos ao nosso Santo Padre Silvestre, sumo pontífice universal de Roma e a todos os pontífices seus sucessores [...], o nosso palácio imperial de Latrão [...], depois o diadema, isto é, a nossa coroa e ao mesmo tempo o gorro frígio [...], o manto purpúreo e a túnica escarlate e todo o traje imperial [...], outorgando-lhe também os cetros imperiais e todas as insígnias e estandartes e diversos ornamentos e todas as prerrogativas da excelência imperial e a glória de nosso poder. [...]. Concedemos ao já mencionado pontífice Silvestre, papa universal [...], não só nosso palácio, como já

---

[350] *Helenização e Recriação de Sentidos*, capítulo 17: "A controvérsia de Basílio com Eunômio, o teórico do arianismo", p. 629-644.

foi dito, mas também a cidade de Roma e todas as províncias, distritos e cidades da Itália e do Ocidente.[351]

O pontificado de Silvestre, com o Édito de Milão, veio a ser reconhecido sob o conceito do *pontifex* atribuído a todos os "administradores" das religiões estatais romanas. Sob o conceito de *"pontifex* universal de Roma" não significa que Silvestre viesse a ser o "sumo pontífice" de todas as religiões estatais sujeitas ao poder de Roma, mas apenas da recém concebida e normatizada (por decreto imperial) *gnose* cristã que veio a ser, enfim (também por decreto, o de Tessalônica), reconhecida sob a denominação unificadora de "cristãos católicos".

Silvestre, portanto, é elevado por decreto imperial à condição de governo unificador das *gnoses* cristãs, de modo que, nesse momento, não cabe falar da religião cristã como se fosse (ou viesse a ser) a religião oficial, mas apenas reconhecida, pelo Estado, como um instituto religioso sujeito a uma hierarquia e a um só comando. Não cabe igualmente deixar de considerar que o cristianismo findou sempre tomado como uma doutrina (uma *gnose*), não propriamente com uma religião. O cristianismo enquanto religião propriamente dita veio a ser, a partir do Édito de Tessalônica, instituído como religião sob o título de "cristãos católicos", cujo título, o de *católico*, determinava que, daquele momento em diante, haveria uma só gnose *universal* (isto é, *católica*) reconhecida desde o Édito de Milão e sujeita a um só credo pelo Concílio de Niceia. O cristianismo, nessa ocasião, sob as referidas circunstâncias e sob a denominação de *católica* (no sentido de que todos, universalmente, cultivavam uma só *gnose*), passa a ser acolhido pelo Estado romano como uma das muitas religiões reconhecidas e abrigadas dentro do Império.

6º – A religião governada pelo Estado e a vida cívica pela religião

Havia, disseminado pelo Império, um grande fervor religioso, a ponto de o imperador Valentiniano II decretar, em 388 (oito anos após o Édito de Tessalônica), a proibição de promover discussões e debates públicos sobre religião no interior do Império. Havia um grande alvoroço, especialmente entre os doutrinadores cristãos, que elevaram a doutrina ao mesmo patamar dos debates públicos que a filosofia alcançou no tempo de Sócrates (morto em 399). Foi com a submissão paulatina de Atenas, a partir do ano 350 (49 anos depois da morte de Sócrates), ao

---

[351] *Edictum Constantini ad Silvestrem Papam.* Migne. P.L., VIII *apud* ARTOLA, 1978, p. 47-48.

poder político da Macedônia, que findou, naquela ocasião, por proibir o filósofo de promover nas praças, mercados e ruas (como faziam Sócrates e os sofistas), debates públicos:

> Sófocles, filho de Anfícleides, que promoveu [supõe-se por volta de 320-315 a.C.] a decretação de uma lei que proibia, sob pena de morte, abrir escolas sem a devida autorização das Assembleias populares. A lei teve, porém, curta duração, visto que, no ano seguinte, Fílon demonstrou a ilegalidade do decreto de Sófocles. A assembleia revogou a lei, e impuseram a Sófocles uma multa de cinco talentos e decretaram o retorno dos filósofos às suas atividades, como fez Teofrasto [perante o Liceu].[352]

Com as comunidades cristãs se deu algo semelhante, porém de um modo duradouro, severo e vigilante. Ninguém ousava desafiar as determinações do Império. A tendência foi mesmo a unificação, a ponto de, enfim, o cristianismo, no decorrer do século VI, vir a ser reconhecido como única religião do Estado romano. De religião tolerada, ele passou a ser igualmente oficializada entre as religiões reconhecidas pelo Estado, até, enfim se tornar reconhecida (não mais como uma religião entre as religiões), e sim como *a religião* oficial do Estado. A primeira dissidência nessa oficialização se dará apenas em meados do século XI, quando a igreja *Ortodoxa* (derivada do conceito de reta doutrina, órthos=reto e *dóxa*=opinião/doutrina) foi reconhecida, em 1054, como uma outra religião cristã ao lado da *Católica*.

O gérmen do início da igreja Ortodoxa (como o próprio nome diz, ou seja, da nova religião que defendia a *reta* doutrina cristã) remonta aos conflitos das *opiniões* teológicas promovidas dentro do Império Romano do Oriente. Mesmo unificado por decreto, o cristianismo conservou dissidências que se mantiveram latentes. Nem todas as presumidas *heresias* tiveram sucesso, mas, algumas delas, sobretudo o arianismo, se mantiveram sempre ativas e efervescente. A igreja Ortodoxa surgiu não só fruto de dissidências doutrinárias, mas também por interesses políticos entre o patriarcado de Constantinopla (sob o sustento de elites políticas e governamentais) e o papado de Roma. Na ocasião, o patriarca de Constantinopla era Miguel Cerulário, que ficou no posto até 1059; em Roma, era o papa Leão IX (Bruno de Eguisheim-Dagsbourg) originário da Alsácia, que

---

[352] *Vidas e doutrinas dos filósofos ilustres*, V, II, 38

faleceu logo depois. Quem conduziu o processo que findou na separação foi o cardeal Humberto de Silva Cândido.[353]

A grande diferença estabelecida entre o cristianismo praticado, deste o Édito de Milão (século IV) até o século VI, se deu no sentido de que, a partir de agora, não era mais a religião que seria regida pelo direito civil, e sim o contrário, era a vida civil que seria governada pelo poder religioso. Foi nesse momento, com Justiniano I (imperador romano do Oriente, de 527 a 565), quando o Império romano fez da doutrina cristã o seu *leitmotiv* unificador de um modo universal de ser e de pensar facilitador da governança política, com consequências desastrosas na posteridade. Foi nessa mesma ocasião, quando o Império romano se adentrava pelo Oriente, que o mundo Islâmico começou a se despertar na mesma direção. Maomé (nascido em Meca, em 570, e morreu em 652), logo no início do século VII, tomou para si (como político e militar) a tarefa religiosa de fomentar um propósito semelhante ao dos romanos: o da universalização de um modo de ser e de pensar submetidos às instâncias do religioso.

Fundado no início do século VII (logo na primeira década, 600-610), o islamismo surgiu em consequência da difusão do cristianismo pelo mundo árabe. O levante de Maomé se deu no sentido de conter a expansão cristã, e, consequentemente, nela imerso, o poder político e religioso imperial romano. Maomé se erigiu, perante o seu povo, associando-se à mesma linhagem de Jesus, de Moisés e de David, até Abraão. Não havendo entre os dois mundos, o romano e o árabe, fronteiras (Alexandre já tinha provado, visto que chegou com facilidade até a Índia), Maomé se ocupou em edificá-las de um outro modo: assim como os chineses construíram na China uma muralha de pedras, Maomé, que sabia da imponência, mas também da fragilidade daquela muralha, preferiu construir em seu mundo (de um modo bem mais econômico e eficiente) um outro tipo de muralha (mais poderosa e intransponível), não mais de pedras, e sim de mitos, de temores e de ideias.

No alvorecer do cristianismo, nada se deu de um modo pacífico e harmonioso, a começar pela morte cruel de Jesus e de seus discípulos. O que mais imperou naqueles primórdios, especificamente de meados do I a meados do século IV, foi o conflito das opiniões, até encontrar no próprio Império romano a necessidade de fomentar uma unificação em benefício da governabilidade. Diante da morte cruel de Jesus e dos

---

[353] BISCHOFF Georges; TOCK, Benoît-Michel (ed.). 2006. *Léon IX et son temps*. Actes du colloque international organisé par l'Institut d'histoire Médiévale de l'Université Marc-Bloch, Strasbourg (20-22 jun., 2002). Brepols.

discípulos, e com toda a perseguição contra os cristãos fomentada até o *Édito de Milão* (313, início do século IV), não é difícil de observar como o ser cristão não principiou como vida fácil, tampouco romântica, serena ou sem atribulações para os que se dispuseram a tomar para si a causa cristã ao modo como Jesus para si se deu.

Tirando Judas Iscariotes, que se enforcou (que não deixa de ser uma morte humanamente trágica e não necessariamente se constitui em um ato de liberdade), e João, o evangelista, que morreu bem idoso, todos foram ou crucificados ou apedrejados ou decapitados ou esquartejados. Mesmo João, pelo que consta em Tertuliano, foi perseguido em Éfeso e levado a Roma por ordem do imperador Domiciano, para ser morto em "uma caldeira de azeite fervente". João conseguiu escapar e foi viver em exílio, na pequena ilha de Patmos, no mar Egeu. Assim que morreu Domiciano, ele retornou à Éfeso onde exercia o seu magistério cristão. Da morte dos apóstolos este é o relato de Tertuliano:

> Oh. igreja feliz! Os apóstolos espalharam com o próprio sangue toda a sua doutrina. Pedro sofreu uma tortura semelhante à do Senhor; Paulo encontrou seu fim numa morte semelhante à de João Batista [foi decapitado]. O apóstolo João foi mergulhado em óleo fervente, mas saiu ileso e foi exilado em uma ilha.[354]

Ser cristão, nos primórdios do cristianismo, foi uma das opções mais desafiadoras do mundo antigo. Quem almejava um viver sereno e tranquilo tinha que passar longe da opção cristã, a não ser que se colocasse à mercê das estruturas políticas do poder estabelecido. Está aí a razão pela qual muitos supostos seguidores, especificadamente aqueles que buscavam na hierarquia religiosa um modo de vida, se viam levados a se pôr à sombra do estabelecido. Ser um discípulo de Jesus, ou seja, se pôr no caminho da benevolência e da justiça, às margens do poder e do glamour, nunca foi um bom meio de se safar na vida. Naquela época não dava para fugir da pobreza colocando-se a serviço da causa de Jesus, apenas da de Herodes e dos dirigentes do Sinédrio. A causa de Jesus não era um caminho pacífico a ser seguido, tampouco se constituía na boa opção, que, prontamente, todos acolhiam como a melhor a ser tomada. Na posteridade, por força da perseguição romana e por outros motivos, muitos se nutriram de Jesus em vista de outros horizontes que não o da causa cristã.

---

[354] "Ista quam felix ecclesia cui totam doctrinam apostoli cum sanguine suo profuderunt, ubi Petrus passioni dominicae adaequatur, ubi Paulus Ioannis exitu coronatur, ubi apostolus Ioannes posteaquam in oleum igneum demersus nihil passus est, in insulam relegatur" (TERTULIEN. *De la prescription contre les hérétiques/ De praescriptione haereticorum*, XXXVI, 3).

CAPÍTULO VI

DISPERSÃO E REUNIFICAÇÃO DAS GNOSES CRISTÃS

1 – Adequação do *ser cristão* aos valores da *pietas* e do Direito romano

A exemplo do Império de Alexandre, o Estado romano, ao invadir e controlar politicamente um determinado território, não interferia nas disposições culturais e religiosas dos povos em seu domínio. Alexandre dava aos povos das *póleis* invadidas autoridades, isto é, o direito de se organizar, de se reger e de atuar conforme os valores de sua cultura, mas não concedia autonomia política, ou seja, a capacidade de se governar por seus próprios meios e segundo as suas leis. Roma deixava cada povo sob a tutela de suas crenças, e, na medida em que tais crenças não interferiam na jurisdição e soberania romana, o representante da ordem imperial *lavava as mãos*. Também não se importava se um determinado povo era ou não religioso e tampouco impunha a exclusividade de suas crenças.

O Império era tolerante e exigia reciprocidade. Por isso os povos, sob o seu domínio, eram obrigados, por lei, a *respeitar* os Deuses romanos e a oferecer-lhes esporadicamente sacrifícios, mas não estavam obrigados a *submeter-se* às religiões romanas. O que o Império exigia e reclamava de fato era o pagamento de impostos. Essa, sim, era a grande razão pela qual o Estado requeria das instituições e dos cidadãos uma *identidade* jurídica, porque era através dela que ele poderia controlá-los e, inclusive, responsabilizá-los oficialmente. Ao respeitar as crenças, o Império, entretanto, requeria do "poder" religioso de cada povo que se adequasse à jurisdição romana. A tolerância cultural, que incluía a religiosa, exigia reciprocidade.

O romano deixava cada povo viver ao gosto de sua própria opressão, porque ela facilitava, e muito, o seu domínio. A opressão que fluía dos valores consuetudinários e familiares locais auxiliava nas pretensões do dominador! Quanto maior a opressão sofrida pelos dominados em dependência dos próprios *valores* culturais e consuetudinários, menor a opressão promovida pelo Império. Esse era um fator importante que aliviava as relações com as lideranças e com o povo local, e auxiliava, inclusive, na popularidade do Império que se mostrava tolerante e benfazejo. Daí que a tolerância romana se constituía em estratégia de dominação, neste sentido: o Império estimulava o próprio povo a intensificar a sua opressão investindo, em termos retóricos, na louvação de seus valores, e, em termos práticos, na edificação ou construção de templos e de tudo aquilo com o qual o povo, satisfeito e de bom grado, se oprimia ou apenas se governava.

Entre os romanos, no que concerne à religião, o patrício tranquilamente admitia que ela fosse acolhida sob a ignorância dos populares, mas não administrada ou gerenciada (requisito que veio a se impor aos cristãos) sob a ignorância de uma hierarquia sacerdotal. Dos administradores (não propriamente do baixo clero, ou seja, do opressor imediato na cadeia hierárquica) era requerida uma esmerada instrução, a começar pelo *pontifex maximus*, pelo sacerdote supremo na hierarquia (função que, entre os romanos, até meados do século III, era exercida por um patrício). Depois do *pontifex* vinha o *rex sacrorum*, o "rei das coisas sagradas", aquele que oficiava os ritos e aviava os sacrifícios nas celebrações públicas estatais; depois vinham os *flâmines*, as *vestais* e, enfim, os demais eclesiásticos. Aos da hierarquia, além da instrução, da capacidade de administrar e de gerenciar, eram dadas benesses do poder, a fim de que se mantivessem sempre estimulados a defender as vantagens de seu próprio *status quo*; do baixo clero importava que ele se mantivesse na opressão em nível próximo dos populares com regalias suficientes para se fazer feliz.

Na posteridade, o instituto cristão se viu levado a requerer dos membros da hierarquia eclesiástica que fossem instruídos quer no ciclo da escolaridade básica (na *egklýklios paideía*) quer na Filosofia, que, na época, tinha por base um triunvirato de disciplinas: a Gramática, a Retórica e a Dialética. A obrigação de uma esmerada instrução dos membros da hierarquia eclesiástica se tornou um fenômeno que se estendeu pela posteridade, a ponto de os eclesiásticos medievais tomarem para si a herança filosófica dos gregos.[355] A Filosofia, na preparação do eclesiástico, se tornou uma obrigação curricular. Sob essa condição, a Filosofia, e também a Retórica, vieram a ser úteis não apenas para a *instrução preparatória* como também para a explanação teórica da doutrina (da *pietas*) e para a

---

[355] SPINELLI, M. *Herança grega dos filósofos medievais*. São Paulo: Madamu, 2024.

tarefa da persuasão daqueles, como dirá Clemente, "cujo espírito se abre à fé apenas mediante demonstrações plausíveis".[356]

No decorrer dos séculos, com a expansão e consolidação do cristianismo entre os populares, o dito de Clemente perdeu serventia e valor, uma vez que a maioria não mais carecia de "demonstrações plausíveis", a fim de se "abrir à fé". A ignorância e a fé passaram a refluir em um só recinto e levaram o eclesiástico a convergir quer com os populares quer com o poder político estabelecido! Foi assim que a instrução filosófica dos eclesiásticos cristãos se tornou, na posteridade (no decorrer dos séculos), um fator de convergência, de cooptação, entre o poder político e o religioso, obrigando o instituto cristão a intelectualmente refluir e a se popularizar. A carência da instrução dos eclesiásticos abriu as portas da descristianização e transformou boa parte do clero em agentes a serviço dos usos e costumes das elites consuetudinárias transformando muito dos clérigos em moralistas do estabelecido e em mentores da ascenção de políticas tirânicas e perversas. Oriundos, em geral, dos populares, e destituídos de amor pelo saber, muitos findaram por prezar, sobretudo, as benesses do *status quo* da condição dentro da qual se viam enredados, restando, inclusive, carentes de compromissos com a doutrina e com a vivência cristã, e, ademais, afeitos a mercantilizar até mesmo o sentimento religioso.

Antes, na religião estatal romana, a ninguém era dada a permissividade de mercantilizar o sentimento religioso, ou de, a bel prazer, explorar economicamente as emoções humanas, nos infortúnios ou na ganância da prosperidade, em nome de um ou dos demais Deuses. Não foi diferente quando o cristianismo reivindicou o estatuto jurídico da religião, com direito a leis institucionais, a aviar cultos e a fazer celebrações: atos que facilitavam a doutrinação popular. Não existe, afinal, religião sem povo, e esse tem sido um problema quando a religião finda sob o domínio estatal. A questão se agrava com o Estado autoritário, despótico ou tirânico, cuja principal característica consiste em promover a carência e a ignorância popular, como ocasião e meio de manipulação, e, enfim, estimular fobias como opiniões valiosas e como virtudes.

Esta veio a ser a estratégia: valer-se de indivíduos (padres, eclesiásticos ou pastores) retirados do meio do povo, e fazer deles instrutores que oferecem as mesmas opiniões e crenças que esse mesmo povo cultiva ou

---

[356] *Strōmateîs/Miscelâneas*, I, V, 18.

cultua como se fossem a instrução cristã de que todos carecem: difundem uns quantos "valores" populares como se fossem os princípios cristãos. O que se deu, inclusive, foi uma impiedosa reversão, uma desumanização do cristianismo, que tem consistido em sobrevalorizar os princípios cristãos em detrimento dos indivíduos (ou das pessoas), a amar a doutrina e o seu mentor, Jesus, e não aqueles, as pessoas ou os indivíduos aos quais a doutrina e o amor de Jesus se direcionaram.

No retrospecto, relativamente ao Império Romano, apesar de todo o seu poderio retirado da força militar e do direito, era no poder do povo que o imperador buscava sustento para o seu poder. Do fato, entretanto, do Império romano exigir da hierarquia sacerdotal instrução e esclarecimento, isso amenizou as relações entre religião e Estado. A religião, no entanto, estava sob o do domínio do Estado, e não o contrário, ou seja, o Estado sob o domínio da religião. A religião igualmente tinha que se sujeitar às normas do Direito e da lei, e da governabilidade. Daí a importância da chamada *apologia* cristã (iniciada no século II) que consistiu primordial e essencialmente em louvar a doutrina, em particular a sua capacidade de não promover conflitos, mas, antes, de promover a unidade, a tolerância e a paz e, acima de tudo, a razoabilidade em vista de uma vida serena e tranquila dentro de padrões aceitáveis da vida cívica.

Sob requisições do Império, com os apologistas, o cristianismo tendeu a tomar outros e novos rumos para além dos caminhos percorridos por Pedro, Paulo e pelos demais discípulos. A disseminação das chamadas gnoses cristãs também contribuiu em favor de outras direções. Mesmo que vieram a ser combatidas e reformadas, as proposições dos chamados gnósticos findaram por se somar às crenças arraigadas na mentalidade popular. Lá ocorreu o mesmo fenômeno que, desde os gregos, se impôs na política e no direito: o falso testemunho como forma de destruir o adversário e levar vantagem sobre ele. A mentira, ora em maior ora em menor escala (dependendo sempre do nível de desinformação popular) sempre foi usada como meio despótico de politização de interesses: usava-se a desinformação como meio de informação, nos mesmos termos como difundiam e promoviam o preconceito como valor.

No que tange à mentira, uma vez disseminada, e por mais que o desmentido seja eficiente, resta sempre os que lhe darão crédito, alguns, inclusive, porque se comprazem com ela ou até mesmo porque estão habituados a cultivar a falsidade como verdade. De modo semelhante se dá com o preconceito oferecido como valor, a ponto de encontrar uns quantos que efetivamente tomam certos preconceitos como sendo a sua opinião e o seu modo de pensar: falquejam com eles a alma e a mente e querem ser respeitados no direito de adotá-los como sendo os seus *valores*. Não existe sociedade mais perversa do que aquela em que uma grande maioria faz da mentira meio de informação e dos preconceitos (da intolerância, do racismo, da prepotência, da exclusão dos diferentes, e de tantas outras insanidades) *valores* a serem preservados e transmitidos para os próprios filhos como a *boa* educação.

2 – A *verdade única* de Justino e a *vontade sem coação* de Agostinho

Justino de Nablus (100-165), originário da Samaria, foi um dos primeiros a se ocupar com a tarefa apologética da *exortação* da doutrina cristã em conformidade com os requisitos do direito e dos valores presumidos pela elite patrícia romana. As *apologias* de Justino tiveram um endereço laudatório certo e inconfundível: ele se dirigiu ao imperador Antonino Pio e a seus filhos e aos senadores "representantes" do povo romano.[357] *Representantes* vem entre aspas em razão de que, na verdade, o senado representava os interesses da elite patrícia que, astuciosamente, sabia como ganhar o consentimento dos populares, especialmente dos de mediana riqueza, que se mantinham reclusos nos alambrados dos interesses patrícios. Pela dedicatória, se vê que como Justino se acerca do poder estabelecido diante do qual redunda em um bem-sucedido primeiro passo de reivindicação da existência cristã mediante uma amigável e subserviente aproximação dos interesses cristãos perante os valores e determinações jurídicas do Estado romano, sem o que não teria como subsistir.

Bem ao gosto da governabilidade romana, o apologista Justino se apresentou como um teórico defensor de uma *verdade única* presumida como fonte unificadora de uma vontade pública promotora de ordem, serenidade e de paz. Depois de Justino veio Clemente de Alexandria (150-215), com o mesmo apelo. Ainda no tempo de Clemente o nome mais corriqueiro apelativo não era propriamente o de cristão, e sim o de *gnóstico*, ou seja, aquele que professava e tinha a posse da sabedoria cristã concebida fundamentalmente como uma filosofia e não como uma religião. Naqueles tempos, o que a posteridade denominou de "doutrina

---

[357] *Apologia*, I, 1

cristã" era, perante os intelectuais e eruditos da época, acolhido como uma *sabedoria* (por isso os vínculos da doutrina cristã com a filosofia), da qual Jesus era tido como o mestre (o *didákalos*).

> Do gnóstico [eis o que sentenciou Clemente] se requer que a vontade (a *boúlesis*), que o discernimento (a *krísis*) e que a prática (a *áskesis*) sejam uma só coisa, de modo que, para ele, o mesmo tem de ser a proposição (a *prothésis*), a doutrina (*dógmata*) e a decisão (*kríseis*), a fim de que suas palavras, sua vida e sua conduta sejam coincidentes com o requerido.[358]

É comum encontrarmos nos primeiros doutrinadores cristãos a expressão segundo a qual não conviria ao *ser cristão* (ao *gnóstico*) concentrar-se exclusivamente no exercício da reflexão ou do raciocínio, a fim de não acarretar desperdício de recursos a serem gastos em favor da ação. A proposição é um tanto insólita em razão de que o estudo, a pesquisa e a reflexão teórica em nada atrapalham ou desperdiçam energias em favor da vivência cristã, ao contrário, promovem lucidez, razoabilidade e bom senso. A assertiva, na verdade, soa como um desaconselho, ao modo de uma negação da investigação teórica, cuja virtude fundamental consiste em despertar a exercitação do arbítrio e promover o senso crítico. Nesse sentido, o pressuposto de Clemente nos remete ao conceito de *"vontade sem coação – voluntas [...] cogente nullo"*, concebido por Agostinho (354-430). Nele comparece o mesmo apelo de Clemente no sentido de que "a vontade e o discernimento" deveriam redundar em uma só coisa, a ponto de a vontade *livre* presumida por Agostinho coincidir com a vontade *dócil*.

Assim presumiu Agostinho: "A vontade é um movimento da alma, sem qualquer coação, para não deixar escapar [*perder*] o que a alma tem de posse ou para adquirir algo [obter a posse]".[359] A partir do que ele diz, cabe a seguinte questão: o que seria, afinal, uma vontade sem coação? Seria uma vontade indeterminada, tipo assim que não sabe o que quer porque não foi estimulada a escolher ou a rejeitar? Ora, a fim de que uma vontade possa dizer-se *livre* (se é que isso é de todo possível), carece de alguma coação racional interna (intelectiva e deliberativa) da parte do sujeito senhor da própria vontade, sem o que (isto é, sem deliberação pautada por razoabilidade) restaria apenas uma vontade caprichosa. É

---

[358] *Strōmateîs/Miscelêneas*, II, XVII, 163.

[359] *De duabus animabus contra Manichaeos*, I, 10, 14.

evidente que, havendo apenas coação externa, sem deliberação interna, não há sequer como falar de liberdade! Poderíamos ainda, a respeito da proposição de Agostinho, tecer as seguintes objeções:

a) Agostinho ao dizer que "a vontade é um movimento [...] sem coação" resulta como se afirmasse a existência quer de uma vontade em si mesma inerte ou em repouso, quer de um movimento contínuo, perpétuo e sem atrito, de modo a permanecer sempre estável em seu mover. Uma vontade desse tipo, presumida como "um movimento sem coação" seria uma inércia, cuja característica fundamental consistiria em se manter em um movimento feito repouso eterno e inalterável. Por detrás desse tipo de afirmativa encontra-se uma negação das pulsões naturais humanas como móveis da vontade, pulsões que, desde Clemente e Orígenes, e na posteridade, os esclesiásticos manifestaram um insano despreso e desconsideração. Com Clemente e Orígenes encontramos expressões de ojeriza (de sentimentos de repulsa) diante das pulsões naturais humanas a ponto do próprio Orígenes ser levado a se emascular (a se castrar) como forma de dissolver a coação das pulsões e assim se manter cultor de uma "vontade" que se move em um contínuo (na verdade falso e ilusório) estado de virtude. É ilustrativa aqui a máxima que consta em Mateus: "Vós sois o sal da terra! Se o sal perder a sua força, com que se há de salgar?".[360] Assim como um sal insipido não salga, uma vontade sem desejos não desperta o arbítrio, a faculdade que move o critério da escolha e da rejeitação; uma vontade destituída de desejo tampouco promove o cuidado de si e o governo da virtude: ela ilusoriamente se sente virtuosa na inécia de seus preceitos. Se, por exemplo, erradicarmos da sensibilidade humana, as papilas degustativas do pálato como havermos de identificar sabores e arranjá-los em delicado e harmoniozo prazer? Sem as percepções do sensível não conseguiremos fruir prazeres tampouco nos livrar das dores;

b) uma vontade sem qualquer coação natural interna ou externa só vem a ser livre no *desvio* de sua própria inércia; assim se caracterizaria: dado o desvio, a virtude consistiria em retornar ao anterior estado ou à retitude do movimento do qual desviou. Uma vontade presumida como um *movimento sem coação* expressa, como visto, um modo de pensar que retira do humano, suas pulsões naturais do ser e do pensar, uma vez que tais pulsões são naturalmente dadas como móveis promotores do conhecimento (ou discernimento) e do governo de si que encontra a

---

[360] *Mateus*, 5: 13.

sua realização no agir e não na imobilidade. Um ser humano imóvel na exercitação de sua natureza não qualifica nada e não promove ninguém, sequer a si mesmo em qualificação e beneficiência, tampouco se conhece e se dá a autonomia de gerenciar a si mesmo. Quem não age pelo simples medo de errar, erra profundamente pelo simples fato de não agir, a ponto de sua vontade restar submissa a uma imobilidade que concide com a inércia promovida pelos princípios em dependência dos quais, antes de se alçar em virtude, se acovarda;

c) na afirmativa "a vontade é [...] sem coação para não deixar escapar o que a alma tem de posse", comparece o pressuposto de uma vontade oprimida incapaz de deliberar sempre e de novo em favor daquilo do qual tem a posse, caso contrário, sem uma renovada deliberação (relativa ao que tem a posse) resta sem autonomia e sem liberdade;

d) por detrás da afirmativa de Agostinho comparece, na verdade, todo o drama existencial de quem (experiente nos "desacertos" segundo as próprias prerrogativas, opções e critérios como fez constar nas *Confissões*) se encasula em um punhado de propósitos e princípios a fim de não recair em suas antigas agruras. Ser *ser livre*, sobre essa perspectiva, consiste em se manter inerte no próprio *status quo* a fim de não abrir possibilidades (movimentos) que levam à obrigação de deliberar novamente, no que vem presumido, inclusive, a *não garantia* de que, em uma nova deliberação, se manterá no mesmo estado. Trata-se, em última instância, de uma vontade coagida (acuada) dentro do *status quo* do qual, por várias razões, inclusive por carência de espírito livre, se vê incapaz de se deslocar;

e) enfim, cabe considerar, no que concerne a uma *vontade livre*, que só é livre a vontade que, ao renovar as suas deliberações em favor da causa ou dos compromissos assumidos, o faz sem coação interna ou externa à causa considerada em si mesma, em razão de que a coação, nesse estágio, coincide com a própria causa que a vontade em liberdade se dá. Esta é a máxima: a minha causa é a minha coação que, em liberdade, voluntariamente me dou. Aqui é preciso levar em conta que a *coação* referida diz respeito à própria autonomia ou liberdade da vontade de fazer o que faz, independentemente de outras razões ou fatores mediante os quais a vontade se vê cerceada de optar ou de renovar a causa que se deu a título de liberdade e autonomia. Como diz o adagio: "A ovelha não sente o peso da lã". O mesmo ocorre com certas causas ou opções que nos damos: nelas concentramos a *coação* como expressão de nossa própria autonomia e liberdade, e, inclusive, de nossa felicidade.

Distinto dos filósofos gregos, os doutrinadores cristãos, entre eles Agostinho, não tinham por prioridade serem mestres da educação do intelecto enquanto promotores do exercício da inteligência no livre debate e na livre deliberação. O conceito de Agostinho de "vontade sem coação, para não perder o que se tem de posse" põe em evidência a coação enquanto fatores externos que promovem internamente conflitos que movem a possibilidade de se desfazer *daquilo* que se possui. Sob essa ótica o conceito de *coação* veio a coincidir com o que denominaram de *tentação*. Mas, esse é um lado da questão, um outro diz respeito ao fechamento da vontade em si mesma sem se permitir o contraditório que coloca em crise o admitido por ela como verdadeiro. Sob esse aspecto, a tendência da doutrinação consistiu em assegurar uma verdade plana e única, ao abrigo do conforto que não se expõe a conflitos ou que não se debate com o diferente, que foge das encruzilhadas mantendo-se sempre recluso naquilo que presume como retitude valiosa e única. Sem se expor ao conflito, sem esse *debater-se* com as diferenças, a reclusão pode redundar em perversa coação ao modo de quem foge da exercitação do arbítrio e da confirmação de sua liberdade. Ser livre é se colocar em uma coação virtuosa que redunda em um bem-viver prazeroso e feliz.

Foi, com efeito, o conceito de *verdade única* que instigou os doutrinadores a se fazerem mestres da pedagogia do acolhimento, da instigação da fuga e do refúgio, do cultivo da vontade imóvel e impermeável, como forma de garantir (mediante enclausuramento) a posse do que (na alma) dispõe e que é *devido* manter livre de qualquer coação (sobretudo externa). Vale aqui o pressuposto daquele que toma para a si a máxima: "olho, mas não vejo, sinto, mas não me movo, espero passar a fim de me manter no antigo estado de quietude". Trata-se de uma auto opressão, feito uma mutilação da capacidade de sempre de novo se *renovar* como princípio intelectivo fundamental da prática ou exercitação da virtude. Trata-se, ademais, de uma pedagogia que não estimula ou requer a educação de uma inteligência *deliberativa*, e sim francamente mantenedora (como vem subentendido em Agostinho, *acolhe e não deixa escapar*) como pressuposto fundamental de virtude, de cunho estoico.

Mesmo que invocassem a *razão* ("monopólio" da filosofia e dos filósofos), os doutrinadores assim procediam com a preocupação imersa na própria pedagogia cuja função findava restrita em defender e divulgar a instrução (*dídaxis*) cristã em termos aceitáveis e compreensíveis, sem espaço para o questionamento ou para o contraditório. Foi (a título, aqui, de mera constatação) por conta dessa pedagogia, acompanhada da eloquência e da habilidade retórica (da qual Agostinho foi mestre) que a obra apologética desde Justino tomou para si a tarefa de demonstrar o primado da *sabedoria* única cristã sobre a *sabedoria polifónica* filosófica. Foi, entretanto, a polifonia entre as gnoses cristãs, gerada pelo conflito das interpretações, que moveu (internalizou) a necessidade do cultivo do primado da *verdade única.*

Justino, nesse ponto, não sem a posterior ajuda de Clemente, de Basílio (329-379), de Gregório Nazianzo (329-389), de Agostinho etc., juntos prepararam o terreno que levou o imperador Justiniano I (imperador romano do Oriente, de 527 a 565) a fechar a Academia de Platão e as demais *escolas* filosóficas sob a alegação de que as escrituras sagradas detinham a sabedoria indispensável para o bem viver. Depois de Justiniano veio Constantino V, pelo povo "aclamado" de *coprônimo*. Ele governou o Império entre os anos de 741 e 775, período em que vários papas (*pontifex*) ocuparam o trono de Roma: Zacarias (741-752), Estevão II (governou por apenas três dias, e veio a falecer), Estevão III (752-757), Paulo I (757-767), Estevão IV (767-772) e Adriano I (772-795).

Quando ao "título" *coprônimo*, referido ao imperador, tratou-se de um apelido não muito feliz. Ele foi derivado de *kópros* (fezes, excremento, estrume) + ónoma (nome, denominação), literalmente, *nome de fezes*. O infame apelido lhe adveio da lenda segundo a qual ele teria defecado na pia batismal, fato que fez com que o seu batismo, em *nome* de Deus, se revertesse, sob a impiedosa voz popular, em *nome das fezes!* Trata-se, evidentemente, de um insulto ou reprovável maledicência, que, entretanto, expressava o quanto o imperador era amado pelo povo e, sobretudo, reconhecido como *cristão!* O fato é que, com Constantino V, inicia-se a decadência em todos os setores do bem-estar físico e da saúde pública, mesclada ao obscurantismo da mente humana.

3 – Justino, Tatiano e a crise do cristianismo no segundo século

Justino viveu entre os anos 100 e 165, e, Tatiano, entre 120 e 185. Ambos viveram em Roma, em cuja cidade Tatiano se fez discípulo de Justino. Há uma "indecisão" quanto ao nome de Tatiano, muitas vezes também denominado de Tácio ou Taciano. A indecisão decorre ou do nome *Tatius* conforme a denominação latina, vertida em português por *Tácio*; ou da denomição grega *Tatianós*, vertida por Tatiano. Em sua obra,

Pròs héllenas (habitualmente traduzida por *Exortação aos gregos*), no final, ele se refere a si mesmo nestes termos: "Eis aí, homens gregos, o que eu, Tatiano (*Tatianós*) vos escrevi".[361]

Como intelectual, o grande mérito de Tatiano consistiu no trabalho de certificar, entre os três primeiros evangelhos (de Mateus, de Marcos e de Lucas), por ele chamado de *synoptikós* (termo grego que significa "o que se abarca em um só olhar") discrepâncias, contradições e duplicações com o objetivo de *harmonizá-los* em um só conjunto passível de ser visto como uma totalidade. Aos evangelhos foi dado o mérito de compor a doutrina de Jesus mediante narrativas construídas a partir de testemunhos fidedignos. Jesus, afinal, não deixou nada escrito. Por isso o principal da unidade doutrinária do cristianismo se assentou, desde os primórdios, em uma tradição construida pelas narrativas evangélicas sob as lideranças de Pedro, Paulo e Tiago Menor (chefe da comunidade cristã de Jerusalém e primo de Jesus).

A obra de Tatiano veio ao encontro da proposição de Justino de unificar o todo cristão em uma só doutrina, enquanto teoria e ação. O que de imediato ocorreu foi o contrário: depois da morte de Justino, as comunidades cristãs voltaram a se fechar em si mesmas e o que mais se viu foi a propagação de *gnoses*, ou seja, de modos diversos (polifônicos) de conceber, de interpretar e de vivenciar a doutrina cristã. No vácuo instalado com a morte dos primeiros mestres da unificação (Pedro, Paulo e Tiago Menor), na falta de um efetivo poder central aglutinador, a tendência se deu no sentido de fortificar, sob a insurgência de líderes locais, comunidades distanciadas do poder e da vigilância dos patriarcados.

Tais líderes locais nasciam de dentro das comunidades ditas *gnósticas* e se apoiavam (encontravam sustento para o seu poder) nos evangelhos e nas cartas, sobretudo nas de Paulo, selecionadas e interpretadas ao bel-prazer, em consonância com os interesses subjetivos que implicavam em escolhas, opções, *preferências* (em grego *aíreseis*) e que fomentaram o que veio a ser denominado de *heresia*. A *preferência* (a *aíresis*) findava por *prejudicar* (*blápto*) a *reputação* (*phéme*) pública da doutrina, razão pela qual aquele que optava por um só evangelho ou por uma carta específica, era chamado (derivado do verbo *blápto*) de *blásfemos* (maledicente, caluniador, difamador). O adjetivo *blásphemos* (maldizente, difamador) lhes era aplicado porque se colocavam ao longe, numa atitude de *abandono*

---

[361] *Discurso aos gregos/Pròs héllenas*, §35 e §41.

(*apóstasis*), de afastamento ou *separação* (*apostasía*) diante dos cânones estabelecidos por Pedro e Paulo.

Todos os referidos conceitos (dos quais derivaram os de herético, de blasfemo e de apóstata) fojaram, na posteridade, denominações negativas a respeito das atitudes ou compartamentos referidos como desvios da ortodoxia, ou seja, da *reta* (*orthós*) *opinião* (*dóxa*) promovida pela canônica cristã preservada pelos pariarcados regionais de Roma, de Jesuralém, de Antioquia e de Alexandria. Mesmo sem um governo único, a expansão do cristinismo teve o cuidado de estabelecer patriarcados regionais em favor da unidade. Essa dispersão de comando não resultava, entretanto, eficiente nem em termos de região nem do todo no qual a dissenção se ampliava. A desestabilização doutrinária, mesmo sendo repelida pela incipiente canônica vigente nas regiões, tumultuva as opiniões populares e findava por levar muitas delas a se integrar, mesmo que de viés, em um modo popular cristão de pensar.

As comunidades dispersas tendiam a promover um cristianismo de tipo próprio, com o que contribuíam, e muito, para o estabelecimento de um modo cristão polifônico e exigia da instituição que se adotasse uma efetiva canônica reguladora e pacificadora da dita *ortodoxia*, que, a partir do Concílio de Niceia (de 325) veio a ser denominada de *dogmática* (*dógma*, opinião, decisão, sentença + *máthesis*, saber, ciência, instrução = a instrução ou ciência estabelecida ou decretada) como norma ou cânon assentado em um só credo. Aliás, *não foram poucos os que receberam a alcunha de heréticos* pelo fato de personalizarem a doutrina cristã em favor de seus entendimentos, interesses e, inclusive, por vaidades decorrentes do desejo de liderança ou de visibilidade pública ou de fama ou por qualquer outro desejo que nada tinha a ver com a cristandade.

Muitos almejavam ser reconhecidos como homens santos, outros como profetas, outros como mártires, ou por outras vaidades. O mártírio, nos primórdios do cristianismo foi uma brutalidade real, mas, mesmo assim, não deixou de ser, sobretudo na posteridade, almejado como uma vaidade cristã. Todos os ditos *hereges* estavam envolvidos com a doutrina cristã e dela se apresentavam como *intérpretes* e por isso o título de *gnósticos* derivado do conceito grego de *gnôsis* (conhecimento) e também de *gnōma* no sentido de manifestação de um juízo (*gnómē*) em termos de uma proposição enquanto expressão de um paracer ou opinião caracterizadora de um determinado modo de pensar e de conceber.

Muitos desses líderes de comunidades tinham também a pretenção de serem reconhecidos como filósofos da nova doutrina, submetendo-a desse modo a arrazoados os mais diversos, na maioria limitados, confusos e precários, e um tanto estranhos ao doutrinário cristão. No labor de interpretar e de entender, e, consequentemente, de explicar, o chamado *gnosticismo* (o ajuizamento gnóstico da doutrina cristã) mesclou o religioso e o filosófico, o mítico e o lógico em busca de uma arquitetônica doutrinária intelectivamente plausível. O resultado, porém, da parte dos que vieram a ser denominados de *hereges* ou blasfemos ou apóstatas deixou muito a desejar, bem mais que outros "gnósticos" (como Justino, Clemente, Orígenes, Basílio) filosoficamente um tanto mais preparados e respaldados pelos patriarcados defensores da incipiente unidade cristã.

O cristianismo, em seus primórdios, logo se transformou em um fenômeno popular. Com a morte de Pedro, Paulo, Tiago Menor e João (patriarca da região de Éfeso e o último dos discípulos a falecer), a tendência das comunidades se deu no sentido de se deixar cooptar pelo poder político vigente. O cristianismo ainda não era amplamente tido como uma religião, mas como uma sabedoria de vida; por isso a sua parecença, naqueles tempos, com a filosofia, especificadamente com a estoica (com a qual compartilhava proximidades teóricas) e com a epicureia (que se organizou em comunidades filosóficas gerenciadas mediante cartas de orientação e de manutenção de vínculos e de unidade). Como se tratava de um fenômeno popular, o movimento cristão, após as mortes de Pedro e de Paulo, quando ainda não era uma religião (mas portadora de um profundo sentimento religioso), passou a ser controlado pelos da elite do poder e da riqueza que se faziam cristãos.

Antes do cristianismo o mesmo controle se deu, entre os romanos, sobre o estoicismo e o epicurismo: Sêneca (um dos homens mais ricos de Roma e secretário de Nero) se fez estoico, e assim também Marco Aurélio, o imperador. Júlio César e seu sogro, Lúcio Calpúrnio Pisão, se diziam admiradores e adeptos da doutrina de Epicuro. É de se supor que o epicurismo, na época de Júlo César (que viveu entre os anos de 100 a.C. e 44 a.C.) fosse o movimento filosófico mais saliente e popular entre os romanos. Esse fato por si só demonstra como a chamada *láthe biósas* (a vida quieta)[362] de Epicuro não comportava exatamente o sentido de

---

[362] SPINELLI, M., *Principais temas da ética de Epicuro*, São Paulo: Dialética, 2024; Idem. *Epicuro: os fármacos do bem viver, a terapia da morte, as noções de democracia e justiça*, Curitiba: CRV, 2024, p. 65-72.

deprezo pela política como alguns intérpretes de Epicuro quiseram ou ainda querem fazer crer.

A partir de Sêneca (4 a.C. a 65 d.C.) e na época de Marco Aurélio (121-161), o estoicismo se sobrepunha ao epicurismo. Musônio, um etrusco (que viveu entre os anos de 25/30 e 95/100), foi o principal difusor (para aqueles que tinham condições de pagar pelo seu ensino) da filosofia estoica em Roma. Junto dele temos Sêneca que obteve grande sucesso entre os da elite romana em condições de ler e de adquirir os seus escritos. Epicteto (50 -138) deve ter se aproximado do estoicismo através deles, e também através de Epafrodito, seu patrão, membro da elite patrícia romana, com tempo e riqueza o bastante para se ilustrar.

Foi o estoicismo que sedimentou o terreno sobre o qual o cristianismo se expandiu entre os da elite romana. Foram os da elite, a partir da morte de Pedro e Paulo, que, aos poucos, tomaram para si a governança da expansão cristã. Na época, os chamados *bispos* (sinônimo de *patriarcas*) eram os chefes (os *kýrios*) das principais famílias ricas e influentes imersas no poder político. Eram famílias que detinham o controle dos interesses da política e do consuetudinário, ou seja, dos usos e costumes cívicos requeridos dos populares como vida virtuosa e civilizada. Dado que a religião atingia diretamente os anseios do povo e que o poder político dependia da força popular para o seu sustento e vigor, a vinculação entre poder político e religião era como que inseparável; a religião estava sob o poder do Estado. Tudo o que em meio ao povo sobressaía como modo de vida e que não atentava contra o estabelecido, encontrava nos gestores do poder consuetudinário o seu respaldo e, na governança estatal, o seu controle.

Até mesmo Paulo buscou nos da elite apoio e sustento para a sua causa. Epafrodito (talvez o mesmo patrão de Epicteto) e Filémon, dois senhores do poder e da riqueza, fizeram parte desta elite. O cristianismo não tinha como se expandir e se sutentar em meio ao povo sem o apoio dos patrícios que tinham nos populares o sustento político e a força de trabalho. Pedro e Paulo se ocuparam em não atentar contra a serenide do estabelecido, mas, mesmo assim, tiveram o mesmo destino cruel de Jesus e dos demais discípulos. De modo semelhante atuaram os hereges (no decurso do segundo II), em geral, eles próprios filhos da elite patrícia. Eles se valeram de uma estratégia ainda mais eficiente: fundaram comunidades reclusas, erigidas feito escolas filosóficas, e distanciadas do bulício da vida cívica.

A condenação deles não adveio do Estado, mas da tradição (na posteridade) cristã derivada das comunidades edificadas pelos discípulos e sob a coordenação e liderança de Paulo. Dessas comunidades, erigidas (na ausência de Pedro e Paulo) na forma de patriarcados, as principais estavam sediadas em Roma, em Cartago, em Antioquia, em Alexandria, em Éfeso e em Jerusalém. Mesmo não havendo entre elas uma harmonia pacífica – pois rivalizavam em força e poder – foi delas que partiu, especificadamente da Diadascálica de Alexandria, a refutação das doutrinas que os ditos heréticos defendiam. Os ditos *hereges* não atentaram contra o estabelecido, porém quebraram a serenidade da doutrina, de modo que, indiretamente, desestabilizaram o costumeiro.

Sob outras proporções, e em comunidades isoladas, eles fizeram algo semelhante a Jesus, que, com sua pregação, colocou em crise o judaísmo vigente associado ao poder político, razão pela qual foi perseguido e eliminado. São momentos históricos distintos em que proliferam intenções diferentes, que findam por colocar em crise o cristianismo em si mesmo. Os ditos hereges desestabilizavam por dentro o cristianismo nascente, sobretudo na medida em que propugnavam um isolamento do cristianismo em relação ao judaísmo. Também o evento Jesus desestabilizou, por dentro, o sistema religioso (a *palaiòs lógos*) ancestral judaica, mas sem se isolar dela. Ele colocou em crise vários usos e costumes vigiados por fariseus e saduceus que controlavam o consuetudinário cívico e o poder político/religioso constritor do povo de Israel. Os herejes, por sua vez, ao colocar em crise o cristianismo estratifica-o em seitas às mais diversas, desestruturando-o por completo em sua unidade.

Os principais nomes dos chamados *hereges* são os de Marcião, de Valentin, de Basilides, de Saturnino, de Carpócrates e de Montano. Todos são do segundo II (viveram entre os anos 100 e 200), e, portanto, são entre si contemporâneos. Todos têm em comum a chefia e a liderança de comunidades locais, e por se apresentarem como teóricos enganjados no desejo de compreender e de tornar inteligível o que cada um em seu grupo concebia por "doutrina cristã" – entre aspas, porque, na verdade, o que faziam consistia em fracionar a doutrina em porções ou segmentos condizentes com os interesses teóricos ou vivenciais de cada um. Eles eram tidos como heréticos (*aíretikos*) justamente porque fracionavam (dividiam, fatiavam, fragmentavam) a doutrina cristã, razão pela qual as suas comunidades eram substantivadas sob o conceito da *aíresis*, cuja denominação indicava uma escolha ou preferência ou partido, e, enfim, uma *seita*.

A principal característica dos tais *hereges* (*fatiadores* da doutrina cristã em favor de suas preferências e interesses) está no fato de viverem em comunidades de certo modo isoladas da vida cívica. Houve, naquele momento, uma reversão: enquanto Jesus, ao modo socrático, se pôs nas ruas e imergiu no mundo cívico, os tais *hereses* se isolaram, fugiram do mundo; enquanto Jesus se pôs ao relento do bulício da vida cotidiana, em contato com a natureza humana manifesta em fenômenos subjetivos diversificados, eles se isolaram feito uma espécie de extirpação cívica do convívio com as diferenças. O maior interesse de cada um consistia em atender aos próprios anseios particulares, em labutar, no isolamento, com as próprias complexidades, especificadamente no que concerne ao entendimento de como conduzir a própria vida e de quais usos e costumes se valer como sendo os mais adequados em vista de seus fins. Fundamentalmente o que neles findou por se pôr em questão, não foram propriamente os ensinamentos e os feitos de Jesus, e sim os ensinamentos e os feitos deles, inclusive as suas *taras* (no sentido de que cada um de nós tem dentro de si a sua dispensa sortida de pulsões e de desejos) para o que cada um buscava justificativas em formulações descontextualizadas (fracionadas) e dispersas do doutrinário cristão.

4 – Os primeiros *hereges* e o conflito das interpretações

4.1 – *Marcião de Sínope*

Um dos primeiros e dos mais conhecidos a receber o título depreciativo de *herege* (*aíretikos*, faccioso) foi Marcião de Sínope. Ele viveu entre os anos de 85 e 160; era filho do patriarca da província do Ponto, na Ásia Menor, em cuja região a família era dona de estaleiros maritmos, dispunha de grande riqueza e controle sobre a mão de obra popular.[363] A "hierarquia" eclesiástica da época era constituída por indivíduos em geral dotados de cultura, de saber e também de riqueza. *Hierarquia* vem entre aspas porque ainda não existia, em nível instituicional, uma escala de poder concernente ao "instituto" cristão; existiam chefes de comunidades e patriarcados regionais, mas não *chefias escalonadas de poder sacerdotal* sob a regimentação de um poder central organizado. Era a riqueza que dava acesso ao saber, e, consequentemente, aos encargos de liderança cívica e

---

[363] TERTULIANO, *Contra Marcião*, I, 1-2.

também religiosa. Nenhuma cultura antiga admitia uma liderança religiosa destituída de ilustração e de preparo doutrinário e teórico. A ignorância jamais se constituiu, entre gregos e latinos, em ornamento de um chefe religioso; a preparação precária também não.

Ao contrário de Jesus, de Paulo e de Justino, Marcião apenas defendia um cristianismo puro, com identidade própria, sem vínculos estreitos com o judaísmo. Isso efetivamente o colocava na contramão da incipiente tradição cristã que buscava um cristianismo dialogante com o judaísmo. Entre as religiões existentes e sob o controle do Estado romano, o judaísmo, na época, em Jerusalém e em Roma, se constituía em uma força religiosa estabelecida em meio ao poder político e econômico. Pilatos, em relação a Jesus foi levado a *lavar as mãos* por constrangimento e não por espontaneidade política, em cujo ato mostrou fraqueza e não propriamente poder. O referido *diálogo* entre cristianismo e judaísmo adveio, desde os primórdios, como uma necessidade e também como um fator que favoreceu o bom acolhimento e a expansão do cristianismo dentro do Império e meio às elites, tornando-o mais palatável e suave em sua recepção.

Consta que Marcião escreveu uma obra, que se perdeu, demonstrando as "Antíteses" (este era o título da obra) entre o novo e o antigo testamento.[364] A desvinculação diante do judaísmo parte de uma concepção filosófico-teológica conceitual adotada por Marcião a respeito de Deus, por ele acolhido como sinônimo de bondade, como uma entidade que personificava o bem sem qualquer deslize de maldade. Por se constituir na essência e na fonte inesgotável do bem, Deus não poderia promover nenhum mal. Marcião, nesse sentido se contrapunha à teologia judaica que concebia Javé como um Deus promotor de constantes guerras e de umas quantas maldades contra outros povos que não o de Israel.

Nesse aspecto, Marcião, apesar de se contrapor ao *diálogo* promovido por Paulo com o judaísmo, fundamenta no mesmo Paulo toda a sua *gnose*, porém, sem preocupações judaizantes. Em síntese, o desejo de Marcião, nesse sentido, consistia em aprimorar o cristianismo em vista de torná-lo uma doutrina pura, desvinculada da ideia nacionalista de Deus de um só povo, e que não tinha nenhum pudor em dizimar (feito um senhor do mal) outros povos em favor de bens seletivos para o seu povo.

Marcião veio para Roma por volta de 138-139 e ali se instalou.[365] As principais razões que o levaram a ser considerado um herético decorreram

---

[364] DROBNER, 1999, p. 229.
[365] JUSTINO, *Apologia*, I, 25, 6.

de suas proposições cosmológicas que não concediam a Deus a criação do mundo, em razão de todos os males que existem no mundo. Marcião, a exemplo dos pitagóricos, admitia a existência de uma matéria não criada e eterna, preexistente, e um Demiurgo que a arranjou e Deus que *inseriu* nele o bem. Na proposição, Deus não fez que inserir o bem inexistente no mundo, Marcião presume uma interferência contemporânea de Deus ao arranjo demiúrgico do Cosmos. A esse respeito, ele mais complica que explica o fazer-se cósmico, e presume uma ideia do bem que vem de fora do mundo, e que Deus e o Demiurgo não são a mesma coisa. Nesse imbróglio imaginativo de Marcião, Deus coincide com o bem enquanto o Demiurgo é o arranjador da matéria portadora do mal. Em relação a Deus, cabe questionar: será que Deus (que coincide com o bem) se inseriu no mundo ao modo de quem *se fez* mundo? Dado que o mundo veio a existir mediante a engenharia arranjadora operada pelo Demiurgo sobre a matéria que, afinal, é portadora do mal), Deus aos se inserir no mundo eliminou o mal existente ou apenas se contemporizou com ele? Como Marcião não explica, ficam em aberto essas questões.

Quanto ao Demiurgo (o artesão arranjador da matéria, fonte do mal), é plausível concebê-lo como uma força independente de Deus atuante no Cosmos, sem que, entretanto, Marcião explica se ele era ou não imune ao mal, inerente à matéria da qual foi arranjador. Cabe aqui a seguinte questão: o Demiurgo (sem que se saiba a sua origem), ao arranjar a matéria portadora do mal, eliminou o mal nela existente ou simplesmente a arranjou com o mal e tudo? Resta a questão já feita: Deus (a respeito do qual Marcião também não explica de onde veio) ao inseriu nela o bem agiu no sentido de contemporizar bem e o mal no mundo? Está dito *contemporizar* em razão de que o bem e o mal não se misturam, tampouco se conciliam, de modo que haveriam de restar marginalizados um do outro.

O imbróglio se amplia à medida que Marcião identifica Deus e Jesus (o filho de Deus) com o bem, e, além disso, o concebe como um existente extraordinário: alguém que participa da matéria (fonte do mal) sem se fazer matéria! Para complicar essa confusão teórica, Marcião, sob os conceitos de "matéria eterna e incriada" e de "males existentes no mundo decorrentes da matéria", tende a livrar Deus da origem do mal, com o que, entretanto, retira dele a gênese da criação. Mas, enfim, sem ir mais longe nesse confuso, dado que o bem vem de Deus e o mal da matéria eterna (arranjada pelo Demiurgo) resulta, então, que o bem no mundo é mais recente que o mal, uma vez que o bem foi inserido a partir do arranjo demiúrgico...

Não foi, com efeito, todo esse imbróglio que fez de Marcião um herege. Deus, afinal, era por todos concebidos como fonte do bem, e a matéria, fonte do mal. Sob esse aspecto não havia grande dificuldades, e, tampouco, apareceu alguém disposto a problematizar as teses "filosóficas" de Marcião. *Filosóficas* vem entre aspas porque o pensar genuinamente filosófico carece de bom senso e de razoabilidade, fora desse plano resulta em um imbróglio teórico. Por isso que a grande razão que fez de Marcião um herege decorreu de uma moral excessivamente austera como forma de vivência cristã: ele condenava, por exemplo, o casamento, para ele, uma promiscuidade, com o que, consequentemente, desencorajava a procriação. Ele exigia de todos rigorosos jejuns, presumidos como forma de autofragelo em favor de uma contínua preparação para o martírio (*martýrion*). O objetivo da prática do jejum consistia em levar o cristão a assumir uma atitude de acolhimento dos sofrimentos e das agruras da vida, inclusive, se necessário fosse, da morte, como forma de *dar testemunho* (*martyréo̲*) ou prova da própria fé (da *fidelidade* à doutrina).

Quanto ao conceito de *martýrion* (independentemente aqui da concepção de Marcião) ele era de uso comum nos processos e julgamentos judiciais da antiguidade. Nos julgamentos se impunham a necessidade de ter ao menos duas ou mais testemunhas, ou seja, dois ou mais indivíduos que viram ou ouviram, e estavam em condições de fazer um relato do que presenciaram, e assim evidenciar (no sentido de *certificar*) o acontecimento ou o fato ocorrido. Nesse sentido, o *mártys* dizia respeito ou evocava a testemunha, mas também o testemunho (a declaração, *martýria*) do indivíduo que relatava o fato a título de uma certificação *in concreto* de sua declaração abstrata. Por isso o *mártyr* ou o *mártys* dizia primordialmente respeito àquele que vivenciou uma certa experiência e que a manifestou com o seu testemunho.

Por esse ponto de vista, o *mártir*, em termos jurídicos, era o nome daquele indivíduo que *entrava nos autos* como sendo ele próprio a prova do que testemunhou. Ele era alguém, que, em última instância, sofreu a ocorrência por força de sua presença certificadora do acontecido, a ponto de ele próprio ser arrolado como a garantia de um acontecimento (por ele testemunhado) que merecia crédito. O *mártyr*, por princípio, e, em sentido próprio, não era a vítima, mas aquele que foi vitimado em nome da vítima por força de sua condição de testemunha arrolada, enfim, como uma convicção ou prova fidedigna do acontecido. Daí que ele vem a ser, em última instância, aquele sofre as consequências da condição do *mártyr*:

de alguém que findou "torturado" (no inquérito) em nome da justiça e da verdade das quais era a testemunha.

O termo *mártyr* ou *mártys*, em suas várias formas, foi muito utilizado no contexto das narrativas evangélicas vinculadas ao seguinte pressuposto: dado que Jesus não deixou nada escrito, tudo o que a respeito dele veio a ser manifesto recaiu sobre o *testemunho* das *testemunhas* que conviveram com ele e que (em boa-fé) relatam o que viram e ouviram. São três elementos relativos a um só evento: Jesus, seu discurso e sua ação. Dado que o evento não diz respeito a apenas um discurso, mas expressa igualmente uma ação, e, portanto, uma vivência, aqui se põe a ideia do *martírio* tal como os gnósticos a presumiram vinculado ao *sofrimento* que vai desde a vivência cristã, como testemunho dos ditos e feito de Jesus, até à morte como manifestação de fé (ou fidelidade) à causa assumida. Por isso que a proposição gnóstica de Marcião, no sentido de "preparar-se para o martírio", significava submeter-se, caso necessário, até mesmo à morte, a fim de testemunhar em favor da causa extraordinária que o cristão se deu.

A moral propugnada por Marcião era tão austera que proibia até o vinho (em seus mínimos goles) nas celebrações litúrgidas. Do casamento, dizia que o ato de gerar, por sua natureza, é um ato criminoso em razão de que as criaturas são más por sua natureza material, com o que, por um lado, fica expresso que o Demiurgo, ao arranjar a matéria, e, Deus, ao inserir o bem no arranjo cósmico não extraiu o mal no mundo; por outro, Marcião dizia que a procriação era criminosa porque os filhos nascem para viver do sofrimento e da dor em um mundo cheio de malevolência, sofrimentos e agruras.[366] Marcião, a respeito da procriação repete Heráclito que via no nascimento uma infelicidade pelo fato de que viver corresponde a experimentar uma sorte mortal, e que são os pais que põem os filhos a "participar da mesma sorte" dentro da qual foram inseridos.[367]

Por isso Marcião pregava o celibato para os homens e a virgindade para as mulheres. Sob todos os aspectos, no que concerne à sua moral austera, ele findava por fazer do cristão um opressor, feito um inimigo de si mesmo, e, inclusive, findava por promover nele a possibilidade da hipocrisia como forma de salvaguardar aparências: o cristão celibatário público não necessariamente assim se preservava em solitário ou em particular. Ademais, as proposições de Marcião são pautadas por um

---

[366] *Strōmateîs/Miscelâneas.*, III, III, 210.

[367] DK 22 B 20; Clemente de Alexandria. *Miscelâneas*, III, 14.

contrassenso e por uma preparação intelectual e filosófica precárias. De um lado, ele dizia que Deus é a fonte do bem; de outro, que a natureza humana criada por Deus é má.

Antes da vida prazerosa e feliz, Marcião (filho, como visto, da riqueza) propunha ao "bom cristão" uma vida sofrida como forma de se penitenciar do mal natural de que em si dispunha como criatura. Foi um modo de pensar que, na posteridade, veio a ser acolhido daqui e dali e findou por promover uma mentalidade em si mesma perversa, e em tudo favorável, naquela ocasião, aos interesses da elite patrícia romana. Os patrícios, com certeza, acolhiam de bom grado um tal estímulo popular como autojustificativo da opressão e da sofrida pobreza como forma de "salvação". Se acrescermos ainda à pregação de Marcião que, segundo ele, era preciso uma continuada preparação para o *martírio* (ou seja, para continuamente se manter fiel como *testemunha* da fé cristã), essa proposição, mesmo sob outros propósitos e intenções, facilitava a perseguição aos cristãos que encontravam nas mortes cruéis, que sofriam, uma forma de beatificação e de santificação.

Marcião foi, pois, mesmo que sob outras intenções e propósitos, um dos precursores da romantização da morte cruel ou dos chamados *martírios*, que, na verdade, se constituíram em assassinatos cruéis. A romantização do *martírio* historicamente findou por acobertar a perversidade dos torturadores e tiranos como se eles fizessem um grande bem santificando aqueles que torturavam e maltratavam até a morte. Por esse viés romântico de conceber, o mártir virava santo e o torturador herói, até mesmo louvado por mentes tresloucadas e perversas do tipo que não tem qualquer senso de empatia, de justiça e de humanidade. As ideias de Marcião contribuíram igualmente para fomentar um cristianismo de domesticação, de subserviência e de conformismo que encontrou, na posteridade, uns quantos adeptos, sobretudo em meio a um poder religioso avassalado pelo poder político: adeptos que encontraram arrimo e, inclusive, a possibilidade de vencer a pobreza tornando-se um oportunista religioso defensor de uma pseudo causa cristã.

Marcião justificava as suas presumidas ideias "cristãs" com a seguinte "explicação" de cariz cosmológico, conforme registro de Clemente de Alexandria:

> A causa dos males no mundo [dizia Marcião] deve-se ao elemento material que entrou na composição dos corpos,

> cujo elemento faz parte da natureza primitiva, daquela que, informe e desorganizada, existia antes do ordenamento criador. [Ao que acrescentava]: Todo o bem que o mundo comporta vem de Deus que o criou, e tudo o que há de mal e iníquo sob o sol, o mundo herdou de um estado anterior à criação, e o comunica aos seres animados.[368]

Não dá para tomar o registro de Clemente como uma complacência em relação a Marcião, e sim como um meio de diminuir os estragos teóricos concebidos por ele. Clemente, por exemplo, não cita o Demiurgo responsável pelo "ordenamento criador", antes, opta apenas por restringir tudo ao "deus criador do mundo". Clemente, astuciosamente, dissolve o imbróglio teórico de Marcião como forma de diluir a querela, restringindo-se apenas ao que ele, Clemente, concorda com Marcião: "Todo o bem que o mundo comporta vem de Deus que o criou, e tudo o que há de mal e iníquo sob o sol, o mundo herdou de um estado anterior à criação, e o comunica aos seres animados". O que diz, em síntese, Marcião (a tirar pela assertiva proferida por Clemente) é, por um lado, uma *ressignificação* ou recriação do sentido originário da proposição pitagórica e platônica do Demiurgo arquiteto arranjador do *Kósmos*;[369] por outro, sob o dizer de Clemente, Marcião atribui a Deus a fonte de todo o bem e à matéria a fonte de todo o mal, com o que admite uma matéria coeterna a Deus e preexistente à criação. O "raciocínio" dele (que fez dele um herege) tende a não admitir que foi Deus (cuja essência consiste em ser justo e bondoso) que criou o mundo. Ele acolhe a proposição filosófica dos físicos gregos segundo a qual o mundo se fez de uma matéria preexistente, que, imersa no *káos*, encontrou um Demiurgo que a arranjou na forma de um *kósmos* (de uma *ordem*); Deus não fez que inserir o bem no mundo, sem, porém, extinguir o mal imerso na matéria preexistente.

O *demiurgo* conceitual dos gregos correspondia ao chefe principal das oficinas que gerenciava a qualidade dos objetos fabricados quer quanto à sua ordem ou harmonia (enquanto obra, objeto ou produto fabricado consoante ao arquétipo) quer quando à sua função ou utilidade (inerente ao fabrico ou produção). A complicada "explicação" de Marcião não esclarece nem como o Demiurgo ordenou o *Kósmos* nem como Deus veio

---

[368] *Strōmateîs/Miscelâneas.*, III, III, 213-214.

[369] Cf. A primeira parte do "Epicuro e as bases do epicurismo II A física de Epicuro", especificadamente o item 4, do capítulo 2, A matéria enquanto receptáculo e nutriz da geração do todo, e o item 2, do apêndice ao capítulo 2, O modelo, a matéria e o arranjo cósmico da obra demiúrgica.

a ser "a causa do bem". Nem um nem outro, pelo que consta, se ocuparam em sanar o mal inerente à matéria. De um lado, portanto, Marcião não explica como um Demiurgo aventureiro deu *ordem*, ou seja, fez do mundo um *kósmos* (conceito que, em grego expressava ordem, harmonia, beleza) sem erradicar o mal; de outro, como foi possível que Deus, justo e bondoso, dotasse o *kósmos* de beleza e bondade sem erradicar o mal impregnado na matéria do fazer-se cósmico.

São questões intrigantes que fazem com que o conceito de *criação* utilizado por Marcião resulte, digamos, "filosoficamente" problemático, visto que, em sua assertiva, ele claramente diz que "ao elemento material" faz parte uma natureza primitiva, informe e desorganizada que "existia antes do ordenamento criador". Por *criação*, ele concebe, no confuso, um "ordenamento (de uma matéria incriada)" que identifica Deus com o Demiurgo, sendo que atribui a Deus a bondade enquanto deixa o Demiurgo relegado a um estado ou condição em que não se move nem para o bem (que coube a Deus inserir no mundo) nem para o mal (que, desde sempre, vem impregnado na matéria).

Marcião se mostra intelectivamente confuso, sobretudo ao admitir que o *mundo existe* (mesmo que desordenado) antes da criação, e que coube ao Demiurgo organizar (dar arranjo e beleza) e a Deus inserir nele o bem. Nesse seu *imbróglio* teórico, Marciano faz anteceder o mal ao bem, e atribui à matéria preexistente a origem do mal, como se Deus nada tivesse a ver com ela. A sua assertiva, nas palavras de Clemente ("Todo o bem que o mundo comporta vem de Deus que o criou, e tudo o que há de mal e iníquo sob o sol, o mundo o detém de um estado anterior à criação, e o comunica aos seres animados"[370]) é inconsistente e confusa, pelas seguintes razões:

a) de um lado, diz que Deus criou o mundo; de outro, que o mundo é anterior à criação;

b) de um lado, diz que "o bem que o mundo comporta vem de Deus"; de outro que "o mal que o mundo detém é anterior à criação";

c) resulta como se dissesse que o mal é anterior ao bem, e que Deus é posterior ou, ao menos, contemporâneo da matéria.

Para, de certo modo, resolver o dilema (o da desassociação entre duas forças atuantes no mundo — o bem e o mal), Marcião se vale da tese

---

[370] *Strōmateîs/Miscelâneas.*, III, III, 213-214.

de Empédocles, do qual se diz discípulo (longínquo). Segundo a tese de Empédocles (adotada por Marcião) existem duas causas que operam no fazer-se cósmico: o amor (a *philía*) e a discórdia (éris). Marcião, mesmo concordando nesse aspecto com Empédocles, não reconhece, entretanto (como observou Hipólito), que existem apenas quatro elementos atuantes na natureza, porque, segundo ele, existem *seis*: "dois deles materiais, a saber, terra e água; dois instrumentais, fogo e ar, pelos quais os objetos materiais são arranjados e alterados; e dois deles, discórdia e amizade, que operam em meio aos dois instrumentais e à matéria e a moldam conforme a necessidade".[371] Nesse ponto, Marcião não explica, dado que a terra e a água são os elementos materiais, como eles portam ou tem a ver com o mal no mundo, visto que é na matéria que está a origem do mal; Marcião também não explica, ao dizer que o "fogo e o ar [são os elementos] pelos quais os objetos materiais são arranjados", qual a vinculação deles com o Demiurgo arranjador do *kósmos*. Enfim, dentro de sua conversa filosófica um tanto despistada, ele igualmente não explica como "a discórdia e a amizade operam [misturando-se] em meio à matéria", que, afinal, é a produtora do mal! Tudo isso, no fim das contas, resulta um tanto mais insano que filosófico!

Sem nos adiantar muito aqui na questão, basta encerrar dizendo que a máxima segundo a qual "Todas as coisas nascem por oposição" ou "todas as coisas são geradas pela discórdia (éris)" remontam a Heráclito.[372] Empédocles, por sua vez, a partir de Hesíodo, presumiu um liame entre os discordantes (concebido por ele nos termos da *Philía* e do *Éros*)[373] como sendo o princípio gerador movente do *Kósmos*, ou seja, da *ordem* e harmonia concebidas pelos pitagóricos. Na sequência de Empédocles, no desenvolvimento histórico da filosofia grega, o bem e o mal não são concebidos como entidades existentes no mundo: o bem é um pressuposto inerente aos existir dos seres e/ou das coisas em si mesmas consideradas; o mal nada tem a ver com o existir, a não ser com o deliberar humano. Tudo o que existe é em si mesmo um bem, e tudo o que, por natureza, tende a um fim, tende a um bem, e isso porque em si mesmo concerne a

---

[371] *Refutação de todas as heresias*, VII, 17.

[372] "[...] *kaì pánta kat' érin gínestai*" (DK 22 B 8; recolhido em Aristóteles. Ética a Nicômaco, VIII, 2, 1155b 4). Cf. Os *Filósofos Pré-socráticos*, p. 145ss.

[373] DK 31 B 16 a 20. O fragmento 20, tido por Diels como duvidoso, foi recolhido justamente em Hipólito, *Refutação de todas as heresias*, V, 8.

um bem, de modo que o mau (tema que não cabe aqui analisar)[374] vem a se impor como um desvio no fazer-se natural ou na deliberação humana.

No que concerne ao deliberar (dado que não existem fins morais naturais), podemos dizer que o mau se coloca não propriamente em desvios morais convencionados pelos usos e costumes, ou por estatutos corporativos, e sim nas opções e nas rejeições concernentes à busca do bem viver. Todos somos levados a escolher e a rejeitar, uma boa escolha pressupõe uma boa rejeição ou vice-versa, que, muitas vezes, as escolhas só se efetivam como boas ou como más em dependência, não, a rigor, da deliberação, mas dos resultados. Ninguém faz sua escolha em busca de promover males para si mesmo, mas bens: se males se apresentam no resultado das escolhas se dão por força de algum desacerto e não porque, intencionalmente, alguém buscou um mal para si. (Até os bons ladrões carecem de boas escolhas e de bem deliberar quanto ao acerto de seu agir).

Podemos dizer ainda que, da vida ou da vivência, os bons modos não se encontram detalhados nos conceitos ou nas máximas ou nas teorias, e sim na experiência vivida, de tal modo que é no viver que está a melhor *escola*. Os conceitos, as máximas ou as normas podem conter sim a excelência de como fazer, mas não o fazer em si mesmo, a vivência ou a ação. Só vem a ser, por exemplo, bom cristão quem continuamente ou de novo renova o seu bom propósito quanto ao bem viver cristão. Assim como ninguém faz a felicidade de alguém ou faz de alguém um bom professor ou um bom mestre ou o que quer que seja, também não fará dele um bom cristão, do mesmo modo como não são as vestimentas ou o crucifixo pendurado no pescoço ou outros adereços ou trejeitos que dão visibilidade à cristandade!

4.2 – *Valentin do Egito*

Valentin viveu entre os anos de 100 e 165.[375] Consta, em Eusébio, que ele esteve em Roma de 136 a 160, por volta de vinte e quatro anos, e ali exerceu uma influência tão extensa quanto a de Marcião.[376] Ambos estiveram em Roma quando por lá estavam Justino (que também viveu

---

[374] Tratamos da questão no livro *Principais temas da ética de Epicuro*" (São Paulo: Dialética, 2024), p. 327ss.

[375] SAGNARD, F. M. *La gnose valentinienne et le témoignage de saint Irénée*, Paris: J. Vrin, 1947; PIÑERO, A.; TORRENS, J. M.; BAZÁN, F. G., (ed.). *Textos gnósticos: biblioteca de Nag Hammadi*. III vols.: I – *Tratados filosóficos y cosmológicos*; II – *Evangelios, hechos, cartas*; III – *Apocalipsis y otros escritos*. Madrid: Editorial Trotta, 2016.

[376] *História eclesiástica*, IV, XI, 3; IRINEU DE LYON, *Contra as heresias*, III, 4, 3.

entre os anos 100 e 165) e Tatiano (entre os anos de 120 e 185). Consta, inclusive, em Clemente de Alexandria, que também Tatiano frequentou a comunidade de Valentin,[377] e isso mostra a interferência, mesmo que de viés, dos ditos hereges, na construção de uma mentalidade popular cristã. Isso mostra igualmente como a causa cristã se espraiou em várias direções, e como a doutrina foi fracionada em favor de interesses e interpretações às mais diversas, de modo tumultuá-la em favor de outras causas que não a da doutrina mesma.

Valentin, a exemplo de Marcião, reconhecia apenas em Paulo a estampa do verdadeiro e único *apóstolo*. Valentin tomou para si a mesma proposição de Marcião segundo a qual *a matéria é a fonte do mal*. O principal de sua heresia incidiu na figura humana de Jesus. Dela, dizia (conforme registrou Clemente de Alexandria) que, por ser Deus, Jesus comia e bebia de um modo todo próprio por força da natureza (*dýnamis*) de seu corpo divino (não rigorosamente material) que não carecia de alimentação (e de digestão). Seu corpo divino não necessitava de nutrientes (enquanto matéria primitiva) e não estava sujeito à deterioração pela morte![378] Jesus resulta em Valentim em uma questão fundamentalmente lógica, visto que incide, a título de *substância* ou *essência* (segundo a linguagem aristotélica), sobre a divindade descaracterizando nele a humanidade. Quer dizer, no afã de defender a divindade, Valentin retira de Jesus o que de mais extraordinário concerne ao evento, a *humanidade*, resumida no prólogo do evangelho de João na máxima segundo a qual "o verbo se fez carne".[379]

As proposições de Valetin e de Marcião, independentemente da veracidade delas, tinham a pretenção de serem filosóficas, a fim de atender aqueles que, como disse Clemente, têm um espírito que "só se abre à fé mediante demonstrações plausíveis". Nesse ponto a dificuldade consistia (e consiste) em saber quais eram as *demonstarções plausíveis* que efetivamente abriam o *espírito* de uns e fechava o de outros. Pelas proposições de Valentin e de Marcião, o que realmente é possível inferir diz respeito ao quanto a filosofia naquela ocasião estava deteriorada, e também o quanto de despreparo filosófico reinava em boa parte dos que se erigiam em doutrinadores cristãos. De qualquer modo, a grande dificuldade (de um ponto de vista filosófico), deparada por eles, se deu no sentido de querer submeter a uma exposição lógica o que, em si mesmo, não tem lógica:

---

[377] *Strōmateîs/Miscelâneas.*, III, XIII, 255.

[378] *Strōmateîs/Miscelâneas.*, III, VII, 235.

[379] *João*, 1: 14.

a) do ponto de vista lógico (pelo qual o cristianismo, na ocasião, se erige como uma questão essencialmente conceitual, não mais vivencial) não cabia a prerrogativa de conceber Jesus apenas como Deus ou apenas como homem, tampouco sob o conceito de "Deus homem" ou de "homem Deus";

b) o ponto de vista cristão requeria e requer que Jesus fosse reconhecido "ao mesmo tempo como Deus e como homem" (ou vice-versa), cujo reconhecimento foge de prerrogativas lógicas e requer aceitação ou anuência pela fé. Afinal, o perfeito e o imperfeito, de um ponto de vista lógico, não se convertem um no outro: o perfeito (em sentido absoluto) que adquire imperfeição, por menor que seja, deixa de ser perfeito, e o mesmo se dá como o imperfeito. Nesse mesmo contexto, dado o pressuposto segundo o qual "a matéria é a fonte do mal", os chamados *hereges* se debateram com a dificuldade de conceber a humanidade de Jesus enquanto dotado de um corpo material da mesma ordem da matéria originária. Nesse caso, a grande heresia deles consistiu em submeter as narrativas do evento Jesus a pressupostos lógicos com os quais colocaram em crise todo o preceituário cristão que, antes da razoabilizade teórica, exigia a precedência da fé.

Não foi sem razão lógica que, por exemplo, os evangelhos labutam com os conceitos de "filho do homem" e filho de Deus", e que, enfim, sobretudo nas narrativas da transfiguração, deixa bem claro que o "filho do homem" só depois de ressuscitado vem efetivamente a ser, em sentido pleno, "filho de Deus". Antes da ressurreição Jesus é tido (ele próprio, segundo as narrativas, assim se autodenomina) como "filho do homem", de modo que é somente depois da ressurreição (preanunciada no evento da transfiguração) que ele vem a assumir a fisionomia de Deus, um ser todo outro, com uma outra resplandecência.[380] Nas narrativas do Jesus ressuscitado, quando ele se apresenta aos discípulos (agora estritamente narrado como filho de Deus), carece de se apresentar, porque não é prontamente reconhecido: "sou eu, não temais [diz Jesus]; os discípulos, turbados e espantados, julgaram ver algum espírito".[381] Eis aí a ambiência das narrativas evangélicas que moveram os lógicos da época a colocar em questão como seria possível misturar o material (fonte do mal) e o imaterial (fonte do bem), como mistural o divino (a resplandecência do bem)

---

[380] *Mateus*, 17: 1-2; *Marcos*, 9: 1-2; *Lucas*, 9: 28-29.
[381] *Lucas*, 24: 36-37; *Mateus*, 28: 17; *Marcos*, 16: 12.

e o humano (no qual conflitua o bem e o mal), como, enfim, é possível logicamente admitir a materialização e a humanização de um Deus etc.

Valentin, antes de ir para Roma, esteve em Chipre (por onde Paulo iniciou as suas viagens), depois em Alexandria em busca da Escola didascálica cristã mais concorrida da antiguidade. Em Chipre e Alexandria, Valentin, *sob o título* de cristão, fundou comunidades cristãs gnósticas que tiveram grande acolhimento e expansão. *Sob o título*, porque a primordial motivação que levou Valentin fundar comunidades não era propriamente o fato de *ser cristão*, e sim de *ser filósofo*. Essa era uma caracerística de muitos dos que se eregiam como doutrinadores cristãos: eles se apresentavam como filósofos que encontravam em Jesus o mestre do qual se faziam discípulos.

No caso específico de Valentin e de Marcião, eles não se diziam apenas discípulos de Jesus, mas também de Paulo por eles reconhecido como o verdadeiro e mais valioso *apóstolo* de Jesus. A recorrência mais a Paulo que a Jesus se deu, por um lado, pela dificuldade lógico-filosófica de reconhecer em Jesus um Deus (com todas as implicações lógicas desse fato decorrentes: ser dotado de matéria, de sensibilidade, de percepções de prazer e de dor etc. — seria mais fácil, ou logicamente menos honero, reconhecê-lo como um "filho do homem" que se deu um modo de viver e pensar próprios de um "filho de Deus"); por outro, pela maestria e liderança de Paulo à frente das narrativas e das proposições doutrinárias do cristianismo. Sem Paulo, afinal, o cristianismo não seria o que foi ou que veio a ser.

A ida de Valentin para Alexandria, não só a dele, mas de vários outros "cristãos" convertidos, fazia parte de um fenômeno próprio da época: para lá convergiam muitos indivíduos que adotavam para si a doutrina ou o éthos cristão como modo de vida. Ser cristão, para muitos (a maioria oriunda do estoicismo), passou naquela época a significar um novo éthnos (linhagem, escola ou reduto) filosófico dentro do qual se punham a participar. Alexandria, naquele momento, se constituía no maior centro da intelectualidade cristã, e, por isso, muitos se dirigiam para lá. Lá em Alexandria o grande feito consistiu justamente em helenizar a doutrina do cristianismo; porém, não mais restritamente no sentido de levá-la a falar grego, e sim a se arranjar como uma outra e nova doutrina filosófica superior às demais: senhora da sabedoria e da verdade.

Consta que, ali, em Alexandria, Valentin se valeu fartamente de Platão em suas reflexões teóricas sobre o evento Jesus. A esse respeito pouco restou de sua obra, a fim de que pudéssemos conferir. Cabe, entretanto, observar que a presença de Valentin em Alexandria (visto que viveu entre os anos de 100 e 165) antecede a fundação da Escola Neoplatônica de Amônio Sacas. Sacas viveu entre os anos de 175 e 243, e fundou ali a sua Escola por volta do ano de 232, e, portanto, 67 anos após a morte de Valentin. A razão pela qual Alexandria veio a ser o centro intelectual da cristandade se deve a vários fatores:

a) Um deles, historicamente o primordial, deve-se à reunião dos 70 eruditos (*anciãos*) que se ocuparam em recolher, traduzir e organizar *os livros* (*bíblia*) que vieram a compor o escriturário do antigo testamento. Esse evento se deu sob o governo de Ptolomeu I, dito o *Sotero*, e de Ptolomeu II, dito o *Filadelfo*,[382] sob a direção de Demétrio de Falero.[383] Quanto ao labor desses eruditos, assim se manifestou Clemente de Alexandria:

> Cada um dos anciãos, separadamente, traduziu todos os livros, depois, juntos, compararam cada uma das traduções, e concordaram todas elas entre si quer quanto ao sentido do texto quer quanto à linguagem ou expressão[384].

Eis a estratégia: os 70 traduziram o conjunto dos livros (sem que se saiba exatamente quantos) e depois compararam as traduções, organizando-as em um só conjunto em relação ao qual se puseram de acordo;

b) Outro evento religioso importante deve-se ao judeu Fílon de Alexandria que viveu entre os anos 25 e 20 a.C. e 50 d.C. Fílon foi um dos pioneiros a perseguir o propósito de fundir razões filosóficas com questões teológicas. O seu objetivo consistia em demonstrar a necessidade de como o *intelecto* carecia das disciplinas escolares (ditas *serviçais*), como meio preparatório na busca da sabedoria semita requerida a um judeu esclarecido. Por isso, o objetivo principal de sua obra, mesmo que aparenta ser filosófico, é, na verdade, teológico: adaptar a filosofia ao judaísmo.

É em favor da teologia que Fílon concebeu a proposição segundo a qual "as disciplinas do ciclo da escolaridade básica (*egklýklios paideía*)"

---

[382] Ptolomeu I governou o Egito entre os anos de 317 e 284 a.C., o segundo, de 285-247 a.C. "Ptolomeu, filho de Lagos, governou o Egito por quarenta anos; depois veio Ptolomeu Filadelfo, vinte e sete anos; depois Ptolomeu Evergeta, por vinte e cinco anos; depois Ptolomeu Filopator, dezessete anos; depois Ptolomeu Epifânio, vinte e quatro anos; depois Ptolomeu Filométor, que reinou trinta e cinco anos; depois dele Ptolomeu Físcon, por vinte e nove anos; veio Ptolomeu Laturas, que reinou trinta e sete anos; depois Ptolomeu Denis, reinou vinte e nove anos; por fim, Cleópatra, por vinte e dois anos" (CLEMENTE DE ALEXANDRIA, *Strômateîs/Miscelâneas*, I, XXI, E, 83).

[383] DIÓGENES LAÉRCIO. *Vidas e doutrinas dos filósofos ilustres*, V, §5; PELLETIER, André, 1962, p. 104, n.1.

[384] *Strômateîs/Miscelâneas.*, I, XXII, 95-96.

deveriam ser as "servas da Filosofia", e a Filosofia, por sua vez, deveria consistir na preparação do "conhecimento das coisas divinas e humanas", ou seja, daquelas "coisas" que um judeu deveria se apropriar em benefício de sua religiosidade.[385] Foi relativamente aos assuntos teológicos que Fílon se empenhou no sentido de conceber uma *exegese* do texto bíblico (para o que se valeu de Aristóbulo), sob o pressuposto de que, para além da letra, era preciso levar em conta a *alegoria*. Fílon leva para a interpretação do texto bíblico o mesmo método que os filósofos gregos conceberam em relação aos mitos: de que só era possível acessar o verdadeiro significado das proposições submersas nas narrativas mitológicas apropriando-se do sentido figurado submetido aos textos. Fílon, a esse respeito, inaugurou um modo de conceber o texto bíblico reconhecendo que se tratava de *alegorias míticas* das quais era preciso retirar o seu dizer e o seu significado. Essa exegese inaugurada por Fílon foi posteriormente aprimorada por Orígenes[386] e por Gregório de Nissa que buscou uma *via média* entre o literal e o alegórico;

c) Em Alexandria também viveu Marcos, o evangelista, entre os anos de 10 a.C. e 68 d.C. Conforme testemunho de Jerônimo, ele conviveu com Fílon, em Alexandria,[387] e o fez de forma cooperativa, visto que seu objetivo consistia (sob a liderança de Pedro e Paulo) em promover o cristianismo como *um novo judaísmo*. É a Fílon que se atribui as bases da escola *Didascálica* de Alexandria e, a Marcos, a sua prosperidade como mentor e administrador. A presença de Marcos em Alexandria, enviado por Pedro e Paulo, e a sua convivência cooperativa com Fílon tinha por sustento o que consta em Mateus como palavras de Jesus: "Não vim destruir a lei e os profetas, mas dar acabamento (*plerōsai*)".[388] Por isso a proposição *judaizante* característica de Paulo e de seus colaboradores;

d) Desde os seus primórdios, a "escola" Didascália foi erigida como um centro irradiador de unidade. Primordialmente, com Fílon, em razão de que a *diáspora* representou para a hierarquia judaica a busca da *reta doutrina* unificadora do judaísmo disperso em meio às várias culturas carentes de uma *didascalía* instrutora do ser e do pensar. O elemento mais importante (e, por isso, o desenvolvimento da hermenêutica e da exegese)

---

[385] FÍLON DE ALEXANDRIA. *De congresu eruditionis gratia*, 14, 79-80.

[386] Tratamos no capítulo XIII do *Helenização e Recriação de Sentidos*, "A exegese alegórica de Orígenes na Escola de Alexandria", p. 533-578.

[387] *De viris illustribus*, cap. 8

[388] *Mateus*, 5: 17-18.

consistia em evitar o conflito das interpretações que promovessem desentendimentos e dissenções. Na sequência, com Marcos (responsável pela comunidade cristã em Alexandria), a Didascálica trabalhou no sentido de promover um cristianismo, como indica Jerônimo, que dialogasse com o judaísmo em busca de convergências e de união, sob o referido pressuposto segundo o qual Jesus (conforme o referido) não veio para *destruir* (*katalysai*, dissolver), mas para dar completude e acabamento aos propósitos e feitos do Antigo Testamento.

O conceito da *katálysis* (do qual deriva o de catálise) põe Jesus como um agente transformador, não sentido de alguém que se dispõe a promover completudes, aperfeiçoamentos, mantendo, entretanto, *intacto* o próprio judaísmo. Aqui a grande questão concernente à significação originário do evento Jesus, que não consistia em sobrepor o que veio a ser denominado de *cristianismo* ao judaísmo. Uma tal sobreposição, aliás, nunca ocorreu. O que se deu foi efetivamente uma completude no sentido de que o *judaísmo arcaico* se manteve intacto enquanto cristianismo veio a se constituir em um *novo judaísmo*. O que, entretanto, efetivamente se deu, foi uma catálise, de tal modo que temos dois judaísmos: o arcaico (que se mantém intacto) e o novo (um judaísmo reformado, aperfeiçoado, nos termos da *plérosis*, sob a denominação de cristianismo). São duas coisas distintas: o judaísmo cristão não é o mesmo que o judaísmo arcaico, de modo que, enfim, não se confundem.

e) Ainda a respeito de Marcos, Jerônimo de Strídon, a partir das *Hipotiposes* de Clemente, registrou o seguinte testemunho: Marcos, "por determinação de seus irmãos de Roma, escreveu um resumo da doutrina, na forma de evangelho [...]. Depois de lê-lo, Pedro o aprovou e determinou que fosse lido em todas as comunidades".[389] Pelo que consta em Jerônimo, Marcos não redigiu o evangelho em Alexandria, visto que para lá se deslocou "levando consigo o evangelho que ele redigiu" em Roma, junto a Pedro, do qual era o auxiliar e o intérprete.

> Foi Marcos [escreveu Jerônimo] que difundiu a religião cristã em Alexandria, e lá fundou uma comunidade [...]. Dado que os membros daquela primeira comunidade seguiam ainda certas práticas judaicas (*judaizantem*), Fílon, o maior escritor judeu, escreveu um tratado a respeito do modo de vida levado pelos neófitos cristãos de Alexandria, acredi-

---

[389] *De viris illustribus*, cap. 8

tando, entretanto, que estivesse fazendo um panegírico de sua nação judaica.[390]

f) Foi também em Alexandria que Amônio Sacas (180-242 d.C.) fundou a Escola Neoplatônica da qual frequentaram Orígenes e Plotino. São, porém, duas coisas distintas: a Escola Didascálica e a Neoplatônica. Da Didascálica, Clemente de Alexandria, a partir de 190, ocupou o cargo de mentor e diretor. Ele foi indicado por Demétrio, patriarca de Alexandria (189-232), em substituição a Panteno, um adepto do estoicismo que adotou o cristianismo, ou seja, que substituiu a filosofia estoica pela filosofia cristã. Panteno, por volta de 180, veio a ser o principal expoente incumbido de sujeitar a Escola Didascálica, instrutora do doutrinário cristão, ao poder institucional da *ortodoxia* (da reta doutrina filosófica) cristã. Clemente dirigiu a Escola Didascálica de 190 a 203; perseguido, foi se refugiar na Palestina onde permaneceu até sua morte, em 220. Depois dele, foi Orígenes quem assumiu a direção da *Didaskaleion*.

Efetivamente, a Escola Didascálica e a Neoplatônica são distintas, mas houve uma grande confluência entre ambas. É através dela que o estoicismo e o platonismo passam a exercer grandes influências no cristianismo. Com essa confluência surge um novo conceito e uma nova etapa da helenização cristã. Nesse momento também, dado que os mentores da Escola Neoplatônica eram oriundos do estoicismo, temos igualmente uma severa recusa perante o epicurismo, entretanto, envaida de incompreensões e de mal-entendidos. A tendência se deu no sentido de intensificar a recusa, que se ampliava por falta de envolvimento com os ensinamentos de Epicuro, a não ser com as críticas que se reproduziam umas pelas outras e de um autor para outro autor sem recorrência ao estudo de Epicuro.

Esse fenômeno se intensificou até o século dezessete, quando o padre Pierre Gassendi (1592-1655) se ocupou em traduzir para o latim o livro X da *Vida e doutrinas dos filósofos ilustres* de Diógenes Laércio. Foi nesse livro que Diógenes escreveu uma vida de Epicuro e transcreveu as três cartas e as máximas de Epicuro. Pierre Gassendi, além de traduzir, se ocupou também em escrever uma obra, no intuito de restabelecer a real dimensão da vivência e do éthos epicureu (*De Vita, et Moribus Epicuri*). Nos dias de hoje, Epicuro é um dos filósofos gregos mais estudados, particularmente pela sua importância na compreensão e elucidação da vida

---

[390] *De viris illustribus*, cap. 8

hodierna, inclusive, do próprio cristianismo dito *primitivo* (não eivado de estoicismo e de neoplatonismo).

4.3 – *Basilides de Alexandria*

De Basilides de Alexandria consta apenas uma data aproximada de sua morte, por volta do ano de 140, de modo que nasceu algumas décadas antes, portanto, no final de século I. Consta em Clemente de Alexandria que ele transitou por Alexandria no tempo em que governavam os imperadores Adriano e Antonino Pio.[391] Dado que Adriano governou de 117 a 138 e Antonino de 138 a 161, e se efetivamente Basilides morreu por volta de 140, então é de se supor que ele retornou a Alexandria nos últimos anos de sua vida. Basilides defendia e propagava o mito segundo o qual o humano nasce contaminado pelo pecado original, e carrega consigo, mesmo não tendo sido responsável direto, o sofrimento como forma de purificação daquela culpa. Sob esse aspecto, Basilides seguia a mesma proposição de Marcião no sentido de acolher "o sofrimento (*tô martýrion*) como forma meritória de suplício para a remissão dos pecados cometidos".[392]

A sua defesa do sofrimento como forma de purificação facilitava, evidentemente, os interesses da governabilidade romana que encontrava em Basilides, assim como em Marcião, a "louvação" dos dores humanas como forma de acalentar os populares quanto à sua carência de acesso aos bens desta vida e como forma de viver a pobreza como um lucro em favor de riquezas futuras. O seu mito (mesmo que não fosse essa a intenção dele) justificava, inclusive, a perseguição e a brutalidade do poder político sobre os cristãos, fomentava a mansidão e a autopunição: estimulava o indivíduo a aceitar as suas carências e, com elas, todas as injustiças, infortúnios e perseguições como formas de libertação e de purificação.

Visto que "a remissão dos pecados" a que Basilides se refere não se restringia às faltas cometidas pelo indivíduo (porque, afinal, pagava pelos "pecados originários"), então ao nascituro era dada a sina de pagar por males que não cometera. Por isso, assim como propunha Marcião, Basilides desestimulava os seus adeptos a contrair o casamento para evitar a procriação, para não gerar filhos que viessem a vivenciar tão inusitada sorte: pagar pelos *males inatos* (os da culpa originária) herdados desde a

---

[391] *Strōmateîs/Miscelâneas*, VII, 106, 6.
[392] *Strōmateîs/Miscelâneas*, IV, XII.

matéria criadora. Mesmo querendo se distanciar do judaísmo, Basilides, ao admitir o mito do pecado original, não se liberta de uma mentalidade arcaica, antes, se mostra disposto a torná-la ainda mais austera promovendo uma filosofia da infelicidade humana: antes da busca do prazer, acolher o desprazer como forma de purificação e santificação humana. Foi esse modo de conceber que levou os ditos "filósofos" cristãos a se contrapor a Epicuro, a desqualificá-lo enquanto ser humano e filósofo, e isso fruto, não de um saber, mas de uma profunda ignorância a respeito da filosofia e das comunidades filosóficas por Epicuro concebidas.[393]

Basilides, assim como Marcião e Valentin, inventaram uns quantos mitos e umas quantas insanidades presumidas e posteriormente acolhidas por muitos como vivência cristã. A influência dos ditos *hereses* foi muito intensa e duradoura na posteridade cristã, com fortes influências até os nossos dias. A condenação dos ditos *hereges* de modo algum dissolveu as influências que promoveram nos populares (discípulos das comunidades dos referidos hereges). Muitos restringiram a própria fé aos ensinamentos dos ditos hereges, que não eram poucos. Marcião, Valentin e Basilides inventaram mitos e não guardaram só para eles: difundiram para toda uma comunidade dos que se dispuseram (certamente por total carência de arrimo e de instrução) a adotar os mesmos mitos e a cultivá-los. Na época a pobreza (que não era, a rigor, o caso dos *hereges*) tinha poucas chances de vencer o *status quo* no qual se encontrava acuada e submetida, e o acesso ao saber era para bem poucos, restando aos sem arrimo o que era oferecido pelos que, gratuitamente, se apresentavam como sapientes e instrutores.

Referente ao sofrimento (*tò martýrion*) como forma de purificação, libertação ou salvação, Marcião e Basilides tiveram opiniões semelhantes, e, inevitavelmente influenciaram na promoção (mesmo não sendo este o objetivo deles) de uma mentalidade que, de um lado, estimulava o desejo do *martírio* em busca de santidade; de outro, a barbárie instalada em Roma que fazia do cristão presa para as diversões da elite e dos populares no Coliseu. A diversão consistia tanto em ver os apuros dos cristãos (perante o ataque de animais exóticos, leões, leopardos, tigres, crocodilos, rinocerontes etc.), quanto em observar neles se o Deus deles viria libertá-los, e se eles realmente eram capazes de testemunhar (*martyréo̠*) com confiança, serenidade e doçura, o que acreditavam.

---

[393] Dedicamos vários estudos a Epicuro; sobre o tema do prazer: "*O Hedonismo de Epicuro: prazer, desejo e autodeterminação*", São Paulo: Anablume, 2024.

O romano, lá no Coliseu, colocava o cristão na jaula do leão, e se divertia aguardando o testemunho da veracidade da crença. A proposição do martírio redundava em um jogo de interesses: o que queria ser santo, os que queriam conter a expansão do cristianismo e os que, malévola ou "ingenuamente", queriam apenas se divertir. Do ponto de vista do romano, era comum a mentalidade segundo a qual o desejo do *martírio* redundava em uma insolência e arrogância cristã: o seu Deus era super-poderoso, e ele, o cristão, um super-herói! Do ponto de vista do cristão, especificamente daqueles cuja vida lhe estampava mais infortúnios e sofrimentos, não deixava também de ser uma forma de apressar a morte, de modo que o *martírio* surtiu, para muitos, como uma forma de suicídio "civicamente" justificado.

Esse fato levou a posteridade a repensar o conceito de *mártir* que dava mais realce ao sentimento da fé de quem foi submetido a suplícios que à tortura e à morte promovidas pelos malignos torturadores. Por longo tempo, a tendência geral se deu no sentido de romantizar (festejar) a figura do torturado, elevá-lo à condição de herói, esquecendo-se do torturador, do bandido assassino que promovia o suplício e a morte valendo-se da ingenuidade e das ilusões do torturado. O conceito de martírio foi tão difundido que até os da *inquisição* (os defensores dos "bons valores" cristãos) lançaram mãos dele como meio de salvar os hereges (blasfemos, feiticeiros e feiticeiras) e os "diferentes" (dotados de costumes ditos *desviantes* da natureza humana comum) torturando-os até a morte como forma de purificação e de salvação (de ganhar o céu)! Matavam o blasfemo e o diferente (homem ou mulher) em nome de Deus, sob a proteção da bíblia e da cruz, a fim de (sob um cinismo distinto) lhe garantir, a título de uma sorte, uma imediata entrada no céu!

A proposição do *martírio* nos termos como Marcião e Basilides defendiam nada tem a ver com a perseguição e os assassinatos dos cristãos promovidos pela tirania romana, e, posteriormente, pela "santa inquisição". Mas, mesmo assim, pelo que consta, promoveram e estimularam justificativas que favoreciam o poder estabelecido: do tirano e do "santo ofício" romano. A perversidade promovida e justificada em nome de Deus agregou, em geral, o conceito de *santo* (inclusive, o de "guerra santa"), e sempre tocou profundamente os sentimentos perversos que habitam o coração humano. A crueldade dos tribunais cívicos ou seculares, por mais terrível que seja, nunca é ou foi maior que a dos tribunais religiosos exercitada em nome de Deus. Não é ou foi o fato de amolar bem os machados e as espadas, de posicionar bem o toco, de rezar e abençoar o torturado, de proceder em nome do Deus misericordioso (aliás, pura heresia e blasfêmia), que levou o algoz cristão a se habilitar na distribuição de mortes sob senso de "humanidade".

De Basilides, Clemente de Alexandria cita uma obra[394] denominada *Exegética*, na qual, "no capítulo vigésimo terceiro", manifesta contrariedade quanto ao fato dos algozes romanos identificarem a morte cruel dos cristãos como se fosse mais uma *aflição* natural a ser acolhida pelos cristãos. Segundo Clemente, Basilides condenava a retórica dos magistrados romanos que justificava a execução pública dos cristãos como forma de lhes oferecer um *martírio* libertador e santificador. Basilides declarava que as *aflições* naturais humanas não eram passíveis de serem criminalizadas por ninguém, e ainda menos pelo poder público como forma indevida de condenar os cristãos ao *martírio*. Resultava, segundo ele, que os magistrados condenavam os cristãos à morte (os submetiam à aflição) pelo simples fato de serem cristãos, sob o argumento de testar se Deus realmente viria salvá-los ou se eram capazes de testemunhar com a morte (sob intensa aflição) a própria fé.

Tratava-se, pois, de aflições forjadas pelo cinismo cruel dos magistrados que nada tinha a ver com os diversos infortúnios naturais relativos aos enfrentamentos das dores e atribulações da vida como testemunhos de fé. Basilides lamentava que os cristãos fossem acusados e condenados sem terem cometido nenhuma falta ou crime cívico; ele lamentava igualmente por ver os cristãos serem entregues aos tormentos pelo simples capricho "da malícia e da perversidade dos poderes" constituídos. A consequência, como já referida, foi que, mesmo a contragosto e sob outras intencionalidades, as proposições de Basilides e dos defensores do martírio findaram por promover e justificar o torturador romano. Mas nem Basilides nem Marcião e nem Valentin foram assim tão sínicos a ponto de defender o martírio ao modo como veio a se estabelecer em Roma e no "santo ofício". No geral, como consta em Clemente, eis qual era o arrazoado de Basilides a respeito do presumido *martírio*:

> [...] a criança que não pecou, que não cometeu nenhuma falta, pelo próprio fato de carregar dentro de si o germe do pecado, é entregue ao sofrimento [...], do mesmo modo o homem perfeito sofre sem nunca ter feito mal, porque

---

[394] *Strōmateîs*, IV, XII.

os seus sofrimentos partem do mesmo princípio e tem o mesmo caráter dos da criança.[395]

Na proposição de Basilides, o ser humano carrega "dentro de si o germe do pecado", e, por isso, por transportar dentro de si a capacidade de pecar, é entregue ao sofrimento. Por isso, segundo ele, não é preciso pecar para sofrer; mesmo sem ter feito algum mal, ou realizado ações más, tanto a criança quanto o homem perfeito (aquele que faz tudo certo) sofre essas aflições, às quais, segundo Basilides deveriam ser vivenciadas como um *testemunho* de fé. Segundo a proposição de Basilides, o sofrimento é uma condição da existência; mas ele não para por aí, de modo que mais além da razoabilidade e do bom senso: ele associa o sofrimento humano ao mito do pecado original, e acresce, dentro de uma outra concepção. O que deu sustento aos exageros de Basilides decorreu de suas interpretações da proposição de Mateus, expressa nos seguintes termos: "aquele que olha uma mulher movido pelo desejo (*pròs tò epithymêsai*) de possuí-la, comete adultério com ela em seu coração".[396] Descontextualizada, a assertiva de Mateus (dada como palavras de Jesus) permite interpretações que fogem do contexto em que ela foi proferida e, consequentemente, da razoabilidade.

A ideia fundamental inerente ao contexto consistia em assegurar que a maldade humana não está só no ato propriamente dito, mas também no coração daqueles que arquitetam a maldade, mesmo que não a executem. O ato por si só, enquanto conduta no sentido de pensar ou cogitar um crime, sem executá-lo externamente, não constitui propriamente em crime, porém denuncia a malignidade imersa no *coração* daquele que cultiva o pensamento (internamente). São, entretanto, três coisas entre si relacionadas: pensar (enquanto expressão interna de um desejo), planejar (que implica em uma execução interna do desejo) e executar (a efetivação externa, em ato, do desejo). São três etapas com as quais se intensifica a efetivação de algum projeto, tarefa ou crime. No que concerne ao crime, a execução não efetivada em razão de que o plano falhou, é tão condenável quanto ao plano que deu certo: no que falhou foi executada uma ignorância, no que deu certo uma inteligência, ambas malignas e igualmente perversas.

---

[395] *Strōmateîs/Miscelâneas*, IV, 12.

[396] *Mateus*, 5: 28.

Na assertiva registrada por Mateus, a questão que está posta não diz respeito a um simples desejo, mas ao olhar criminoso (do saloio), especificamente, o do adúltero, que, naquela época e contexto, intencionava um grave crime, o do adultério, que, na verdade, era um nome que se dava para o estupro, em geral arquitetado contra as mulheres casadas, a fim de que a culpa recaísse apenas na mulher. No olhar do saloio, Jesus (pelo que consta em Mateus) identificou uma desqualificação moral do humano que toma para si a condição do velhaco ou do patife que implica em desamor e fraude diante do outro. Jesus vê nessa atitude uma falta ou pecado (*hamartía*) no sentido de uma maledicência promotora de um profundo constrangimento lançado, no caso, sobre a mulher. Jesus estava ciente desse hábito corriqueiro entre os judeus.[397] Ele tinha naquele tempo ciência do quando o assédio era comum, e fundamentalmente dirigido contra a mulher casada, que, sob qualquer deslize era criminalizada (e não o homem). A culpa recaía sobre ela, e era ela que findava apedrejada em praça pública.

Jesus, valendo-se do bom senso e da razoabilidade humana, assegura que o adultério (na verdade, o estupro), que criminalizava finalmente só a mulher, era um crime que nascia e se instalava no coração daquele que o promovera ou arquitetara, desde o pensamento ao plano e à execução (caso a mulher, por qualquer descuido, abrisse a mínima possibilidade). Quanto a Basilides, valendo-se de Mateus, depois de assegurar que tanto a criança quanto o homem perfeito, mesmo sem "cometer" (realizar, efetivar) uma ação má, estava em estado de pecado, saiu-se com este "arrazoado" que nada tem a ver com o sentido reflexivo profundo que consta em Mateus. Eis o que diz Basilides:

> Ambos [a criança e o homem perfeito] têm dentro de si a faculdade de pecar [...]. Por que isso? [pergunta, e ele mesmo responde]. Porque todo homem que deseja cometer adultério é adúltero, mesmo que não tenha cometido adultério; todo homem que tem a vontade de cometer um assassinato é um assassino, mesmo que não tenha cometido o assassinato; o mesmo se aplica a essa pessoa chamada justa que não pecou. A partir do momento em que o vejo sofrer, mesmo que não tenha cometido nenhum delito, declaro-o perverso, simplesmente porque tinha dentro de si a vontade de pecar.[398]

---

[397] *João*, 8: 3-11.

[398] *Strōmateîs/Miscelâneas*, IV, 12.

Que todos tem dentro de si a capacidade de promover o malfeito, isso é inegável. Entretanto, não cabe criminalizar o humano por ter dentro de si essa capacidade, e, tampouco, criminalizar aqueles que lutam contra ela. Na assertiva comparecem proposições que, evidentemente, carecem de razoabilidade e inteligência filosófica, e que, antes de capacitar ou instruir, adoecem a mente humana. A proposição registrada por Mateus (que teve por função restabelecer um modo razoável de conduzir a questão do adultério, sem criminalizar apenas a mulher), Basilides transfere para tudo o mais.

Este e o teor da assertiva de Basilides: "Todo homem que deseja cometer adultério é adúltero", "todo homem que tem a vontade de cometer um assassinado é um assassino". Ora, são coisas distintas "ter desejo" ou "ter vontade" que "arquitetar algo", no sentido de planejar, projetar, idealizar, mas mesmo assim não incide propriamente em crime, apenas denuncia os anseios malévolos de seu coração (uma deficiência de caráter). Quando dizemos *planejar* (mesmo que se trata de uma excussão interna) não pensamos em uma execução ou empreendimento externo que falhou por ignorância; nesse caso, o malfeito recai, inclusive, sobre a execução do plano. Ter "dentro de si [como diz Basilides] a faculdade de pecar" isso não criminaliza ninguém, pede uma educação de moderação, de cuidado, de autocontrole e de governo de si, mas não de severa austeridade moral. Não cabe à educação criminalizar os desejos ou pulsões naturais humanas, e ainda menos a capacidade (enquanto faculdade) do malfeito, porque, nesse sentido, criminalizamos a própria natureza humana. A propensão para o mal deve ser vista em nós como, igualmente, uma propensão para a virtude: assim como podemos acelerar a tendência para o mal (cuja aceleração, por si só, é maledicente), podemos igualmente freá-la em vista do bem, cujo freio, por si só, se constitui em virtude.

Jesus não era assim tão carente de divindade a ponto de jogar na mente e no coração humano severas culpas pelo simples fato de alguém ser assaltado por *atos das pulsões* imaginativas do desejo ou da vontade, mas era severo o bastante para refutar os *atos*, mesmo que não efetivados *in concreto*, concernentes ao arquitetar deliberado do malfeito. Se Jesus, entretanto, fosse assim tão severo, uma espécie de Basilides, não teria dito o que disse à mulher, certamente vítima de um adultério, cujo adúltero ou estuprador não é trazido para ser criminalizado. Jesus acolheu com ternura e afeição a mulher (certamente a vítima), perante escribas e fariseus, guardiões da lei, dispostos a condená-la sem qualquer julgamento, e sem qualquer manifestação de desagrado contra o criminoso deixado ileso e satisfeito com seu crime. Só a mulher, afinal, foi "*apanhada* (*autophorós*, surpreendida) em adultério", e levada pelos escribas para ser apedrejada. Nesse ato, o que se observa, são escribas criminosos tanto quanto o estuprador:

> Os escribas e os fariseus lhe trouxeram uma mulher apanhada em adultério [...]. Moisés na lei mandou-nos apedrejar, o que dizes tu? [...] disse-lhes: aquele de vocês que está sem pecado, seja o primeiro a lhe atirar a pedra. [...]. Um a um foram se retirando [...], e Jesus ficou só com a mulher e lhe disse: Mulher, onde estão os que te acusam? Ninguém te condenou? Ela respondeu: Ninguém, senhor. Então disse Jesus: Nem eu te condenarei...[399]

O que Brasiides pondera, em conclusão (no mesmo contexto da citação de Clemente), mostra que ele próprio tinha a percepção do exagero de sua proposição. Diz ele: "não faltarão os que, no mundo vão acusar a Providência de crueldade"; ao que adverte: essa condição de pecado é própria da natureza humana corrompida pela matéria, portadora do mal, da qual todos fomos gerados. "Deus [acrescenta ainda Basilides] é bondoso e justo", de modo que não foi e não é responsabilidade dele o mal no mundo, e sim da fonte material criadora originária. Ninguém, diz ele, "saiu limpo de uma fonte impura". Basilides, pelo que registrou Clemente, acrescenta ainda um agravo, recolhido por ele no *mito* grego da transmigração das almas, que, aliás, não combina com a mentalidade cristã.

Este é o arrazoado: "as almas que pecaram numa vida anterior", agora recebem o sofrimento como castigo pelos pecados de vidas passadas como forma de purificação, e consequente salvação, em vista de uma outra vida futura. Resulta, pois, segundo Basilides, que, nesta vida, só há uma saída: a purificação quer dos pecados advindos ou derivados da matéria criadora (no que toda as criaturas se veem implicadas) quer dos que "pecaram numa vida anterior" no que, para esses, acresce (para além da matéria originária) o peso da condição de pecado em uma presumida vida anterior, e, consequentemente, mais sofrimentos, para o que se faz necessário ainda mais empenho, ou seja, um mais intenso *testemunho* da fé cristã. A tirar pela austeridade com que Basilides propõe a vivência cristã, é de se pressupor que ele *se reconhecia* como um desses do segundo caso!

---

[399] *João*, 8: 3-11.

Há em todos esses dizeres uma mistura muito estranha entre mito, filosofia e religião com umas quantas informações conflitantes, que, por vezes, não combinam entre si. São conflitantes também os registros conservados pelas fontes, e a razão disso certamente decorre do fato de cada um dos autores registrar o que mais lhe impressionou. Em Hipólito, por exemplo, em sua *Refutação de todas as heresias*, consta este registro a respeito da criação: diz ele que, segundo Basilides, existia, no início da criação, apenas a matéria eterna da qual se serviu tanto o Demiurgo arranjador quanto o Deus promotor do bem no *Kósmos*. A questão que aqui de imediato se põe recai sobre a procedência de ambos, do Demiurgo e de Deus. Pelo que consta em Hipólito esta é a resposta, em si mesmo muito inusitada: assim que o *Kósmos* veio a existir, ou seja, a ser *organizado* a partir do *Cáos*, nele germinou uma semente criadora.

De onde veio essa semente, não consta qualquer explicação. Da matéria, supomos (dentro do ponto de vista inusitado de Basilides), que, certamente, não teria vindo, senão, como veremos, até mesmo o que ele chama de *Arcontes* teriam de participar da mesma sina dos seres criados: enfrentar uma vida de sofrimentos para se purificarem do mal inerente à matéria. Aqui cabe o arrazoado que consta em Hipólito atribuído a Basilides: da semente germinal do Mundo foram geradas, *vinculados ao Deus existente* (sem detalhar a origem ou de onde veio Deus), três outras sementes, que, por sua vez, geraram três Arcontes (dentro de uma subordinação hierárquica): a primeira semente gerou o *Grande Arconte* (que é o Grande demiurgo) criador do mundo; a segunda gerou o *Arconte da Antiga Aliança* (o Deus do Antigo Testamento) e, a terceira, o *Arconte Jesus*. Todos os três cumpriram seus feitos e funções e retornaram ao *Deus puro*.[400]

É tudo um tanto "filosoficamente" desatinado, uma mistura imaginativa de filosofia, mito e religião que confunde o bom senso e a sensatez, de tal modo que o conflito entre o sano e o insano findam por gerar um todo que mais se parece com uma ilustrada loucura! O triste é identificar, nisso tudo, os primórdios do cristianismo! Mas, apesar de toda a insensatez, Basilides defendia um princípio filosófico (retirado de Paulo) bem razoável e frutífero: o de que a *culpa* referente ao conceito de pecado – *mas não a originária, e sim a atual* – só poderia ser imputada em ações voluntárias, não nas involuntárias das quais só Deus é o juiz. Nesse ponto, ele efetivamente converge ao que presumiu Paulo na *Epístola aos romanos* (7:

---

[400] *Refutação de todas as heresias*, VII, 11.

14ss.), e que, aqui, referente a Basilides, poderíamos verbalizar (a partir do que diz Paulo) nestes termos: não faço o bem que quero quando não sei (desconheço) o bem que faço, do mesmo modo que, em sentido contrário, não faço o mal que não quero quando o mal se põe naquilo que faço querendo fazer o bem. Só Deus pode avaliar a minha culpa quando o mal que faço é involuntário; esse arrazoado um tanto distinto de Paulo, mas guarda uma efetiva parecença.

4.4 – *Saturnino de Antioquia*

De Saturnino ou Saturnil, dito de Antioquia, sabemos que viveu no decurso do século II. O seu próprio nome – Saturnino ou Saturnil – deriva provavelmente da argumentação pitoresca que ele próprio inventou: identificar o evento Jesus com o *Deus sol*. Eis o modo como ele buscou explicar o evento: "os judeus [diz ele] crucificaram Jesus na véspera do dia de Saturno, e no dia seguinte, dia do Sol, ele apareceu aos seus apóstolos e discípulos". [401] O dia do sol, referido naquela época, correspondia ao nosso domingo, tanto que ainda hoje os ingleses o denominam de *Sunday* (dia do sol). Era no dia do sol que os egípcios reverenciavam o *Deus rá*. Também os gregos e os romanos reservavam o dia do sol para cultuar os seus Deuses.

Irineu de Lyon sintetizou nestes termos as proposições do Saturnino, e que, a seu modo reproduz a "tese" dos *Arcontes* de Basilides:

> Para Saturnino [...], existe um Pai desconhecido de todos, que fez os anjos, os arcanjos, as virtudes, os poderes; mas foram sete anjos que fizeram o mundo e tudo o que ele contém. Os homens foram feitos pelos anjos à imagem de um poder superior que eles vislumbraram e que, por piedade, deu ao homem a centelha da vida. O Salvador é ingênito, incorpóreo, sem figura, embora pensássemos tê-lo visto sob a aparência de homem. O Deus dos judeus é um dos anjos [...]. O casamento e a procriação são obras de satanás. [402]

Saturnino é o bom exemplo de como, entre nós humanos, é comum alguém inventar um punhado de mitos e depositar nele toda crença e, em função dele, agendar o modo de vida, e mais, encontrar uns quantos que

---

[401] *Apologia*, I, 67, 7.

[402] *Contra as heresias*, II, II (IV, 673); DUFOURQ, Albert. *Saint Irénée*. Paris: Bloud Cie, 1903. Disponível em: https://remacle.org/bloodwolf/eglise/irenee/gnose.htm#LIV2. Acesso em: 14 set. 2023.

lhe dão crédito. Em meio a uma quantas ideias desconexas, Saturnino defende uma opinião que quer adequar o evento Jesus aos princípios da lógica segundo os quais Deus é o não-conhecido (ou incógnito), inato e incorpóreo. Dado tais princípios, Jesus, pressuposto como Deus, apesar de ter nascido e de ter tido um corpo, é tido por Saturnino como "ingênito, incorpóreo e sem figura".[403] A lógica subjacente à proposição é esta: Jesus nasceu enquanto homem, mas não enquanto Deus, porque um Deus (dentro de um ponto de vista da racionalidade lógica) não nasce, é sem corpo e invisível. Nesse ponto é de se supor que Saturnino reproduz a máxima filosófica de Xenófanes segundo a qual "homem algum viu e não haverá quem possa ver Deus".[404] Ele também reproduz o que ensinara Empédocles: "Não nos é possível colocar Deus ao alcance de nossos olhos ou apanhá-lo com as mãos, principais caminhos pelos quais a persuasão (*peithous*) alcança a mente humana".[405]

Do ponto de vista filosófico de Xenófanes e de Empédocles Deus é inferido ou conjeturado mediante conceitos, mas não empiricamente observado, e isso em razão de que Deus é incorporal (sem corpo, sem matéria) e invisível (sem formas perceptíveis). Destituído de matéria e forma, Deus (do ponto de vista da filosofia grega ancestral) pode ser inferido pela inteligência, mas não pela percepção dos sentidos, de modo que a sua verdade resta, para nós, incógnita, a não ser mediante conceitos. Outro aspecto ainda (certamente conhecido por Saturnino) diz respeito ao debate dos lógicos gregos relativamente ao conceito de *ser eterno*,[406] que, por essa condição, Deus não é ou nunca foi gerado (afinal, é eterno, existe desde sempre) e não gera, porque não foi gerado. Dá-se que tudo o que gera ou vem a ser gerado se coloca no ciclo do tempo: nasce, cresce, se deteriora e, enfim, perece.

Ora, os deuses gregos, pelo fato de gerarem, estavam pelo mito colocados na condição de seres perecíveis e mortais, razão que levou Cícero a se questionar: "Mas nós [exclama], como poderíamos conceber um Deus que não seja eterno?".[407] Se é eterno, então se submete àquelas condições

---

[403] *Refutação de todas as heresias*, VII, 16.

[404] DK 21 B 34; Sexto Empírico. *Contra os matemáticos*, VII, 49 [=110].

[405] DK 31 B 133; Clemente de Alexandria. *Miscelâneas*, V, 81.

[406] Cf. *Filósofos Pré-Socráticos*, p. 48-49. DK 28 A 7; Teofrasto *apud* Alexandre de Afrodísia. *Comentário sobre a Metafísica de Aristóteles* [A, III, 984 b 3], p. 31. A opinião foi difundida por Teofrasto e citada por Alexandre de Afrodísia, em cuja obra Diels recolheu o comentário.

[407] *Sobre a Natureza dos Deuses*, I, 10, 25.

às quais Saturnino, de um ponto de vista efetivamente filosófico, aparenta reconhecer. A dificuldade, no entanto, relativamente a Saturnino está em que as proposições dos filósofos concebidas para superar o mito, ilustrar e iluminar a mente humana, delas ele se vale em um processo contrário: fortificar "filosoficamente" os seus próprios mitos. Daí que enquanto Xenófanes e Empédocles se ocuparam em promover a ilustração da mente humana, Saturnino se ocupa em fomentar a escuridão.

É a dialética que sempre se impôs e se impõe corriqueiramente no universo da instrução: enquanto uns labutam empenhadamente para instruir e ilustrar (trazer luz), outros se ocupam em nublar o entendimento de muitos e com isso favorecer uns quantos interesses que nada têm a ver com edificação humana. O impressionante é o quanto de sucesso esses últimos encontram em meio aos populares (alguns diplomados) nos quais incutem, inclusive, a crença de que é a cultura, a arte e a "luz" enfim, que desqualificam e nublam a mente humana. *Popular* não é aquele que não tem instrução, e sim todos os que cultivam os mesmos mitos, crenças e supostos *valores* (que, na verdade, são muitas vezes fobias e preconceitos) dos que não tiveram acesso à instrução.

No dizer de Saturnino, na assertiva referente a Jesus, aquela que diz que "embora *pensamos* (no sentido de imaginamos) ver nele Deus", vem expresso o seguinte pressuposto, que, em Jesus, por ele ser Deus, o que nele "efetivamente vemos é aparência humana". Deus em Jesus, enquanto Deus (consoante à proposição segundo a qual ele é desconhecido e incógnito), não se manifesta empiricamente, a não ser enquanto homem. A preocupação de Saturnino recai no pressuposto já referido: os adeptos do cristianismo se apresentam como *filósofos* ("filosofantes") da doutrina, e não propriamente como cristãos. Boa parte desses "filosofantes" tomam para si a doutrina cristã e querem, por sobre ela, inaugurar uma linhagem (éthnos) ou escola filosófica, cooptar uma comunidade (uma "trupe") de discípulos e não, a rigor, viver a mensagem cristã. O fenômeno que se observa em meio a esses doutrinadores (muitos deles filhos da riqueza com ócio o bastante para "filosofar") é uma dupla decadência: a da filosofia e a da cristandade.

Saturnino, assim como Marcião, também desqualifica o casamento e, com ele, a sexualidade humana, em razão da procriação, ou seja, de fazer filhos que se submetem à sorte ingrata de "materializar" o pecado originário e que se submetem à inúmeras agruras e sofrimentos. Por isso, ambos proibiam aos de suas comunidades cristã/filosóficas, mantida por eles, de se casar, e exortava-os a viver da abstinência sexual e do celibato, razão pela qual, segundo Irineu de Lyon, eles eram publicamente conhecidos como os *continentes*, sem que, entretanto, se saiba como efetivamente *marcianos* e *saturnilianos* se resolviam nesse sentido.

4.5 – *Carpócrates de Alexandria*

Carpócrates, assim como os demais ditos *hereges*, é do século II. Estudou em Alexandria, mas, enfim, fundou na ilha grega de Kefalônia a sua comunidade filosófica cristã. A ilha de Kefalônia está ao lado da ilha de Ítaca. Ambas ficam bem em frente ao porto grego de Patrassos. Foi de Ítaca que partiu o herói Ulisses (o Odisseu) deixando ali Penélope, ansiosa, tecendo-lhe a mortalha! A maioria das mulheres gregas sofriam desta sina: se lamentar constantemente com a ausência do marido e/ou dos filhos afastados pela guerra, em função da qual ficavam meses e meses fora de casa.[408] Feliz da mulher grega quando recebia seus familiares vivos! Era, em geral, a mãe que acolhia e enterrava, e, antes, se ocupava, tal como Penélope, de tecer a mortalha do marido e/ou dos filhos. Muitas, por sensatez, tinham guardada em casa a mortalha tecida e pronta!

Lá em Kefalônia, Carpócrates (ao modo como Clemente de Alexandria fez constar no *Strōmateîs*) fundou uma comunidade cristã sob parâmetros da mentalidade concebida por Platão e adotada pelo estoico Zenão de Cítio (da ilha de Chipre), concernente à chamada *comunidade de mulheres = koinàs tàs gynaîkas*. Carpócrates, sob o modelo descrito na *Politeía* (*República*) de Platão, defendia igualmente que a sua comunidade deveria se constituir em uma só família: as mulheres seriam de todos os homens e os homens de todas as mulheres, de modo que os filhos seriam de todos. Do filho, não se saberia com exatidão quem era o pai, somente quem era a mãe, que, entretanto, ela própria não saberia quem era o pai. Caberia à mãe a obrigação de amamentá-lo e de acalentá-lo; no demais, seria responsabilidade de todos (de toda a comunidade) cuidar, alimentar, instruir, educar etc.[409]

Inineu de Lyon faz menção a uma seguidora de Carpócrates, de nome Marcelina, que se estabeleceu em Roma no tempo em que Aniceto era o patriarca, supõe-se, portanto, entre os anos de 155 e 166. Aniceto

---

[408] ARISTÓFANES. *Lisístrata*, vv. 99-103

[409] Tratamos mais amplamente do tema no *Helenenização e Recriação de Sentidos* (2ª ed., 2015), p. 376 ss.

era tido como um montanista, por ser um simpatizante das teses de um tal Montano. Diz que ali em Roma, Marcelina fundou e manteve uma comunidade cristã muito próspera (certamente dentro dos padrões de Carpócrates). Nesse contexto, Irineu sinaliza que, entre os discípulos e membros da comunidade cristã de Carpócrates, havia o costume de portar uma marca (que Irineu não diz qual era) no lóbulo da orelha (talvez algum tipo de brinco). Ele registra, além disso, que os membros da comunidade pintavam imagens representativas de suas crenças, e que misturavam imagens de Jesus com imgens de filósofos que eles também reverenciavam: de Pitágoras, de Platão, de Aristóteles e de outros.[410] A mescla, portanto, entre filosofia e religião era comum, cultivada e difundida entre eles, porém, mais afeita aos mitos que ao bom senso e à razoabilidade.

Este veio a ser a máxima da comunidade de Carpócrates: *tudo é de todos*. Trata-se de um lema que ficou registrado em sua obra *Sobre a retidão* (*Perì dikaiosýnês*), sob a seguinte justificativa, como consta em Clemente: "Deus fez o sol brilhar para todos, então não é admissível cultivar distinções entre ricos e pobres, entre governantes e governados, entre instruídos e ignorantes, entre machos e fêmeas, entre livres e escravos".[411] Para os desavisados, Capócrates seria hoje logo etiquetado como *comunista*; mas, na verdade, ele não fez que reproduzir o que foi dito por Jesus a respeito da nova lei concebida não para *destruir*, e sim para *cumprir* e reformar a antiga.[412] Por essa reforma, a nova lei consistiria em amar e respeitar não apenas os amigos, mas também os inimigos. Para que alguém, sob a nova lei, pudesse vir a ser chamado de *filho de Deus*, deveria amar e saudar a todos. A razão dessa comunhão recíproca presumida por Jesus entre os humanos decorreu da seguinte razão, como consta em Mateus: tudo no céu a Deus pertence, e é ele que

> [...] faz nascer o seu sol sobre bons e maus e manda a chuva sobre justos e injustos. Se amais apenas os que vos amam, que recompensa haveis de ter? [...]. E se saudares somente os vossos irmãos, o que de especial há nisso?[413]

Quanto ao nascimento de Jesus, Carpócrates diz que ele foi gerado por José e Maria, por um homem e uma mulher, como todos os outros

---

[410] *Contra as heresias*, I, 25, 6.

[411] *Strōmateîs*, III, II, 206.

[412] *Mateus*, 5: 17.

[413] *Mateus*, 5: 45-47.

humanos, dos quais, entretanto, se diferencia pela *alma* de que dispõe. Este é o arrazoado formulado por ele: Jesus teria, em relação aos outros homens, o mesmo corpo, mas não a mesma alma, que é a do messias e do "Deus pai ingênito". O seu corpo foi gerado por Maria a partir da semente de José, mas não a sua alma que é divina, pura (sem paixões), dotada de sabedoria, de bondade, de justiça e de prudência. A sua alma foi concebida por Deus e por ele transmigrada (no sentido de movida) dele para o corpo de Jesus. Por ser originário do Deus não-gerado e ingênito, ela escapou do ciclo criador do mundo, de modo que não se sujeitou ao nascer, crescer e perecer com o corpo. Mesmo estando em corpo material, Jesus, no entanto, depois de sofrer e morrer ressuscitou. O que morreu foi o seu corpo, não a sua alma, de modo que o messias, por inteiro, se transfigurou, seu corpo e sua alma permaneceu impassíveis ao ciclo do tempo. Seu corpo foi gerado, mas não a sua alma, porém, uma vez *transfigurado*, não mais envelhece e não mais se deteriora.

Há nesse arrazoado, como nos demais ditos *hereges*, uma lógica subjacente à confecção dos argumentos. Trata-se de uma preocupação filosófica que se manifesta em todos os doutrinadores, seja nos que se mantiveram dentro da ortodoxia (promovida pela narrativa evangélica), seja pelos que se aventuraram no cristianismo tomando-o como uma doutrina filosófica. Sob vários aspectos, as teses de Carpócrates (ao menos na forma como chegaram até nós através de Irineu, de Hipólito, de Clemente de Alexandria) são, no conjunto, bem mais confusas que esclarecedoras. No que concerne à criação, ele reproduz ideias semelhantes às de Basilides (com o qual igualmente admite a existência dos *Arcontes*) e de Saturnino (a tese dos *Anjos* criadores).[414] Isso mostra que eles confabulavam entre si, se miravam uns nos outros em busca de interpretações mais aprimoradas e condizentes com os próprios interesses doutrinários e com a lógica.

Um aspecto "inovador" em Carpócrates diz respeito ao entendimento de como se deu o consórcio corpo e alma em Jesus, que, ao mesmo tempo, é homem, dotado de um corpo gerado a partir da união de José e Maria (com o que Carpócrates não reconhece o mito da virgindade), e é Deus. No mito tradicional, Maria foi inseminada pelo espírito santo de Deus, e o nascimento de Jesus se deu de modo semelhante, por cujo parto permitiu que Maria se mantivesse sempre virgem. Usaram desse argumento, a fim de fazer crer que Jesus foi humanamente fertilizado em um óvulo

---

[414] HIPÓLITO DE ROMA. *Contra todas as heresias*, VII, 20.

feminino, mas sem o consórcio da semente masculina (no caso de José): a virgindade (o hímen) seria o indicador e a prova empírica de que assim se deu, ou seja, Jesus era mesmo filho de Deus, e não filho do homem! Carpócrates, quanto ao modo com Jesus nasceu, quis salvaguardar a sua humanidade plena (filho de Maria e de José), e não pela metade (só de Maria) como consta na narrativa do mito tradicional. Ao salvaguardar a plenitude da humanidade de Jesus, Carpócrates não via nisso qualquer mínimo empecilho em favor da vivência cristã, que se caracteriza por sentimentos práticos de empatia, de benevolência e de justiça.

Aqui se impõe uma outra questão um tanto mais sofisticada, em vista da qual Carpócrates certamente se valeu da teoria da transmigração das almas da concepção filosófica pitagórico platônica. Com esse artifício teórico, Carpócrates quis fazer crer que a alma de Jesus (na qual reconhece o Messias, o Cristo), não foi gerada pelo *Deus* (pai) *ingênito* e eterno: a alma do filho não foi *gerada* pelo pai (pelo Deus *ingênito*) e sim transferida por ele (sem que Carpócrates explica exatamente, e a contento, como se deu esse fenômeno). Não tendo sido gerada, veio repousar, *transmigrou* no corpo de Jesus portando consigo a mesma essência substancial de Deus. Carpócrates, portanto, força uma crença, sem, entretanto, oferecer uma boa explicação; porém, sob o conceito de transmigração, presume ter filosoficamente explicado, sem recorrer ao habitual conceito de *mistério* (na verdade um princípio de autoridade que desobriga o instrutor da explicação, que, atrás desse providencial conceito, a esconde).

Carpócrates reforma a narrativa da concepção virginal de Maria (que ele rejeita como plausível) valendo-se da crença da transmigração, para o que se vale, ao modo dele, das considerações filosóficas de Platão e dos pitagóricos.[415] Este é o arrazoado: Deus fez passar (*transladar*) em Jesus o Messias (coincidente com a alma de Jesus) com todos os atributos que a Deus pertence. Para ilustrar esse ato de passagem ou de transmigração, Carpócrates se vale da figura da pomba que pousa sobre Jesus no batismo. Este é o relato que consta nos evangelhos sinóticos: depois de batizado por João Batista, ao sair da água, o céu se abriu e *o Espírito Santo desceu sobre Jesus em forma de pomba, ouviu-se uma voz que dizia: tu és meu filho amado.*[416] Em Carpócrates comparece a mesma astúcia teórica

---

[415] Para uma tratativa filosófica da questão: "A tese pitagórico platônica do contínuo renascer (*palingenesía*) das almas", Ética e Política: a edificação do éthos cívico da paideia grega, São Paulo: Loyola, p. 267-284.

[416] *Marcos*, 1: 9-11; *Mateus*, 3: 16-17; *Lucas*, 3: 21-22

de Valentin: valer-se da filosofia e do filosofar, a fim de certificar as suas interpretações, opiniões e arrazoados teóricos.

Pelo que consta em Irineu de Lyon, em sua obra *Contra as heresias*, Carpócrates assegurava que Jesus falou, misteriosamente e em particular, aos discípulos e apóstolos. Ele também lhes pediu que instruíssem a "todos os homens dignos". De Jesus, essa seria, segundo Carpócrates a mais importante mensagem: "só a fé e o amor salvam", tudo o demais é indiferente. Pelo que consta, ele defendia também (aliás, uma opinião filosoficamente muito sensata) que não existe uma natureza que seja má; o mal não está na natureza, mas nas opiniões humanas, visto que umas são boas e outras más. Nada é mal por natureza,[417] de modo que a maldade é um fenômeno humano, e não natural. O mal se insere no agir humano relativamente ao modo de como ele lida com as coisas, como ele age e como ele se manifesta ou se expressa.

4.6 – *Montano da Turquia*

Outro presumido *herege* foi Montano, da região central da Turquia. Ele nasceu, segundo Eusébio, em uma pequena aldeia chamada Ardaba, na região da Mísia, que faz fronteira com a Frígia.[418] Assim que se converteu ao cristianismo, por volta de 156, logo se autoproclamou que ele era o *paráclito* (*parácletos*, consolador), enunciado por Jesus, como consta no *evangelho* de João. A todos, de si ele dizia ser um profeta iluminado, cheio do *espírito santo* (*tò pneûma tò ágion*), convocado, em nome de Jesus, para ensinar e, sobretudo, recordar a todos tudo o que Jesus disse.[419] Isto é o que consta no evangelho de João: "convém que eu vá [disse Jesus aos seus discípulos, que, vê-lo preso, ficaram desolados] se eu não for não virá o consolador" para convencer "o mundo a respeito do pecado, da justiça e do juízo final"[420]

Aí está a "missão" que Montano se deu: ser o *paráclito consolador dos aflitos*. Como, naquela época, e ainda hoje, têm muitos aflitos, sempre aparece uns quantos que, convencidos pelos espertos, acreditam (até um Tertuliano, com o que se observa que, por vezes, um diploma nem sempre é sinal de ilustração!). Montano se concentrou sobretudo em consolar os

---

[417] *Contra as heresias*, I, 25, 5.

[418] *História eclesiástica*, V, 16, 7.

[419] *João*, 14: 26.

[420] *João*, 16: 7-8.

que tinham pecado e que tinham receio diante da severidade divina no juízo final. Dá-se que uma coisa (a condição de pecado) dava na outra, ou seja, na preparação para o juízo final. Em vista disso, o *paráclito* Montano concebeu uma moral austera, exortando a todos os cristãos que se distanciassem das coisas do mundo e se preparassem para o *juízo* que não iria tardar, porque *o fim do mundo* (conforme a sabedoria dele) estava próximo, viria logo após a morte de Maximila, uma de suas seguidoras, e, igual a ele, uma profetiza. Mas tinha também uma outra que o acompanhava constantemente, de nome Priscila. Quando em Roma, ele andava sempre com as duas, que, assim como Montado, diziam falar em nome do *Espírito* santo, e levavam consolo ao mesmo tempo em que anunciavam o fim eminente do mundo; quer dizer: ao mesmo tempo em que promoviam a doença, ofereciam imediatamente o remédio.

Quanto à missão no sentido de convencer a todos a respeito do pecado, Montano (sempre acompanhado de Maximila e de Priscila), concentrou fundamentalmente o referido pecado no exercício da sexualidade (não sabemos se dele ou da dos outros). Mais do que na dos homens, na das mulheres, na das *Evas sedutoras*, como ele dizia, no que se observa a sua pronta capacidade de perceber a sedução. Por serem elas, *Evas sedutoras*, Montano continuamente se ocupava (a título de um *paráclito libertador*) em continuamente exortar as *Evas* e se cuidarem nas vestimentas e nos adornos, e, evidentemente, a se abster do "uso do próprio corpo". Pelo modo como diz, parenta que ele sabia muito bem o que era bom para elas e o que elas (que apenas *sabiam* seduzir) deveriam fazer para serem salvas e acolhidas por Jesus. Montado não diz, mas Jesus, segundo as narrativas evangélicas, não teve qualquer constrangimento em perdoar a suposta *adúltera*, e, ademais, tinha um extraordinário respeito por sua mãe e por outras *Marias* e também por *Madalenas*, às quais jamais adjetivou (a título de quem sofre de alguma ojeriza) de "Evas sedutoras"!

No geral, a pregação do tal Montano tinha por objetivo enunciar o retorno imediato de Jesus, a fim de promover o juízo final. Quer dizer: Jesus mal tinha chegado, a sua doutrina sequer fora bem entendida, tampouco praticada, e já vinha julgar os bons e os maus ao modo de quem escolhe, em meio à cozida do feijão, as pedras e outras impurezas. Pelo visto, Montano ainda tinha entendido (ou melhor, tinha *desentendido*) a doutrina do mestre (do *didáskalos*) da cristandade, e, mesmo assim, dizia ser necessário cultivar uma vida santa e austera, distanciada das coisas do mundo, praticar o celibato (a contenção sexual), fazer penitência, dar abundantes e generosas esmolas (no que se pressupõe uma comunidade dotada de riqueza cercada de pobreza) e se preparar para o martírio.[421] Com o passar do tempo, não tendo sido muito bem aceita a prática do celibato e do jejum, ele, juntamente com Maximila e Priscila, proibiu apenas o casamento em segundas núpcias, e restringiu os dias de jejum. Eusébio, na *História Eclesiástica*, sintetizou assim a doutrina de Montano:

> Quem é este mestre (*didákalos*)? [Eusébio refere-se a Montano]. As suas ações (*tà érga*) e o seu ensino (*didaskalía*) mostram quem ele é: ele é alguém que ensinou (*didáxas*) a dissolução do casamento, que legislou sobre os jejuns [...]. Ele estabeleceu coletores de dinheiro e astuciou o recebimento de presentes sob o nome de oferendas; concebeu um salário para os que pregavam a sua doutrina e assim fez prevalecer a avareza sobre o ensino da palavra (*didaskalía toû lógou*) divina.[422]

Feito um Robin Hood (Robin dos Bosques, como dizem os portugueses) o herói mítico inglês, o fora da lei que roubava dos ricos para abastecer os pobres, Montano encontrou o bom meio de atender também, como consolador, o item da *justiça*. Ele a restringiu nesta sua estratégia, que, enfim consistia na confortável condição de dar esmolas: oferecer o que sobra aos que carecem. Montano, ademais, é a estampa do moralista, que, *em geral*, estampa em sua pessoa, a figura do hipócrita. Talvez não fosse o caso do *profeta* Montano. Existem dois tipos bem definidos: um, o típico sujeito sem moral que sai em defesa de uma pauta moral ao modo de quem, incapaz de cumpri-la, quer ver e se comprazer com a decência alheia presumida como fruto de suas pregações. Este é típico moralista bem-comportado no alpendre ou no púlpito, mas desleixado no fundo do quintal ou na sacristia. No alpendre, ele conta com o olhar do outro que ajuíza nele, e por ele, as suas ações; no fundo do quintal, ao contrário, posto na invisibilidade, sujeito apenas ao seu próprio olhar, se sente eticamente livre para moralmente se comportar ao seu bel-prazer.

O outro tipo, é o moralista efetivamente austero, que, diante de um continuado vigor que o move a querer realizar uns quantas pulsões ou desejos, antes de se fazer virtuoso, se transforma em um falastrão que quer ver nos outros o cuidado, o governo e a busca por virtude, que ele

---

[421] DROBNER, 1999, p. 132.

[422] *História eclesiástica*, V, 18, 2.

próprio se percebe incapaz de promover. A virtude desse tipo de moralista consiste justamente em assumir a sua condição de falastrão e outros gestuais. Trata-se daquele tipo um tanto insano que, sempre com um ar escandalizado, tagarela para os outros a obrigação de ser e o que ele não consegue ser. Esse é típico indivíduo que sai por aí colocando "tarja" na nudez que encontra pelo seu caminho, como se ela própria fosse uma desqualificação humana, porque, para ele, se trata de um desejo irresistível, governado apenas pela "tarja" que sobre ela coloca.

Montano, no que ainda diz respeito à sua condição de Robin Hood, não se indispôs contra o sistema de opressão e de exploração muito bem instalado entre os romanos, antes amenizou com a "nobre" ideia (na verdade uma humilhação do humano) de dar aos pobres o que está sobrando. Pelo que consta em Eusébio, na verdade Montano, com Maximila e Priscila, cultivava uma vida cristã confortável, com uns quantos usos e costumes rejeitados pela ortodoxia eclesiástica da época, mas não propriamente pelo Estado romano. Ainda sobre Montano, eis o que registrou, Eusébio:

> Digam, meus amigos [questionou Eusébio], há algum discípulo de Montano [...] que tenha sido perseguido e condenado à morte? Nenhum. Algum deles foi preso e crucificado em nome de Jesus? Ninguém. Alguma das mulheres (*tõn gynaikõn*) foi surrada com varas nas sinagogas dos judeus, ou apedrejada? Nenhuma. Montano e Maximila [anota ainda Eusébio] findaram com outra morte: movidos por um espírito perturbado (*pneúmatos blapsíphronos*), se enforcaram [...], deixaram a vida como Judas, o traidor.[423]

A vida de Montano não foi, entretanto, assim tão lisa! Logo que ele foi morar em Roma, teve problemas com o Estado romano, mas não pelo item da defesa da justiça, e sim por incitar os de sua comunidade a desrespeitar as leis e as instituições romanas. O rico romano se sentia tranquilo em sua cristandade distribuindo um pouco, o que lhe sobrava, na forma de caridade aos pobres (especificamente aos da casa, àqueles que constituíam a força de trabalho e a provisão do conforto); aos políticos, o rico patrício servia com submissão e generosidade (com boas cifras), e assim os agraciava ao modo de quem, na forma de um suborno, conquistava parceiros na defesa de seus interesses, de seus negócios e de suas causas.

---

[423] *História eclesiástica*, V, 16, 12-13.

O fato de Montano estimular o desrespeito às leis e às instituições romanas, isso trouxe para si, e para os de sua comunidade local, sérios problemas. Mas não só para eles, como também para o geral das comunidades cristãs, visto que Montano, as suas e os seus seguidores eram, em meio ao povo e ao governo vigente, considerados cristãos. O agravante se deu, justo porque naquele momento o cristianismo, de um ponto de vista institucional, buscava sua consolidação jurídica perante o Império, de modo que Montano prestou, de imediato e na sequência, um grande desserviço. Ele e o dito *montanismo* vieram a ser uma das primordiais causas (a título de justificativa por parte do Império) da perseguição indiscriminada contra os cristãos.

Montano, com Maximila e Priscila, encontraram muita popularidade em Roma, mas não tanto pela sua doutrina e sim pelo seu profetismo, a ponto de ter como simpatizante o patriarca (o pontífice) Aniceto e o afamado Tertuliano. Era objetivo de Montano "revitalizar o entusiasmo cristão", proposta que, por si só, denuncia que a cristandade, naquela ocasião, na segunda metade do século II e início do século III, carecia de ânimo, e, sobretudo, de governo e de liderança eclesiástica, da qual Aniceto, estava longe de promover e de representar. Quando ainda morava na Frígia, nas cidades de Pepuza e Tymion, consta nos registros, que Montano se ocupou em transformar essas cidades em uma nova Jerusalém, e esse mesmo objetivo ele levou para Roma. A sua pregação, segundo a qual o fim do mundo estava próximo, com um retorno imediato de Jesus para o juízo final, acabou não acontecendo, e esse fato foi um dos fatores da perda de sua popularidade e do enfraquecimento da força de seu movimento carismático.

Ele profetizava que, logo após a morte dele e de Maximila (nesse caso não inclui Priscila), o mundo encontraria o seu fim. A não ser para eles, que (tristemente) se suicidaram, o mundo continuou a girar, até os nossos dias! Com o fato, portanto, de o mundo não terminar, e Jesus Cristo não ter vindo, acrescido das cobranças morais excessivamente rigorosas, a tendência do *montanismo* foi rapidamente se dissolver. Os piedosos e piedosas montanistas (algo que não se pode dizer de Aniceto e do tal Tertuliano) logo começaram a retomar e a flexibilizar os antigos usos e costumes!

Não havia, pois, mais motivos para viver se preparando para o martírio. Alguns mais sensatos devem ter logo se atinado que era bem mais vantajoso se preparar cotidianamente para uma vida prazerosa e feliz (dentro de limites da sensatez e da prudência) do que ficar se açoitando contra as pulsões de sua natureza. Era muito mais cristão se fazer virtuoso com os vigores das próprias circunstâncias e complexidades naturais (ao modo de Jesus que, para si, assumiu a natureza humana) que se fazer um moralista austero ou simplesmente hipócrita. Mesmo com a morte de Montano, muitas mentes populares (inclusive, a de um diplomado Tertuliano) restaram impregnadas de uns quantos mitos: desses que enfraquecem a razoabilidade de quem vive à margem de alguma carência ou da falta de um pouco de tudo.

CAPÍTULO VII

OS DILEMAS DE PAULO DE TARSO E DE TERTULIANO, E O QUE DISSERAM A RESPEITO DA MULHER

1 – Tertuliano: entre a heresia e a canônica

Tertuliano é uma das figuras mais controversas dos primórdios do cristianismo: ele oscila entre a ortodoxia e a heresia. Eusébio fala dele como alguém "muito versado nas leis romanas";[424] Jerônimo descreve-o como "dotado de um gênio ardente e impetuoso",[425] ou seja, nada fácil de se lidar. Ele nasceu em Cartago por volta de 155. Somente em 193, com quarenta anos de idade, foi se instalar em Roma. Cartago era um dos maiores centros de diversão e de lazer no Império Romano: contava com dois grandes anfiteatros, sendo um deles tão famoso quanto o Coliseu. Lá, Tertuliano teve dinheiro e ócio o bastante para usufruir intensamente de tudo o que Cartago podia lhe oferecer; convertido, transformou-se em um grande moralista, desses que encontram a virtude reprimindo a si mesmo e repudiando o seu passado e o presente dos outros no qual observa a sua antiga vivência.

O moralista reprime a si mesmo como forma de repudiar e de se manter distante do que foi,[426] porque tem receio e medo de, a qualquer momento, reaver aquilo que ainda gostaria de ser, mas não tem moderação nem sobriedade o bastante para usufruir em si mesmo da liberdade de ser o que foi dentro de padrões prudenciais. Por isso repreende e reprime também os outros, a fim de que eles, ao viver o que ele viveu, não estimulem ou apressem a sua retomada e o seu retorno. Uma de suas obras, *De Spectaculis*, foi escrita para alertar os cristãos quanto aos efeitos nocivos e imorais dos espetáculos que ele conhecia muito bem. Seu objetivo con-

---

[424] *História eclesiástica*, II, II, 127, 4.

[425] *De viris illustribus*, 53.

[426] O moralista desse tipo é aquele, como já mencionado, que cobre a nudez dos outros como quem quer esconder a fonte estimulante de suas taras.

sistia em dissuadir os cristãos para que não alimentassem esse mesmo tipo de interesse.

No intuito de viver santamente, Tertuliano se empenhou em se por longe de tudo o que não o permitia ser santo, a ponto de fazer da fuga a vida virtuosa e santa, tipo do soldado que foge da guerra como forma de lutar. Orígenes se emasculou a fim de ser sexualmente virtuoso. Todos esses supostos cristãos se esqueceram de que Jesus se fez homem para se resplandecer, imerso nas pulsões da natureza humana, em virtude! O bom cristão, feito Jesus, é aquele que busca meios de não se molhar, caminhando, sem medo, debaixo da chuva! Ele de modo algum se fez homem para chorar a sua sorte e fugir de suas lutas!

Os questionamentos morais formulados por Tertuliano no *De Spectaculis* são bem pouco valiosos, mas a obra, no que diz respeito aos espetáculos, comporta um grande valor histórico, e, por um ponto de vista negativo, não deixa de ser instrutiva. Em 207, Tertuliano se associou a Montano e aos *montanistas*, e o fez, segundo Jerônimo, em decorrência de que o ambiente religioso (cristão) de Roma, do início do século III, era insalubre. Foi, pois, a insalubridade da vida cristã instalada em Roma, que levou Tertuliano a se associar a Montano, com aquele que vivia com Maximila e Priscila, e que dizia ser Roma a *cidade de satanás*, e isso porque não conseguia fazer dela uma nova Jerusalém. Foi "o ódio [sentenciou Jerônimo] e os procedimentos ultrajantes do clero de Roma" que lançaram Tertuliano entre os hereges montanistas.[427] Também aqui preferiu fugir que lutar! Foi, então, culpa do clero de Roma, e não dele, a sua associação com os montanistas!

Jerônimo não explicita qual era "clero de Roma": se o da ortodoxia ou se o da *heresia*. Ademais, falar de "clero de Roma" nos tempos de Tertuliano é absolutamente redundante. Aniceto, que esteve à frente do pontificado por volta de 11 anos, de 154 a 166, também se associou aos montanistas; dele, entretanto, Jerônimo não culpa (seria um contrassenso) o "clero de Roma"! Insatisfeito com os montanistas, Tertuliano não demorou em fundar a sua própria corporação: a dos *tertulianistas*, com a qual desejava (ao estilo de um Marcião, tão combatido por ele) impor grande austeridade moral sobretudo para a vida dos outros, particularmente para a das mulheres. Certamente eram elas as culpadas por ele não ser um homem santamente casto!

---

[427] *De viris illustribus*, 53.

Sobre Marcião, Tertuliano proferiu a seguinte sentença, eivada de impiedade:

> Feito um rato do Ponto, armado de dentes afiados, quem é esse temerário que rói os Evangelhos? Região infeliz [refere--se à província do Ponto]! Teu seio vomitou uma besta que agrada mais aos filósofos do que aos discípulos de Cristo. [...] depois de apagar em si a chama da fé, perdeu o Deus que havia encontrado.[428]

É de se supor que, perante o "clero de Roma", Tertuliano agradava mais os discípulos de Cristo que os filósofos. Pelo visto, nem aqueles nem esses. Ao contrário da cidade do Ponto, Cartago, por certo, "vomitou" um santo cheio de virtudes!

A opinião de Tertuliano a respeito da mulher, mesmo sendo casado, exemplifica, antes da santidade, a indigência de sua austeridade moral e uma efetiva incompreensão e distanciamento do evento Jesus:

> Não sabes, mulher [sentenciou Tertuliano], que és uma Eva? Permanece ainda hoje a condenação divina sobre o teu sexo [...]. Tu és a porta do diabo [...] aquela que convenceu Adão porque o demônio não tinha capacidade.[429]

Tertuliano, com se observa, não explica qual mulher, concreta-mente, seria "a porta do diabo": se "a mulher" em geral ou alguma mulher específica (Maria ou Madalena, por exemplo). A mãe de Jesus e a dele, e também sua mulher, com certeza não haveria de ser! Tertuliano também não explica se a mulher era a "porta do diabo" para ela mesma ou para os outros ou só para ele! Por certo, nesse imbróglio não haveria de incluir pelo menos, como dito, sua mãe, sua mulher, e, evidentemente, Maria, a mãe de Jesus (de minha parte estou certo de que ele também não incluiu a minha mãe, a minha irmã, a minha mulher, a minha filha...)!

Temos, pois, com Tertuliano, a promoção de uma mentalidade que ultrapassa os ideais cristãos, e que, lamentavelmente, se impõe como cristã! Dizer, em vista disso, que ele era "um homem de seu tempo", além de uma falácia, se constitui em infâmia e profundo desrespeito ao bom senso humano, sem falar aos *evangelhos* de Jesus que ele não os leu com devida atenção. O seu dizer, para nós, hoje, a respeito da mulher soa ridículo, e também engraçado, mas sobretudo infame! O pior de tudo

---

[428] *Contra Marcião*, I, 1.

[429] *De culto feminarum*, I, 1, 14-18.

é que um tal rompante desqualificou o evento Jesus em suas origens e promoveu uma mentalidade misógina que não lhe convém, a ponto de transformar a própria misoginia em virtude (no sentido de que, ser virtuoso, é ser misógino ou ser homofóbico ou ser intolerante, enfim, ser preconceituoso). Em tudo o que repudia, no repudiar, nesse tipo de loucura humana põe a virtude e a cristandade.

Foi Tertuliano quem difundiu o ardente desejo de cristianizar as filosofias a fim de transformá-las em uma sabedoria única (no dizer dele) "verdadeira e aproveitável". *Cristianizar* a filosofia significava, segundo ele, como atitude primeira, repudiar as doutrinas dos filósofos, e pela seguinte razão:

> Não porque [segundo ele] as doutrinas de Platão sejam alheias a Cristo, mas porque elas não são totalmente seme-lhantes, como também a dos outros filósofos, a dos estoicos, por exemplo. [430] A razão exige [acrescentava] dos que são verdadeiramente piedosos e filósofos [como ele acreditava ser o caso dele] que, desprezando as más opiniões dos antigos, estimem e amem apenas a verdade.[431]

Essa *verdade* a que se refere diz respeito à sabedoria cristã, que ele, entretanto, ao querer promovê-la, finda por descaracterizá-la, fruto de um modo de pensar seccionado que cinde o humano dentro de sua própria realidade, que, por exemplo, opta pela fuga antes do enfrentamento, do autorreconhecimento, do cuidado e do governo de si. Antes de se conhecer para se governar (feito a lenda atribuída aos avestruzes que escondem a cabeça em um buraco quando estão com medo), se oculta em outras realidades que não no enfrentamento das próprias circunstâncias e complexidades, a fim de se fazer virtuoso dentro de seu próprio territó-rio. Antes de fazer a si mesmo virtuoso, se põe a implicar com a vida dos outros, e restringe nessa implicância a sua santidade, o seu ser cristão e a sua virtude. Nesse caso a sua *virtude* consiste em saber se ocultar: em saber cavar o buraco onde esconder a si mesmo, com sua natureza, com seus desejos e pulsões, com seus limites e possibilidades.

A distinção que fez, por exemplo, entre o *mundano* e o *profano*, tra-balhou no sentido de promover uma profunda cisão quanto à necessidade do humano se conhecer em sua própria realidade, dentro de seus limites e

---

[430] *Apologia*. I, 2, 1.
[431] *Apologia*. II, 13, 2-3.

HELENISMO E CRISTIANISMO: A DUPLA FACE DE UM PROJETO CIVILIZATÓRIO

de suas possibilidades, sustento sobre o qual cabe a cada um se conhecer e se acolher, a fim de se elevar em humanidade, em amor e justiça para consigo mesmo (característica fundamental de quem quer ser cristão, do qual é requerido "amar o próximo *com ama a si mesmo*"). Foi o que fez Jesus, que, em geral, se autodenominava de *filho do Homem – ben Adam*, segundo a expressão hebraica: "filho de Adão", e, portanto, igualmente de Eva. Trata-se de uma expressão que comparece várias vezes em *Ezequiel*, por exemplo: "Filho do homem, põe-te de pé e eu falarei contigo"; "Filho do homem eu te envio aos filhos de Israel"; "Tu, filho do homem, não tenhas medo dele"; "Mas tu, filho do homem, ouve tudo o que eu te digo"; "Filho do homem, come tudo o que achares".[432] No *Novo testamento*, em Lucas, consta, por exemplo: "Veio o filho do homem (*niòs toû anthrópou*), que come e bebe, e dizeis: eis um glutão e um bebedor de vinho...";[433] em João: "Quem é este filho do homem – *niòs toû anthrópou*?";[434] e várias outras.

Jesus trouxe o divino para dentro do humano, ao modo de quem quis fazer do humano a morada do divino: sem cisão e sem medo, com sede e com fome! Dizer, como por vezes dizem, que Jesus, "ao se fazer homem, se rebaixou e se humilhou", isso desqualifica não só o feito de Jesus, como também a sua humanidade; pior, induz uma ideia filosófica e teologicamente desonesta a respeito de um Deus que se humanizou não para se humilhar, tampouco para se desqualificar enquanto divino. Dizer que ele se humilhou é totalmente falso! Trata-se de um modo de pensar que ainda hoje reflete Tertuliano, que, por força da vida pregressa que viveu (e que fez dele um moralista), concebeu um movimento contrário ao de Jesus. Enquanto Jesus fez em si mesmo o humano habitar o divino (sem rejeições), Tertuliano quis insanamente afugentar o humano do divino como se fosse possível divinizar o humano sem o humano, ao modo de quem (ao contrário de Jesus), quer abraçar o divino rejeitando ou recusando a própria humanidade, e com ela, suas pulsões e complexidades.

Enfim, Tertuliano reduziu a filosofia (o que, aliás, não era incomum em sua época) a uma eloquência retórica e concebeu a dialética (que, para os latinos, se constituía no principal da filosofia) como um *engenho* ardiloso a serviço das supostas *heresias* produzidas pelos filósofos:

---

[432] *Ezequiel*, 2: 1-8; 3: 1.

[433] *Lucas*, 7: 34

[434] *João*, 12: 34.

> Ó infortunado Aristóteles [lamenta-se], tu lhes ensinaste [a todas as Escolas filosóficas, aos filósofos e hereges] a Dialética, essa arte de construir e destruir, tão ardilosa em suas sentenças, tão afetada em suas supostas conclusões, tão teimosa em seus argumentos, tão atarefada com palavras inúteis (*logomaquias*), a ponto de, enfadada consigo própria, tudo revogar, para terminar sem haver tratado de nada.[435]

Presumindo-se como aquele que estava de posse da verdade, Tertuliano costumava dizer que quem está nessa condição "pode rir e zombar de seus inimigos", porque a verdade de que dispõe "é segura de si".[436] Tão segura, que, certamente, ri dos outros, mas não ri de si: pressuposto fundamental de quem quer ter e tem alguma ciência de si, de seus limites e de suas possibilidades, e que toma a si mesmo como primordial causa humana a se debater, e que, por sua vez, faz de si mesmo fonte de riso, de alegria e de felicidade. Quanto ao rir dos ou para os outros, o riso mais acolhido é o da primeira infância: porque é um riso que ainda não mostra os dentes! Mas, fica visto, enfim, que Tertuliano não dialoga, ele apenas descarta. No que, enfim, concerne ao panegírico de sua cristandade, o que se observa é o *ser arrogante* antes do *ser cristão*:

> Que relação existe [pergunta] entre Atenas e Jerusalém? Que concordância pode haver entre Atenas e o cristianismo? Longe de vós [aconselha] produzir um cristianismo mitigado com o estoicismo, com o platonismo e com a dialética. Que inventem, no entanto, se o quiserem, um cristianismo do tipo estoico, platônico e dialético. Quanto a nós [diz ele, ao modo de quem não haveria de ter muito gosto pelo estudo], não temos necessidade de indagações depois de Cristo Jesus, nem de pesquisas depois dos evangelhos.[437]

2 – Os dilemas de Paulo enquanto judeu e cristão

Uma das questões marcantes do magistério de Paulo recai sobre o conflito entre o ser judeu e o ser cristão, não, porém, relativamente a si mesmo, e sim ao afã de expandir entre judeus o logos cristão. Paulo, em favor da expansão do cristianismo, tende a buscar uma aculturação da

---

[435] *De Praescriptione Haereticorum*, c. 7.

[436] "Congruit et veritate ridere, quia laetans, de aemulis suis ludere, quia secura est" (*Contre le Valentiniens/ Adversus Valentinianos*, VI, 3, 20-21).

[437] *De Praesciptione Haereticorum*, c. 7.

doutrina, com a qual combina a mentalidade consuetudinária judaica e a novidade cristã. Nesse sentido, um dos temas mais espinhosos incidiu sobre o conceito cultural a respeito da mulher, sobre a qual o mito judaico fez recair uma dupla culpa: a de ser seduzida e a de seduzir. Na *Primeira epístola a Timóteo*, Paulo reproduz o mito nestes termos:

> Adão foi formado primeiro, e depois Eva. Adão não foi seduzido, e sim a mulher, que, depois de seduzida, prevaricou. *Contudo*, ela se salvará pela educação [cristã] dos filhos, caso permanecer na fé, na caridade e na santidade (*pistei kaì agápei kaì hagiasmõi*), e no cultivo da sabedoria (*sophrosýnes*).[438]

A assertiva pertence à *Primeira epístola* de Paulo *a Timóteo*, de modo que reflete o magistério de Paulo e não, a rigor, o de Jesus. A assertiva serviu de inspiração a Tertuliano, e comporta duas proposições: uma, antes de *contudo*, e, outra, depois. A primeira proposição é francamente pró judaísmo arcaico; a segunda se abre para uma perspectiva cristã. Ela, no seu todo, é pedagógica, na medida em que atente dois interesses que Paulo astuciosamente se dispõe estrategicamente a atender: o modo de pensar judaico e o cristão. Como estrategista e educador, Paulo não pretende insultar o judeu, ao contrário, entra em seu modo de pensar, a fim de promover uma renovação. Eva, diz ele, "depois de seduzida, prevaricou", mas *se* (*eán*, no caso que) ela "venha a procurar e a se perseverar na fé cristã", a presumida sedução e prevaricação deixa de ter efeito: não faz mais sentido.

A primeira parte da assertiva não é o que mais importa para Paulo, e sim a segunda. Na primeira ele reproduz o ponto de vista de um judaísmo arcaico que põe a culpa da sedução na mulher, a ponto, inclusive, de sequer mencionar o sedutor. A proposição arcaica difunde a concepção de que Adão (o homem) foi forte, que ele não se deixou seduzir, e sim a mulher, frágil e astuciosa, visto que além de seduzir (que implica fraqueza) foi sedutora (que implica astúcia). A pedagogia do judaísmo arcaico enleva o homem e oprime a mulher, sobre a qual a assertiva faz recair (sob um senso de ambiguidade) toda a culpa, até mesmo a da prevaricação, cujo arrazoado soa assim: a mulher se deixou seduzir e seduziu, e assim findou duplamente culpada (e, portanto, há de ser submissa). Ora, Paulo tende, com uma certa brandura retórica, dissolver essa *opressão* e submissão,

---

[438] *Primeira epístola a Timóteo*, 2: 13-15.

nos seguintes termos, expressos alguma severidade: *desde que*, a mulher (esposa e mãe) se aproxime ela mesma e eduque os filhos na doutrina cristã, "se conserve na fé, na caridade, na santidade, e no cultivo da sabedoria (*sophrosýnes*)".[439]

São três proposições como condições de se salvar (*sothésetai*), cujo termo (o de *salvação*) comporta o significado de "libertar-se daquela antiga condição", de tal modo que a mulher cristã não mais vem a ser uma *Eva*. A conjunção condicional *eán* (*se, no caso que* ou *desde que*) diz respeito, não propriamente a uma outra opressão, mas sim a um libertação da antiga opressão, visto que, dado a nova situação, vem a ser salva, dentro dos seguintes parâmetros: "permanecer na fé", ou seja, manter-se cristã; "permanecer na *caridade* (*agápe*)" [cujo termo aqui utilizado por Paulo não é o de *philantropía*, mas de *agápe*, ou seja, de um amor compartilhado entre os da comunidade cristã]; permanecer na *santidade* (*agiótes*), ou seja, dentro dos preceitos cristãos que têm por objetivo libertar, não oprimir; e, enfim, cultivar a sabedoria ou *sophrosýne*, cujo termo grego comporta o seguinte significado: expressa um equilíbrio entre as exigências do coração (*phrén*) e as da inteligência em favor da construção de uma pragmática e um governo sapiencial. A *sophrosýne* é a irmã gêmea da *phrónesis*, cujo termo, entre os gregos denotava um governo consorciado entre os estímulos do coração (*phrén*) e o uso do intelecto (*noûs*) despertado no exercício do arbítrio. Na proposição de Paulo: a *sophrosýne* a que se refere é despertada e aprimorada pela educação e vivência cristã.

O conceito cristão de *caridade* se tornou um dos mais complexos à medida em que foi interpretado restrito ao de *philantropía* entendido como consistindo em doar o que se tem para quem não tem. Ora, Paulo não se serve, nesse contexto, do termo *philantropía*, mas do *agápe* (do amor cristão). Paulo, afinal, sabia, e muito bem, que a maioria dos cristãos estava imerso na pobreza. Nesse caso: como alguém que nada tem ou alguém que tem pouco ou apenas o suficiente pode fazer *caridade*? A divisão do pão em que os dois ficam com fome só é plausível em situações limites em que, por força da situação, os dois se colocam em uma condição de injustiça dentro de um patamar de mera sobrevivência sem prosperidade. Fora desse patamar a caridade salta para um outro nível de compreensão que implica no arranjo político da vida cívica. Aqui cabe a seguinte máxima: fazer caridade só pode significar dar a quem não tem

---

[439] *Primeira epístola a Timóteo*, 2: 15.

a condição de poder ter, caso contrário, vivemos numa situação primária de injustiça. A caridade não pode consistir em um meio de manutenção de situações de injustiça, nesse caso, redunda em uma condição estrutural de humilhação (para não dizer de cinismo). Por isso a caridade só pode ser eficientemente concebida vinculada aos conceitos de justiça e de amor.

João, na sua primeira epístola (que não foi dirigida a uma comunidade específica, mas ao todo da cristandade da época), sentenciou assim a respeito da caridade por ele concebida sob o conceito de *agápe*, em que caridade e amor se intercambiam em significado:

> Caríssimos, amemos uns aos outros, porque a caridade (*he agápe*) vem de Deus. [...] Deus é caridade (*ho theòs agápe estín*). Eis como Deus manifestou a sua caridade para conosco: ele enviou seu filho unigênito ao mundo a fim de levarmos uma vida como a dele. A caridade de Deus consiste nisto: não em ser amado por nós, mas em ter nos amado primeiro, e enviado o seu filho para nos propiciar meios de reger nossos males (*tòn amartiõn*). Assim como Deus nos amou, devemos amar uns ao outros. [...]. Se alguém disser: eu amo a Deus, mas não ama o irmão [*adelphós*, o de sua comunidade] é um farsante (*pseústes*, mentiroso). Porque aquele que não ama o que vê, como poderá amar a Deus que não vê?[440]

Sem demorar aqui no tema da caridade, quanto ao conjunto dos dizeres da assertiva presumimos que houve, em João, uma preocupação no sentido de vincular a caridade ao mandamento do amor. Ao dizer que "Deus é caridade (*theòs agápe estín*)", ao modo de quem diz que "Deus é amor", o amor/caridade (ou vice-versa, a caridade amorosa), em termos do *agápe* a que se refere, cabe ser visto sob dois parâmetros: uma, no que concerne a Deus, que fundamentalmente consistiu (segundo a narrativa) em enviar seu filho a fim de libertar a todos de malefícios opressores e de promover um modo de vida com o que colocou o principal de seu amor/*caridade* na promoção do bem e da qualificação humana; no que concerne às relações humanas, o amor/caridade diz respeito a um companheirismo e cuidados benfazejos entre *adelphós* forjados mediante uma irmandade derivada de laços comunitários de fraternas relações.

Daí que a caridade, nas palavras de João, só faz sentido mesclada ao amor, de modo que, no dizer dele, ela não deriva de sentimentos de *piedade*

---

[440] *Primeira epístola de João*, 4: 7-20.

(no sentido de compaixão), mas de edificação humana na reciprocidade ou intercâmbio amoroso de ternura ou afeição. A piedade, nos termos da *eusébeia* ou mesmo da *pietas* latina, corresponde a uma virtude a título de um enternecimento perante o que é divino. Nesse caso, a caridade, enquanto uma oferenda dada ao outro, tem por prioridade o amor, que, por sua natureza, não é uma abstração ou uma retórica conceitual, mas uma ação e uma concretude. A caridade sem amor se constitui em uma forma de opressão, e o amor sem a caridade, em uma forma de egoísmo que não leva em consideração os interesses existenciais ou vitais do outro. Aqui, entretanto, cabe assinalar o principal: não se faz caridade por amor a Deus, e sim ao próximo. A caridade se une ao amor a fim de fugir de qualquer tipo de chantagem: para com Deus e para com o outro.

3 – Paulo, o consuetudinário judaico e a quebra de paradigmas

Retomando a assertiva supracitada de Paulo ["Adão não foi seduzido, e sim a mulher, que [...] se salvará pela educação dos filhos, caso permanecer na fé...], manifesta, de sua parte, a preocupação, dada como uma necessidade, de acolher aspectos consuetudinários da cultura hebraica, a fim de ser aceito pelos judeus. A vinculação do evento Jesus à cultura e à civilidade judaica se deu desde os seus primórdios, e o seu principal objetivo não consistiu em "destruir a lei e os profetas", mas *dar acabamento*[441] e *reforçá-la*.[442] O primeiro *Concílio* realizado pelos apóstolos em Jerusalém (sede da cristandade, na época, sob a direção de Tiago Menor) recaiu justamente sobre a necessidade de que, para se expandir entre os judeus, o cristianismo teria forçosamente de assimilar aspectos consuetudinários da *palaiòs lógos* judaica, como, por exemplo, o da circuncisão, naquela ocasião decidida como facultativa.

No caso específico da condição cultural, dentro do consuetudinário judaico a respeito da mulher, a questão se pôs de modo bem mais complexo. Um outro exemplo, nesse sentido, em termos de assimilação ou aculturação do consueto judaico, pode ser retirado desta assertiva proferida por Paulo, na qual igualmente impera o mito:

> O homem [...] é a imagem e a glória de Deus, mas a mulher é a glória do homem. Porque o homem [eis aqui o mito] não

---

[441] *Mateus*, 5: 17-18.

[442] *Epístola aos romanos*, 3: 31-32.

> foi feito da mulher, mas a mulher do homem; e o homem
> não foi criado por causa da mulher, mas a mulher por causa
> do homem. [...]. *Contudo* [eis aqui a aculturação], nem o
> homem existe sem a mulher, nem a mulher sem o homem,
> no Senhor; mesmo, entretanto, que a mulher foi tirada do
> homem, o homem nasce de uma mulher[443]

A conjunção, *contudo*, mostra claramente um Paulo sujeito ao conflito entre "fazer-se judeu para ganhar os judeus"[444] e ser fiel à doutrina (ao evangelho) de Jesus, a fim de difundir e buscar acolhimento para o cristianismo nascente! Na expressão grega de Paulo, ele se ser da preposição *plén* (exceto que), no sentido de que é preciso levar em consideração outros fatores. "O homem [no que Paulo reproduz o mito opressor da cultura judaica] não foi feito da mulher, mas a mulher, do homem", porém, há que se considerar o seguinte: em Deus, o homem não existe sem a mulher, tanto quanto a mulher não existe sem o homem; afinal (e aqui Paulo apela para o fenômeno natural), mesmo que "a mulher foi tirada do homem, o homem nasce de uma mulher". A tendência de Paulo, portanto, é representar o mito arcaico opressor, a fim de, com alguma doçura (sob calculada estratégia retórica), se livrar dele. Ao mesmo tempo que astucia não melindrar a mentalidade arcaica do homem judeu (subjugado pela opinião do mito), quer transformá-la. O que, enfim, mais importa para Paulo é a segunda parte da assertiva, na qual, no contraposto da primeira parte, insere a mentalidade cristã como libertação do mito e da opressão. Na *Epístola aos colossenses* comparece o mesmo conflito, em que Paulo se mostra igualmente astucioso:

> Sejam todos [maridos e mulheres – eis aqui a aculturação] submissos uns aos outros no temor de Cristo; que as mulheres [eis a incidência do mito] estejam sujeitas a seus maridos [...], porque o marido é a cabeça da mulher. [...]. Maridos, amem as vossas mulheres [...], como [eis a aculturação] se elas fossem seus próprios corpos. Aquele que ama a sua mulher, ama a si mesmo; ninguém aborreceu jamais a própria carne, mas a nutre e cuida...[445] Mulheres sejam submissas aos vossos maridos *como convém, no senhor* [entre aspas porque vem pressuposta uma *conveniencia* compatível com a mentalidade cristã]; maridos, amem

---

[443] *Primeira epístola aos coríntios*, 11: 7-12.

[444] *Primeira epístola aos coríntios*, 8: 20-22.

[445] *Epístola aos efésios*, 5: 21-29.

vossas mulheres, e não sejam brutos (*pikraínesthe*) para com elas.[446]

Em consonância com o teor da assertiva, o infeliz conceito arcaico da mentalidade judaica de que "o marido é a cabeça da mulher" (como se fosse o cérebro e o arbítrio dela) tende, com Paulo, a se dissolver em dependência das seguintes considerações:

a) pela afirmativa no sentido de que "sejam todos submissos uns aos outros", em que esse *todos* implica em uma não distinção de gênero, de modo que o homem (o marido) e a mulher (a esposa) devem se sujeitar um ao outros em favor da vivência cristã. O que importa aqui destacar é astúcia retórica de Paulo perante um judaísmo severamente opressor contra a mulher, diante do qual Jesus se mostrou profundamente incomodado. Na proposição de Paulo, a presumida sujeição da mulher ao marido pediria igualmente (dentro de uma mentalidade cristã) por uma sujeição do marido à mulher em consonância com os requisitos do amor cristão. Sem essa igualdade não há cristandade, porque o oposto nada tem a ver com vivência cristã, estampa apenas uma mentalidade despótica eivada de ignorância;

b) assim reza o mandamento do amor: "ama a sua mulher como ama a si mesmo", sendo que esse amor à esposa, refletido no amor a si mesmo, corresponde a uma reciprocidade e a uma concretude e não a uma mera ideação. Quem ama — eis a questão — não ama uma abstração ou um conceito ou um preconceito, e sim uma realidade concreta;

c) daí uma terceira consideração que quebra os paradigmas da mentalidade arcaica do judaísmo, nos termos como Paulo escreveu aos romanos: "Como, pela fé destruiremos da lei o seu valor?; ao contrário, vamos reforçá-lo".[447] O mesmo comparece em Mateus, como palavras de Jesus: "Não pensem que vim destruir a lei e os profetas; não vim destruir, mas dar acabamento (*plerõsai*)".[448] Paulo, nesse sentido, acresce ao arcaico opressor a mentalidade cristã libertadora. Amar a esposa (explica Paulo) significa amar igualmente o corpo dela como quem ama o próprio corpo, ou, como ele ainda diz de um modo mais severo: amar a esposa corresponde a amar a si mesmo e, de um modo concreto, significa amar "a própria carne, que carece de ser bem cuidada e bem nutrida".

---

[446] *Epístola aos colossenses*, 3: 18-19.

[447] *Epístola aos romanos*, 3: 31-32.

[448] *Mateus*, 5: 17.

Na *Epístola aos colossenses*, Paulo contrapõe igualmente a passividade da submissão com o conceito do amor, no qual assevera que não cabe a brutalidade ou qualquer outro tipo de comportamento odioso (*pikrós*) nas relações recíprocas, especificamente na dos casais por todos acolhida como uma relação de amor, a ponto de, juntos, fazerem filhos para serem cuidados e amados. O principal da vida cristã se concentra na vida familiar, porque foi dentro desse contexto que o cristianismo nasceu e frutificou. O nascimento de Jesus é narrado como um evento familiar. O suposto primeiro milagre de Jesus — o da transformação da água em vinho[449] — se deu a pedido de sua mãe em um contexto de bodas familiares. Por ser forte e encorpado, o vinho, naquela época, muito raramente, era sorvido puro, a não ser em ocasiões especiais, por exemplo, na hora da morte. O vinho era corriqueiramente tomado nos festins, como uma bebida afeita à celebração. Ele era sempre misturado com água. Saber misturar era uma ciência restrita a poucos, que, quanto mais habilidoso, mais conseguia multiplicar (fazia render) a quantidade sem desqualificar a qualidade do vinho.

Do que vem astuciosamente manifesto por Paulo a respeito das relações conjugais e familiares, aparenta que ele próprio se apercebeu submisso às preconcepções culturais diante das quais se via levado a promover algum esclarecimento em vista de alguma libertação. Essa mesma percepção transparece em uma outra assertiva, na *Primeira epístola aos coríntios*, em que Paulo se vê até mesmo na iminência de ter que inventar regras em favor da *aculturação* (adaptação) da doutrina cristã forçado pelos usos e costumes judaicos primitivos:

> É decente [pergunta Paulo] que uma mulher faça oração a Deus, não tendo véu? Ora [argumenta, perguntando], a natureza (*phýsis*) não nos ensina que é desonroso para o homem deixar crescer os cabelos? Para a mulher, ao contrário, é uma glória deixá-los crescer, porque os cabelos lhe foram dados como véu para se cobrir. Mas se alguém quiser contestar o que digo, fique sabendo que nós não temos tal costume (*synêtheia*), nem as comunidades (*ekklesíai*) de Deus.[450]

Paulo *aparenta* inventar regras até mesmo para a natureza: "a natureza não nos ensina que é desonroso para o homem deixar crescer os

---

[449] *João*, 2: 1-11.

[450] *Primeira epístola aos coríntios*, 11: 13-16.

cabelos?". *Aparenta* porque não dá para subestimarmos a inteligência e a sagacidade retórica de Paulo, e isso em razão de que ele sabia muito bem que estava lidando com gente arcaica, sendo, por sua vez, que ele evidentemente sabia que Jesus (segundo a tradição hodierna) usava cabelos longos. Daí que é evidente também que Paulo, ao questionar que *a natureza nos ensina que é desonroso um homem usar cabelos longos*, de modo algum presumia colocar sob a suspeita a *honra* do próprio Jesus que usava cabelos longos. Seria um contrassenso, visto que, afinal, e por um lado, descaracterizaria a sua própria causa (porque colocava Jesus na condição da desonra); por outro, fica a dúvida: será que Jesus usava mesmo cabelos longos, ou isso foi uma invenção da posteridade, que, ao estampá-lo com a fisionomia de um europeu loiro e de olhos azuis, acresceu a barba e a cabeleira dos heróis nórdicos?

É improvável! Há ainda alguns aspectos importantes da assertiva de Paulo a considerar: ao perguntar se é decente a uma mulher orar sem o véu, de imediato Paulo contrapõe a seguinte questão (dotada de fina ironia): mas ela não usa cabelos compridos? Se têm os cabelos cumpridos, por que o véu? Aliás (ao modo de quem sorrateiramente deboca), não caberia ao homem usá-lo visto que usa cabelos curtos? Paulo, em seus escritos é sempre de uma astuciosa inteligência extraordinária. E diz mais: se, para os homens (refere-se aos fariseus e saduceus de seu tempo), é desonroso deixar crescer os cabelos, para a mulher é uma honra, "porque os cabelos lhe foram dados como véu para se cobrir". Se foi dado à mulher, também foi dado ao homem (presume-se, inclusive, que Paulo usava cabelos longos), de modo que, se não cabia ao homem o uso do véu, por que deveria se impor como regra e costume a se cultivar nas comunidades cristãs? Afinal, onde há opressão não há cristandade, e onde impera a ignorância a sabedoria divina tem muita dificuldade para se estabelecer.

E assim conclui Paulo: "Mas se alguém quiser contestar o que digo, fique sabendo que nós não temos tal costume (*synétheia*), nem as comunidades (*ekklēsíai*) de Deus".[451] Não tinha o costume de obrigar a mulher a cobrir a sua cabeça com véu para orar. Assim como Paulo em várias ocasiões diz que não é a circuncisão que faz o cristão, do mesmo modo não é o véu que dá credibilidade à oração, tampouco dignifica a mulher, e, menos ainda, honra a Deus. Um Deus que se compraz ou com um prepúcio ou com um véu, haveria de ser um Deus banal! Diante de Deus não

---

[451] *Primeira epístola aos coríntios*, 11: 16.

existem súditos, tampouco vassalos subservientes. Isso é um fenômeno evidenciador da arrogância humana, e nada tem a ver com Deus. Deus não é arrogante (é só ver como Jesus se comportou), jamais exige que alguém se prostre aos seus pés ou que lhe preste vassalagem. Da parte do Deus cristão não há opressão. Se ela se apresenta decorre de uma mentalidade insana deste ou daquele humano possuído, por um lado, de sede de poder, do desejo de honra e de glória (ao modo de quem se faz e se sente importante ou quer se colocar em pedestal relevante); por outro, de estupidez e de ignorância, e não de sabedoria divina, tampouco de vivência cristã.

4 – A natureza humana e feminina não são uma invenção conceitual

É de se supor que Paulo, ilustrado e inteligente, sabia que a *natureza* não é uma invenção conceitual, tampouco um ente ou existente real concebido pelos usos e costumes, de modo que ao dizer que *a natureza nos ensina que é desonroso um homem usar cabelos longos* com um tal dizer não haveria de presumir uma *natureza* em si mesma dotada de vontade deliberativa e de arbítrio; se assim fosse, não haveria porque o humano se dispor a se governar, visto que, afinal, a sua natureza se autogovernaria. O governo da natureza se manifesta mediante pulsões: promove, por exemplo, a fome, mas não oferece a comida. Não sendo assim, resta então considerar que a *natureza* à qual Paulo efetivamente se refere diz respeito a um modo arcaico de conceber, e, portanto, a uma invenção conceitual dogmatizada pelos usos e costumes do judaísmo tradicional. Resulta, enfim, que se tratou de uma consideração meramente retórica (não científica ou filosófica) que tinha por finalidade confabular com o consuetudinário (*synétheia*) relativo à comunidade de corinto à qual dirigiu a sua carta.

Fica aí também considerado mais uma preocupação de Paulo em termos de *aculturar* a doutrina cristã, no sentido de que ele se viu levado a adaptar (feito que implica em alteração e modificação) a doutrina de Jesus aos interesses de uma comunidade específica. A analogia entre uso do *véu* e cabelos compridos da mulher como meio natural de se cobrir (sem carecer do véu) é fruto de fina retórica certamente dirigida ao agrado dos populares. Fica a questão: por que os cabelos compridos na mulher é um feito natural honroso e nos homens não? Assim seria se fosse a própria natureza que, por sua deliberação e arbítrio, podasse naturalmente o cabelo dos homens, enquanto preservasse o das mulheres. Os cabelos das mulheres, a natureza deliberadamente deixaria crescer, e, os dos homens, de quando em quando, prudentemente cortaria para não ficar desonroso (sem o exagero, entretanto, de nos pôr careca)!

Fica mais uma vez explícito que Paulo não se referia à Natureza propriamente dita, e sim a usos e costumes (às *convenções* do consuetudinário) que determinam conceitualmente o que é e o que não é *natureza*, condicionado o Mundo (o todo natural) ao que pensamos ou inventamos a respeito dele e não efetivamente ao que ele em si mesmo é (do qual, aliás, nunca estivemos e não estamos em condições de saber, a não ser por *convenção* — porém, são duas coisas distintas, a convenção da ciência e a da cultura). Confirma essa consideração o que Paulo diz em conclusão: "fique sabendo que nós não temos tal *costume (synétheia)*, nem as comunidades (*ekklesíai*) de Deus".

Se bem que essa assertiva deixa em aberto uma ambiguidade que recai sobre *qual costume* efetivamente as comunidades cristãs não tinham: de usar o cabelo comprido ou o véu? Quando ademais, ele diz, "nós não temos tal costume", também não fica claro a quem ele se refere, se a ele mesmo que usava ou não cabelos longos ou aos cristãos em geral. Se, entretanto, esse "nós" se refere aos discípulos resta igualmente um conflito relativo às iconografias que sempre representam Jesus e os discípulos, inclusive, Paulo, com cabelos longos. Mas, enfim, o que tem a ver cabelos longos ou cabelos curtos, com véu ou sem véu, com a cristandade? Seria, inclusive, absurdo, um despropósito, pensar que Jesus veio e sofreu tudo o que sofreu, uma morte extraordinariamente cruel, a fim de promover na humanidade esse tipo de preocupação! Seria absolutamente insólito um Deus se fazer homem, experimentar as vicissitudes da natureza humana, inclusive, a morte, por motivações tão banais.

Outras assertivas de Paulo a respeito da mulher mostram igualmente a interferência do estabelecido opressor e o desejo de uma transformação (a bem da verdade, uma adaptação) cristã dentro dos ideais concebidos por Jesus ao gosto do estabelecido. Tudo indica que Paulo se via forçado a promover certos regulamentos em vista de atender determinados usos e costumes das comunidades locais, demonstrando, entretanto, uma real incapacidade de mudar, naquele momento, o *status quo* opressor das normas consuetudinárias e cívicas. Não quer isso dizer, entretanto, que ele quisesse desqualificar a causa que se deu, apenas ir devagar, a fim de promovê-la na expectativa de que viesse uma posteridade igualmente inteligente, comprometida e sábia que empreendesse novas e lentas mudanças em favor de um efetivo cristianismo. O cristianismo não nasceu pronto, é um fenômeno a se fazer, razão pela qual Jesus definiu a si mesmo como *caminho*.[452]

Ainda tomando como exemplo a figura humana da mulher, eis ainda o que disse Paulo aos da comunidade de corinto:

> As mulheres [diz ele] estejam caladas nas igrejas, porque não lhes é permitido falar, mas devem estar sujeitas, como igualmente ordena a lei. Se querem ser instruídas sobre algum ponto, interroguem em casa os seus maridos. Porque é vergonhoso para uma mulher o falar na igreja; porventura é de vós que saiu a palavra de Deus?[453]

É de se supor que Paulo, diante de Maria, a mãe de Jesus, não fosse assim tão incisivo! Entretanto, e nesse caso, também pelo que consta na *Primeira epístola a Timóteo*, fica aliás a impressão de que Paulo também tinha lá as suas convicções, fruto de uma mentalidade arcaica, que não combinava muito bem com a autenticidade do logos de Jesus, e, inclusive, com o desejo do próprio Paulo de ser autêntico para consigo mesmo e para com os demais. Mesmo alertando, como procedeu com Tito, no sentido de rogar-lhe que não desse "ouvidos a fábulas judaicas – *Ioudaïkoîs mýthois*",[454] mesmo assim, ele se mostra culturalmente enredado com o universo cultural que o gerou no falquejo da instrução consuetudinária. Também é plausível inferir que Paulo não só aguardava novas e lentas mudanças na posteridade, como ele próprio se via posto em uma perspectiva de mudança; ele com certeza sabia (visto, inclusive, que suas *Cartas* poderiam ser lidas e analisadas dentro de um tempo histórico de sua escrita) que ele próprio carecia de mudar, visto que um cristão não se faz nem por milagre nem em um só dia.

Na referida *Epístola a Timóteo*, Paulo se mostra bastante incisivo, a ponto de tomar a si mesmo como princípio de autoridade, retirando de Jesus o foco da evangelização:

> A mulher aprenda em silêncio com toda a sujeição. Não permito [assevera] à mulher que ensine em público nem que tenha domínio sobre o homem, exercendo na igreja uma autoridade sobre ele, mas esteja em silêncio.[455]

---

[452] *João*, 14: 6.

[453] *Primeira epístola aos coríntios*, 14: 34-36.

[454] *Epístola a Tito*, 1: 14.

[455] *Primeira epístola a Timóteo*, 2: 11-12.

A assertiva é tão contundente que até pode ter sido implantada pela posteridade: por algum *pontifex* que viu na epistola a possibilidade de fazer transitar um princípio de autoridade desfocado da própria estampa amorosa e humanizadora de Jesus. Em geral, o tom da *Carta* é suave, e isso contrasta com a verve autoritária da assertiva. Na *Carta a Timóteo*, Paulo, na maioria das vezes, se expressa assim:

> Recomendo-te [Timóteo], orações, petições, etc.; Não repreendas com aspereza os velhos [...], as velhas, as mães, as jovens...; Não continues [Timóteo] a beber água somente, mas faça uso de um pouco de vinho, por causa do teu estômago e das tuas frequentes enfermidades; Ó Timóteo [...] evite as novidades profanas das palavras...[456]

Ora, na assertiva supracitada não comparece essa doçura de Paulo expressa em uma escrita carinhosa dirigida ao amigo Timóteo, ao qual, inclusive, chama de *filho*.[457] O conselho que dá a Timóteo, "não repreendas com aspereza [...] as velhas, as mães, as jovens", contrasta com a assertiva supracitada. No mesmo contexto da citação anterior, comparece igualmente a seguinte assertiva, sob idêntica verve autoritária e contundente:

> Quero que os homens orem em todo lugar [...]. Do mesmo modo orem também as mulheres em traje honesto, ataviando-se com modéstia e sobriedade, e não com cabelos frisados, nem com ouro, nem com pérolas ou suntuosas vestimentas; mas sim como convém a mulheres que fazem profissão de piedade.[458]

Paulo assinala a modéstia e a vida frugal como uma característica cristã. A pompa e o luxo não combinam com o espírito cristão. Afora, entretanto, se é ou não de Paulo as assertivas supracitadas, ou se foi algum excerto de autoridade hierárquica romana posterior, fica visto que certas proposições de Paulo são submetidas ao consuetudinário cultural e cívico, especificadamente (expresso na citação mais acima) que *não é permitido* às mulheres falar *por determinação da lei*. Essa proposição, com efeito, poderia combinar com a cultura judaica cristã da referida comunidade de Corinto, mas não com as relações de Paulo com as mulheres que cita em suas cartas, e não são poucas: Evódia, Febe, Júlia, Júnia, Lídia, Maria, Pérside, Priscila, Trifena, Trifosa, Olimpas, Sintique e outras. Vimos,

---

[456] *Carta a Timóteo*, 2: 11; 5: 1-2; 5: 23; 6: 20.

[457] *Segunda epístola a Timóteo*, 2: 1.

[458] *Primeira epístola a Timóteo*, 2: 8-10.

aliás, que Paulo sempre, em suas viagens, se fazia acompanhar de uma (por ele referida como) "mulher irmã - *adelphèn gynaîka*".[459] Clemente de Alexandria diz tratar-se de uma *esposa (sýzyx)*.[460]

Aqui merece destaque a *Segunda epístola de João*, dirigida por ele "à Electa e a seus filhos"[461] dando a entender que se tratava de uma senhora responsável por uma comunidade cristã, o que evidencia a intensa participação das mulheres nas comunidades cristãs primitivas. A *Carta* tinha uma motivação e objetivo precisos, e mostra como, desde aquela ocasião, se interpunham uns quantos vivaldinos que submetiam a doutrina e os feitos de Jesus aos seus interesses. Daí o principal objetivo da *Carta*: estimular a vivência cristã dentro do mandamento que ordenava a todos (os que quisessem ser cristãos) que amassem uns aos outros; esta, inclusive, segundo João, seria do cristão a *caridade (agápē)* requerida: vivenciar, perante o outro, o mandamento do amor. Dentro do mesmo objetivo João alerta a comunidade quanto a certos "doutos" *sedutores* em favor de outras doutrinas que não correspondiam exatamente com as proposições originárias:

> Muitos sedutores [escreveu João] têm se levantado no mundo e confessam que Jesus Cristo não se fez carne [...]. Estai [João se dirige à senhora Electa] alerta sobre vós [ao modo de quem diz, sobre a sua comunidade] para que não percais o fruto de vosso trabalho [...]. Se alguém vem a vós e não traz essa doutrina, não o recebais em vossa casa, nem o saudeis, porque quem o saúda, participa de suas obras más.[462]

Quem se senta à mesa do tirano compactua com a tirania. Muitas vezes, os que se põem ao lado do tirano nos assustam mais que o próprio tirano, sobretudo, quando alguns deles estão próximos de nós, como que ao nosso lado, são nossos parentes ou vizinhos. Pior ainda é o vassalo, cuja condição denuncia que ele se compraz com a opressão à qual está submisso, e que a cultiva como um bem para si. É devido, sim, como presume em vários pontos João, amar a todos, porém, amar não significa compactuar ou se associar com o tirano e os seus vassalos. Diante de um tirano criminoso e de seus asseclas não existe maior amor do que submetê-los

---

[459] *Primeira epístola aos coríntios*, 9: 5.

[460] *Strōmateîs/Miscelâneas*, III, VI, 232

[461] *Segunda epístola de João*, 1.

[462] *Segunda epístola de João*, 7-11.

à justiça da lei, a fim de salvaguardar o que é belo, bom e justo que dão sustento à comunidade humana. Amar, nesse contexto, significa regatar a dignidade e humanidade; condescender é compactuar com o ódio e com o desamor, ao modo de uma corrupção e deturpação que transgridem a benevolência e a complacência, e contemporizam o malfeito.

5 – A verbalização da doutrina sujeita à instrução e às idiossincrasias dos narradores

Paulo, na *Segunda epístola a Timóteo*, ao louvar a "fé não fingida" de Timóteo, diz, gentilmente, que essa sua fé é *não fingida* porque "habitou primeiro na avó Loide e na mãe Eunice" de Timóteo.[463] Mais uma vez aqui vem expresso como a gênese e a expansão do cristianismo se deu em meio ao recinto familiar. A educação e a "escolaridade" cristã sempre passaram pela família. Mais uma vez desponta igualmente (na afirmativa "a fé habitou primeiro a avó Loide e a mãe Eunice") a atitude de Paulo que sempre se reporta, em suas cartas, a homens e mulheres pelo nome, com o que demostra respeito e reverência. Ele põe a germinação da fé cristã de Timóteo na família, em que, naquela época, conviviam os avós, os pais, os filhos e os netos.

Cabe rememorar aqui o que Paulo sentenciou acima: "Se [as mulheres] querem ser instruídas sobre algum ponto, interroguem em casa os seus maridos".[464] Por esse dizer (se *instruam* com os maridos), é de se pressupor que tal *instrução* recaísse, não propriamente a respeito da vivência cristã, mas da vida cívica. Ocorre que, afinal, as mães, avós, e também as filhas (restritas à casa), eram, no cristianismo primitivo, o principal "alvo" para o qual convergia a exortação cristã, transformando-as em fonte disseminadora dessa mesma exortação no recinto familiar. Por isso é de se pressupor que a referida "instrução" da assertiva de Paulo recaía sobre o como elas deveriam se portar, em público, no recinto comunitário, visto que nas comunidades cristãs todos se faziam presentes: os avós, os pais, os filhos e as crianças.

O cristianismo, nesse ponto, foi absolutamente inovador. Em meio às comunidades cristãs, mesmo que imperasse o mandamento do amor (nas celebrações *agápe*), era, entretanto, devido igualmente obedecer às

---

[463] *Segunda epístola a Timóteo*, 1: 5.

[464] *Primeira epístola aos coríntios*, 14: 34-36.

leis cívicas e as consuetudinárias (relativas ao éthos dos usos e costumes), a fim de não promover transtornos para as próprias comunidades locais. Daí que a preocupação de Paulo se deu no sentido de não molestar a vida cívica, a fim de que as magistraturas não molestassem ou criassem empecilhos para o bom funcionamento das comunidades locais. Assim como Paulo habitualmente se preserva do conflito das opiniões, ele foge igualmente dos conflitos que pudessem advir do poder político instituído, que, naqueles dias tinham cruelmente ceifado Jesus, continuava a perseguir os apóstolos e os cristãos.

Isso posto, cabe considerar que a assertiva "as mulheres devem estar sujeitas ao que ordena a lei", vinha proferida como uma exortação no sentido de atender, além das prerrogativas cristãs e da vida cívica, o consuetudinário das comunidades judaicas, visto que as comunidades cristãs eram igualmente, em sua essência, judaicas. Por isso que a assertiva, "é vergonhoso que as mulheres falem na igreja",[465] deixa transparecer não a mentalidade cristã, e sim um *status quo* da cultura hebraica. Além, portanto, das leis cívicas locais, as comunidades cristãs (em geral, vinculadas, naquela ocasião, às sinagogas), deveriam igualmente se sujeitar às tradições judaicas. Paulo, como judeu e fariseu, Paulo sabia que as mulheres, nas sinagogas, ficavam em ambiente recluso, sob a alegação de que não era delas "que saiu a palavra de Deus". Há ainda uma outra assertiva que merece consideração:

> Sobrevirão tempos perigosos; haverá homens egoístas, avarentos, altivos, soberbos, blasfemos [...], ingratos, malvados, sem afeição, sem paz, caluniadores, incontinentes, desumanos, sem benignidade, traidores, protervos, orgulhosos [...], que, com aparência de piedade [...] entram pelas casas e levam cativas mulherinhas (*gynaikária*) carregadas de pecados, movidas por várias paixões: mulherinhas que aprendem sempre, mas nunca chegam ao conhecimento da verdade".[466]

Está visto que Paulo não pouca adjetivos para definir os falsos doutores, "predadores" e indutores da fé alheia. Paulo também ressalta como esses vivaldinos visavam igualmente as mulheres, abordando-as de casa em casa, com propósitos diferentes, mas (isso Paulo não diz) com a mesma estratégia dos doutrinadores cristãos. Ambos tinham o mesmo objetivo:

---

[465] *Primeira epístola aos coríntios*, 14: 34-36.

[466] *Segunda epístola a Timóteo*, 3: 6-7.

cativar (trazer à fé) a mulher, a fim de que ela *seduzisse* (instruísse) os filhos e o marido, e os da redondeza. Mesmo nesse plano, o que se cultivou foi a convicção arraigada do mito da Eva seduzida e sedutora. Entretanto, é preciso considerar que a assertiva contundente de Paulo, aquela que chama as mulheres de "cativas mulherinhas (*gynaikária*) carregadas de pecados, movidas por várias paixões, que aprendem sempre, mas nunca chegam ao conhecimento da verdade", não expressa exatamente uma opinião dele a respeito da mulher, tampouco da mentalidade cristã, e sim de um *status quo* da condição de carência de várias coisas, inclusive de instrução, e, sobretudo, de submissão estrutural da mulher judaica.

A assertiva de Paulo soa como uma admoestação no sentido de reverter uma condição que imperava na cultura imposta sobre a mulher, e que as comunidades cristãs careciam de reverter. A admoestação soa como uma exortação no sentido de que as mulheres deixassem a condição de "cativas mulherinhas [...] que aprendem sempre, mas nunca chegam ao conhecimento da verdade". Era preciso, sobretudo urgente, se achegar ao conhecimento da verdade, e a comunidade cristã tinha por dever e obrigação trabalhar nessa direção. Não era a condição de "cativas mulherinhas" que mensagem e a sabedoria cristã queriam promover, e sim mulheres libertas da submissão e salvas da antiga condição de "Eva seduzida e sedutora". Bastava observar como Jesus tratou as mulheres e como se relacionava com elas.

Dado que Jesus não deixou nada escrito, que ele não detalhou uma doutrina cristã abrangente, então coube aos apóstolos, especificamente a Paulo, enquanto líder promotor da causa cristã, compor verbalmente a doutrina. Todos os discípulos, uns mais outros menos, e pessoas escolhidas para esse fim (Barnabé, Marcos, Lucas), contribuíram para o sucesso dessa tarefa. Os evangelhos tendem a mostrar, a dar realce aos feitos de Jesus, a vincular a doutrina (ao modo de quem dá visibilidade) ao seu comportamento e vivência; de modo semelhante se dá com os *atos dos apóstolos*. As *Cartas* de Paulo e as dos demais discípulos tendem a efetivamente verbalizar a doutrina para o que tendem a contabilizar vários fatores: os feitos e a vivência de Jesus, as tradições da *palaiòs lógos* hebraica, os usos e costumes regionais, e outros fatores que facilitavam o acolhimento e a expansão do cristianismo.

Por ser revolucionário, o cristianismo se arranjava levando em conta vários os referidos vários fatores, e isso em razão de que não se tratava de uma revolução meramente teórica, e sim existencial e vivencial. É na vivência que o cristianismo encontrava o seu sentido e a sua efetivação. Direcionado primordialmente ao éthnos judaico, o arranjo verbal da doutrina não tinha como não se valer do consueto (do éthos) amplamente vivenciado e difundido na cultura hebraica. O que, por exemplo, Paulo escreveu a Tito comporta experiências consolidadas retiradas da vivência consuetudinária do judaísmo:

> Tu, portanto [escreve Paulo a Tito], ensina o que convém à sã doutrina; [...] às mulheres idosas (presbýtidas) ensina um modo modesto e santo de se vestir, que não sejam caluniadoras, que não exagerem no vinho, que deem bons conselhos; às mulheres jovens, instrua na prudência, que amem seus maridos e seus filhos, que sejam reservadas, castas, sóbrias, cuidadoras da casa, boas e sujeitas a seus maridos...[467]

O que se observa em uma assertiva como essa é a mescla de um arcaico estrutural com a proposição cristã do viver modesto, prudente e amoroso. O cristianismo vivencial sempre esteve e está por se fazer, e por renascer em outras e novas dotadas de bom senso e de razoabilidade. É na vivência de Jesus que está a estampa da cristandade. É inegável que o conceito de *submissão* (sob vários aspectos um *preconceito* instaurado por sentimentos misóginos e de dominação) está amplamente difundido nas *Cartas*, inclusive, na *Primeira de Pedro*, na qual, de certo modo, sintetiza e repete o que consta em Paulo. Mas não é nesse plano, no da promoção da submissão, do preconceito, da misoginia, da dominação, que vem sintetizada a mensagem cristã. Nesse nível está o arcaico a ser reformado ou recondicionado pela vivência cristã que não oprime, mas liberta, não condena, mas salva, não subjuga, mas eleva. É nesse sentido que, mais uma vez, cabe considerar as palavras de Jesus e de Paulo: "Não pensem que vim destruir a lei e os profetas; não vim destruir, mas dar acabamento (*plerõsai*)"; "Como, pela fé, vamos destruir (*katargéo*) da lei o seu valor? Ao contrário, vamos reforçá-la (*histemi*)".[468]

O objetivo é sempre o mesmo: verbalizar a doutrina cristã a título de um acabamento e reforço das tradições hebraicas. O que se busca é uma melhoria, uma coragem no sentido de restabelecer o antigo pelo novo que toma como amparo e modelo a excelência, o divino, o que está pleno de razoabilidade e verdade. Não é o arcaico o modelo, mas o

---

[467] *Epístola a Tito*, 2: 1-5.

[468] *Mateus*, 5: 17; *Romanos*, 3: 31.

novo, do qual a vivência de Jesus veio a ser e dar visibilidade. Nem tudo, naquelas circunstâncias e ocasiões em que o cristianismo nascente se espraiou, pode ser reformado, e isso porque efetivamente não pudera, não conseguiram ou simplesmente não souberam ou até mesmo não quiseram se libertar. Porém, mais uma vez, é preciso considerar que não nesse plano que a doutrina cristã se sedimentou. Não dá para conceber um Jesus, enquanto filho de Deus, que vem ao mundo para piorá-lo ou para submetê-lo à preconceitos, a irracionalidades e a tantas coisas mais. Eis, nesse sentido, em que comparece o conflito entre o arcaico e o novo, o que escreveu Pedro:

> As mulheres sejam submissas (*hýpotassómevai*) a seus maridos para que, caso alguns deles não creem na palavra, sejam ganhos pelo comportamento delas, por observar nelas uma vida casta e respeitosa. Que o vosso adorno [dirige-se às mulheres] não seja exterior: nos cabelos frisados ou nos adereços de ouro ou na gala e no preparo dos vestidos, mas no humano que habita o vosso coração (*tês kardías ántrhopos*), na incorruptibilidade de uma alma clemente e pacífica [...]. Era também assim que outrora se adornavam as santas mulheres [...] submissas a seus maridos, a exemplo de Sara que obedecia a Abraão, chamando-lhe de senhor [...]. Do mesmo modo, vós maridos, cultivai com vossas mulheres uma vida sábia e compreensiva, como quem habita com seres frágeis (*asthenés*)...[469]

Não há, a rigor, uma doutrina da qual podemos dizer que foi Jesus quem a proferiu oralmente ou por escrito. Tudo o que é referido a Jesus passa ou pelo verbo ou pela escrita dos apóstolos ou de algum escrivão (*grapheús*) destacado para este fim. A única coisa que efetivamente temos como o mais provável é o como Jesus agiu ou se comportou, de cujo comportamento e ação restam modos plausíveis de conceber o ser e a vivência cristã. Mesmo nesse nível não estamos livres do arranjo externo enquanto modo de ver e de narrar no qual implicam percepções, ajuizamentos e interpretações subjetivas dos narradores e escreventes. Em meio à doutrina cristã comparece continuamente elementos da cultura e dos usos e costumes hebraicos. Foi nesse sentido, como vimos, que se insurgiu Marcião que defendia um cristianismo puro, com identidade própria, sem vínculos estreitos com o judaísmo.

---

[469] *Primeira epístola de Pedro*, 3: 1-7.

Pelo teor das narrativas, fica evidente uma profunda mistura entre ambos, de modo que os próprios evangelhos não nos inserem de pronto em uma doutrina de Jesus Cristo em sentido castiço e próprio. O que neles acessamos comporta vários fatores limitantes próprios da subjetividade, da linguagem e da cultura dos narradores, que, no afã de expandir o cristianismo, "optaram" (entre aspas porque não necessariamente foi um ato deliberado) por se acomodar ao *status quo* do estabelecido, sendo que, em muitos casos, se impôs como preferível retroceder que avançar, acomodar-se que transformar, submeter-se que revolucionar. Este foi, é e sempre será o destino do cristianismo: se adaptar ao bom senso e à razoabilidade de quem o pratica e de quem reflexivamente o concebe. São duas coisas que caminham juntas.

O evento Jesus em si, e pelo modo como ele foi *paralisado* (deram nele um ponto final), inclusive, pelo modo como os seus discípulos foram todos perseguidos e mortos, se deu como um evento transformador e revolucionário, sobretudo pelo que Jesus fez, por seu modo de ser e de agir. O que se observa, particularmente nas *Cartas* (para o que tomamos a mulher como exemplo) foi a necessidade de buscar uma estratégia de conformação entre o novo e o estabelecido, a fim de, sobretudo, os discípulos se protegerem (especificamente Paulo) a si mesmos. O ambiente era muito hostil como atestam estes lamentos de Paulo:

> Visto que muitos se gloriam segundo a carne, também eu me gloriarei. Porque vós, sendo sensatos, sofreis de bom grado os ataques dos insensatos: dos que vos põem em escravidão, que vos devoram, que vos roubam, que se exaltam, e que vos dão na cara. Digo isso com vergonha, como se tivéssemos sido fracos nesse ponto; mas naquilo em que é possível ser ousado, falo como louco, *também sou*: São hebreus? Também sou; São israelitas? Também sou; São descendentes de Abraão? Também sou; São ministros de Cristo? [...] Também sou, e mais do que muitos, pelo meu incansável trabalho, pelos meus encarceramentos e pelos açoites que frequentemente recebi e com perigo de morte.[470]

A vida de Paulo não foi fácil, de modo que não podia, enfim, ser um verdadeiro revolucionário. Teve necessariamente de se adaptar para difundir e propagar o logos cristão, mesmo que em meio ao arcaico e à carência de ilustração de muitos. Ser inovador, naquele momento, era

---

[470] *Segunda epístola aos coríntios*, 11: 18-23.

não ser completamente insano, de modo que Paulo, nesse caso, opta em favor de levar ao máximo adiante a sua causa mediante uma insensatez moderada, da qual colheu bons frutos e uns quantos sofrimentos, e, enfim, uma morte cruel. Ser cristão, em sentido rigoroso, era e ainda é demasiadamente arriscado. É mais fácil ser apenas sabujo do estabelecido, ou então estudar qual as banalidades que a maioria mais se agrada e investir nelas, a fim de "conquistar" essa maioria! Quem, como Paulo e os outros apóstolos, ousaram se *aproximar* do evangelho vivencial de Jesus, pereceram, e de um modo trágico, cruel e doloroso. Por isso a advertência de Paulo: "Cuidem do rigor de vossa caminhada (*akribõs põs peripateîte*), não como os insensatos, mas como os sábios, aproveitando o tempo presente, mesmo nestes dias de hoje tão malignos".[471]

---

[471] *Epístola aos efésios*, 5: 15-16.

CAPÍTULO VIII

DA DISPERSÃO À UNIFICAÇÃO CRISTÃ SOB O TÍTULO DE *CATÓLICO*

1 – O cristianismo em crise: em busca da unificação dos patriarcados

A grande *crise* da cristandade principiou no decorrer do século II até meados do século III quando se inflamou uma intensa disposição no sentido de buscar unidade. Se aqui admitirmos que o século III foi efetivamente um século de crises em função das profundas e severas mudanças estruturais ocorridas no Império romano,[472] o instituto cristão inegavelmente não só contribuiu e participou do âmago desta crise, como também contribuiu pela existência dela. Foi, neste sentido, no das dissensões internas, nas divergências interativas de opiniões e nos conflitos de interesses de poder religioso, que caracterizaram todo este século de ascensão cristã. No decorrer dele, em nenhum momento o que se viu na edificação do instituto cristão (à sombra do poder político romano) foi algo no sentido de administrar conflitos, e sim de submeter a opinião conflitante ao interesse do poder político reinante que se sobrepujava aos demais: fato, enfim, que levou os anseios da unificação doutrinária mediante instrução, a serem promovidos através de decreto.

Entre os principais patriarcados, o de Roma, que vizinhava com a sede do Império, buscava se impor como centro administrativo da cristandade. O patriarcado de Alexandria se apresentava como a fonte instrutora dos expoentes das comunidades, e o de Antioquia (que fora a capital do império de Seleuco) rivalizava em autoridade e poder com o de Roma. Alexandria, com sua extraordinária biblioteca e a chamada escola *Didascálica*, era o lugar em que os cristãos de nobre ascendência, e também dispostos a fazer carreira na nascente e promissora instituição cristã, costumavam ir em busca de ilustração e de saber. A exemplo da

---

[472] SILVA, Gilvan; SOARES, Carolline. "O fim do mundo antigo em debate: da *crise* do século III à Antiguidade Tardia e além". *Nearco: Revista Eletrônica de Antiguidade*, v.1, n. 1, 2013, p. 138-162.

época de Cícero (século I a.C.), período em que o intelectual romano costumava frequentar Atenas, agora, em particular no século III, frequentava Alexandria. Não mais na filosofia tínhamos propriamente o filósofo, e sim o adepto de linhagens filosóficas: do estoicismo ou do epicurismo ou do ceticismo ou do ecletismo. O chamado eclético era adepto de tudo um pouco, especificadamente do que, nesta ou naquela linhagem, lhe aprazia. Os principais expoentes da intelectualidade cristã da época passaram, para além de Roma, por Alexandria, razão pela qual a *Disdascálica* veio a ser o primordial foco da instrução intelectualizada da doutrina cristã da época.

Enquanto Alexandria, no século III, representava essencialmente um centro aglutinador, Roma, a sede do Império e do poder religioso, acolhia por lá os que, sobretudo, queriam se fazer ouvir, ganhar crédito e ascendência no sentido de fazer prevalecer, nas instâncias de poder, suas ideias e seus ideais. Foi assim que, logo no início do século III, Roma veio a ser o palco irradiador de um grande debate a respeito da *trindade*, cujo tema findou, de um lado, por se tornar o principal da discussão teológica e da canônica cristã; de outro, por promover, no âmago do Império, uma profunda instabilidade em meio à dissensão doutrinário-religiosa. O debate tomou viço em torno de 215, quando Sabélio de Cirene, um sacerdote cristão, se instalou em Roma sob a condição de professor de teologia. O seu ensino, foi, inicialmente, muito bem acolhido, inclusive pelo Papa Zeferino, que governou de 199 a 217.

Hipólito, que viveu entre os anos de 170 e 236, relata que Zeferino, por influência de Sabélio, passou a defender duas teses que promoveram grande dissensão: a) "Eu conheço [dizia ele] apenas um só Deus, Jesus Cristo, e mais nenhum outro além dele que tenha nascido e padecido"; b) "Não foi o pai que morreu, e sim o filho".[473] A obra de Hipólito, que ficou conhecida sob o título de *Refutação de todas as heresias*, foi encontrada em meio aos escritos de Orígenes, razão pela qual foi inicialmente publicada (em 1851) sob o título de *Philosophoumena* (*Ensinamentos filosóficos*) de Orígenes. Hipólito não só é desdenhoso como também impiedoso para com Zeferino. Ele diz, por exemplo, que Zeferino "imaginava administrar os assuntos da igreja, e que era um homem desinformado", "ignorante e analfabeto" e vergonhosamente corrupto.[474] Diz, além disso, que Zeferino "tinha por orientador e companheiro" Calisto (outro desafeto de

---

[473] *Refutação de todas as heresias*, IX, 11; DENZINGER, 1963, 42 a, p. 18.

[474] *Refutação de todas as heresias*, IX, 2 e 6.

Hipólito), que, em 217, assumiu o pontificado de Roma "movido por uma inquieta ambição de subir ao trono episcopal".[475] Aqui está certamente a razão pela qual Montano dizia ser Roma a *cidade de satanás*, e Jerônimo ter registrado que foi "o ódio e os procedimentos ultrajantes do clero de Roma" que lançaram Tertuliano nos braços dos hereges montanistas.[476]

Calisto governou por cinco anos, até 222 a sede romana. Três fatos marcaram o seu pontificado: primeiro, ter sido o primeiro papa negro da História da Igreja (foi trazido a Roma, quando jovem, na condição de escravo); segundo, mesmo tendo compartilhado, junto com Zeferino, de algumas ideias de Sabélio, foi ele quem o excomungou em 220; terceiro, promulgou um Édito que promoveu grande polêmica moral e ampliou a dissensão. Do Édito, consta em Tertuliano, o seguinte fragmento: "Não menos que o Pontífice Máximo o bispo dos bispos, proclamou: *Eu perdoo os pecados de adultério e de fornicação aos que têm feito penitência*".[477] Mesmo que a grande controvérsia se desse a respeito da *trindade* – tema que sintetizava toda a querela canônica e teológica – o Édito de Calisto acrescentou um novo foco de desentendimento: o da moral cristã, centrado na polêmica dos costumes. Foi essa polêmica que fragilizou ainda mais a unidade precária entre o pontificado de Roma e os três outros patriarcados, o de Antioquia, de Alexandria e de Cartago.

Foram, pois, dois fatores fundamentais que se confluíram na dissensão: um, o desentendimento doutrinário; outro, a disputa pela primazia política à sombra do poder imperial. Quanto ao desentendimento doutrinário, ele se deu, de um lado, entre os lógicos que manifestavam grande dificuldade teórica em admitir a existência de um só Deus em três Deuses; de outro, temos os doutrinadores da canônica que simplesmente propunham admitir a questão em termos de um dogma a ser acolhido pela fé e não problematizado pela razão, como se, uma vez acolhido pela fé que existem três Deuses em um só, a razão humana teria que se recolher e se tranquilizar! Não foi assim tão pacífico, visto que levou o debate *interno* à cristandade a se prolongar por todo o século III (tema do *Perì archon* = *Sobre os princípios*, de Orígenes) e que se seguiu pelo IV, com Basílio (330-379), patriarca de Cesareia, e com Eunômio (355-393), patriarca de Cízico (antiga região da Mísia).[478] Quanto à dissensão política, ela se

---

[475] *Refutação de todas as heresias*, IX, 6.

[476] *De viris illustribus*, 53.

[477] *De pudicitia*, Frag.1; DENZINGER, 1963, 42 a, p. 18.

[478] No livro *Helenização e recriação de sentidos*, 2015, dedicamos três capítulos, o 17, 18 e 19 à reconstrução teórica e conceitual do debate.

deu entre os patriarcados que rivalizavam entre si em busca de pompa, de prestígio e de poder.

O *pontifex* Cornélio dirigiu, em 251, a Fábio, patriarca de Antioquia, uma carta que soou como uma admoestação e advertência. Ela continha uma incômoda e decisiva pergunta: "não sabia que uma Igreja católica deve ter um só bispo?". Foi nessa mesma ocasião que Cornélio igualmente propôs o que denominou de uma *Constituição monárquica*, com a qual se estabeleceria uma "hierarquia eclesiástica" a partir de Roma. Da *Constituição*, esta seria a lei pétrea: *há um só Deus, um só senhor Jesus Cristo, um só Espírito Santo e um só bispo*.[479] Depois de Cornélio, veio Dionísio que chefiou o patriarcado de Roma de 259 a 268. Foi ele quem, em 260, difundiu uma outra carta, intitulada "Sobre a trindade e a encarnação", a fim de, com ela, combater os que ele denominou de *triteístas*, de um modo particular a doutrina de Sabélio e dos sabelianos.

Nem Cornélio e nem Dionísio alcançaram os objetivos desejados, que, enfim, só vieram a se efetivar no início do século IV sob a ingerência do imperador Constantino I que governou o Império entre os anos de 306 e 337 (período em que ocorreu a construção de Constantinopla, que, depois de 330, veio a ser a sede do Império Romano do Oriente, seguido do chamado Império Bizantino). Coube a Constantino, em 325, convocar e presidir um concílio ecumênico, o de Niceia na região ou província da Bitínia, da qual a cidade de Nicomédia era a capital. O objetivo do concílio consistiu em buscar um acordo (regulado, enfim, por decreto) entre as partes a respeito do tema da trindade, e, além disso, retificar o poder "imperial" do patriarcado de Roma sobre os demais.

Do fato de o próprio imperador convocar e presidir o Concílio, por si só demonstra pelo menos duas coisas: uma, a fragilidade do pontificado de Roma, que, no percurso do século III, não conseguiu promover a unidade desejada, nem doutrinária nem política; outra, evidencia também como a profunda divisão interna no poder religioso disperso entre os patriarcados resplendia na unidade do Império Romano, que, por sua vez, encontrava sustento e apoio no poder religioso disseminado por todo o Império que tinha sob seu controle a força popular que dava sustento à governabilidade. Com a mudança de Constantino de Roma para Constantinopla, e mantendo-se Roma como a residência papal, Constantino levou consigo

---

[479] DENZINGER, 1963, § 44-45, p. 19.

(como era habitual entre os imperadores romanos) a chefia máxima da religiosidade imperial romana: primeiro o imperador, depois o *pontifex*.

Todo o século II (isto de um ponto de vista interno ao poder religioso) foi de uma profunda crise, e, ao mesmo tempo, de aproximação entre o poder religioso e o poder político imperial de Roma. Frente à sociedade civil, o cristianismo se viu forçado pelo Império a se organizar na forma de uma comunidade (*ekklêsían*) única governada mediante leis, com uma hierarquia capaz não só de definir uma ordem eclesiástica, mas também de torná-la estável e coesa sob um só Deus, uma só fé e um só poder. Foi assim que o patriarcado de Roma findou por fechar espaços a qualquer cisão entre poder político e religioso, a razão pela qual Constantino veio a ostentar, na coroa do imperador, a tiara papal. Foi a partir de então que o Império Romano passou a fornecer a estrutura institucional da nova ordem religiosa e também a estratégia da grandiosidade que findou por inspirar a reverência e o poder empiricamente expressos na pompa das vestimentas, das celebrações ritualísticas (dignas da grandiosidade e dignidade dos homens da corte) e na edificação de grandes monumentos na forma de suntuosos palácios episcopais e grandiosas e magníficas igrejas.

O principal fator que ativou o poder do cristianismo a se compor, sob *o título de católico*, foi o peso que ele passou a exercer na determinação da vida cívica (*civitas*) de todo o Império, a ponto do imperador se ver forçado a assumir a liderança da instituição. Restringindo-se ao conceito de *católico*, a doutrina cristã findou submetida a um só instituto e a um só governo religioso: o do *pontificado* de Roma à margem e sob o controle do poder imperial. O cristianismo, nesse momento, se assumiu (foi submetido) aos parâmetros consuetudinários da religião romana estatal. O Império, afinal, tirava a sua força e sustento no povo, mas, mesmo assim, o poder emanava da sede imperial para a periferia: do centro mais influente ao menos influente. O mesmo foi requisitado do instituto cristão sob o título de *católico* com o qual se difundiu um conceito de unidade, ou seja, de um "um" universal comum a todos, expressão de um só governo de uma só sede. Ao César Constantino, estampado como um deus (basta ler a *Vida de Constantino* e o *Discurso em louvor a Constantino* de Eusébio), *foi dado tudo*: o governo das coisas, ou seja, o que era de Deus e o que era de César!

O título de *católico* teve uma conotação simbólica no sentido de unificar as diversas *gnoses* (as tendências doutrinárias cristãs), cultivadas pelas comunidades fomentadas por Pedro, Paulo e os demais discípulo, agora ausentes, em uma só doutrina. A designação latina de *catholicus*, ditada pelos Éditos de Milão e de Tessalônica, veio como uma denominação unificadora em termos de liderança, direção e governo. O termo derivou de *katholikós* (*katà* + *hólos*) da linguagem grega que designava o *universal* enquanto expressão de um todo (*hólos*) convergente na direção (*katà*) de uma unidade favorável à concórdia. Sob o conceito *katholikôi lógôi* os gregos expressavam uma unidade em termos de *opiniões comuns*; sob o conceito de *tò kathólou* (*o universal*) eles designavam um princípio de unidade enquanto definição comum, ao modo como Aristóteles atribuiu a Sócrates: "Duas coisas devemos reconhecer com justiça a Sócrates: a argumentação indutiva e a definição do universal (*tò horizesthai kathólou*) ambas resumem, por si só, o princípio da ciência".[480]

Foi, pois, na mesma direção, do centro para a periferia, que o agora *catolicismo*, em busca de unidade, emanava o seu poder e a sua governança. Ao *catolicismo* foi requerida a mesma estrutura que o Império criou para si na forma de uma estratégia de controle de poder que sempre se pautou por criteriosas escolhas em vista da construção de uma rede de confiabilidade, de cumplicidade e de fidelidade. O mesmo conceito veio a ser aplicado ao instituto religioso. Dado que o governo imperial exercia sobre ele o seu controle, as principais lideranças eram rigorosamente selecionadas em vista da harmonização e da tranquilidade imperial. Os escolhidos, quer para a administração política quer religiosa, o Império os revestia com roupas suntuosas, distintivos reluzentes e títulos honoríficos com o que se criou uma grande rede de gratidão e de vassalagem, de afagos e de coesão, daí a corrupção de que Hipólito acusa Zeferino, o *ponfifex* do poder religioso central.

2 – O cristianismo se fez religião: a ascenção do catolicismo

Disperso pelo mundo romano, o cristianismo teve sérias dificuldades para se firmar como doutrina, mas não como religião batizada sob a alcunha de *católica*, com a qual se presumia uma só doutrina, um só governo e um só rebanho universalmente considerado. O toque do sino nos templos, especialmente nos sediados às margens dos mosteiros e conventos, começaram a bater logo no início do século V. Mas nem tudo harmoniosamente se arrebanhou como esperado. No decurso histórico da posteridade, a *doutrina cristã* (melhor seria dizer o *cristianismo* enquanto

---

[480] *Metafísica*, XIII, 4, 1078b 28.

doutrina) deu sustento a várias religiões dentro das quais se diversificou. De todas, a maior dificuldade com a qual o cristianismo em seu alvorecer se deparou não foi propriamente com a formação e manutenção de suas comunidades, e sim com a preservação da doutrina em meio às comunidades.

O extraordinário das comunidades cristãs primitivas, em seus primórdios, recaiu sobre a sua organização governada sob um amplo e generoso senso de acolhimento destituído de fobias ou de preconceitos, de segregação ou de exclusão, e também de outros sentimentos hostis de intolerância e de desamor. Uma das características fundamentais das comunidades cristãs primordiais foi a compartilha vivenciada sob um senso de amor e de justiça. A exemplo das comunidades concebidas por Epicuro, o principal das comunidades cristãs veio igualmente a consistir no acolhimento e cuidado recíprocos, sem preconceitos: "Meus irmãos [escreveu Tiago Menor], não queirais conciliar a fé [...] com a acepção de pessoas (*prosopolempsíais*)".[481] A exortação, por si só, permite induzir que havia acepção. Tiago, ademais, adverte aos endereçados da carta para que não dessem mais atenção aos ricos que aos pobres, que não valorizassem mais "o anel de ouro e o vestido precioso" que a simples túnica. Tiago ainda adverte da necessidade de ninguém se colocar na condição de juiz perante o outro.

Mesmo que houvesse discriminação, não era essa a regra da vivência cristã. Era norma, no alvorecer do cristianismo, fomentar a benevolência e a harmonia cristã entre os membros da comunidade. No que concerne ao trânsito entre o poder político e o religioso também se constituía em regra, em favor de sua sobrevivência e expansão, aplainar os interesses de ambas as partes: os do cristianismo nascente e os do poder imperial. Nas comunidades locais, os primeiros cristãos celebravam as relações humanas dos membros da comunidade entre si e dos indivíduos (homens, mulheres e crianças) com a prática da doutrina que os colocavam em uma íntima relação com Deus. A maior de todas as dificuldades adveio com a dispersão geográfica e doutrinária, quando cada comunidade, instigada por interesses não rigorosamente cristãos de seus líderes, trouxe para a senda cristã as disputas políticas locais e os apegos a princípios que despertavam conflitos e desavenças entre os membros da comunidade, quer entre si quer com os de fora (éx_o_), à margem, não integrados à

---

[481] *Epístola de Tiago*, 2: 1

comunidade, mas politicamente interessados em obter apoio e sustento das comunidades cristãs.

A crise não advinha de dentro para fora das comunidades, e sim o contrário, por força dos que tinham interesse político no sentido de subjugar a vontade e o apoio dos membros da comunidade. São, entretanto, duas coisas que as comunidades cristãs primitivas se viam como que obrigatoriamente levadas a fazer prosperar em seu benefício: a necessidade de, por um lado, manter os laços cordiais dentro da própria comunidade; por outro, criar laços com o poder público enquanto instituição política regente do todo cívico, a fim de garantir, na vida cívica, a sua sobrevivência. Todo o sucesso dependia do seguinte pressuposto: como fomentar a instituição cristã, integrá-la ao corpo político (e com isso garantir a sua existência institucional e jurídica) sem se desqualificar, tampouco deixar-se subornar em seus ideais cristãos conforme as preleções e os feitos de Jesus por políticos interessados apenas no próprio bem-estar.

Aqui começou a desagregação que fundamentalmente se deu a partir da morte de Pedro e Paulo, que, enquanto vivos, mesmo distantes, se constituíam em elos agregadores do todo das comunidades. Mesmo de longe, Pedro e Paulo promoviam uma união de pensamentos e de interesses, com o que as comunidades detinham um centro agregador a título de um cânone vivencial que regulava e unificava a todos na doutrina e no comportamento.[482] Sem eles, e sem, sobretudo, as cartas de Paulo, houve uma lenta e gradual quebra de vínculos, com o que aos poucos se abriu uma severa dissenção quer em termos de interpretações doutrinárias quer de aproximação com os poderes políticos administradores do ordenamento cívico local.

O *Atos dos apóstolos* atesta sérios desentendimentos doutrinários já entre os discípulos, entre Paulo e Barnabé, por exemplo.[483] Os discípulos tiveram inclusive a necessidade de se reunir em concílio (em Jerusalém) para acertar um entendimento a respeito da circuncisão, das dietas e dos resguardos judaicos. Entre eles, nada ultrapassava a possibilidade do entendimento e do ajuste das opiniões. A *Epístola* de Paulo *aos gálatas* registra, já em seu tempo, sérios conflitos doutrinários, que Paulo, com a carta, se ocupou em dissolver. De todos os conflitos, naquela ocasião, o da circuncisão sempre foi o mais severo e polêmico, basta observar o

---

[482] SPINELLI, 2015, p. 59ss., 91ss.

[483] *Atos dos apóstolos*, 15: 1ss.

que Paulo reprodus na *Epístola aos filipenses* (3, 1ss.). A *Epistola* de Paulo *a Tito*, só para citar mais um exemplo, recomendava que o presbítero cultivasse uma conduta irrepreensível (*anégkletos*), que tivesse uma só mulher, filhos bem-educados e obedientes; dizia ainda que o presbítero não fosse soberbo, nem um tipo violento, tampouco muito amigo do vinho e do dinheiro das oferendas.[484] É evidente que a sua exortação tinha fundamentos concretos senão não carecia de ser feita: alguns presbíteros tinham mais de uma mulher, filhos viviam à larga, havia os que exageravam no vinho e os que apreciavam as "boas" oferendas!

Naquela época, eis no que se assentava o princípio das desavenças: "A raiz de todos os males [dizia Paulo] é o amor ao dinheiro (*philargyría*); por causa dele, alguns se desencaminham da fé, e se enredam em muitas aflições".[485] Não haveria de ser o caso só dos presbíteros! Na *Primeira epístola a Timóteo*, Paulo repete a mesma assertiva: "Também os diáconos sejam veneráveis (*semnoús*), não sejam mentirosos (*dilógous*), nem dados a muito vinho, nem ávidos de sórdidos lucros".[486] Fica, pois, evidenciado o apelo quanto à necessidade de uma moderação em tudo, no vinho e nos lucros. Quanto à alcunha de mentirosos, *dilógous*, com ela Paulo evidencia falsos relatórios, que chegavam até ele, vindo dos chefes das comunidades que, enfim, não diziam tudo. A respeito do vinho, Paulo, de modo algum era um abstêmio, senão não teria dado, na *Carta a Timóteo* (seu grande amigo), o seguinte conselho: "Não continues a beber somente água, sirva um pouco do vinho, para o bem de teu estômago e de tuas frequentes enfermidades".[487]

A respeito do sustento harmonioso das comunidades, Paulo diz, na *Carta aos gálatas*,[488] que, naqueles primórdios, Tiago Menor, Cefas (Pedro[489]) e João eram as colunas (*styloi*) que davam o devido sustento ao edifício multiforme da cristandade. Tiago era um homem de senso prático e conciliador, razão pela qual veio a ser o líder da comunidade de Jerusalém (que, naquela época, se constituía no patriarcado da cristandade); Pedro era a figura do ancião respeitável, aquele que, já entre os discípulos (os seus colegas pescadores) era o dono do barco e o administrador do ofício;

---

[484] *Epístola a Tito*, 1: 6-7.

[485] *Primeira epístola a Timóteo*, 6: 10.

[486] *Primeira epístola a Timóteo*, 3: 8.

[487] *Primeira epístola a Timóteo*, 5: 23.

[488] *Epístola aos gálatas*, 2: 9.

[489] "Tu és Simão, filho de João, tu serás chamado Cefas, que quer significar (*hermeneúetai*) Pedro" (*João*, 1:42).

João era um jovem de índole idealista e místico. Quando Jesus vivia, foi ele seu companheiro inseparável das caminhadas *didascálicas* de Jesus; foi ele também quem assumiu os cuidados com Maria quando Jesus foi cruelmente assassinado. Depois da morte de Maria, João foi alocado o líder da comunidade de Éfeso fundada por Paulo e Apolo (um retórico eloquente que veio depois chefiar a comunidade de Corinto).

Os desentendimentos entre os discípulos eram explicitados verbalmente ou por escrito tendo sempre em vista uma melhor e mais sensata compreensão. Entre si, eles desenvolveram uma educação (poderíamos dizer filosófica) para um certo entendimento movido pelo desejo de harmonizar e de unificar. Na ausência (com os assassinatos) de Pedro e Paulo, e também de Tiago Menor (primo de Jesus e líder da comunidade sede, em Jerusalém), restou, enfim, no decurso da posteridade, ao poder imperial a ânsia de tomar para si, em benefício próprio, e também do instituto religioso, uma necessária unificação. A sede primordial do cristianismo primitivo foi Jerusalém e não Roma. Não dá para descartar que os assassinatos de Pedro e de Paulo, sob o governo de Nero, contou com uma motivação no sentido de desestabilizar e de desagregar o universo das comunidades cristãs, e assim tomar para si a pacificação e a unificação em termos condizentes com a sua estratégia de governabilidade.

A dispersão e as desavenças facultaram ao Império a justificativa para agir com todo o vigor de sua tirania, como, efetivamente, não demorou a ocorrer. Fato relevante, é que o próprio Império fomentou a desordem como meio e ocasião de promover a ordem, dentro de parâmetros por ele próprio estabelecidos. Os doutrinadores da posteridade vieram a se manifestar e a atuar sob os parâmetros dessa vigilância. Do fato, entretanto, de existirem os evangelhos e as epístolas, esse foi um fator de agregação primordial e persistente que se manteve a partir da morte de Pedro e Paulo e dos demais discípulos. Ocorreu, entretanto, que cada comunidade, disseminada e distante, contava com apenas este ou aquele evangelho, com esta ou aquela carta, e assim findava por se restringir dentro de um certo ponto de vista um tanto limitado e acrescido pela liberdade das interpretações e das preferências.

Não cabe aqui expor as proposições ou premissas do cristianismo enquanto doutrina expressa nos evangelhos e nas cartas, cuja máxima principal se concentra no mandamento do amor, que sentencia, a título de um dever, o ser fraterno, justo, beneficente e complacente nas relações convivais dispostas sempre a acolher, jamais rejeitar. Não era objetivo da doutrina cristã em seus primórdios (sob os cuidados de Pedro e Paulo e dos demais discípulos) salvaguardar requisitos próprios da governabilidade política. Esse foi um feito requerido na posteridade, da qual Justino (que viveu entre os anos de 100 e 165), não por ele, mas sob requisições imperiais e das comunidades locais, veio a ser (para o que encontraram nele capacidade e mérito) um dos primeiros mestres. Antes, no século primeiro, o principal consistia em fomentar princípios consoantes ao magistério oral e vivencial de Jesus, mediante os quais (por força de sua *didaskalía* educadora e civilizatória) estimulava um modo de pensar e de viver pautados pelo conceito do *amor* que implicava, além de civilidade, humanidade e tudo o demais que um humano pode em si mesmo fertilizar pautando-se no que é divino.

Ao conceito de amor, a doutrina primordial agregava, enquanto ideal cristão, independentemente de qualquer preconceito ou sentimentos de segregação, a justiça, o cuidado de si e o zelo uns pelos outros. Jesus concebeu as correlações na comunidade humana mediante aquilo do qual todos careciam: amor e cuidados, priorizando as crianças, os velhos e os enfermos, com uma particular empatia pelos que viviam à margem das benesses cívicas e careciam de cuidados e de zelo. Foi por força desses propósitos e, ademais, por causa da desagregação e da dispersão que o cristianismo se viu levado a se assumir como uma doutrina afim da filosofia e da religião, autorregulada mediante uma canônica normativa e pacificadora das interpretações. No campo da filosofia, foi, por primeiro, o estoico Zenão quem presumiu a necessidade de uma *canônica* agregadora das máximas prudenciais definidoras do estoicismo enquanto doutrina e vivência (a dita ética) estoica. O epicurismo findou por tomar para si a mesma regra, que, enfim, levou o mundo acadêmico latino a estruturar todas as demais filosofias existentes sob a trilogia concernente a uma canônica (ou lógica), uma ética (ou filosofia moral ou dos costumes) e uma física (ou filosofia do cosmos).

Concretamente, o *fenômeno* no sentido de fazer do cristianismo uma filosofia não encontrou um eficiente respaldo, e pela seguinte razão: porque o cristianismo não conseguiu se erigir como uma doutrina de elite, por carência de premissas de razoabilidade, a não ser de fé. O cristianismo conseguiu, enfim, ser acolhida como uma espécie de filosofia prática, a título de um éthos existencial enquanto moral estatutária. A sua maior abrangência e acolhimento se deram entre os populares e incidiram na vivência reguladora dos costumes, razão pela qual as elites detentoras do poder político optaram por simplesmente acolher o cristianismo como fonte e sustento de poder e não como uma ilustração ou como mero instrumento de exercitação intelectual. Ademais (como veremos mais adiante, sobretudo com Clemente de Alexandria), a preocupação de transformar o cristianismo em uma doutrina filosófica com uma canônica, uma ética e uma física (ao modo como os latinos organizaram o saber filosófico acadêmico), findou por desvirtuar esse mesmo cristianismo em sua essência. Essa empreitada dificultou, inclusive, arregimentar, dentro da doutrina, as preleções e os feitos de Jesus, a ponto de também distanciá-la das proposições consuetudinárias do judaísmo dentro do qual o cristianismo se erigiu.

Foi a abrangência do acolhimento popular do doutrinário cristão, e também a prevalência do vivencial (do prático) sobre o teórico, que levaram os da elite imperial a tomar a doutrina do cristianismo, sob a alcunha de *católica*, como sustento de uma religião e não propriamente de uma filosofia. Como religião, o cristianismo ficaria fundamentalmente relegado ao povo com grande proveito estratégico em benefício do sustento e da governabilidade dos interesses das elites detentoras do poder político. Como o povo não sabia usar o poder político que detinha (carecia de liderança para isso), então era simplesmente usado em seu poder, para o que a elite dispunha de afiada retórica estimuladora da vontade popular. As elites de modo algum admitiam que o cristianismo viesse a assumir a liderança de que o povo tanto carecia para exercitar o seu poder em seu favor: na defesa de direitos e de justiça. O mais viável veio a ser transformá-lo em religião ou em uma doutrina religiosa, com um especial realce às premissas da fé, e não da vivência cristã propriamente dita.

A religião, afinal, com sua *canônica* defensora de princípios inamovíveis, e com uma *moral* reguladora dos costumes, se apresentou como um estatuto cívico a serviço dos interesses dos patrícios e da governabilidade romana, e não propriamente do povo, carente de um pouco de tudo, especialmente de benevolência e de justiça (que o cristianismo, por sua essência, tinha como prioritário a oferecer). Outro elemento dissuasor da elevação do cristianismo em termos de uma doutrina filosófica decorreu do fato de que, por ser vivencial ou prática, a doutrina não servia para o deleite intelectual quer nas disputas teóricas dos banquetes (dos comensais da corte), quer, como fazia Cícero, por exemplo, nas rodadas de confabulações teóricas com um grupo seleto de amigos da elite política romana. Mas, enfim, a doutrina cristã, nem de um ponto de vista prático nem teórico, facultava a possibilidade de promover debates em banquetes ou em conchavos de bebericações reservadas, em meio a risos, ironias inteligentes e afagos de parceiros que estimam lisonjear um ao outro; ocorre, enfim, que não havia como os debatedores disputar entre si quem era o cristão mais sábio, o mais intelectualmente afiado e, de todos, o mais cristão, o seja, aquele que melhor exercitava a justiça e o mandamento do amor!

3 – O Édito de Milão e o Concílio de Niceia: a unificação cristã por decreto

Remonta, a Cornélio, chefe da comunidade cristã de Roma, a iniciativa (movida por volta de 251-253), sob apelos do Império, de sujeitar os patriarcados de Cartago e de Antioquia a um só governo: o de Roma. Naquele momento, meados do século III, havia três sedes de comando em meio às comunidades cristãs disseminadas por todo o Império: Roma, Cartago e Antioquia. Foi, entretanto, no final do século IV, por meio do *Édito de Tessalônica* de 380, assinado pelos dois (na verdade três) imperadores, o do Oriente (Flávio Teodósio) e os do Ocidente (Flávio Graciano e Valentiniano II), que, em definitivo, se deu a unificação, por decreto, das comunidades sob "o nome de cristãos católicos".[490]

Os Éditos de Milão e *de Tessalônica* — isto é importante realçar — fizeram do cristianismo, sob o título de *católico*, uma religião apenas *estatal*; *apenas* porque o *catolicismo* só veio efetivamente a ser reconhecido como *a única religião oficial do Estado* com Justiniano, no século VI. Por aqueles dois Éditos, e naquelas ocasiões, no decurso do século IV, o que se deu foi uma unificação da doutrina cristã sob o formato de uma religião estatal romana.[491] Na posteridade, o cristianismo não parou (este é um tema que requer ampla exposição e análise) de se diversificar em outras religiões que tomaram para si, e para o sustento justificador de cada religião, ideais cristãos sujeitos a interpretações e interesses os mais diversos.

A crise do poder religioso vivenciada no século III trouxe ao poder político um significativo aprendizado: de um lado, como governar um Império tão extenso com uma religião prevalente (o catolicismo cristão) em que os seus governantes não detinham um efetivo centro de poder e

---

[490] *Código Teodosiano*, XVI, 1-2, *apud* TUÑÓN DE LARA, M., 1984, *Textos y Documentos de Historia Antigua, Media y Moderna*. Barcelona: Labor, p. 127.

[491] *Helenização e Recriação de Sentidos*, capítulo introdutório, "Do batismo dos filósofos à conversão do imperador", p. 13-75.

viviam em permanente disputa e descontrole; de outro, surtia a necessidade de uma unificação de poder, sob, inclusive, o controle do próprio Império que não queria, nem podia, deixar-se dominar pelo poder popular sob o controle indiscriminado do religioso. Era, afinal, mais fácil governar um povo coeso sujeito a uma doutrina, unido pela crença, estimulado por um grande *entusiasmo* e zelo devotado *a um só Deus e a um só pontífice*, que disperso. Daí a urgente necessidade de superar a dissensão e de promover uma hierárquica e disciplinada unidade. Aqui, efetivamente, a importância de Constantino I, que, logo no início do século IV, na avalanche do III, foi coagido pela necessidade de superar as dissensões e promover uma decisiva união entre o poder político e o religioso em benefício de sua governabilidade.

Outro fator importante na unificação cristã (decorrente das dissensões do século III) se deu igualmente no início do século IV, em 313, com o referido Édito de Milão, e, em 380, com o de Tessalônica que fez do cristianismo, sob o título de *católico* uma religião estatal, visto que, como já referido, só veio mesmo a ser reconhecida como *a religião oficial do Estado* no século VI. Foi, com efeito, o Édito de Milão que assinalou o ponto de partida pelo qual o cristianismo veio a se transformar, dentro do Império, em um fenômeno político sob o regimento estatal. O Édito de Tessalônica assinalou igualmente o auge da *universalização* do cristianismo, na medida em que por ele ficou decretado, sob a alcunha de *católico*, o seu reconhecimento como uma religião do Império Romano. Com os Éditos foram claramente estabelecidas pelo menos três coisas:

a) o reconhecimento *público*, por parte do Estado, da religião cristã como mais uma *religião* do Império, com o que não se tratou simplesmente de garantir *tolerância* frente às religiões, mas dentro da própria doutrina cristã, naquele momento diversificada em várias *gnoses*;

b) os Éditos conseguiram estancar as perseguições contra os cristãos e, sobretudo, a intolerância que, desde o II e, no decorrer do século III, havia se disseminado entre os cristãos, a ponto de transformar o doutrinário em uma extraordinária fonte de conflitos religiosos e políticos que colocavam em risco a governabilidade e o senso de *tolerância* cultivados pelo Império;

c) um terceiro fator importante foi o apaziguamento que o Édito proveu decretando a restituição dos bens e propriedades confiscadas dos patrícios convertidos. Ocorre que muitos convertidos da elite patrícia (pobres não tinham propriedades) se encontravam em *lastimável* pobreza, mas, mesmo assim, ainda detentores de grande poder político e de acessibilidade às decisões imperiais.

Institucionalizado e universalizado, no *catolicismo* não coube (sobretudo à medida que se atrelou ao poder imperial) o governo do contraditório. A tendência se deu sempre no sentido de *unificar*, primeiro, com o propósito de buscar entendimentos, que, entretanto, implicava ao cristianismo sujeitar-se ao poder hierárquico centralizado em Roma sob o controle do poder imperial; segundo, como consequência do primeiro, e caso não se efetivasse a sujeição, a tendência "avançou" no sentido de isolar ou excluir, sem a preocupação de administrar contraditórios, reduzindo ao conceito de *herege* o opositor.

Os desentendimentos entre as comunidades cristãs na época em que governou Constantino I (de 306 a 307) eram extensas e intensas. Foi durante o seu governo que, a título de estratégia política em favor da governabilidade, encerraram as perseguições aos cristãos, e assim deu início a uma nova etapa mediante a qual o cristianismo "foi dado" ao poder de César. O Édito de Milão foi concebido sob o governo do *césar* Constantino I, bem como o *Concílio* realizado em Niceia, uma pequena cidade da região da Bitínia, pertencente, na época, à circunscrição religiosa da cidade de Nicomédia, chefiada por Eusébio (dito de Nicomédia), um sacerdote adepto do arianismo e parente do próprio Constantino I. O concílio ocorreu em maio de 325, sob a presidência de Constantino, que tinha, naquela região um palácio ou sede imperial.

A comunidade religiosa de Nicomédia, pelo que consta em Eusébio de Cesareia (que viveu entre os anos de 265 e 340, e teve um estreito relacionamento com Constantino I), era naquela época, uma das mais afamadas em decorrência das disputas com o clero defensor do arianismo. Eusébio de Nicomédia, o chefe da comunidade, era um adepto do arianismo por ele promovido naquela circunscrição. Lá em Nicomédia (uma cidade-Estado grega que se tornou a capital imperial da região da Bitínia), o arianismo, por interferência de Eusébio, foi amplamente acolhido, mas não sem promover intolerância a ponto de permitir que rasgasse um decreto imperial afixado na porta da igreja exigindo tolerância nas disputas teológicas.[492] Lá, naquele ambiente, e, em geral, na época de Constantino I (que morreu em Nicomédia, em 337), eram corriqueiras as dissidências,

---

[492] EUSÉBIO DE CESAREIA, *História eclesiástica*, VIII, V, 1; VI, 6; XIII, 1.

a ponto do próprio imperador comparar os desentendimentos entre os membros das comunidades cristãs com a guerra: "para mim [disse ele] a divisão interna na igreja é mais grave do que qualquer guerra ou batalha feroz".[493] Habituado a comandar grandes batalhas, convocou o Concílio de Niceia, a fim de apaziguar os ânimos.

Os grandes conflitos da época se davam ali mesmo, na circunscrição eclesial de Nicomédia, sob a chefia de Eusébio. De um ponto de vista da governabilidade política, o forte do poder imperial refluía para Constantinopla, que a partir de 330 veio a ser constituída em sede do poder imperial do Oriente. Dispersas em três comandos, o imperador Constantino não demorou em tomar para si a iniciativa de *reconciliar* ou (como escreveu Eusébio de Cesareia), "apaziguar as diferenças" entre as chefias e os desentendimentos teóricos que dividiam a governabilidade cristã.[494] O próprio imperador, a fim de assegurar a primazia de seu poder, se fez o *pontifex* quando se apresentou como mediador dos entendimentos e reconciliações eclesiais, a ponto de ele próprio convocar, em 325, a assembleia (o *Sýnodos*) realizado em Niceia.

A cidade de Niceia geograficamente estava um pouco abaixo de Nicomédia, e foi nela que Constantino se ocupou em reunir as lideranças cristã dispersas e divididas pelo universo das intepretações doutrinárias. O comparecimento (pelo que consta em Eusébio e Atanásio[495]) foi pequeno, mas o evento foi muito significativo e teve repercussões duradouras, em consequência da fórmula que determinou o chamado *Credo Nicenum*.[496] Naquela ocasião, o que, entretanto, efetivamente se deu, não foi propriamente a promoção de um diálogo nos termos da *he dialektikḗ* própria da argumentação filosófica em busca da racionalidade dos princípios. O que se viu foi um apelo do imperador ao entendimento dos *súditos* presentes em favor de uma única fórmula filosófica/teológica que encerrasse a discussão sobre as aporias da Trindade (tema principal do Sínodo) entre Arianos, Sibelianos e outros eclesiásticos. Dado que o credo foi imposto por decreto, então é de se supor que foi no silêncio da escuta, entre uma fala e outra, que uns quantos interlocutores (aqueles mais amedrontados com

---

[493] EUSÉBIO DE CESAREIA, *Vida de Constantino*, III, 12, 2.

[494] *Vida de Constantino*, I, 44, 2.

[495] AUBINEAU, Michel. "Les 318 serviteurs d'Abrahan (Gen., 14:14) e le nombre de pères au Concile de Nicée (325)", *Revue d'Histoire Ecclesiastique*, Louvain, vol.LXI, n.1, 1966, p. 5-43.

[496] *Helenização e Recriação de Sentidos*, p. 629ss. AYRES, Lewis. *Nicaea and Its Legacy. An Approach to Fourth-Century Trinitarian Theology*, Oxforde: Oxford University Press, 2004.

as consequências) "dialogaram". O diálogo se deu nestes termos: reclusos em si mesmo, confabulando com os próprios pensamentos, dentro de si, no recinto das próprias opiniões e na avaliação dos prós e dos contras, aparam as divergências em favor do entendimento intersubjetivo, e, perante o imperador e o seu decreto, se colocaram de acordo!

4 – A fórmula do credo de Niceia referida a Plotino e a *Irrisio* de Hérmias

A grande novidade do Credo decretado em Niceia recaiu sobre o conceito grego (atribuído a Jesus, o filho) de *homooúsios*, de *consubstancial* (no sentido *da mesma substância*) enunciado como um complemento da proposição *ek tễs ousías = derivado da substância* do Pai. Esta veio a ser a fórmula: há "um só Deus [...], e um só filho de Deus, nascido [...] da substância do pai [...], gerado, não feito, consubstancial (*homooúsios*) ao pai...".[497] A proposição *ek tễs ousías* (*derivado da substância*) pode ser filosoficamente concebida a partir da sentença plotiniana de que tudo o que procede (*egéneto*) do *um* advém *ek tễs ousías enérgeia*, ou seja, de uma substância ativa (nos termos de uma *potência*) primordial.[498] Até Plotino contribuiu para a formulação teológica do credo niceno.

Inerente à assertiva de Plotino, este é o raciocínio: a alma provém de uma substância primordial, pela qual se determina, sem que essa substância deixe de ser ela mesma. Trata-se de um movimento generativo que se dá de um modo tal em que a substância tem a sua origem no *Um* sem retirá-lo de seu repouso. Quer dizer: a atividade que é gerada da substância primordial não só não move a potência primeira como também a mantém inalterada em sua própria substância. A fórmula proferida pelo credo de Niceia, se valeu do termo *homooúsios*, *consubstancial* (no sentido *da mesma substância*), a fim de efetivamente assegurar que a substância do filho procede do pai sem que essa mesma substância (em sua potência) viesse a ser alterada quer no pai quer no filho. Jesus, por certo, jamais deve ter imaginado o quanto de complexidade teórica viria a pairar sobre o seu nascimento em curral de ovelhas da região de Nazaré.

A fórmula decretada pelo Concílio de modo algum resultou em um entendimento ou consenso universal, e sim em um imbróglio conceitual

---

[497] DENZINGUER, Enrique. *El Magisterio de la Iglesia. Manual de los símbolos, definiciones y declaraciones de la Iglesia en materia de fe y constumbre.* Versión por Daniel Ruiz Bueno, Barcelona: Herder, 1963, (125), 54, p. 23.
[498] PLOTINO. Enéadas, V, 2, 1, 17-19.

que não foi bem acolhido pelos lógicos que viam na fórmula um arranjo filosófico mais complexo (ou complicado) que propriamente esclarecedor. Martín Gurruchaga, na *introdução* da tradução espanhola da *Vida de Constantino*, de Eusébio de Cesareia, teceu o seguinte comentário:

> Na verdade, a fórmula niceana não satisfez os arianos, signatários ou não, nem os origenistas moderados (como Eusébio de Cesareia) por medo do desenfreado monarquismo sabeliano; e os aplausos vigorosos de extremistas como Marcelo de Ancira e Eustáquio de Antioquia deram motivos para suspeitas. Alexandre de Alexandria nunca usa *homooúsios*, e Atanásio muito pouco.[499]

Eusébio de Cesareia sugeriu que o conceito de *homooúsios* foi concebido pelo próprio Constantino, e, enfim, *imposto* por ele como um termo de conciliação. No geral, segundo relato laudatório de Eusébio, o imperador, nas assembleias de conciliação, se dava sempre ao trabalho de comparecer e de sentar-se com os representantes das comunidades ou com os litigantes presentes, e com eles examinar os temas das disputas e requer de todos uma busca por entendimento. A sua presenta cativa mostra, evidentemente, o quanto estava pessoalmente interessado em pôr fim à toda aquela querela que havia se instalado em sua corte e na governabilidade de seu império. Impossibilitado, naquela época, de crucificar alguns, optou pelo concílio com o qual pode, por decreto, determinar um credo válido (ele mesmo estabeleceu a fórmula do credo) a ser obrigatoriamente acolhido por todos. O seu grande feito consistiu nisto: em pacificar cristãos entre si divididos e litigando uns contra os outros em uma disputa "mais grave do que qualquer guerra ou batalha feroz"!

Diz, aliás, Eusébio, que, nas assembleias, o imperador dispensava os guardas, os *doríforos* (os portadores da lança), os hoplitas (soldados que protegiam o imperador quando montado em seu cavalo[500]) e toda a escolta pessoal, porque se sentia bem protegido pelo temor que todos tinham para com Deus e pela confiança depositada nos companheiros (*tõn te piston hetaíron*) presentes na assembleia. Diz ainda Eusébio que Constantino sempre elogiava a sabedoria e a moderação daqueles que

---

[499] "De hecho, la fórmula de Nicea no contentó a los arríanos, firmantes o no ni a los origenistas moderados (Eusebio de Cesárea) por temor al monarquismo sabeliano rampante; y daba que sospechar el vigoroso aplauso de extremistas como Marcelo de Ancira y Eustacio de Antioquía. Alejandro de Alejandría no usa jamás el *homooúsios*, y Atanasio, muy poco" (GURRUCHAGA, Martín. "Introducción", in EUSEBIO DE CESAREA. *Vida de Constantino*. Tradución de Martín Gurruchaga. Madrid: Gredos, 1994, p. 34).

[500] Era função do hoplita, na guerra, proteger o cavalo e o cavaleiro. Sócrates era um soldado hoplita.

seguiam o caminho reto (a boa direção) em favor do entendimento e da paz; porém, generoso em sua autoridade e poder imperial, não perseguia os que, *obstinados*, se recusavam a se render às "boas razões conciliatórias".[501] Constantino, diz ainda Eusébio, acreditava ser sempre melhor manifestar compaixão que punição.[502] Se bem que o exílio de Ário, o teórico do arianismo se deu por decreto de Constantino. A *compaixão*, na tirania, é tão constrangedora quanto à possibilidade iminente de uma severa punição!

Do fato de o Concílio de Niceia e das demais assembleias contarem com a presença do imperador, isso, evidentemente, "facilitou" o entendimento! Não era, certamente, o objetivo principal de imperador salvaguardar doutrinas, e sim o seu poder e a sua governabilidade. É evidente que a participação do imperador em assembleias conciliatórias, entre membros da hierarquia eclesial, se dava em razão da importância e do efeito nefasto que aqueles desentendimentos promoviam em seu governo, a ponto de se ocupar pessoalmente da questão. Daí que a própria tolerância religiosa por ele manifesta perante os *obstinados* e irreverentes clérigos advinha como uma estratégia política: não haveria como buscar paz e entendimento universal desentendendo-se e perseguindo os particulares. Seu objetivo evidentemente não consistia em preservar ideais religiosos, e sim a governabilidade, a fim de com ela garantir tranquilidade e paz para si mesmo, para os de sua corte (da qual muitos clérigos participavam) e para o seu Império.

Assim como não era pela filosofia que se interessavam os doutrinadores apologistas, também não era em favor da cristandade que se ocupava Constantino. Quanto aos doutrinadores e ao apego deles pela filosofia, Hérmias, um dos referidos apologistas, nos primórdios do século III, escreveu um breve opúsculo (uma sátira ao modo de uma homilia) dirigido *aos cristãos*, no qual dizia que o contraditório representava a destruição da Filosofia e do filosofar. Os "filósofos [dizia Hérmias, aos que denominava de os de fora, éx*o*, *os que não são dos nossos*] propõem, em suas discussões, doutrinas que entre si não são nem concordantes e nem coerentes".[503] Seu breve opúsculo demostra uma efetiva hostilidade contra a filosofia e testemunha uma época em que a filosofia e o filosofar eram intensamente louvados, mas bem pouco exercitados. Sua sentença

---

[501] *Vida de Constantino*, I, 44, 2-3. Sobre as relações entre Eusébio e Contantino: BARNES, Timothy D., *Constantine and Eusebius*, Cambridge: Havard University Press, 1981.

[502] *Vida de Constantino*, I, 45, 1-3.

[503] HERMIAS, *Satire des philosophes païens*, 1, 6-7, p. 96-97.

findou por cifrar historicamente o que estava por vir em meio aos seus (os não-de-fora): uma desavença sem fim.

O breve opúsculo de Hérmias — na verdade uma chacota contra os filósofos — resultou apenas em 13 páginas escritas originariamente em grego (*Diasyrmòs tôn éx̱o philosópẖon*) traduzidas e publicadas em latim, em 1553, sob o título *Irrisio Gentilium Philosophorum = Irrisão [escárnio, mofa] dos filósofos pagãos. Tôn éx̱o*, traduzido por *gentilium*, adquiriu, a partir da *Cidade de Deus* de Agostinho, o sentido de *pagão*.[504] Em Hérmias, o termo comportava, entretanto, o sentido corriqueiro de *os de fora*, de *os que não são dos nossos*, conceito empregado de modo corriqueiro entre os doutrinadores cristãos dos séculos II, III e IV. A designação de *os de fora*, de *os que não são dos nossos, os outros*, era, em geral, depreciativo, mas não, a rigor, um insulto. Tratava-se de uma expressão que foi corriqueira entre os judeus (sempre muito orgulhosos das façanhas de seu Deus e de seus profetas) que assim denominavam os não judeus (os ditos, *gentios*, pertencentes a outros *gens* ou éthnos que não o judaico), e que, enfim, foram denominados de ἄ-θεος, *sem Deus* (eles tinham um Deus — que sorte a deles — e, os outros, os gentios, não tinham Deus nenhum).

A irrisão de Hérmias a respeito *dos filósofos de fora* (*tôn éx̱o*) reverteu sobre si mesmo e sobre os que vieram a pertencer à sua *gens* (ou éthnos). Ansioso pela necessidade de estabelecer o sossego de uma só doutrina presumida como *verdadeira*, por se colocar ao amparo do conforto de uma só crença, Hérmias, naquele momento, não se deu conta de que o espaço do contraditório foi, entre os gregos e, ainda é, entre nós, uma das primordiais virtudes do *filosofar*. Todos os que se põem na senda do saber ou que saem em busca de qualificação humana carecem desta virtude: a da capacidade de conviver com a diversidade e com as diferenças. Se a Filosofia entre os gregos tivesse cismado em vestir o filósofo com apenas um manto, em restringir o pensamento crítico a uma só linhagem (*gens* ou éthnos) potencializada pela verdade única, se tivesse, enfim, cogitado em romper com o logos polifônico, ela teria, isto sim, já em sua origem, se automutilado em sua própria essência.

O mesmo se deu e se dá na vida cívica, quando, sem o respaldo do direito que assegura as diferenças, todos (pela ansiedade de corporações dispostas a defender valores que asseguram seus interesses e seus privilégios) são subjugados a um só padrão de concepção do humano que não

---

[504] *De Civitate Dei*, XXI, 20, 25.

leva em conta as pulsões, as circunstâncias e as complexidades naturais de cada um. A restrição dos usos e costumes a um só padrão de valores cabe apenas em uma mente tirânica que supõe existir apenas uma natureza humana universal e uniforme, como se cada um não fosse dotado de uma natureza particular que o torna um fenômeno humano (objetivamente) subjetivo, em si mesmo circunstanciado por limites e possibilidades que lhe são próprias.

Não existe um humano universal concretamente manifesto enquanto fenômeno. É no particular que se evidencia o humano, e é nele que comparecem e se manifestam as evidências do humano enquanto fenômeno a ser conhecido e qualificado em cada um. Não existe (não se dá), afinal, o ser humano fora do particular, das circunstâncias e complexidades subjetivas (concretas) de cada um. A realidade ou verdade humana só pode ser acessível e conhecida dentro dos limites e das possibilidades inerentes ao *ser* (entenda-se uma *dispensa* sortida de paixões, pulsões e desejos naturais[505]) em que cada um se reconhece como sendo ele mesmo, ao modo de uma habitação ou moradia que requer ser conhecida para ser governada. Quem se deixa governar pelo outros jamais saberá de si e, tampouco, conquistará autonomia e liberdade. Só é capaz de ser virtuoso quem governa a si mesmo e as suas circunstâncias, sendo que ninguém, afinal, vem a ser virtuoso governando as complexidades dos outros!

Não existe, enfim, em termos reais, um ser humano universal; porque nessa condição se induz apenas um ser abstrato. É enquanto ser *real* que se põe o território (o *télos*) da exercitação da humanidade possível quer em civilidade quer em *virtude*. Daí a grande questão: se eliminarmos as diferenças (sobre as quais se alicerça o particular), subjugando-as às semelhanças (sobre as quais se assenta o universal), fatalmente descartamos o lugar em que o fenômeno humano se evidencia enquanto *ser real* circunstanciado por suas possibilidades, limites e complexidades. No universal, no que concerne ao humano, encontramos apenas o comum a todos conceitual e abstrato; no particular, no que é restrito a cada um, encontramos efetivamente o humano real, lugar em que cada indivíduo encontra a extraordinária possibilidade de olhar para si, de se acolher, e de dizer: este sou eu e minhas complexidades, mediante as quais posso me elevar em qualificação e em humana virtude. A possibilidade de olhar

---

[505] Tema tratado no livro *O hedonismo de Epicuro: prazer, desejo e autodeterminação*, São Paulo: Anablume, 2024, sobretudo no capítulo VI, item 1: "O bulício natural humano dos desejos".

para si, de se acolher e dizer "este sou", nisso está a premissa da liberdade enquanto capacidade de qualificação humana. Fora desse plano (desse *télos*), que implica o conhecimento e o acolhimento do "este sou eu", existe apenas submissão e jugo, ou, quando não, hipocrisia e dissimulação de si mesmo perante um universal abstrato em geral imposto aos incultos como uma ilusão, porém, acolhida como uma realidade, como se o universal fosse o particular.

5 – O pagão (*pagus*) e o gentio (*ethnikós*)

O conceito de *pagão* agregou, no decurso histórico, significações às mais diversas. Em sua origem, surgiu como uma forma depreciativa derivada do substantivo éthnos (raça, nação, povo, tribo), do qual a linguagem ordinária derivou o advérbio éthnikós aplicado em referência a um determinado éthnos ou linhagem cultural. Na correlação de um éthnos com outro, o éthnikós veio a ser referido como o estrangeiro, o diferente, o que não é dos nossos, o que não pertence à nossa linhagem, comunidade ou corporação. Por princípio não há nada de pejorativo em ser diferente, o pejorativo se impõe (ou se impôs) quando a diferença vem (ou veio) a ser vista como um defeito ou desqualificação do outro enquanto minoria dentro de um contexto maior. Foi, pois, assim que o conceito de *pagão*, em termos depreciativos, entrou no vocabulário cristão.

De modo mais intenso, o adjetivo pagão vicejou quando os adeptos do cristianismo vieram a se constituir na maioria e passaram a identificar os da minoria como *infiéis*, irreligiosos ou ímpios. O que historicamente se observou foi uma reversão: assim que a minoria virou maioria, ela não se constrangeu em se valer dos mesmos métodos desqualificativos da ancestralidade dentro da qual, enquanto minoria, era a oprimida. Ímpios vieram a ser todos aqueles que não professavam os mesmos princípios ou a mesma fé ou ainda os que não se revestiam da mesma piedade ou do mesmo culto religioso ou, inclusive, da mesma figuração na piedade ou na reverência a um mesmo Deus. Foi assim que o conceito de *pagão*, já em sua origem, e, de modo mais malicioso na posteridade, compôs uma fobia, um sentimento de aversão e também de medo perante os valores e os modos alheios do outro se portar ou de ser; *modos*, enfim, que o tornava misterioso, enigmático e desconhecido, e, portanto, causava temor, medo e instabilidade de ânimo.

Entre os gregos, o conceito de pagão não foi usual. Isso porque, entre eles, não se concebia um Deus único, e sim múltiplos Deuses. Cada *pólis* tinha o seu Deus ou a sua Deusa padroeira, e também deuses ou deusas devocionais, que, por influência das famílias (fratria, tribos) tradicionais, eram transferidos para o todo da *pólis*. A riqueza edificava suntuosos templos para os seus deuses, e a pobreza os cultuava! Era essa mesma riqueza que promovia as grandes celebrações e financiava as suntuosas festas religiosas, com extensa participação popular sempre com grande apetite para usufruir das oferendas e da matança dos inúmeros animais oferecidos em sacrifício pelos ricos (pelos senhores que ditavam o poder econômico). Nada entre os gregos era desperdiçado. Fazia parte da piedade popular consumir as oferendas e os animais sacrificados. A fumaça e os odores se elevavam aos deuses feito preces!

Até mesmo o "Deus desconhecido", os gregos reverenciavam, de modo que não ficava nenhum de fora, do qual pudessem inadvertidamente receber alguma malevolência ou injustiça. A maioria dos cidadãos cultuava um Deus, de modo que bem poucos era o número de átheos, cujo termo grego designava, literalmente, *sem Deus* de devoção ou de culto.[506] Lá, entre eles, a questão se colocava nestes termos: de ninguém era requerido que cultuasse, feito uma obrigação, um Deus ou Deusa de devoção pessoal, do mesmo modo como de ninguém era concedida a liberdade (ou o direito) de desrespeitar, desqualificar ou menosprezar os Deuses dos outros, especificadamente os das *póleis*.

A todos, menos ainda era dada a permissão de desrespeitar os deuses familiares cultivados pelas fratrias ou elites do consuetudinário detentora da ancestralidade e da posse do poder, cujos deuses eram reverenciados como senhores (*kýrios*) divinos, protetores e governantes da posteridade. Era uma contravenção cívica, um crime contra o direito e a civilidade, desonrar os deuses cívicos padroeiros da *pólis*. Fato inusitado é que, entre os gregos, não se requeria, com a mesma intensidade que entre os latinos, a *tolerância*, justo porque era como que natural, espontâneo, a reverência e o respeito pelas crenças e pelos deuses uns dos outros. Era essa tolerância, como que espontânea, que se constituía em elemento fundamental de união, de pacificação e de civilidade inter-relacionais das fratrias, dos cidadãos e das *póleis*.

---

[506] SPINELLI, M. "Epicuro ateu? Qual ateísmo: dos crentes ou dos descrentes?" *Hypnos*, 49, 2022, p. 107-147. Disponível em: https://hypnos.org.br/index.php/hypnos/article/view/674/634. Acesso em: 6 maio 2023.

Em sua origem latina, o termo *pagão* derivou da designação do que chamamos de *aldeia* ou povoado e que os gregos chamavam de *dêmos* e, os latinos, de *pagus*. *Pagus* era a aldeia e, *paganus*, o aldeão, o indivíduo isolado da *civitas* central, distante dos requisitos cotidianos presumidos de um cidadão e, inclusive, dos modos definidores da civilidade. O *paganus* latino correspondia ao ágroikos (ao agricultor, serviçal do agro ou do campo), cujo conceito também não tardou a receber um senso pejorativo. Entre os gregos, tudo o que fugia do glamour da *pólis*, veio a ser considerado ágroikos (rústico, grosseiro, inculto, tosco); o mesmo se deu com o *paganus* dos latinos, cujo termo veio, inclusive, a designar uma depreciação escalonada: o de cima sempre se referia ao debaixo como sendo, em relação a ele, um *paganus*.

De um modo geral, era a ascenção econômica e não propriamente a instrução que promovia o *status* fora da condição do *paganus*. Dado, entretanto, que o que estava um pouquinho acima via o debaixo nessa condição (a de *paganus*), findava que praticamente todo mundo era *paganus* diante do olhar um do outro, mas não no de si mesmo. Conclusão: todo mundo era visto como *paganus*, ao mesmo tempo em que todo mundo se achava importante! Era (e ainda é) uma dessas insanidades humanas coletivas para a qual não é fácil acertar o remédio! Independentemente de ascenção em riqueza ou não, a grande maioria continuava sempre vulnerável às mesmas manipulações: muitos tinham posses e dinheiro, mas não tinham instrução, estavam no mesmo plano que seus serviçais. Os que ascendiam economicamente se tornavam, entretanto, ainda mais facilmente manipuláveis, e isso porque, estacionados no mesmo padrão mental da maioria, eles se achavam integrados no escalão superior dos tradicionais manipuladores aos quais prestavam uma conformada e orgulhosa vassalagem.

O *ethnikós* da linguagem grega (termo usado nos evangelhos para se referir ao conceito pejorativo de *pagão*) veio a expressar, na linguagem evangélica, o conceito hebraico de *gentio*, cuja designação se aplicava a todos os que não pertenciam à linhagem judaica. Com a ascenção do cristianismo, a tendência consistiu em dissolver esse conceito, visto que, sob a *didascalia* de Jesus, o Deus, do qual se dizia filho, abrangia judeus e não judeus, todos aptos a constituir um só povo, o do "reino de Deus". Daí que o conceito de pagão, na posteridade cristã, resultou em uma desqualificação do próprio cristianismo e das premissas cristãs. Sob esse indecoroso conceito se manteve a mesma verve conceitual judaica de *povo escolhido*, no qual transparece a arrogância e o orgulho de quem cultiva a ilusão de ter um Deus só seu, próprio, particular, restrito ao seu éthnos, ao seu governo e ao seu destino. O inusitado é ver nesse sentido alguém que se acha tão confortável com o seu Deus a ponto de não carecer cultivar a benevolência e a justiça, e até mesmo sair em defesa de algum inominável tirano.

A mentalidade relativa ao conceito de *povo escolhido* era a mesma das fratrias e das *póleis* gregas em que cada uma acreditava ter o seu Deus ou a sua Deusa protetora e padroeira. Nesse ponto, o povo de Israel de modo algum diferia do "povo" grego – *povo* entre aspas em razão de que o conceito de "povo judaico" e de "povo grego" não comportavam as mesmas significações. O *povo* judeu (tribo ou nação) tinha o seu Deus (único e *todo seu*) nos mesmos termos que as fratrias (irmandades, tribos) constitutivas das *póleis* gregas tinham o seu, ao qual, igualmente, exigiam respeito e reverência. Não era devido aos outros, por obrigação, cultuá-lo, mas ao menos respeitá-lo. Era comum entre os gregos, nas guerras, cada *pólis* pedir a ajuda de seu Deus ao modo de quem requisitava que seu Deus lutasse com o Deus do inimigo! A mesma insanidade ainda persiste quando o sacerdote, padre ou pastor é requisitado (e uns aloprados se prestam a isso) a abençoar a espingarda da guerra!

O éthnikós, assim como o *gentio* (*gens*, entre os latinos) veio a ser referido como o estrangeiro, o diferente, o que não é dos nossos, que não pertence à nossa linhagem ou corporação, e que, enfim, não goza das graças do *nosso Deus*. Por longo tempo, foi o cristão inicialmente reconhecido, em sentido depreciativo, como o éthnikós, o *estranho*, o estrangeiro (*xénos*, de cujo termo deriva a *xenofobia*). Consta, por exemplo, nos *Atos dos apóstolos*, que Paulo, quando esteve em Atenas, foi questionado no Areópago, nestes termos: "Podemos saber qual é essa nova doutrina que estás pregando? Coisas estranhas têm chegado aos nossos ouvidos, por isso queremos saber do que se trata".[507] Tanto a doutrina quanto Paulo eram os diferentes e estranhos da ocasião! Com o passar do tempo, o *estranho* passou a ser normalizado a ponto de tudo o que era *estranho*, ao antigo estranho, causar medo, ojeriza e mal-estar.

Pelo que consta em Mateus, a tendência do cristianismo nascente se deu no sentido de se desfazer do conceito de *ethnikós* sob senso negativo, a título de uma linhagem fechada em si mesma. "Se saudares [isto é o

---

[507] *Atos dos Apóstolos*, 17: 19-21.

que Mateus expressa como palavras de Jesus] apenas os vossos parceiros (*adelphoi*), não estarão fazendo o mesmo que os *ethnikoí?*".[508] Essa proposição comparece em Mateus com um objetivo pedagógico: ampliar o cristianismo para além de suas comunidades, que, na época, eram restritas. Naquela ocasião, a tendência, já presente no *Evangelho de Mateus* (escrito originalmente na versão aramaica), reflete uma preocupação no sentido de universalizar a doutrina. A razão dessa universalização decorreu do fato de que o cristianismo não ter como prosperar se fechando, e sim se abrindo e se dando a conhecer, sem nenhum receio defronte ao estrangeiro (*xénos*), justamente diante daquele outro que o *ser judeu*, com o seu Deus personalíssimo, deixava de fora.

Ainda em Mateus comparece a preocupação no sentido de não considerar prontamente alguém como *ethnikós* sem insistir inúmeras vezes em favor de que ele viesse a aderir ou a se ligar à comunidade cristã.[509] A expressão *os de fora* só começou a ser corriqueira entre os da elite hierárquica cristã quando eles passaram a contar com uma maioria que lhes dava apoio e sustento. O conceito passou, inclusive, a tomar uma conotação negativa que veio até mesmo insuflar a *ilusão* ou orgulho de que basta se "arrebanhar" para ser cristão. Cabe lembra aqui o que disse Pedro e também Tiago:

> Na verdade, reconheço [sentenciou Pedro] que Deus não faz acepção de pessoas, e que em qualquer nação (*en pantì éthnei*) aquele que o teme e pratica a justiça lhe é agradável. [Tiago, por sua vez, perguntou aos de sua comunidade]: O que é vossa vida? [E respondeu]: É um vapor que aparece por um instante, e que, em seguida, se desvanece.[510]

A assertiva de Pedro é claríssima: "em qualquer nação (*en pantì éthnei*) aquele que o teme e pratica a justiça é agradável a Deus". Um bom cristão não é gralha de púlpito ou de proselitismo verbal ao modo de quem quer impor aos outros os seus valores (que, muitas vezes estão eivados de preconceitos) ou suas crenças (que, também muitas vezes, expressam mais uma insanidade que bom senso e razoabilidade). Cristão é aquele que, no silêncio das ações, se comporta como quem efetivamente honra a Deus e vive a justiça, sem cultivar preconceitos, racismos, homofobias,

---

[508] *Mateus*, 5: 47.

[509] *Mateus*, 18: 17.

[510] *Atos dos apóstolos*, 10: 34-35; *Epístola de Tiago*, 4: 15.

xenofobias e outros tipos de perversidade que se dissolvem sob o glorioso (na verdade arrogante) conceito de "eu sou um homem de bem". O ser cristão não combina com esse tipo de arrogância conceitual, sim apenas com o *bem* imerso no agir que dá lucidez divina ao viver humano. *Imerso no agir*, porque o bem não é um território (um *télos*) ou um ponto de chegada, e sim o terreno, desde o ponto de partida, sobre o qual quem vive na senda do bem caminha nele, de modo que, não sendo um fim, o bem é o chão sobre a qual o caminhante se põe a percorrer. O bem não está em nenhum outro lugar, Deus tampouco, senão na caminhada do caminhante.

REFERÊNCIAS

I) Textos bíblicos

a) Fontes primárias

MERK, Augustinus. *Novum Testamentum Graece et Latine*. Romae: Scripta Pontificii Instituti Biblici, 1964.

b) Traduções

LA BIBBIA DI GERUSALEMME. IL NUOVO TESTAMENTO. Edizione italiana sotto la direzione de F. Vattioni. Bologna: Dehoniane, 1975.

LA BIBLE DE JÉRUSALEM, Traduite en français sous la direction de lÉcole biblique de Jérusalem. Paris: Les éditions du Cerf, 1974.

BÍBLIA SAGRADA, 1967. Traduzida da vulgata por Matos Soares, São Paulo: Paulinas, 1967.

b) Demais fontes e referências bibliográficas

AGOSTINHO. *Opera Omnia*. PL 42. De duabus animabus contra Manichaeos. Augustinus. [*S. n.: s. l.*], 2023. Disponível em: https://www.augustinus.it/latino/due_anime/index.htm. Acesso em: 6 maio 2023.

ARISTÓFANES. *Comédies*. Texte établi par Victor Coulon, traduit par Hilaire Van Daele. Paris: Les Belles Lettres, 2009. Tome III: Les Oiseaux – Lysistrata.

ARISTÓTELES. *Ethica Nicomachea*. Cambridge: Cambridge University Press, 2010.

ARISTÓTELES. *Metafísica*. Tradução de Valentín García Yebra. Madrid: Gredos, 1982.

ARNIM, H. F. A. *Stoicorum Veterum Fragmenta*. Collegit Ioannes ab Arnim. Stuttgart: Stugardiae in aedibus B. G. Teubneri, 1964. 1 v.: Zeno et zenonis discipuli. Disponível em: https://archive.org/details/stoicorumveterum01arniuoft/mode/2up?view=theater. Acesso em: 6 maio 2023.

ARRIANO. *Anábasis de Alejandro Magno*. Tradução de Antonio Guzmán Guerra. Madrid: Gredos. 1982.

ARTOLA, Miguel. *Textos fundamentales para la Historia*. Madrid: Alianza, 1978.

AUBINEAU, Michel. Les 318 serviteurs d'Abrahan (Gen., 14: 14) e le nombre de pères au Concile de Nicée (325). *Revue d'Histoire Ecclesiastique*, Louvain, v. LXI, n. 1, p. 5-43, 1966.

AYRES, Lewis. *Nicaea and Its Legacy. An Approach to Fourth-Century Trinitarian Theology*. Oxford: Oxford University Press, 2004.

BARNES, Timothy D. *Constantine and Eusebius*. Cambridge: Havard University Press, 1981.

BASILE (Saint). *Correspondance*. Tome I: Lettres I-C. Texte établi et traduit par: Yves Courtonne. Paris: Les Belles Lettres, 2002.

BELLINZONI, Arthur. *The Sayngs of Jesus in the Writings of Justin Martyr*. Leiden: Brill, 1967.

BISCHOFF Georges; TOCK, Benoît-Michel (ed.). Léon IX et son temps. *In:* COLLO-QUE INTERNATIONAL ORGANISE PAR L'INSTITUT DHISTOIRE MEDIEVALE DE LUNIVERSITE MARC-BLOCH, 2006, Strasbourg. Atas [...]. Strasbourg: Brepols, 2006.

BRENT, Allen. *Hippolytus and the Roman Chuch in the Third Century:* Communities in tension before the emergence of a monarch-bishop. Leiden: Brill, 1995.

BOSWORTH, Albert Brian. *The legacy of Alexander*. Politics, warfare and propaganda under the successors. Oxford: Oxford University Press, 2005.

CICERO. *De natura deorum*. Tradução de H. Rackham. Cambridge: Harvard University Press, 2000.

CLÉMENT DALEXANDRIE. *Les Stromates I*. Tradução de Marcel Caster. Paris: CERF, 2006.

CLÉMENT DALEXANDRIE. *Les Stromates II*. Tradução de Claude Mondésert. Paris: CERF, 2006.

CLÉMENT DALEXANDRIE. *Les Stromates III*. Tradução de Patrick Descourtieux e Alain Le Boulluec. Paris: Les éditions du CERF, 2020.

CLÉMENT DALEXANDRIE. *Les Stromates IV*. Tradução de Claude Mondésert, Paris: Les éditions du CERF, 2001.

CLÉMENT DALEXANDRIE. *Les Stromates VII*. Tradução de Alain Le Boulluec. Paris: Les éditions du CERF, 1997.

CLÉMENT DE ROME. *Epître aux Corinthiens*. Tradução de Anne Jaubert. Paris: Cerf, 1971.

CLÉMENT DE ROME. Epître aux Corinthiens. *Liturgia*, 2023. Disponível em: https://www.liturgia.it/content/1cor_clem_greco.pdf. Acesso em: 30 abr. 2023.

DENZINGUER, Heinrich. *El Magisterio de la Iglesia. Manual de los símbolos, definiciones y declaraciones de la Iglesia em materia de fe y constumbre*. Barcelona: Herder, 1963.

DES PLACES, Édouard. *La Religion grecque*: dieux, cultes, rites e sentiment religieux dans na Grèce antique. Paris: Picard, 1969.

DIELS, Herman; KRANZ, Walther. *Die Fragmente der Vorsokratiker*. 18. ed. Zürich-Hildesheim: Weidmann, 1989.

DIETER, Hans. Fragments from a *catabasis* ritual in a Greek magical papyrus. *History of Religions*, v. XIX, n. 4, p. 287-295, 1980.

DIÓGENES LAÉRCIO. *Vidas e doutrinas dos filósofos ilustres*. Tradução de Mário da Gama Kury. Brasília: UnB, 1988.

DIÓGENES LAÉRCIO. *Vite e dottrine dei più celebri filosofi*. Milano: Bompiani, 2005.

DROBNER, Hubertus R. *Manual de Patrología*. 2. ed. Tradução de Víctor Abelardo Martínez de Lapera. Barcelona: Herder, 1999. Disponível em: https://ecclesia.org.br/byblos/wp-content/uploads/2022/08/Drobner-Hubertus-Manual-de--Patrologia-PDF.pdf. Acesso em: 6 maio 2023.

DROYSEN, Johann Gutav. *Alexandre, o Grande*. Tradução de Regina Shöpke e Mauro Baladi. Rio de Janeiro: Contraponto, 2010.

DUFOURCQ, Albert. *La pensée chrétienne. Contre les hérésies. Textes et études. Saint Irénée*. Paris: Librairie Bloud, 1905. Disponível em: https://remacle.org/bloodwolf/eglise/irenee/gnose.htm#INT1. Acesso em: 6 maio 2023.

EUSÈBE DE CÉSARÉE. *Histoire Ecclésiastique*. Tradução de Édouard Des Places et de Gustave Bardy. Paris: Éditions du Cerf, 1994.

EUSÈBE DE CÉSARÉE. *Histoire Ecclésiastique*. Tradução de Émile Grapin, Paris: Alphonse Picard et Fils, 1905. Disponível em: https://remacle.org/bloodwolf/historiens/eusebe/histoire2.htm. Acesso em: 6 maio 2023.

EUSEBIO DE CESAREA. *Vida de Constantino*. Tradução de Martín Gurruchaga. Madrid: Gredos, 1994.

FÍLON DE ALEXANDRIA. *De congressu eruditionis gratia, 14*. Tradução de Monique Alexandre. Paris: Éditions du Cerf, 1967.

FLAVIUS JOSÈPHE. *Antiquites Judaïques, Oeuvres complete*s. Tradução de Théodore Reinach et René Harmand. Paris: August Desrez, 1938. Disponível em: https://remacle.org/bloodwolf/historiens/Flajose/juda20.htm#197. Acesso em: 6 maio 2023.

FLAVIUS JOSÈPHE. *Antiquites Judaïques*. Tradução de Julien Weill. Paris: Leroux éditeur, 1932. Disponível em: https://remacle.org/bloodwolf/historiens/Flajose/juda18.htm#V. Acesso em: 6 maio 2023.

FLAVIUS JOSÈPHE. *Guèrre des Juifs*. Tradução de Julien Weill. Paris: Leroux éditeur, 1900-1932. Disponível em: https://remacle.org/bloodwolf/historiens/Flajose/guerre2.htm#VIII. Acesso em: 6 maio 2023.

FLAVIUS JOSEPHUS. *The Jewish Antiquities*. Tradução de Ralph Marcus. London: Harvard University Press, 1998.

FURTADO, Rodrigo. Paulo de Tarso: em torno da origem. *In:* RAMOS, José A. *et al.* (coord.). *Paulo de Tarso*. Grego e Romano, Judeu e Cristão. Coimbra: Imprensa da Universidade de Coimbra, 2010.

GRAINGER, John. *Seleukos Nikator: constructing a Hellenistic kingdom*. Oxford; New York: Oxfordshire; Routledge, 2014.

GURRUCHAGA, Martín. Introducción. *In:* EUSEBIO DE CESAREA. *Vida de Constantino*. Tradução de Martín Gurruchaga. Madrid: Gredos, 1994. p. 7-121.

HERMIAS. *Satire des philosophes païens*. Tradução de Denise Joussot. Paris: Éditions du Cerf, 1993.

HERODOTUS. *Books III and IV*. Tradução de A. D. Godley. London: Harvard University Press, 1995.

HÉRODOTE. Histoire. *Remacle*, 2023. Disponível em: https://remacle.org/bloodwolf/historiens/herodote/index.htm. Acesso em: 6 maio 2023.

HIPÓLITO. Refutação de todas as heresias. *New Advent*, 2023. Disponível em: https://www.newadvent.org/fathers/0501.htm. Acesso em: 6 maio 2023.

HOMÈRE. Odyssée. *Remacle*, 2023. Disponível em: http://remacle.org/bloodwolf/poetes/homere/table.htm. Acesso em: 20 maio 2022.

HOMERO. *Odisseia*. Tradução de Carlos Alberto Nunes. São Paulo: Melhoramentos, 1962.

HORBURY, William; DAVIES, W. D.; STURDY, John (ed.). *The Cambridge History of Judaism*. Cambridge: Cambridge University Press, 1999. V. III: *The Early Roman Period*.

IRÉNÉE DE LYON. *Oeuvres, par Albert Dufourcq*. Paris: Librairie Bloud, 1905. Disponível em: https://remacle.org/bloodwolf/eglise/irenee/table.htm. Acesso em: 22 nov. 2023.

IRÉNÉE DE LYON. *Contre les Hérésies*. Tradução de François Sagnard. Paris; Lyon: Éd. du Cerf; Emm.Vitte, 1952. V. III.

IRENEU DE LIÃO. *Contra as Heresias*. Tradução de Lourenço Costa. São Paulo: Paulus, 1995.

JÉRÔME. *De viris illustribus/Les hommes illustres*. Tradução de Delphine Viellard. Paris: Migne, 2010.

JÉRÔME. *Des hommes ilustres*. Paris: A. Desrez, 1838. Disponível em: https://remacle.org/bloodwolf/eglise/jerome/illustres.htm. Acesso em: 6 jan. 2023.

JOÃO CRISÓSTOMO. *Homilias sobre o evangelho de João. In:* SAINT JEAN CRYSOSTOME. *Oeuvres complètes*. Tradução de M. Jeannin. [*S. l.*]: Bar-le-Duc; L. Guérin; Cie éditeurs, 1864. Disponível em: https://www.bibliotheque-monastique. ch/bibliotheque/bibliotheque/saints/chrysostome/index.htm. Acesso em: 6 maio 2023.

JUSTIN. *Dialogue de Saint Justin avec le juif Tryphon/* Τοῦ ἁγίου Ἰουστίνου πρὸς Τρύφωνα Ἰουδαῖον Διάλογος. Tradução de M. De Genoude. [*S. l.*]: [*S. n.*], 1843. Disponível em: https://remacle.org/bloodwolf/eglise/justin/tryphon.htm. Acesso em: 6 maio 2023.

JUSTIN. Deuxième Apologie/ Ἀπολογία ὑπὲρ Χριστιανῶν πρὸς τὴν Ῥωμαίων Σύγκλητον. Tradução de L. Pautigny. Paris: A. Picard et Fils éditeurs, 1904.

Disponível em: https://remacle.org/bloodwolf/eglise/justin/apologie2.htm. Acesso em: 6 maio 2023.

JUSTIN. *Oeuvres Complètes*. Tradução de Georges Archambault. Paris: Migne, 1994.

JUSTINO. *Les Apologies*. Tradução de A. Wartelle. Paris: CERF, 1987.

JUSTINO DE ROMA. *Primeira Apologia*. Tradução de Ivo Storniolo e Euclides Balancin. São Paulo: Paulus, 1995.

JUSTINIANO. *The Digest of Justinian*. Tradução de Charles Henry Monro. Cambridge: University Press, 1909. Disponível em: https://archive.org/details/digestofjustinia01monruoft/page/n5/mode/2up. Acesso em: 6 maio 2023.

KENYON, Frederic George. *Our Bible and the ancient manuscripts*. Being a History of the text and its translations. London: Kessinger Publishing, 2006.

LUCRÉCIO. *De rerum natura/ De la nature*. Tradução de Alfred Ernout. Paris: Les Belles Lettres, 1985, v. 1; 1990, v. 2.

MANZANARES, Cesar Vidal. *Los esenios y los Rollos del Mar Muerto: el desenlace de un enigma apasionante* (Enigmas del cristianismo). Barcelona: Martínez Roca. 1993.

MARTÍNEZ, Florentino García; BARRERA, Julio Trebolle (ed.). *Los hombres de Qumrán*: literatura, estructura social y concepciones religiosas. Madrid: Editorial Trotta, 1993.

MEES, Michael. *Die Zitate aus dem Neuen Testament bei Clemens von Alexandrien*. Bari: Instituto de Litteratura Cristiana Antica; Università di Bari, 1970.

MENDELS, Doron. Hellenistic Utopia and the Essenes. *Harvard Theological Review*, v. 72, n. 3-4, p. 207-222, 1979.

MIGNOT, Dominique-Aimé. Clément de Rome, apôtre de lunité. *Revue Historique de Droit Français et Étranger*, v. 70, n. 2, p. 211-223, 1992.

PAUSÂNIAS. *Descripción de la Grecia*. Tradução de Maria Cruz Herrero Ingelmo. Madrid: Gredos, 1994. v. 2 e 3.

PELLETIER, André. *Lettre dAristée à Philocrate*. Paris: Éditions du Cerf, 1962.

PIÑERO, Antonio; TORRENS, José; BAZÁN, Francisco, (ed.). *Textos Gnósticos*: biblioteca de Nag Hammadi. 3. ed. Madrid: Editorial Trotta, 2016. 3 v.

PLATÃO. *Fédon*. Tradução de Monique Dixsaut. Paris: Flammarion, 1991.

PLATÃO. *Mênon*. Tradução de Maura Iglésias. São Paulo: Loyola, 2001.

PLATÃO. *Platonis Opera* (Burnet, J. <1900-1907>). Oxford: Clarendon Press, 1995. 5 v.

PLATONE. *República*. Bari: Laterza, 1997.

PLÍNIO, o Jovem. *Epístolas, livro X*. Tradução de Thiago David Stadler. Curitiba: Cajarana, 2018.

PLOÚTARKHOS. *Perì tes Alexándrou aret̲e̲s/De Alexandri virtute* (*Stoicorum Veterum Fragmenta*). Disponível em: http://archive.org/stream/stoicorumveterum. Acesso em: 6 maio 2023.

PLUTARQUE. Oeuvres Morales. Sur la Fortune ou La vertu dAlexandre. *Remacle*, 2019. Disponível em: http://remacle.org/bloodwolf/historiens/Plutarque/fortunealex.htm. Acesso em: 18 jun. 2019.

PORTO, Vagner C. Flavia Neapolis, Palestina Romana: o Monte Gerezim como espaço do Sagrado. *In:* SILVA, Gilvan V. da *et al.* (org.). *Espaços do Sagrado na Cidade Antiga*. Vitória: GM Editora, 2017. p. 334-350.

PUECH, Aimé. *Recherches Sur Le Discours Aux Grecs De Tatien: Suivies Dune Traduction Française Du Discours*. Paris: Legare Street Press, 2022.

RAMOS, José A. *et al. Paulo de Tarso*: Grego e Romano, Judeu e Cristão. Coimbra: Simões e Linhares, 2010.

ROBERTS, Bleddyn Jones. *The Old Testament*. Text and versions. The Hebrew text in transmission and the history of the ancient versions. Cardiff: University of Wales Press, 1951.

SAGNARD, François. *La gnose valentinienne et le témoignage de saint Irénée*. Paris: J. Vrin, 1947.

SILVA, Gilvan V. da *et al.* (org.). *Espaços do Sagrado na Cidade Antiga*. Vitória: GM Editora, 2017.

SILVA, Gilvan; SOARES, Carolline. "O fim do mundo antigo em debate: da *crise* do século III à Antiguidade Tardia e além". *Nearco: Revista Eletrônica de Antiguidade*, v.1, n. 1, 2013, p. 138-162.

SILVA, Semiramis; ANTIQUEIRA, Moisés (org.). *O império romano no século III: crises, transformações e mutações*. Goiás/Santa Maria: Desalinho/UFSM, 2022.

SILVA, Semíramis. A língua grega como elemento da ordem romana e de integração com povos de fora da administração imperial na obra de Flávio Filóstrato. *História Unisinos*, v. 23, n. 1, 2019, p. 13-24.

SPINELLI, Miguel. Ética e Política. *A edificação do éthos cívico da paideia grega*. São Paulo: Loyola, 2017.

SPINELLI, Miguel. Epicuro ateu? Qual ateísmo: dos crentes ou dos descrentes? *Hypnos*, Revista de Filosofia Greco-romana, n. 49, p. 107-147. Disponível em: https://hypnos.org.br/index.php/hypnos/article/view/674/634. Acesso em: 6 maio 2023.

SPINELLI, Miguel, 2015. *Helenização e Recriação de Sentidos. A filosofia na época da expansão do Cristianismo, séculos II, III e IV*. 2ª edição revisada e ampliada. Caxias do Sul: Editora da Universidade de Caxias do Sul.

SPINELLI, Miguel. *Questões Fundamentais da Filosofia Grega*. São Paulo: Loyola, 2006.

SPINELLI, Miguel. *Herança grega dos filósofos medievais*, São Paulo: Madamu, 2024.

SUETONIUS. *De Grammaticis et Rhetoribus*. Edição, tradução, introdução e comentário de R. A. Kaster. Oxford: Clarendon Press, 1995.

TATIANO. *Discours aux Grecs/Pròs Héllēnas*. Tradução de française de Aimé Puech, Paris: Felix Alcan, 1903. Disponível em: https://remacle.org/bloodwolf/philosophes/tatien/grecs.htm. Acesso em: 6 maio 2023.

TATIANO. *Le Discours Aux Grec*, in PUECH, Aimé. *Recherches Sur Le Discours Aux Grecs De Tatien*, Paris: Legare Street Press, 2022.

TERTULIEN. *Contre Marcion* IV. Tradução de René Braun. Paris: Éditions du Cerf, 2001.

TERTULIEN. *De culto feminarum/La Toilette des Femmes*. Introduction, texte critique, traduction et commentaire de Marie Turcan. Paris: Éditions du Cerf, 1971.

TERTULIEN. *De la prescription contre les hérétiques* (*De praescriptione haereticorum*). Introduction, texte critique et traduction par P. de Labriolle et F. Refoulé, Paris: CERF, 1957. Disponível em: https://www.tertullian.org/french/depraescriptione.htm. Acesso em: 6 maio 2023.

TERTULIEN. *Les Spectacles* (*De spectaculis*). Introduction, texte critique, traduction et commentaire de Marie Turcan. Paris: Éditions du Cerf, 1986.

TUÑÓN DE LARA, Manuel. *Textos y documentos de Historia Antigua, Media y Moderna*. Barcelona: Labor, 1984.

TYSON, Joseph. *Marcion and Luke-Acts*: a defining struggle. Columbia: University of South Carolina Press, 2006.

VEYNE, P. *Pão e circo*: sociologia histórica de um pluralismo político. Tradução de Lineimar Pereira Martins. São Paulo: Unesp, 2015.

c) Dicionários e Léxicos

BAILLY, Anatole. *Dictionnaire Grec Français*. Paris: Hachette, 1996.

BENVENISTE, Émile. *Le vocabulaire des institutions indo-européennes*. Paris: Minuit, 1969.

CHANTRAINE, Pierre. *Dictionnaire étymologique de la langue grecque*. Paris: Klincksieck, 1984.

COENEN, Lothar; BEYREUTHER, Erich; BIETENHARD, Hans. *Dizionário dei Concetti Biblici del Nuovo Testamento*. Tradução de A. Dal Bianco, B. Liverani e G. Massi. Bologna: Dehoniane, 1976.

ERNOULT, Alfred; MEILLET, Antoine. *Dictionnaire étymologique de la langue latine -histoire des mots*. 4. ed. Paris: Klincksieck, 2001.

FARIA, Ernest. *Dicionário escolar latino português*. 6. ed. Rio de Janeiro: FAE, 1994.

HUMBERT, Jean. *Syntaxe grecque*. Paris: Klincksieck, 1986.

PEREIRA, Isidro. *Dicionário grego-português e português-grego*. Braga: Apostolado da Imprensa, 1990.

ZERWICK, Max. *Analysis Philologica Novi Testamenti Graeci*. 3. ed. Romae: Scripta Pontificii Instituti Biblici, 1966.